제2판

가족치료 현장으로의 초대

# 만남, 사랑 그리고 가족 이야기

제2판

가족치료 현장으로의 초대

# 만남, 사랑 그리고 가족 이야기

Michael P. Nichols 지음

김영애 옮김

Σ시그마프레스

가족치료 현장으로의 초대

# 만남, 사랑 그리고 가족 이야기, 제2판

발행일 | 2019년 5월 10일 1쇄 발행

지은이 | Michael P. Nichols
옮긴이 | 김영애
발행인 | 강학경
발행처 | (주)시그마프레스
디자인 | 우주연
편　집 | 이호선

등록번호 | 제10-2642호
주소 | 서울특별시 영등포구 양평로 22길 21 선유도코오롱디지털타워 A401~402호
전자우편 | sigma@spress.co.kr
홈페이지 | http://www.sigmapress.co.kr
전화 | (02)323-4845, (02)2062-5184~8
팩스 | (02)323-4197

ISBN | 979-11-6226-189-7

## Inside Family Therapy: A Case Study in Family Healing, 2nd Edition

* 책값은 책 뒤표지에 있습니다.

이 도서의 국립중앙도서관 출판시도서목록(CIP)은 서지정보유통지원시스템 홈페이지(http://seoji.nl.go.kr)와 국가자료공동목록시스템(http://www.nl.go.kr/kolisnet)에서 이용하실 수 있습니다.(CIP제어번호 : CIP2019017523)

## 역자 서문

이 책은 평범한 사람들의 삶 전반에 관한 이야기이다.
사람은 태어나면서부터 가족에 속하고, 가족으로부터 삶의 방식을 배우고, 또 그 방식을 반복하면서 살아간다.

다른 방식을 모르기 때문에, 아니 옳다고 믿기 때문에 그대로 살아간다.
그리고 뒤늦게 후회한다.
조금만 더 일찍 다른 방법을 알았더라면….

이 책은 한 가족이 겪는 보편적인 이야기를 드라마처럼 펼치면서 다르게 사는 방법을 자연스럽게 제시하고 있다. 한 모금의 생수처럼 시원한 답을 얻을 수 있을 것이라는 기대 때문에 누구나 이 책을 한 번 읽었으면 하는 게 역자의 바람이다.

저자의 개정판이 나왔지만 미루다가 이제 겨우 번역을 마치게 되었다.
많은 부수가 팔려야 하는 책이지만 팔리지 않을 것을 알고 있음에도 불구하고 출판을 허락한 시그마프레스 출판사에 고마움을 전한다.

2019년 봄
역자 김영애

가족치료 이야기는 대개 특별한 방식, 즉 문제를 호소하는 내담자 가족과 그들을 치료하는 가족치료사의 이야기로 전개된다. 가족치료사는 가족 치료 이론에 따라 가족 역동을 파악하고, 그러한 역동을 해결하기 위한 기법을 선택해야 한다. 그러나 괴로움을 호소하는 가족을 마주하고 있으면서 그들의 슬픔과 불평 저변의 역동을 이해하고 치료계획을 세우기란 그리 쉽지 않다. 그래서 가족치료사는 가족의 어려움을 자신이 다룰 수 있는 범위로 축소하곤 한다. 이런 가족치료사의 한계점을 이해할 수는 있지만 그럴 때 불가피하게 무언가를 놓칠 수 있다는 점 또한 무시할 수 없다.

이 책은 기존의 책들과 다소 다르게 전개된다. 이 책의 내용은 학교 강단에서 들을 수 있는 이야기가 아니다. 오히려 은밀히 진행되는 치료실 안의 이야기이다. 이 책은 한 가족의 삶이 세대를 거쳐 전개되는 전체적이고 구체적인 과정을 이야기로 풀어놓았다. 따라서 독자는 마치 소설책을 읽듯이 자연스럽게 치료사와 가족의 이야기에 끌려 들어갈 것이다.

치료사는 가족구성원들의 이런저런 행동을 탐색하다가 그들의 내면에서 벌어지는 것을 놓치는 경우가 있다. 이 책에 소개된 사례에서도 경직된 부모와 훈육이 덜 된 자녀 사이에 관한 이야기가 나온다. 물론 이들은 자신들이 아는 바를 모두 사실대로 이야기한다. 그들은 드러난 사실, 혹은 알고 있는 것을 말하지만 그들의 내면에 대해서는 말하지 않는다. 즉, 위로받고 싶은 마음, 안정적인 삶에 대한 갈구, 배려받고 싶은 마음, 사랑받고 싶은 마음, 삶에 대한 열망, 그 외에 배신감, 비통함, 복수, 약속, 거짓말, 위험, 의무, 고된 일, 부모, 자녀, 흥분되는 일, 함정, 시기, 평화, 모욕감, 타협, 존경, 그리고 일상적인 일 등이다.

내가 처음으로 살라자르 가족(내가 그들을 그렇게 부르기로 했다)을 만났을 때, 그 부부는 어찌할 바를 모르고 있었다. 그들은 아들인 제이슨에게 아무런 도움도 되지 않는 질책을 계속하고 있었으며, 아들은 부모를 무시하고 때로는 부모에게 도전하기도 했다. 또 남성과 여성의 이분법적 구조 안에서 양극화된 동반 관계에 따르는 어려움도 볼 수 있다. 나는 이들 가족이 도움을 요청하는 전화를 받는 순간부터 시작해서 진행되는 가족치료 과정을 처음부터 끝까지 보여줄 것이다. 그리고 실제 상담 회기들에 대한 설명과 더불어, 내담자들의 개인적인 경험까지 이들의 내면을 들여다보기 위해서 덧붙였다.

이 책의 가족은 치료 대상자가 아니라 마치 드라마의 주인공처럼 느껴진다. 우리는 그들의 마음과 생각을 깊이 들여다보면서 그 가족들의 이야기가 우리 모두의 이야기가 된다. 내가 원하는 바는 이 글을 읽으면서 독자들도 자기 삶의 경험을 다시 점검하고, 또 치료사는 가족치료에 대한 이해를 높였으면 한다. 내담자들만이 습관의 맹목적이고 지배적인 힘에 붙잡힌 사람들이 아니다. 치료사들도 역시 그렇다.

누구든 이 책 초판의 독자는 이 개정판에서 많은 변화를 목격할 것이다. 전체 줄거리 등은 그대로 있고 상호작용의 이론이나 사춘기 자녀들의 성과 약물 중독 등에 관한 내용은 더 추가하였다. 그리고 전반적으로 가족치료를 하는 데 도움이 될만한 제안을 함께 실었다.

논평해준 포트헤이스대학교의 토마스 거스트, 아이오와대학교의 밥 잭슨, 조지아대학교의 윌리엄 퀸에게 진심으로 감사를 표한다.

# 차례

## 성, 마약 그리고 로큰롤 : 반항적인 10대

## 살라자르 가족 치료과정에 대한 소고

## 떠나보내기

# 상담실의 고요를 깨뜨리는
# 전화 소리

**"저희를 도와주세요!"**

전화벨이 울렸을 때 나는 메디컬 센터에 있는 사무실을 막 떠나려는 참이었다. '내버려 두자. 집에 가고 싶다.'라고 생각했다. 하지만 전화란 받지 않으려고 하면 얼마나 끈질기게 울려대는지.

"여보세요, 니콜스입니다."

전화기 저편에서 혼란스럽고 거의 울기 직전의 목소리가 들려왔다. 전화를 건 사람들은 예의를 갖추려고 다소 주저하는 편이었지만 이 여성은 화가 난 채로 자신의 이야기를 시작했다.

"전 샤론 살라자르[1]예요. 박사님. 제 아들 제이슨 때문에 전화를 드렸어요. 그 아이가 점점 더 골칫거리가 되어서 최근에는 거의 손을 대지 못할 지경이에요. 그 애는 반항심으로 꽉 차 있는 데다가 무례해요. 자기 마음이 내키는 것만 하려고 해요. 제 아비나 저를 완전히 무시해요. 공부도 곧잘 했었지만, 올해는 간신히

---

[1] 역자 주 : 이 책의 중심 가족의 이름은 스튜어트 살라자르(아버지), 샤론 살라자르(어머니), 제이슨 살라자르(아들), 헤더 살라자르(딸)다.

낙제만 면했고요. 지난 토요일 밤에는 술 냄새를 마구 풍기면서 새벽 2시에야 들어왔어요. 한 달 동안 외출을 금지했더니 거의 미친 것처럼 쌍욕을 내뱉고 밖으로 뛰어 나가버리고는 밤새 안 들어왔어요. 친구 케빈의 집으로 갔다는 건 알지만 거기서 뭘 하는지는 몰라요. 제발 좀 도와주세요."

"부모님께서 힘든 시간을 보내고 계시는 것으로 들립니다."라고 말하고는 "이 일이 다른 가족에게는 어떤 영향을 미치고 있습니까?"라고 내가 물었다.

이 질문은 제이슨이 문제라는 가족의 생각을 확대하려는 의도로 내가 시도한 초반의 첫수였다. 가족들이 '손댈 수 없는' 자녀들로 인해 어려움을 겪고 있을 때, 그들은 누군가가 개입해서 책임져주길 바란다. 가족치료사인 나는 왜 그들이 자신들의 상황을 조절하지 못했는가를 알고 싶었다.

"제이슨 문제는 남편과 나 사이를 엄청나게 힘들게 하고 있어요. 남편 스튜어트는 집에 있는 시간이 거의 없고 집에 있을 때는 만사가 조용하기를 원하죠. 그래서 남편은 때로는 아들을 무시하고, 때로는 너무 심하게 대해요. 제이슨을 한 달 동안 외출 금지하자는 것도 남편의 생각이었어요. 나는 그게 너무하다고 생각했어요. 딸 헤더는, 뭐 그리 어리진 않지만요, 그 애는 중학생이에요. 그 애는 오빠와 반대에요. 말을 안 듣는 법이 없어요. 그 애가 오빠한테서 나쁜 걸 배우지 않으면 해요."

"전화하신 것은 잘한 일이신 것 같군요. 제가 원하는 것은 가족 모두를 만나는 것이고 어떤 일이 일어나고 있는지를 알아보고자 하는 것입니다. 그렇게 하면 제가 어머니를 도와드릴 수 있을지 알 수 있을 것 같군요."라고 나는 말했다.

"우리 네 사람을 다 만난다고요?"

"네, 제이슨의 문제가 가족 모두에게 영향을 미치는 것으로 들려요. 그러므로 가능한 한 많은 정보를 얻기 위해 모두를 만나는 것이 필요할 겁니다."

"글쎄요. 잘 모르겠네요. 남편이 갈 수 있을지 모르겠어요. 대학교수라 굉장히 바쁘거든요."

"이해합니다. 그렇지만 가능한 많은 관점을 파악하기 위해 모든 사람의 이야기를 듣는 것은 굉장히 중요합니다. 저는 다음 토요일 아침 9시부터 근무합니다. 남편께 제가 적어도 아드님의 문제를 평가하기 위해서는 전 가족을 만나야만 한다고 말씀드리고, 오시는 게 가능한지 확인 전화를 해주시겠습니까?"

"알겠습니다."라고 그녀는 말했지만, 썩 내켜 하는 것 같지는 않았다. 과연 그녀가 전화할지 궁금하게 여기면서 나는 집으로 향했다.

다음 날 오후, 나는 보건소에서 상담지도를 해주고 있는 치료사들을 만나러 시내로 가기 전에 직원들과 커피 한 잔을 마시려고 사무실로 돌아왔다. 그리고 습관처럼 자동응답 메시지들을 확인하다가 살라자르 부인의 목소리를 발견했다. 그녀는 토요일 9시에 내 사무실로 가족이 올 것이라고 했다.

내담자가 오겠다고 하니 가족치료사인 나로서는 잘되었다고 생각해야 했지만, 10대 자녀들을 둔 가족을 만나는 것은 절대 편하지만은 않기 때문에 우울했다. 그들의 문제가 무엇이든 간에 대부분의 그런 사례들은 문제가 아주 심각하다. 비록 내가 이 일로 생계를 유지하고 있다 하더라도 살라자르 부인의 전화는 상당히 불편했다. 이런 가족의 문제를 해결하는 데는 많은 난관이 따르기 때문이다. 10대 자녀를 둔 가족을 다루는 것보다는 어린 자녀를 둔 가족을 다루는 것이 훨씬 쉬운 일이다.

\* \* \*

치료를 원하는 가족들에게 가족 전체가 참여해야 한다고 하면, 대부분 이런저런 이유를 대면서 못 오겠다고 한다. 그럴 때는 면접상담 전화를 건 사람이 동기가 강하기 때문에 그 사람에게 가족 전부가 참여할 것을 강조한다. 그 이유는 가족을 전부 만나지 않으면 가족 전체의 그림을 그릴 수 없기 때문이다.

만일에 첫 치료회기에 내담자가 혼자 참여한 경우에는 다음 치료회기에 가족 전체를 참여시키는 안건에 대해 집중적으로 의논해야 한다. 가족 전체에 대한 진단이 제대로 이루어지지 않으면 치료 목표를 달성하기 어렵기 때문이다.

# 문제해결 지점을 찾기

토요일 9시, 내가 대기실로 들어갔을 때, 살라자르 가족이 앉아 있었다. 나는 이들의 모습을 보면서 좋은 징조라고 생각했다. 지각하거나 가족 중 누군가가 오지 않은 사람들은 항상 핑계가 있었다. '주차장이 꽉 차서요, 딸이 감기에 걸려서요.……' 하지만 약속 시간을 지키는 사람들은 자신들을 잘 관리하는 사람들로 치료의 성공을 점칠 수 있다.

나를 소개하자 살라자르 씨가 일어섰다. 그는 키가 크고 호리호리했다. 길고 잿빛인 금발 머리는 뒤로 매만져져 있었고 테가 있는 안경을 쓰고 있었다. "안녕하세요. 저는 스튜어트 살라자르입니다. 이쪽은 제 아내 샤론이고요, 이 애는 헤더, 저 애는 제이슨이지요."

샤론 살라자르는 나와 악수를 했지만 웃지는 않았다. 이는 별로 좋지 않은 조짐이었고 그녀도 그걸 알고 있었다. 그녀의 얼굴은 경직되어 있었고 화가 나 보였다. 희끗희끗한 검은 머리는 그녀의 외모를 더 경직되어 보이게 했다.

헤더는 일어서서 고개를 까딱했다. 아버지처럼 그녀도 호리호리했고 금발 머리를 갖고 있었다. 길고 흐트러진 머리는 황금색 리트리버 사냥개처럼 붉은빛이 도는 금발이었다. 헤더는 예쁜 편이었지만 아직은 자신의 아름다움을 의식하지 못하는 듯했다.

제이슨은 구석에 있는 의자에 구부정하게 앉아 있었는데, 불량스러운 아이들에게서 쉽게 볼 수 있는 자세였다.

"들어오시죠."라고 내가 말하자 가족들은 줄지어 내 사무실로 들어왔다. 구부정한 어깨로 손을 낡은 청바지 주머니 속에 찔러 넣고 고개를 숙이고 10대 특유의 걷는 자세로 제이슨이 제일 마지막으로 들어왔다.

내 상담실은 단순하고 꼭 필요한 가구들만 비치되어 있다. 한쪽 끝 창문가에는 큰 참나무 책상이 있고 벽 한쪽을 따라 작은 갈색 소파가 놓여 있다. 다른 벽쪽으로 오래되어 보이는 편한 의자들이 4개가 놓여 있고, 그중 하나는 흔들거리는데 거기 앉는 사람들은 개의치 않았다.

오늘 아침 나는 의자들과 소파들을 반원 형태로 배치했고, 내 의자는 반원에서 좀 밖으로 나오게 배치했다. 가족이 내가 그들과 함께 있지만 내가 그들의 일원이 아니라는 것을 보여주기 위해서이다. 방에 들어가 각자 자리를 잡으면서 살라자르 가족은 대기실에서의 신중하고 공식적인 모습을 벗어던지고 그들의 일상적인 역할들을 보여주었다. 가장 눈에 띄게 변한 사람은 살라자르 박사였다. 대기실에서 내가 만났던 살라자르 박사는 단도직입적이고 사무적인 사람처럼 보였었다. 토요일인데도 그는 옅은 회색 사선 무늬 재킷을 입고 있었고 어두운 회색 바지를 입고 있었다. 그는 똑바로 나를 쳐다보았고 자신이 전문가라는 확신에 찬 사람이 또 다른 전문가에게 말을 거는 것처럼 보였다. 그러나 가족과 함께 앉아 있는 지금 이 남자는 전혀 다른 사람이었다. 그는 더는 동등한 입지에서 권위를 갖고 전문가들을 대하는 교수 살라자르가 아니었다. 이제 그는 한 사람의 남편이자 아버지였고 그의 태도 차이는 눈에 띌 만큼 달랐다. 그는 늙고, 걱정에 차 보였으며, 자신의 권위에 대한 확신이 사라진 것처럼 보였다.

헤더는 어머니와 소파에 앉았고, 제이슨은 될 수 있는 한 멀리 떨어진 구석에 앉았다.

내가 말했다. "자 그럼, 어느 분이 먼저 시작하고 싶으세요?"

살라자르 씨는 아내를 쳐다보고 말했다. "당신이 시작하지?"

"좋아요."라고 하면서 살라자르 부인은 한바탕 불평을 털어놓기 시작했다.

"전화로 말씀드린 대로 문제는 제이슨이에요. 쟤는 정말 무례해요. 자기가 하고 싶은 것은 언제든지 할 수 있다고 생각하고 우리의 말에는 전혀 귀를 기울이지 않아요. 저 앤 '끊임없이' 문제를 일으켜요. 전화로 말씀드리고 싶지 않았었는데요, 가장 최근의 문제는 포르노 잡지예요. 몇 주 전에 제이슨의 침대 매트리스 밑에서 저질스러운 잡지들을 발견했어요. 역겨워서 그것들을 다 버려버렸는데 이번 주에는 더 많은 잡지를 그 애 옷장 속에서 찾아냈지 뭡니까."

그녀가 엄격하고 비꼬는 투로 말하는 것에 나는 놀랐다. 교육을 제대로 받은 여성의 입에서 저런 케케묵은 편협한 말들이 나오다니… 나는 그녀에게 도전해 보고 싶은 생각이 들었다. "10대 소년이 여자들의 나체 사진을 보는 것이 그리도 이상한 일인가요?" 그러나 살라자르 부인은 분노에 차고 어찌나 단호한지 이 말을 함으로써 나는 형편없는 전문가이고 단지 그녀에게 반대하는 또 다른 사람으로 격하될 것이라는 경고를 받는 듯했다.

나는 이런 상황이 제이슨을 얼마나 당황하게 하는지를 보기 위해 그를 흘깃 쳐다보자 그 애의 코웃음만 볼 수 있었다. 허세를 부리겠다고? 제이슨이 어머니의 말에 대답하게끔 재촉할 수 있었지만 지금은 때가 아니었다. 우선 내가 다른 식구들의 이야기를 들을 필요가 있는 것은 전쟁터로 이들을 끌어들이기 이전에 이들과 먼저 '이해'라는 동맹을 맺기 위한 것이었다. 나는 살라자르 씨에게 돌아앉으며 물었다.

"어떻게 생각하십니까?"

"아내 말이 맞습니다. 제이슨은 항상 골칫거리였어요. 어렸을 때부터 고집이 세고 무뚝뚝했습니다. 이제 나이가 들면서는 뭐든지 자기가 하고 싶은 것은 다 하려고 합니다. 제 생각도 아내의 생각과 같습니다. 다만… 아마 때로는 아내가 지나치게 걱정하는지도 모르지만 …. 이번 잡지 사건이라면 그 나이 또래 사내아이들과 비교해 과연 비정상적인 것인지는 잘 모르겠습니다."

"당신은 그런 쓰레기들로 우리 집을 채우는 것이 옳다고 생각하죠? 당신은 그 애에게 무슨 일이 일어나는지 관심이 없잖아요. 재가 음란물에 중독될 수도 있다고 생각해봐요."

"좋아요. 잠시만요." 나는 "이 점에 대해 잠시 후에 다시 다루겠습니다. 그러나 우선 다른 사람들의 이야기를 듣고 싶군요."라고 샤론의 말을 끊었다.

첫 면담은 너무나 힘들다. 어떤 점에서 식구들이 평소에 하는 싸움을 불러일으키는 것은 중요하다. 그럼으로써 어떤 일이 일어나는지, 누가 공격하는지, 누가 뒤로 물러서는지, 누가 누구의 편을 드는지를 볼 수 있다. 그러나 그건 그들이 매번 해오던 것들—그들이 벗어나려 했던, 끔찍이 싫고 좌절감만 가져다주는 싸움처럼 느끼게 만들 수 있다. 그러나 지금까지와는 좀 다른 형태로의 싸움을 원한다. 나는 두 사람 사이의 논쟁이 가족의 전체 패턴에 어떻게 맞아떨어지는지 볼 것이며, 또 어떤 결과도 얻지 못하는 평상시의 입씨름을 좀 더 밀어붙일 것이다.

**✱　✱　✱**

지금까지 무엇이 진행되고 있는가? 우선 우리는 '통제할 수 없는 사춘기 청소년'에 대해 듣고 있다. 아들에 대해, 그다음은 남편에 대해 살라자르 부인은 장광설을 늘어놓는다. 아마 그녀는 지나치게 간섭하는 어머니일지도 모른다. 상담자가 어머니를 비난하는 것은 빠지기 쉬운 덫이다. 살라자르 가족 중 가장 공감하기 힘든 사람은 대부분 화난 살라자르 부인일 것이다. 그러나 어쩌면 살라자르 씨가 더 문제일 수도 있다. 그는 아내를 지지하지 않는다. 그러나 한 사람을 비난하다가 다른 사람을 비난한다고 해서 얻어지는 것은 아무것도 없다. 이들이 서로 비난한다고 보는 관점에서 빠져나오는 것은 어려운 일이다. 그리고 이들을 갈등에 빠진 각각의 사람들로 보는 관점에서 벗어나기는 더욱 어렵다. 그러나 가족치료는 공통점이 없는 문제들과 개별적인 논쟁들을 가족체계 전체와의 관계에서 발견하는 데 있다.

**✱　✱　✱**

다음으로 나는 제이슨에게 몸을 돌렸다. "부모님의 불평에 대해 뭐라고 말해야 할 것 같으니?"(나는 문자 그대로 제이슨에게 '부모님'이라고 말했다. 그들을 너무 성급히 개별적인 사람으로 말하고 싶지 않았기 때문이었다. 그렇게 하는 것이 나중에는 부부 문제가 될 수도 있지만 지금 이들은 부부 문제로 상담을 하러 온 것도 아니고 내가 오늘 무엇을 하던 이 가족이 다음에 다시 상담하러 오기를 바라기 때문이다.)

"엄마는 항상 나를 귀찮게 해요. 내가 한 일은 다 마음에 들지 않으세요. 그러니 노력해봤자 소용없어요. 여기 온다고 뭐가 좋아질지도 모르겠어요."

부모가 상담을 받을 것인지 아닌지를 결정하는 것은 가족치료사가 해야 할 일이지만 가족구성원 모두와 친밀한 관계를 형성하는 것이 무엇보다 중요하다. 한 사람이라도 소외시키면 가족구성원과 공감대를 형성하기가 어렵다. 그런데 문제는 어떤 구성원을 소외시키지 않고는 다른 한 구성원과 공감대를 형성하기가 어렵다는 점이다. 나는 최선을 다했다. "알았다. 너는 네 부모님이 너한테 너무 엄하다고 생각하는구나. 그리고 여기 있는 걸 좋아하지도 않고 말이야. 아마 집에서 다투던 방식을 바꾸어도 얻어질 게 없다는 것을 알고 있다는 것처럼…." 그리고 나는 제이슨에게 논쟁의 여지를 주지 않고 말머리를 돌렸다.

　　"그래. 헤더야, 넌 집에서 이런 다툼이 있을 때 어디에 있니?"

　　"모르겠어요." 헤더는 아랫입술을 물고는 카펫을 응시했다. 헤더는 아마도 질문도 거의 받지 않고 대답도 거의 하지 않았을 것이다. 아마 내가 너무 단도직입적이었는지도 모른다.

　　"넌 몇 학년이니? 헤더야"

　　"9학년이요." 바닥을 보면서 그녀가 답했다.

　　"오빠와 같은 학교에 다니니?"

　　"네. 별로 보진 못해요. 오빠는 더 나이 든 애들이랑 어울리거든요."

　　"오빠와 부모님이 다투는 게 널 괴롭히니?"

　　약간의 의도가 있는 질문을 던진 것은 그녀가 어느 편에 서 있는지를 발견하고자 하는 것이었다.

　　"네. 오빠는 언제나 문젯거리인 것 같아요. 나는 왜 오빠가 해야 할 것을 안 하는지 모르겠어요." 아하, 여기에 해답이 있었다. 살라자르 부인이 딸을 꽉 쥐고 있었고 헤더는 아직 어머니의 편이다. "다만…."

　　살라자르 부인이 헤더의 말을 마무리했다. "헤더는 소란스러운 걸 싫어해요. 조용하고 책 읽는 걸 좋아하지요."

　　"다만. 뭐?" 나는 헤더와 눈을 마주치려 애쓰면서 물었다.

　　"뭐니?" 살라자르 부인이 헤더를 구슬리려 하면서 물었다. 헤더는 머리를 좌우로 흔들었다. 내가 발견한 대로 헤더는 상당히 완고했다. 침묵이 그녀의 힘이었고 유일한 힘이었다.

✳ ✳ ✳

이제 모두의 이야기를 들었다. 살라자르 부인이 부담스럽고 화나고 거만스럽다는 것, 혹은 그렇게 행동하게 되어버린 사람이라는 것을 볼 수 있었고, 제이슨이 유일하게 그녀와 공개적으로 싸울 수 있는 사람이었다. 살라자르 씨는 아내의 편이라고 주장하긴 했으나 그다지 확신이 있는 것 같지는 않았다. 그가 적어도 아내를 지지했다면 마지못해서였다. 헤더는 착한 아이의 표본처럼 보였다. 다만… 다만… 그게 무언지를 알 수 없었다. 내가 아직 확신할 수 없었던 것은 이런 인상이 얼마나 정확한 것인지, 얼마나 그것들이 맞아떨어지는가 하는 것이었다.

## 대화 : 가족체계 움직이기

이제 그들 가족이 불평불만을 말하고 문제를 해결하기 위해 어떻게 기능을 하는지 보기 위해 말하도록 할 준비가 되었다. 나는 그들이 무엇을 말하는가에 관심이 있기보다는 누가 누구에게 무엇을 말하고 어떻게 말하는지에 관심이 있었다. 그리고 제삼자가 개입하기 이전에 대화가 이디까지 진행될 수 있는가를 보기 원했다.

그러나 제이슨과 그의 어머니가 익숙해진 그런 끝없고 실속 없는 다툼을 시작하는 데는 관심이 없었다. 나는 덜 핵심적인 인물인 헤더와 살라자르 씨를 적극적으로 움직여서 가족체계를 변화시키기 위해 차근차근 탐색해 나가길 원했다.

"살라자르 씨, 제이슨이 하는 것 중 당신을 가장 힘들게 만드는 것이 무언지 말씀해주시죠."

살라자르 씨는 아내를 한 번 흘낏 보고는 나에게로 시선을 돌렸다. "모르겠어요. 아마 그 애의 불손함 같은데요. 나는 가족을 부양하기 위해 여태껏 열심히 일해 왔습니다. 이제 좋은 집도 있고 식구들도 원하는 모든 걸 가지게 되었습니다. 그런데 식구들은 이 모든 것을 당연한 것으로 여기죠. 우리 애들은 자기들이 얼마나 운이 좋은지를 몰라요."

제이슨이 작은 소리로 중얼거렸다. "그렇고말고요. 우린 항상 행복한 가족이죠. 흥."

"뭐라고 했니?" 내가 물었다.

"아무것도 아니에요." 제이슨이 우물거렸다.

"보셨죠? 저게 제가 말하는 투예요. 제이슨은 저렇게 버릇이 없어요. 제이슨한테는 아무 말도 할 수가 없어요."

"참 안됐네요. 아버지가 아들과 대화가 안 된다면 서로를 이해할 방법은 없겠지요. 당신은 아들이 당신을 존경한다고 느낄 수가 없군요. 그리고 음, 제이슨이 어떻게 느끼는지는 잘 모르겠습니다. 아들에게 물어보시겠어요? 아들과 대화를 한번 시도해보세요."

"제이슨, 박사님 말씀 들었지. 너는 나를 존경하는 법을 배워야 한단다. 알다시피 나는 네 **아버지야**… 너는 한 번도…"

"그렇게 야단치지 말아요. 스튜어트!" 살라자르 부인이 끼어들었다. "박사님이 제이슨이 어떻게 느끼는지 이해하도록 노력해야 한다고 말씀하셨잖아요?"

"참 재미있군요. 남편이 혼자 아들에게 말을 할 수 있다고 생각하지 않으시는군요. 이런 방식의 대화가 집에서 자주 일어납니까?"

"웃기네요. 저 애에게 이 사람은 **절대** 이야기를 안 해요. 이 애는 전부 저에게 맡겨졌죠."라고 살라자르 부인이 말했다. 제이슨을 "애"라고 부르는 것은 황당한 것이다. 제이슨이라고 부르기보다는 단지 아들로만 생각하는 것이었다. 묘하게 거리를 두는 방식이다.

살라자르 씨는 부인의 불평에 대답하려 애썼다. "당신은 나에게 한 번도 기회를 주지 않았소. 항상 제이슨에게 신경을 안 쓴다고 불평을 하지만 내가 무어라고 이야기를 하려고 하면 당신은 제이슨 편을 드니 무슨 소용이 있단 말이오."

"전화 통화에서도 제이슨 때문에 두 분이 싸우게 된다고 말씀하셨죠. 아이들이 부모를 두 패로 나누고 부모를 이겨 먹는 방식을 잘 알고 있죠. 두 분은 제이슨을 다루는 방식에 대해 약간 서로 다른 의견을 가지고 계신 것 같습니다. 두 분께서 이 부분에 대해 서로 말씀을 나누셔야 할 것 같습니다."라고 나는 이들의 대화에 개입하였다.

*  *  *

이 시점이 치료의 전환점이 될 수 있다. 이들 부모는 제이슨의 양육에 관해 두 사람의 의견이 일치하지 않는 것을 다루려고 온 것이 아니라 가족치료사인 내가 그들의 아들을 고쳐주기를 바라서 온 것이다. 그러나 아쉽게도 이들이 원하는 것을 나는 줄 수가 없었고 대신 두 사람 사이의 갈등에 대해서 직면을 시킨 것이다. 부모들은 자녀에게 문제가 불거지면 각자가 자기가 생각할 때 옳다고 믿는 방향으로 자녀를 끌고 가려고 하면서 문제가 발생한다.

*  *  *

살라자르 부인은 이렇게 자신들의 문제가 드러난 데에 대해 약간의 창피함을 느꼈다. 그녀는 외부의 전문가가 자기 편을 들어주는 대화를 기대하였는데 자기가 이렇게 해야 힐지 모르는 것에 대해 가족치료사가 직면을 시키고 있었기 때문에 당황하였다. 그녀는 나의 제안에 조심스럽게 관심을 표명하였다. 남편 대신에 제이슨을 향해 "너는 내가 말하는 것은 아무것도 안 하더라. 너는 거짓말쟁이야!"라고 비난을 하였다.

"내가 뭘 언제…"라고 말을 시작하였으나 제이슨은 결국 말을 끝내지 못하였다. 대부분 가족은 말을 안 하려 하는데 이 두 사람은 마치 총알같이 상대방을 향해 쏘아 댔다. 부인은 아들에게 분노의 총알을 쏘아 댔고, 아들은 싸우려고 했지만 결국은 어머니를 이길 재간이 없었다. 적어도 말로는 당해내지 못했다.

＊ ＊ ＊

　싸늘한 대화였지만 두 사람이 서로에게 아주 깊게 관여하고 있다는 사실을 보여주었다. 서로의 관계가 갈등 관계임에도 불구하고 두 사람의 관계는 마치 강력접착제같이 붙어 있다. 다른 사람이 말을 하든 말든 두 사람은 계속해서 서로 말을 주고받았다. 내가 질문을 하였을 때 가시가 박힌 말이나 뻔한 질문을 하였고 서로를 물어뜯기에 아주 능숙했다. 두 사람은 마치 강아지 두 마리가 싸우듯이 싸우고 있었다. 으르렁대지만 진짜 물지는 못하고 있었다. 어머니와 아들의 싸움은 부모의 오래된 갈등을 줄여주는 역할을 하는 것 같았지만, 아들을 훈육하는 데 부모가 합일점을 찾지 못하고 공동전선을 펴지 못하는 것이 더 문제가 되고 있었다. 나는 이들의 상호작용 패턴을 보고 싶었고 **실연**<sup>enactment</sup>을 통하여 합일점을 찾을 수 있는지 확인하고자 하였다.

＊ ＊ ＊

　"제 생각에는 두 분께서 서로의 차이점을 확인하시고 같이 아드님을 다루는 방법을 찾아내시기 전에는 해결방법이 없어 보입니다. 제이슨을 두 분 사이에 끼어들게 놔두는 한 문제를 해결할 수 없죠. 남편에게 이야기해보세요. 남편이 뭘 하시기를 바라십니까? 부인에게 이야기를 해보세요. 부인이 무얼 하기를 바라십니까? 두 분께서 함께 노력해야 합니다."라고 말하면서 두 사람의 말을 막았다.

　이번에는 두 사람이 조용히 있었다.

　살라자르 씨는 왼쪽 다리를 오른쪽 다리 위에 포개고 두 손으로 무릎을 감싸고 앉아 있었다. 나는 그가 부인의 축 처진 눈 밑의 주름을 바라보는 것을 보았다. 피곤한 눈이다. 한때는 갈색 눈, 풍만한 입술, 웨이브가 멋진 머리의 예쁜 얼굴이었지만 이제는 중년으로 넘어가는 얼굴이다. 긴장하고 있고 불만이 쌓인 것이 눈과 입 주위에 보였고, 한두 개의 흰 머리카락도 보였다. 보기 좋은 얼굴이지만 남편을 흘겨볼 때는 경직되어 있었다.

"당신은 우리에 대해서 신경을 안 써요. 당신이 돌보는 건 오로지 당신의 그 중요한 일뿐이죠. 몇 년간 난 당신을 가족 일에 참여시키려 했어도 당신은 언제나 너무 바빴어요. 집에 있을 때조차도 너무 시무룩해서 나머지 가족을 힘이 빠지게 했어요. 몇 년간 당신은 모든 걸 내게 떠넘겼다고요. 애들을 차에 태워 데려다주는 게 누구죠? 제이슨이 밖에서 늦을 때 누가 그 애를 기다렸죠? 당신은 아니라고요. 당신은 그렇게나 중요한 잠을 자야 하니까요. 당신, 제이슨의 중간고사 성적이 어떤지나 알고 있나요? 아니요, 당신은 심지어 그걸 본 적조차 없어요!"

"난 성적표를 보지 못했소. 그게 어디에 있었소?"

"지난 토요일 밤 난 당신에게 성적표를 주었잖아요? 당신은 '나중에'라고 말을 했고요." 그녀의 목소리는 비웃는 것 같았다. "당신은 언제나 '나중에'라고 하죠. 그 '나중'은 결코 안 와요."

살라자르 씨의 뺨이 붉어졌다. 그는 고개를 돌렸고 침묵으로 빠져들었다.

나는 이런 식으로 결론을 내릴 준비가 되어 있지 않았다. 때로 내 일은 권투 경기의 심판을 보는 것보다 더 간단하다. 그저 구경꾼이 끼어드는 것을 막고 선수들이 경기를 끝내기 전에 링을 떠나지 않도록 저지하기만 하면 된다. "아내에게 대답하실 수 있겠습니까?"

"아니요. 살라자르 씨는 나를 노려보면서 말했다. "아내는 내 의견을 원하는 게 아니에요. 그녀는 단지 모든 걸 자기 방식대로 하길 원해요."

"아내에게 말하세요." 내가 재촉했다.

"무슨 소용이 있겠어요? 아내는 내가 전혀 참견을 안 했다고 불평하는 걸요. 아마 그게 맞을지도 몰라요. 하지만 그렇지 않을 수도 있어요. 아마 난 아내의 끊임없는 비난에 지쳐 있었는지도 모르겠네요. 애들이 아내를 화나게 하면 아내는 날 끌어다 붙이죠."

"그건 공평치 못해요." 살라자르 부인이 울음을 터뜨리며 말했다. "당신은 잘못한 게 전혀 없군요. 항상 결백해요. 불쌍한 사람…. 그래요. 내가 다 한 일이에요. 잘못한 사람은 항상 나라고요." 이제 그녀는 흐느끼고 있었다.

"미안해 여보, 알다시피 내가 다 옳고 당신이 다 틀렸다는 것은 아냐. 내 말은 때론 모든 비난을 수긍할 순 없다는 거야." 살라자르 씨가 앞으로 몸을 내밀며 살라자르 부인의 손을 잡으려 해도 그녀는 그 손을 밀쳐냈다.

## 이것은 분명히 부부 문제일 것이다

우리는 아마 살라자르 가족의 진짜 문제는 부부간의 문제 때문이라고 잘못 결론을 내릴 수 있다. 부모의 불화를 보건대 아들의 비행은 그 산물이라는 것이다. 이는 사실이지만 부분적으로만 그렇다.

제이슨의 반항은 어머니의 소유욕에 일부 책임이 있으며, 아버지의 무관심 때문이다. 가족구성원이 이와 같은 또는 비슷한 관련성을 깨달을 때, 그들은 단순한 인과론으로 생각하고 비난할 누군가를 찾는다. 이런 유형의 사고는 가족들에게 각각의 고정역할을 부여하는 오류를 범하게 한다. 반항적인 10대, 통제하려는 어머니, 수수방관하는 아버지, 이런 식의 사고는 모든 가족구성원 사이의 상호연결을 흐리게 한다.

## 단선적 인과관계 대 순환적 인관관계

**단선적 인과관계**linear causality에서는 A는 B의 원인이 된다. 이는 어떤 경우에는 맞는 이야기이다. 당신이 좋아하는 제라늄 꽃이 누렇게 되었다면(결과), 단순한 원인을 찾을 수 있다. 햇빛이 부족했거나 물을 너무 많이 준 것이 식물이 시들게 된 직접적인 원인으로 밝혀질 것이다.

인간의 문제는 좀 더 복잡하다. **순환적 인과관계**circular causality 관점에서는, 행동은 일련의 작용과 반작용의 반복되는 순환으로 본다. 살라자르 가족도 인과론의 영향으로 한 가지 원인(A)이 모든 결과(B)를 불러일으켰다고 믿고 싶은 유혹을 받게 된다. 제이슨은 어머니의 과도한 요구가 자신을 반항하게 만든다고 믿고

("어머니가 좀 더 합리적이라면 난 어머니 말을 들었을 거야."), 살라자르 부인은 제이슨이 말을 잘 들으면 잔소리할 거리가 없을 것이라 생각한다. 두 사람 모두 상대방이 변하면 모든 것이 나아질 것이라고 믿는다. 이처럼 구성원들이 순환 사이클에 한 번 빠져들면 변화는 일어나기 어렵다. 참가자들은 역기능적인 패턴을 깨는 대신에 단순히 더 강력하게 행동하려 하기 때문이다.

단선적 사고 대신 상호순환적 사고는 인간관계를 바라보는 새로운 방식이고, 인간관계를 좀 더 효율적으로 접근하도록 돕는다. 만일 당신이 상사와 사이가 좋지 못하다면 그것이 누구의 문제이고 누가 시작했는지를 걱정하는 대신에, 그 관계를 한 원 안에서 돌고 도는 일련의 작용과 반작용으로 생각하기 바란다. 한 예를 보자. 상사가 행동주의 용어로 목표를 세우고, *DSM-IV*의 지침을 따르고, 새로운 평가 형식에 따라 보고서를 제출하라고 지시했다고 하자. 나는 상사의 명령이 내담자에 대한 효과적 치료 등에 관심이 있는 것이 아니라 서류 작성 같은 것에 지나치게 신경 쓰는 것 같아 화가 나기 시작했다. 그래서 상사의 말은 알겠지만, 서류 작성에 너무 시간을 쓰게 된다고 불평을 했다고 치자. 상사는 화가 나서 자신이 시키는 대로 하라고 말한다. 이제 회의는 두 사람 모두 기분이 상한 상태로 끝나고 각자는 그 이유를 알고 있다.

순환적 사고는 A라는 사람이 X라는 어떤 행동을 할 때, B라는 사람이 Y라는 행동을 하고, 그러면 A라는 사람은 또 강하게 X 행동을 하고, B가 또다시 강히게 Y 행동을 하게 된다. 두 사람의 관계에서 상사가 옳고 내가 틀린다거나, 내가 상사에게 양보해야 함을 의미하는 것은 아니다. 이런 경우에 해결방법은 일단 상사의 명령에 동의하지 않고, 내가 하고 싶은 대로 하는 것이다. 이러면 결과가 어떻게 될지 예측하기 힘들다. 다른 해결방법은 상사의 명령에 동의하고 내가 하고 싶은 대로 행동하면 될 것이다. 상사의 의도가 아랫사람이 그의 의견에 동의하는 것뿐이라면 그렇게 하면 된다. 그러나 상사가 자기가 원하는 방식으로 정확하게 아랫사람이 행동하기를 바란다면 문제가 해결되지 않을 것이다. 그럴 때는 상사가 원하는 대로 아랫사람이 해야만 할 것이다.

살라자르 가족 내의 순환 과정은 양방향적인 것이 아니라 **삼각 구도**다. 이러한 모습은 대부분의 가족 문제에 해당하는 진실이다. 제이슨과 샤론의 관계는 샤론과 스튜어트와의 관계와 연결되어 있고, 제이슨과 스튜어트의 관계는 제이슨과 샤론의 관계와 연관이 있다. 이 관계 중에 어느 것 하나에 변화가 있다면 이는 다른 관계에도 영향을 끼칠 것이다. 쉽게 말하면 샤론이 제이슨으로부터 물러서게 하려면 스튜어트를 샤론과 더 가까워지게 해야 한다(또는 샤론을 친구들이나 다른 성인들과 더 가까워지게 하는 것 역시 그러하다). 다른 관계에 영향을 주지 않고서는 삼각 구도의 어느 한 면도 변화시킬 수 없다.

제이슨과 부모와의 삼각관계$^{triangle}$에서 나는 세 가지 변화를 보고 싶었다. (1) 제이슨과 샤론이 더 멀어져야 하고 (2) 스튜어트와 샤론이 더 가까워져야 하며 (3) 제이슨과 스튜어트가 더 가까워져야 한다. 이때 이 모든 세 가지 변화가 서로 연결되어 있음을 기억하라.

변화를 일으키기 가장 쉬운 것은 가장 드러나지 않는 관계, 즉 갈등에서 가장 자기 몸을 사리고 있는 사람이다. 그래서 나는 살라자르 씨를 아들과 더 개입시킬 수 있는지를 확인하려 했다. 그러고 나서 더 어려운 일, 즉 살라자르 씨를 그 아내와 더 가깝게 할 것이고 살라자르 부인을 제이슨에게서 분리할 것이다. 이를 가능케 할 방법을 찾지 못한다면, 아들을 지배하려는 살라자르 부인의 시도는 아들로 하여금 더 극단적인 반항을 하게끔 만들 수 있다.

✳ ✳ ✳

"살라자르 부인, 굉장히 낙심하신 것 같군요. 때로는 무력감을 느끼십니까? 아무것도 바꿀 수 없을 것 같으세요?"

"네" 그녀가 조용히 말했다.

"당신이 조금 뒤로 물러서고, 제이슨을 가르치는 데 남편께 더 적극적인 역할을 하게 하시겠어요?"

"하겠느냐고요? 네, 그럼요, 그게 선생님께 말씀드리려던 거예요."

"그럼 살라자르 씨, 제이슨과의 관계에서 좀 더 적극적인 역할을 하는 데 동의하시겠습니까?"

"그럼요, 그럴 수 있다고 생각합니다." 별 확신 없이 살라자르 씨가 말했다.

"그럴 수 있다는 건가요, 그럴 수 있다고 생각한다는 것인가요?"

"그럴 거라고요."

"좋습니다. 좋아요. 이번 주를 잘 보내기 위해 두 분이 함께 할 수 있는 것에 대해 제이슨과 이야기를 나누어 보시죠? 단, 한 가지를 고르시고 그것에 대해 명백한 동의를 얻도록 노력해보세요."

"좋아요, 제이슨, 박사님 말씀 들었지? 숙제하는 것에서 시작해보면 어떨까? 숙제를 끝내기 전까진 외출하거나 TV를 볼 수 없다."

제이슨은 아버지를 넋을 놓고 쳐다보다가 나를 얼빠진 듯이 쳐다보고 다시 어머니의 표정을 살피고는 어머니에게 말했다. "내가 숙제하는 게 무슨 상관이죠? 내가 성적을 어떻게 받든 그건 제 문제예요. 나는 숙제를 절반은 집에서 하고 나머지는 공부방에서 한단 말이에요."

살라자르 부인은 화를 벌컥 내었다. "거짓말 마! 그게 네 가장 나쁜 점이야. 넌 숙제를 한다고 말하지만 결국 안 하잖아. 우린 네가 말하는 걸 믿을 수가 없어. 넌 정신이 썩어빠진 못된 녀석이야!" 잘난 척하던 표정이 제이슨의 얼굴에서 싹 가셨다. 샤론은 제이슨을 비꼬았고 아버지와 아들은 나를 쳐다볼 뿐이었다. 그들의 눈은 '내가 뭘 참아야 하는지 좀 보라고요.'라고 말하고 있었다. 그리고 침묵이 몇 분간 뒤를 이었다.

❋ ❋ ❋

가족 간의 갈등은 항상 익숙한 영역 안에서 발생한다. 이렇게 상호작용이 정기적으로 반복되면서 항상성을 유지한다. **항상성**homeostasis이란 예측 가능한 절차의 균형 잡힌 안정된 상태를 말한다. 가족치료사의 할 일은 가족의 항상성을 깨도록 압력을 증가시키는 것이다. 그러나 치료사는 압력을 적절하게 가해야만 한다.

가족을 지나치게 강력하게 밀어붙이면 변화를 시도하기보다는 물러날 수도 있다.

\* \* \*

"살라자르 부인, 당신은 제이슨이 성장하길 정말로 원하십니까? 당신이 하는 것은 도움이 안 되는 것 같은데요."

제이슨이 끼어들었다. "엄마는 나를 통제하면 안 돼요. 난 한 인격체라고요."

"물론 넌 그렇지. 하지만 부모에게 반항하는 것만이 어른이 되는 길이라고 생각한다면 참 힘들단다."

그러고 나서 나는 살라자르 씨를 향해 돌아앉았다. "당신이 개입하려 하지 않기 때문에 부인께서 지쳤나 보군요. 왜 그렇게 하시죠? 이유가 있을 텐데요."

살라자르 부인이 불쑥 말했다. "그 잘난 일 때문이죠. 세상에서 가치 있는 것은 그것밖에 없다고 생각해요."

나는 그를 다시 투쟁의 장으로 불러드리며 선동했다. "다시 시작이군요. 어떡하죠?"

"난 아무 말도 안 했어요."

"그렇지요."

"박사님은 내게 제이슨에게 말하라고 하셨죠. 그래서 노력했어요. 어떤 일이 일어나는지 보셨을 겁니다. 아내는 내가 뭔가 하도록 내버려 두질 않죠."

"제가 본 것은 당신이 뒤로 물러설 때마다 부인께서 역할을 떠맡는다는 거예요. 그리고 살라자르 부인, 제이슨을 다루는 방식에 대해 당신이 남편을 비난할 때마다 남편은 뒤로 물러나시는군요. 부인께서 다 떠맡아야 할 필요를 느끼지 않도록 도울 방법이 있을까요? 남편께 잔소리하는 것 말고 좀 더 개입하도록 놓아두는 방법은 없을까요?"

"말씀하신 대로 저는 물러서서 좀 쉬고 스튜어트가 떠맡을 기회를 좀 더 준다고 생각하는데요."

"좋습니다. 하지만 제이슨이 그렇게 하도록 두지 않지요. 제이슨은 당신을 끌어넣죠. 제이슨은 당신을 피할 수 있다는 걸 알아요. 하지만 아버지에 대해서는 확신하지 못하지요. 제이슨이 고집 센 사춘기 아이처럼 행동해서 당신을 골탕 먹일 때 어떻게 반응하실 건가요? 항상 괴롭힐 건가요?"

나는 제이슨이 아버지와 이야기하는 법을 배웠다면 어머니와 좀 더 거리를 두었을 것으로 생각했다.

"제이슨, 네가 이걸 이해할지 모르겠다. 하지만 네가 아버지와 가까워지는 법을 배우지 않는다면 넌 항상 남자들과 관련해서 문제를 일으킬 거야. 살라자르 씨 아드님은 부자 관계에 대해 알지 못한 채 성장하고 있어요. 제이슨에게 당신의 관점을 지금 이 자리에서 설명해주시겠어요? 아버지와 아들은 서로 이해할수 있어야 한다고 생각하지 않습니까?"

"아들이 듣고 싶어 하지 않을 거예요. 제이슨은 내가 생각하는 바에 관심이 없어요." 그들은 서로를 쳐다보았다.

"시도해보시죠." 내가 말했다.

살라자르 씨는 남자는 마땅히 해야 할 바를 배워야만 한다고 긴장된 표정으로 눈살을 찌푸린 채 제이슨에게 말했다. 집안의 일부터 진로에 이르기까지 모두가 중요한 일들이고 성취할 것도 많음을 이야기하는, 장황한 설교였고 '존경'이라든가 '자기 수양' 등의 말로 가득 차 있는 가르침이었다. 스튜어트 살라자르는 아들에게 이야기해본 경험이 별로 없었고 그리 능숙하지도 않았다. 나는 그에게 아들과 잘 지내는 법에 대해 가르쳐주고 싶었지만, 그들이 잘못하고 있음을 알려주기 위해 간섭하고 싶지 않았기에 언급을 자제했다. 나는 살라자르 씨가 가족 내에서 비판을 더하는 것이 아니라 더 많이 참여하기를 원했다. 잔소리는 역시 잔소리일 뿐이다.

나는 제이슨의 짧고 퉁명스러운 반응에서 단서를 잡았다. "제이슨은 마음에 있는 것을 단답형으로 대답하는 식으로 당신을 길들였군요. 좀 더 어른스러운 방법으로 제이슨에게 이야기하실 수 있겠어요? 그러면 제이슨이 더 성장할 수 있지 않았을까요?"

＊　＊　＊

내 목표는 단순한 훈육이나 거리 두기가 아니라 위계질서를 설정하고 부모에게 책임을 부여하기 위한 것이었다. 그렇게 하려면 부모 중 한 사람이 일방적으로 자녀 양육에 대한 모든 책임을 지고, 다른 배우자는 책임을 지지 않는 패턴을 깨야 한다. 그들은 제이슨의 문제 행동이라는 가족의 문제를 내게 던지길 원했고 나는 그것을 두 사람에게 도로 던졌다.

이 두 사람은 아마 몇 년에 걸쳐 거리를 두어왔을 것이다. 왜인가? 아내가 공격하자 남편이 움츠러들었거나, 혹은 남편이 움츠러들었기 때문에 아내가 공격했을 것이다. 누가 먼저 시작했는가는 중요하지 않다. 둘 중 누군가는 이 갈등을 중지시킬 수 있다. 그러나 그들 사이의 거리감을 살라자르 씨는 직장 일에 집중하면서 아내는 자녀 양육에 몰두하면서 거리감으로 인한 공허감을 채웠다. 아이들이 어려서 아내가 자녀 양육에 몰두할 때에는 그런대로 지날 수 있었지만, 이제는 그렇지 못했다.

제이슨은 어머니의 통제에 대해 반항하는 나이가 되었다. 그가 자유를 주장하며 투쟁할수록 어머니는 더 통제하려 했다. 이제 제이슨은 반항하게끔 길들여졌다. 어머니의 통제에 맞서면서 자율성을 유지하려 했을 뿐 아니라 어머니의 삶에서 빠진 남성으로서의 아버지 역할까지 떠맡게 되었다.

제이슨은 자기가 부모의 집에서 나오기만 하면 문제가 끝날 거로 생각했다(우리도 그렇게 생각하곤 한다). 그러나 그것은 틀렸다. 우리가 부모와 관계 맺는 패턴은 우리의 성격을 형성한다.

제이슨이 지속해서 반항하면서 자신의 자율성을 키우려 한다면, 성숙한 자율성을 성취해야 하는 난제는 사라지지 않을 것이다. 따라서 이 과제를 영원히 미루든지 아니면 지금 나의 도움으로 그 문턱을 넘어야 할 것이다. 그렇지 않으면 인생의 어느 시점에서 이 문제를 해결하기 위해 상담실에 나타날지 모른다.

어머니의 가차 없는 비난은 제이슨의 자존감을 깎아내리기 때문에 상황이 더 복잡하게 되었다. 포르노 잡지를 보는 것이나 자위를 하는 것은 손상된 자존감 회복 행위이다. 그리고 자기 정체성을 확립하려고 고군분투하는 청소년에게는 이런 행위는 오히려 자연스러운 행동일 것이다. 하지만 제이슨의 경우에는 수준을 넘어서는 것이었다. 자기 방에 칩거하면서 10대의 성적 환상으로 상처받은 자아를 쓰다듬고만 있다면 그의 사회생활에 치명적인 결과를 가져올 것이다. 그리고 남성들은 '지배하려 드는 어머니상' 또는 '성적 노리개'로 여기는 여성에 대한 편견을 버리지 못할 것이다.

✳  ✳  ✳

제이슨 가족 문제의 초점을 부모에게까지 확대하긴 했으나 누이동생을 무시하고 있었다. 그럴 수밖에 없었던 것이 헤더는 너무 말이 없었다. 가족의 모든 구성원에 대해 이해하지 않고 가족치료를 하려 드는 것은 큰 실수일 수 있다.

내성적인 헤더는 자기의 본성을 누르고 어머니의 규칙을 따랐다. 어머니는 이런 딸을 말 잘 듣는 모범적인 딸이라고 칭찬할지 모르지만, 헤더는 결국 사회성이 떨어진 수줍은 소녀가 되었다. 나는 헤더에게 다른 노력을 해보았다.

"헤더, 너는 항상 이렇게 조용하니?"

"모르겠어요. 말할 게 없어요."

"집에서 일어난 일 때문에 네가 밖에서 생활하는 데는 지장이 없니? 넌 집에서 나가려고 해본 적은 없니? 친구들이랑 나가 노는 건 어때?"

"그런 거 없어요."

나는 헤더의 소심하고도 공격적인 태도에 도전받긴 했지만, 그녀를 개방시키려 부추기지는 않았다. 나의 시도가 실패하게 되면 비록 가족치료사인 나는 무력하게 보이지만 헤더는 자기가 이겼다고 여길 것이다. 그러나 결국, 헤더는 나의 숨은 의도에 따른 것이기 때문에 나에게 결국 진 것이다. 반대로 내가 헤더를 개방하는 데 성공하면 부모에게는 소심한 딸이 치료사에게는 마음을 여는 것을 보여주는 것이다. 그렇지만 나는 생각을 바꿨다. 나는 **부모**들이 딸에게 말하도록 하는 것이 낫겠다고 마음을 바꿨다.

"제가 제대로 한 것 같지가 않네요. 두 분이 부모님이시니… 헤더에게 이 모든 것에 대해 어떻게 느끼는지 말해보도록 해주시겠어요?"

샤론은 헤더가 느끼는 바를 정확히 안다고 말했고 헤더는 고개를 끄덕거렸다. 나는 말했다. "아이들이 어릴 때는 어머니가 아이의 마음을 잘 이해해주는 것이 매우 중요합니다. 좋은 어머니이죠. 그러나 애들이 크면 그렇지 않을 때도 있습니다." 그리고 헤더에게 "어머니가 가끔 너를 화나게 하니?"라고 묻고 마지막으로 스튜어트 씨에게 "따님이 어머니께 이야기하도록 도와주시겠어요? 아마 부인께서 따님에게 너무 엄하신 것 같아서요."라고 말했다.

그러고 나서 곧 나는 위쪽 벽에 있는 시계를 쳐다보았다. 10시 15분이었다. 우리는 모두 한 시간이 넘게 이야기를 했다. "좋습니다. 시간이 넘은 것 같군요. 이야기할 것이 많으니 다음 토요일 이 시간에 다시 뵙고 싶네요."

샤론이 남편을 쳐다보았고 그는 "좋아요. 오겠습니다." 하고는 말이 없었다.

그들은 각자 자신들의 생각에 빠져 돌아가는 길에 서로 말을 하지 않았을 것이다.

제이슨은 아마 '난 여기서 나갈 거야. 역시 이런 치료 따위는 생각했던 대로 쓸데없는 말다툼이나 하고 날 헤더 같은 순해 빠진 겁쟁이로 만들려고 하는 거야.'라고 생각했을 것이다.

헤더는 가장 여기에 오고 싶어 하지 않는 것처럼 보였지만 오빠가 문제를 그만 일으키기를 바랐을 것이다. 사실 때로 헤더는 오빠를 미워했다.

샤론은 복합적인 반응을 보였다. 그녀는 날 좋아하는 것 같았다. 내가 약간 삐딱하지만 무엇을 하고 있는지 내가 알고 있다고 분명히 느꼈다. 내가 하는 것이 그들이 해결하려고 헛되이 노력하고 있던 문제를 다루도록 가족에게 압력을 넣고 있는 것임을 그녀는 감지했었다. 그녀는 내가 좀 더 적극적인 역할을 해주길 바랐다. 왜 모든 것을 그녀가 책임져야 하는가?

스튜어트는 의심할 여지 없이 이곳에 오는 것에 대해 화를 내고 있을 것이었다. 그가 확신하는 것은 결혼에 대한 해묵은 감정을 드러내고 싶지 않다는 것이었다. '그러나 아마 여기 온 것이 아내의 지나친 걱정이나 제이슨을 구박하는 것을 멈추게 할지도 모른다. 아내가 물러선다면 제이슨이 덜 반항하게 될지도 모른다. 왜 이 심리학자는 그냥 샤론에게 그렇게 말하지 않는 걸까? 왜 그는 모든 가족을 휘저어 놓는 걸까?'라고 생각할 것이었다.

❋ ❋ ❋

사람이 가족의 산물이라는 것은 새로운 생각이 아니다. 그러나 놀랍게도 가족을 함께 치료하려는 가족치료사들은 그리 많지 않다(사실 가족 전체를 만나는 것보다 한 사람씩 만나는 게 쉽기는 하다). 사실 가족이 구성원들을 구조화한다고 보는 관점은 흔하지 않다. 가족 내의 패턴을 발견하는 것은 마치 어두운 방에 불을 켜는 것과도 같다.

첫 회기는 가족치료사에게 기본적인 도전을 제공한다. 고통을 겪고 있는 사람들은 상담실에 들어오자마자 자신들의 심각한 문제를 다급하게 이야기하면서 답을 구하려 한다.

"15살 된 딸이 10학년에 진급하지 못하게 됐어요. 어떻게 해야죠?"
"제가 문제입니다. 제가 몹시 우울합니다."
"제 아들 제이슨을 도저히 다룰 수가 없습니다."

이렇게 제시된 문제들은 지뢰밭이다. 우리가 무엇을 해야 하는가? 제이슨은 무엇이 잘못되었는가? 이 내담자들은 어쩌면 오랜 세월을 자신들의 문제에 대해 고민해왔고 전략들을 개발하였을 것이다. 그리고 어쩌면 비효과적인 전략들을 반복해서 적용해 왔을 것이다. 이들은 자신들의 전략들이 들어맞지 않아도 충동적으로 반복하려 한다. 마치 진흙탕에 빠진 차의 바퀴가 돌면 돌수록 더 깊숙이 진흙 속에 빠지는 것과 같다.

가족치료의 첫 회기가 힘든 이유는 문제들을 이 자리에서 해결하라는 내담자들의 요구에서 오는 스트레스이다. 그러나 첫 회기는 문제해결이 아니라 진단을 해야 한다. 첫 회기에 가족치료사가 해야 하는 것은 질문이다. 만일에 가족구성원들이 치료사에게 무엇을 할 것인지를 물으면 "아직 잘 모르겠습니다."라고 답하면 된다.

가족치료사는 가족이 스스로 해결할 수 없는 문제들을 가족체계적 관점에서 무엇이 문제인지를 찾아내야 한다. 그리고 그들이 문제를 해결하여 재조직할 수 있도록 도와주어야 한다. 간단히 말하자면 이것은 가족의 문제가 아니다. 가족이 문제를 해결하지 못하는 것이 문제이다.

모든 진단은 제시되는 문제를 탐색하는 데서 시작된다. 단순히 문제를 탐색하는 것이 아니라 구성원들 사이의 상호작용도 탐색해야 한다. 체계적인 가족치료사는 가족이 문제라고 지적한 내담자에게 질문하는 대신 가족에게 질문하는 과정을 통해서 관계 패턴을 찾아내려 한다. "아버님께서 힘들어하시는 아드님의 행동이 무엇입니까?"라는 질문을 하면서 아버지와 아들 사이의 관계를 탐색하는 통로를 마련한다. "그런 일이 집에서도 발생합니까?"라고 질문하는 것은 초점을 자녀의 문제 행동에서 가족의 문제로 방향을 돌리게 한다.

가족이 제시하는 불평이 개인에서 가족체계로 옮겨가면 가족치료사는 문제를 지속시키는 행동이 무엇인지를 탐색하기 시작한다. 여기서 조심해야 할 것은 가족구성원들이 저항하지 않으면서 자신들의 행동이 어떻게 문제를 지속시키는지를 깨달을 수 있게 돕는 것이다. 이후 구성원들의 관점이 형성된 배경을 탐색한다.

❋  ❋  ❋

예를 들어, 14살 된 딸을 지나치게 의심하는 한 어머니가 있다고 하자. 그 어머니는 자신이 17살 즈음 부모로부터 버려졌다는 사실을 떠올렸다. 그리고 후에 남편이 약물중독 문제가 있다는 사실을 몇 달 동안이나 속였다는 것을 알게 되었다. 어머니는 자신의 과거 경험 때문에 딸에 대해 불필요한 걱정을 하고 있었다. 가족치료사는 딸이 남편처럼 약물중독에 빠질까 봐 걱정이냐고 물었다. 어머니는 "딸이 남편처럼 거짓말을 했어요."라고 말했다. 이에 치료사는 "당신이 틀렸습니다. 그 아이는 보통의 10대들과 같이 거짓말을 한 것뿐이에요."라고 답했다.

❋　❋　❋

또 다른 사례를 보자. 한 젊은 남편이 일에 모든 에너지를 쏟고 부인과는 시간을 보내지 않으려 했기 때문에 두 사람의 관계는 소원하였다. 짧은 탐색을 통해서 남편의 아버지는 알코올 중독자이고, 부부 사이가 소원했고 아들과도 서먹서먹한 가족 환경에서 성장했다는 것을 알았다. 그는 성적을 잘 받아야 겨우 부모의 관심을 받았다. 남편은 사랑의 관계를 원하지 않았던 것이 아니라 부인이 실망해서 자기를 떠날까 두려워 아예 마음을 열지 못했다.

❋　❋　❋

일반적으로 내담자들에게 도움이 되지 않는 행동을 단순하게 하지 말라고 충고하는 것과 가족치료의 차이점은 가족치료에서는 왜 그들이 이 상황에 이르게 되었는지를 탐색한다는 점이다. 내담자 가족의 과거를 탐색하는 것은 그들의 과거를 무효화 하려는 것이 아니라 현재 상황을 좀 더 잘 이해하려는 데 있다. 이 책의 나머지 부분은 우리가 만난 살라자르 가족이 어떻게 이 시점까지 왔는지의 과정을 다루고 있다. 가족치료는 문제를 단순하게 진단해서는 안 된다. 내담자 가족의 이야기까지 고려해서 진단해야 제대로 된 변화를 시도할 수 있다.

# 가족치료사가
# 되기 위한 훈련

우리는 자신을 좀처럼 의심하지 않는다. 출세하려고 에너지를 다 소진하고, 성공하는 데 도움이 되는 사람들과 관계 맺는 데 집중하면서도 자신을 자신만의 성격을 지닌 독립적인 개체라고 생각한다. 이것이 우리 삶에 영속성을 부여한다: 인간은 유기체이며, 유기체의 중심에는 단일의 응집체인 '자기'가 있다.

사람들은 힘들 때는 자기 안으로 움츠러든다. 꼼짝달싹할 수 없는 상태에 빠진 사람들은 상처를 쓰다듬거나, 상대를 되받아치거나, 자신의 문제를 해결하기 위해 개인 상담을 하려 한다. 가족치료사한테 원하는 것은 무엇일까? 치유? 그럴 수도 있다. 그러나 상담실은 그들의 문제와 귀찮은 관계로부터 달아날 수 있는 도피처가 되기도 한다.

가족치료사의 입장에서는 내담자가 가족의 정서적 갈등에서 혼자 빠져나올 수 없다고 판단하기 때문에 내담자 문제의 원인인 식구들을 다루면서 가족치료는 시작된다.

\* \* \*

1950년대에 가족치료사들은 치료 분야에 새로운 장을 연 개척자들이었다. 이들은 비우호적인 편견과 싸워야 하고, 자신들의 새로운 방법을 수호해야만 했다. 가족치료사들은 자신들의 치료적 방법에 대한 적법성을 위해 투쟁하느라 가족체계를 다루어야 한다는 공통신념을 강조하였지만, 방법론의 차이점은 무시하였다. 개척자들의 공통신념은 사람들의 문제는 가족 내에서 발생한다는 것이다. 그리고 가족은 단순한 개인의 집합체가 아니라 매우 복잡한 체계로서 수많은 사회적 단위 중 하나이다.

가족들은 때로 개인의 성장에 적대적일 뿐만 아니라 치료적 변화에 적극적으로 저항하기도 한다. 따라서 가족치료의 발견, 즉 가족이 유기적 체계라는 것, 이 유기체가 개인을 삼켜버린다는 편견이 가족치료사들을 때로는 가족과 싸우는 전사로 만들었다.

가족치료 선구자들은 가족치료 분야의 위치를 정립하기 위해 정신의학 분야와 싸웠고, 그 전리품을 쟁취하기 위해 학파끼리 싸웠다. 나중에는 문제가 된 가족구성원을 구출하기 위해 가족과 싸웠다. 내담자가 그 가족의 역동 때문에 만들어진 희생양이라는 관점은 이들 모두가 확고하게 가지고 있던 공통적인 관점이었다. 되돌아보면 가족치료사의 이런 관점은 지나치게 문제를 낙관적으로 본 결과였다는 것을 알게 되었다.

후에, 가족치료 분야에서는 이런 관점이 다소 지나치다는 것을 깨닫게 되었다. 개인치료가 조용하고 명상적이라면, 가족치료는 매우 적극적으로 가족에 개입하여 치료를 시도한다. 이때 간과한 것이 가족치료사도 가족과 하나인 체계의 구성원이고, 한 구성원이 과대 기능을 하면 나머지 구성원은 과소 기능한다는 사실을 간과했다. 점차 가족치료사들은 가족과 좀 더 협조적이어야 한다는 사실을 수용하였다. 그리고 가족체계는 구성원들이 동등하지 않다는 사실을 깨닫게 되었다. 나도 40대가 되어서야 가족체계 구성원 사이에는 엄연하게 남녀 차별이 존재한다는 사실을 겨우 자각하게 되었다. 성 차이를 이해하는 데 내가 얼마나 편견을 가졌는지 또 진정으로 편견과 맹목에서 벗어나지 못했는지를 깨달은 것이다. 문화적 차이에 대한 민감성, 성차별에 대한 민감성이 충분하지 않았다는 사실을 고백할 수밖에 없다.

가족치료는 20세기 말에 괄목할 만큼 성장했다. 오늘날 가족치료는 확고한 위치를 차지하고 번창하고 있지만 40년 전에 가족치료란 새롭게 생각하는 한 방법일 뿐이었다.

✻ ✻ ✻

내가 초창기에 훈련을 받으면서 만난 첫 환자 중 한 명은 티토 라미네즈였다. 그는 어머니, 여동생과 함께 사는 5살 남자아이로 아파트의 벽장에 불을 질렀다는 이유로 소아정신과에서 위임받았다. 접수 상담가로부터 건네받은 메모에는 "이상한 행동을 하고 다른 아이들과 어울려 놀지 않는다."고 어머니가 말했다는 것 외에는 별다른 말이 적혀 있지 않았다.

무턱대고 달음박질치기 일쑤이고, 동물을 괴롭히고, 불을 지르는 건 어린아이에게는 좋지 않은 증상이기에 나는 티토가 정신질환일 수도 있겠다고 의심했다. 늘 그랬듯이 나는 놀이를 통해 그의 감정을 표현하도록 고안된 장난감이 가득 찬 방에서 티토를 만났다. 당연히 어머니가 있으면 그를 제지할 수도 있었기 때문에 어머니는 그 면담에서 빠져 있기로 했다.

내가 3주간 지켜보면서 칭찬하는 말을 하는 동안 티토는 조용히 놀았다. 그의 놀이에서 두드러지는 점이라곤 다소 생기가 없다는 것 말고는 없었다. 티토는 톱밥으로 속을 채운 동물 인형들을 갖고 놀기를 즐겼고 여성 잡지의 사진들을 즐겨 보았다. 그 나이 또래 아이들과 달리 티토는 다트 총이나 물총을 좋아하지도 않았고, 큰 인형에 관심을 보이긴 했지만, 인형을 치거나 껴안거나 레슬링을 하지도 않았다. 티토는 얌전하긴 했지만, 특별히 이상하거나 정신병적으로 보이진 않았다.

내가 타토의 가족을 만나야겠다고 결정했을 때 그건 확신에 의해서라기보다는 혼란스러워서였다. 가족을 만나자 그 혼란이 사라졌다.

타토의 엄마인 마리나는 20세였지만 보기에 그보다 더 어려 보였다. 짧은 치마에 배꼽이 나오는 짧은 상의를 입은 그녀는 의사를 만나러 온 어머니라기보다는 데이트에 나온 10대처럼 보였다. 부모로서의 태도는 전혀 찾아보기 힘들었다. 3살 된 라모나는 극성스러운 아이였고 장난감으로는 도무지 진정시킬 수 없었다. 그 애는 온 방 안을 뛰어다니다가 이 장난감을 잡았다가 저 장난감을 움켜쥐곤 하면서 소리를 내어 뛰어다니고 고함을 지르고 물건을 던지는, 유치원에서 교사들이 방을 나갔을 때 아이들이 하는 행동들을 보였다. 라미네즈 부인이 라모나를 조용히 시킬 때까지 기다리는 데는 꽤 오랜 시간이 필요하였다.

티토는 완전히 당황한 것처럼 보였다. 엄마가 있어서 더 모험적으로 되기보다는 더 부끄러워하는 것 같았다. 엄마 옆에 붙어 앉아 손에 매달려 무릎에 한두 번 기어오르려 했지만, 엄마는 티토를 무시했다. 라모나의 떠들썩함도 지나쳤지만, 라미네즈 부인은 아들을 전적으로 무시했다. 그녀가 나와 이야기하고 싶어 하는 건 오직 남자친구 레온과 두 사람 사이의 문제뿐이었다.

모든 것이 들어맞았다. 꼬마 방화범 티토는 문제아가 아니었다. 그는 단지 제대로 돌봄을 받지 못하고 관심을 받지 못한 외로운 어린 소년일 뿐이었다. 그의 어머니 역시 잔인하거나 신경증적인 사람이 아니었다. 그녀 역시 그저 좀 얌전하지 않은 젊은 여성, 자기 문제에 사로잡혀 자녀들에게 충분히 관심을 쏟지 못하는 젊은 여성일 뿐이었다. 그걸 알기까지는 오랜 시간이 걸리진 않았다.

가족 역동에 대해 특별한 지식을 갖고 있진 않았지만, 마리나 라미네즈의 삶에 있어서 우선순위가 남자친구와의 문제를 해결하는 것이라는 것을 알 만한 상식은 있었다. 남자친구와의 문제가 해결되고 안정감과 사랑을 느끼기 시작하자 그녀는 자녀들에게 관심을 기울일 수 있게 되었다. 그 면담과 공감과 훈육을 가미한 몇 번의 상담을 통해 티토는 놀라울 만한 개선을 보였고 가족 모두가 그러했다.

✻ ✻ ✻

나는 상당히 고무되었다. 새로운 가능성의 세계가 열렸다. 서로에게 작용하고 반작용하는 분리된 개인을 보는 대신에 가족 전체를 묶는 어떤 패턴을 보기 시작했다. 부모가 그렇게 하도록 하지 않았다면 어떻게 6살짜리가 부모에게 말대꾸하고 제 마음대로 할 수 있을까? 그런데 왜? 부모가 멍청하기 때문은 아니다.

문제는 부모가 지나치게 엄격하거나, 방임적이거나, 부모가 화가 난 것을 아이에게 풀거나, 부모가 자녀를 가운데 두고 싸우기 때문이다. 나는 부모들이 왜 배우자와 비슷한 점을 아이에게서 발견하고 불평하는지 놀라움을 금치 못한다.

아직도 무언가 빠져 있었다. 어떤 패턴을 볼 수 있었고 가족의 작용을 한 집단으로 보기 시작했지만, 가족의 근본적인 체계를 이해할 수 있도록 배운 것이 없었다. 그러나 대학원에서 배운 대부분의 가족치료 개념은 규칙에 따라서 이루어진 것이었다. 그리고 규칙은 가족구성원들 사이의 상호작용 패턴이 확고할 때 붙이는 용어이다. 규칙이 두 사람 사이에 반복되는 상호작용이고, 점차 가족에 대해서 배워감에 따라 두 사람 간에 일어나는 것은 종종 두 사람 사이에 제삼자(친정엄마와 지나치게 가까운 부인은 남편과 완전히 가까워지기 힘들다) 또는 다른 활동들(일 중독인 남편은 부인과 가까워질 시간이 전혀 없지만, 빈둥거리는 남편은 바쁜 부인을 참을 수 있는 것 이상의 '함께하는 시간'을 요구하게 된다)이 끼어 있다는 것을 발견하게 되었다. 여기에서는 가족 전체에 대한 전반적인 이해를 하는 방시에 관한 것보다는 **부부 분열**marital schism, **부부 왜곡**marital skew, **갈등-회피**conflict-avoidance, **희생양**scapegoating과 같이 뚜렷하게 보이는 과정을 강조하고 있다.

나는 '**가성상호성**pseudomutuality', '분리'라던가 '제휴', '환자로 간주된 사람' 등의 알아들을 수 없는 말들을 배웠다. 시험에서 비록 A학점을 받았을지 몰라도 환자인 가족과의 작업에서는 C학점짜리 가족치료사였다. 치료사에게 온 사람들의 3분의 1은 치료사가 상(喪) 중에 있는 사람에게 항우울제를 처방하는 정말 어리석은 일을 하지만 않는다면 저절로 해결될 상황에 있었다. 다른 3분의 1은 단순히 전체 가족들과 이야기를 나누는 과정을 통해 좋아질 것이다. 나머지 3분의

1은 가족 내에 오래된 문제에 기인한 불평을 하는 사람들이다. 이 문제들은 단순히 이야기한다고 해결되지는 않을 것이다. 어떤 문제들은 가족의 구성방식에서의 근본적 변화를 필요로 한다.

## 실제 상담 장면을 보면서

박사학위를 받은 후 다음 세대의 학생들에게 지혜를 전달하기 위해 나는 조교수직을 얻었다. 나는 가족치료 분야에서 인정받는 전문가였고 내 학위나 자격증이 그것을 증명해주었다. 잠시 동안 나는 그것을 믿고 있었다.

대부분의 수업시간 동안 학생들은 내 강의를 열심히 들었고 내가 만나는 환자들의 3분의 2도 성공적인 성과를 얻었다. 그러나 그것은 그리 오래 가지 않았다. 나머지 3분의 1의 환자들이 나를 괴롭히게 되기 전까지는 말이다.

고등교육의 신화 중 하나는 석사나 박사학위 취득이 능력 있는 임상가로 준비시킬 것이라는 그릇된 믿음이다. 그렇지 않다. 적어도 내게는 그렇지 않았다. 대학원에서 나는 많은 것들, 즉 심리검사, 연구법, 행동치료, 게슈탈트치료, 집단치료, 정신분석치료, 가족치료 등에 대해 조금씩 배웠고 그 모든 것에 대해 다소 회의적이길 배웠다. 대부분의 대학원 프로그램은 불가지론의 가르침이다.

정말 좋은 치료사를 구분 짓는 것은 상급 단계의 훈련을 받았냐 하는 것인데, 책이나 비디오테이프 보기, 워크숍에 참가하는 것은 모두 유용하다. 그러나 그것이 치료 훈련 프로그램에 참여하는 것을 대체하지는 못한다. 내 경우에는 살바도르 미누친Salvador Minuchin 센터에서 공부하면서 처음 뭔가를 제대로 배웠다고 말할 수 있다. 아마 나도 한두 개의 워크숍에서 구조적인 접근의 기초에 대해 배울 수 있었을 것이지만 그것은 바깥에서만 볼 수 있는 치료실의 **일방경**one-way mirror 뒤에서 치료장면을 관찰하고 또 내가 치료하는 장면을 관찰당하면서 보낸 몇 개월만큼 내 이해에 강력한 영향을 미칠 수는 없었다.

천문학의 망원경처럼 가족치료에서는 일방경이 같은 역할을 한다. 치료실에서 한 환자를 면담할 때 그 사람을 문제의 핵심으로 생각하는 것은 당연하다. 그러나 환자가 가족들과 상호작용하는 것을 관찰할 때면 한 사람을 문제의 중심으로 보는 것은 불가능하다. 일방경이 아니더라도 한 학파의 훈련기관에서 집중적인 훈련을 받는 것은 가족치료사가 되기 위한 필수 과정이다.

✳  ✳  ✳

면담하는 동안에는 한 가족의 기저에 흐르는 리듬을 식별하기가 매우 어렵다. 제1장에서 묘사한 살라자르 가족과의 첫 치료회기를 기억하는가? 예의와 형식을 벗어버리자마자 예민한 주제가 나올 때마다 그들은 서로 통제하려고 싸움이 시작되었다. 나는 살라자르 씨에게 질문하였고 그는 아내를 깎아내리는 뭔가를 말했다. 아내는 말로 표현되지 않은 적의를 느끼면서 남편에게 딱딱거렸고, 남편은 입을 닫고 뾰로통해졌다. 제이슨이 어떤 행동을 하고, 그러면 난리가 나고, 결국에 치료현장은 순간적으로 혼란 그 자체로 변해버린다. 이런 가족의 혼돈을 파악하는 데는 고도의 훈련이 필요하다.

대기실에서 살라자르 가족을 처음 만났을 땐 가족도, 체계도 없었다. 단지 4명의 개인이 있을 뿐이었다. 가족 패턴에 대해 몇 년간 공부한 후에 그들의 상호작용을 이해하려고 노력했음에도 불구하고 나는 아직도 자동으로 그들을 개인으로 보고 반응했다. 나는 자기 확신에 찬 교수인 스튜어트와 자기 패배적인 남편으로서의 스튜어트의 두 얼굴에게 한 대씩 얻어맞는 기분이었다. 살라자르 부인의 분노 밑에 숨겨진 실망과 상처를 보는 것도 좀 어려웠다. 제이슨이 부리는 10대의 허세는 내가 봐왔던 청소년들의 행동들보다는 오히려 서툴다고 생각했다. 그리고 헤더에 대해서도 염려가 되었다. 그녀는 단순히 수줍은 것인가, 아니면 우울한 것인가? 개개인의 성격을 진단하기 위해서는 신중한 노력이 필요하다.

위대한 프랑스의 신경학자인 장 마르탱 샤르코Jean Martin Charcot는 프로이트에게 내담자들이 스스로 말할 때까지 보고 또 보라고 조언한 바 있다. 우리가 거울 뒤에서 관찰할 수 있다면 또는 상호작용과 반응에 대한 압력이 제거된 다른 방식으로 관찰할 수 있다면, 모든 것은 스스로 말하기 시작할 것이다. 정서적 거리를 두고 우리는 가족의 삶을 관찰하고, 성격이 아니라 상호작용 패턴에 집중할 수 있다. 즉 누가 누구에게 무엇을 말하고 어떻게 말하는가, 그리고 그다음은 무엇이 일어나는지를 볼 수 있다.

가족구성원들의 혼란에 반응할 필요가 없어지면 소용돌이의 순서가 반복되는데 주의를 돌리고 혼란스러운 데이터를 단순화해서 요약할 수 있다. 즉, 혼란스러운 데이터가 개인들 간의 충돌이기보다는 그들끼리 만들어진 패턴에 따라 상호작용하는 것을 발견할 수 있다.

✳ ✳ ✳

최근엔 복합 장애인 내담자를 상담하는 치료사가 내게 조언을 요청했다. 부모는 청력 장애가 있고 말을 할 수 없는 사람들이었으며, 13살인 자녀 또한 농아였다. 11살인 막내만 듣고 말할 수 있었다. 부모는 치료사가 딸들에게 부모에게 순종해야 하는 중요성과 집안일에 좀 더 책임감을 가질 필요성에 관해 설명해주길 바랐다. 이들 부모는 청력 때문에 딸들에게 설명하기 어려워 단순히 전문가가 부모 대신에 설명해주기를 바랐던 것이다.

치료과정이 그토록 혼란스러웠던 것은 청력이 있는 사람이 그렇지 않은 사람에게 알려주어야 한다는 복잡성 때문이었다. 치료사는 막내딸에게는 직접 말할 수 있어도 큰딸에게는 수화통역사를 통해서만 부모의 말을 설명할 수 있었다. 그 때문에 큰딸이 어떤 것을 느끼는지 부모에게 설명하라고 요구하기 위해서는 통역사가 큰딸에게 말을 하고 다시 통역된 대답을 기다려야 했다.

그러나 모든 대화가 끝나고 보니 그 가족의 이야기는 단순한 것이었다. 이들은 사춘기에 막 접어든 생기발랄하고 조숙한 딸들에게 부모로서의 권위를 발휘하지 못한 가족일 뿐이었다.

✳ ✳ ✳

우리는 가족의 삶 속에서 자기 패배적인 패턴을 보는 것을 어떻게 배우는가? 어떤 교훈들은 일방경 뒤에서 얻어낼 수 있다. 한 가지 교훈은 우리가 적극적인 참여자가 아닐 때 상황을 더 잘 볼 수 있다는 것이다.

예를 들어, 한 어머니가 유치원생 자녀를 아침에 보내는 것이 얼마나 힘든 일인가에 대해 불평한다고 가정해보자. 여러분은 문제가 무언가에 대해 그리고 어떤 형태의 해결책이 도출되어야 한다는 데 대해 생각하고 있다. 그러나 일방경의 교훈을 기억하라. 선입견의 필터를 버리려고 노력하라. 당신이 알고 있거나 가정하는 것이 아니라 실제 일어나고 있는 것에 대해 초점을 맞추라. 여러분이 발견할 수 있는 것들이 여기 있다.

6시 30분, 어머니는 아이를 깨우곤 뭐라고 이야기를 한다. 그리고는 계단을 내려가 아침을 준비한다. 30분 후에는 다시 아이의 방으로 올라와서 아이에게 이런저런 이야기를 한다. 두 사람 모두 화가 난다. 아이는 아래층으로 옷을 반쯤 입은 채 내려가서 아침을 먹는다. 그녀는 여전히 뭐라고 잔소리를 하고는 위층으로 올라가 아들의 신발과 양말을 가지고 내려온다. 그러고 나서 어머니는 옷을 입히는 동안 또 잔소리한다. 결국, 어머니는 더 화가 나서는 아이를 몰아세우고 통학버스에 태운다. 일주일에 한 번 정도는 잔소리와 화를 내는 게 심해지고 아이는 통학버스를 놓치게 되고, 이런 경우 어머니는 아이를 학교까지 차로 데려다준다.

나는 간단한 예를 들었을 뿐 아니라(이는 흔한 예이다) 과정을 명백히 보여주는 방식으로 이를 묘사했다. 어머니는 아이에 대해 지나친 부담을 갖고 있다. 그녀는 자신이 기대하는 것을 아이가 하게끔 만드는 대신 잔소리를 해댄다. 무엇보다 우선 이 예는 가족의 한 단면만을 보여주기 때문에 적절하지 못하다. "하지만…." 그녀의 남편은 아마 "내가 할 건 없어요. 그건 아내의 문제죠."라고 생각할지도 모른다. 틀렸다. 가족은 한 체계이고 하나의 전체적인 실체이다. 일부 가족구성원이 적극적으로 참여하지 않더라도 그들은 그 실체 안에 있다. 위의 예에서 어떻게 체계가 작용하는가에 대한 완전한 묘사는 다음과 같다. 어머니가 아들의 통학 준비를 제대로 하길 바라며 잔소리를 한다. 아들은 어머니가 더 잔소리 하게끔 빈둥거린다. 아들이 버스를 놓치면 어머니는 아들을 승용차로 데려다주고 남편은 이를 비판적으로 바라본다.

이 시나리오는 아주 간단히 어떻게 체계가 작용하는지를 보여주는 한 예이다 (체계가 어떻게 작용하는지를 보여주는 최상의 방법은 그것을 단순화하는 것이다. 가족구성원 모두를 포함하되 단순하게끔 유지하라). 변화를 가져올 수 있는 가장 효과적인 방법은 기본적인 패턴을 바꾸는 것이다. 낡은 패턴을 서투르게 고치는 것 — 아내가 더 많이 잔소리한다든가 남편이 아내가 잘못하고 있다고 말하는 것 — 말고 좀 더 새로운 어떤 것, 낡은 패턴을 계속하는 것이 아닌 어떤 것을 창조해내라. 당신은 어떤 것을 제안할 수 있겠는가? 기본 패턴에 어떤 변화를 주든 대부분 효과가 있다. 진정한 비밀은 개별적인 문제에 대한 구체적인 해결책을 찾는 것이 아니라, 전체 시스템이 움직이는 방향을 발견하고 그것을 바꾸는 것이다.

유치원에 다니는 자녀를 등원 시간에 맞추어 보내기 위해 애쓰는 부모에게 주는 행동주의적 해답은 어머니가 아들을 엄격하게 대하고 아들은 어머니 말을 듣도록 가르치는 것이다. 만일 그렇게 한다면 이 가족은 아들에 대한 책임을 어머니 혼자 다 맡아야 하고, 아버지는 멀리서 비난만 하게 된다. 이러한 변화는 체계론자들이 말하는 일차 수준의 변화로, 체계는 변화하지 않는 작은 변화이다. 이차 수준의 변화는 체계 자체를 변화시키는 것으로, 아버지로 하여금 아들, 부인과의 상호작용을 더 많이 하게 하는 것이다.

＊　＊　＊

치료과정을 서술하다 보면 때로 변화가 쉽다는 것을 알게 된다. 여러분이 해야 할 일은 문제에 초점을 맞추고, 문제를 구체화하고, 도움이 되지 않는 관점을 재구성하는 방법을 발견하는 것이다. 왜 아니겠는가?

이 책의 남은 부분에서 여러분은 가족체계가 어떻게 작용했는지를 이해하기 위한 다양한 개념들을 발견할 것이다. 어떤 것들은 여러분이 다루고 있는 상황에 놀랍도록 들어맞아서 갑자기 모든 것이 제자리에 맞아 떨어지고 변화가 대체로 쉽게 일어날 것이다.

✻  ✻  ✻

가족은 일련의 발달 과업에 부딪히는 사회 단위이고 발달의 각 단계는 가족의 변화를 요구한다. 성공적인 삶의 열쇠 중 하나는 그렇게 해야 할 필요성을 인정하고 그렇게 할 융통성을 갖는 것이다.

다음 장에서 나는 보통의 가족 발달에 개입되는 일부 과업들에 대해 묘사할 것이며, 살라자르 가족의 상대적인 성공과 실패가 어떻게 그들을 우리가 만나게 된 지점, 즉 가족치료사의 사무실로 데려왔는지를 볼 것이다.

앞으로의 내용에서 마치 요리책에서 요리 방법들을 소개하듯 치료의 기법을 소개하는 일은 없을 것이다. 사실 가족치료의 실제에 대해서라면 할 말도 많고 유용한 방법들에 대해 여러분도 발견할 수 있겠지만, 이 책의 진정한 영웅은 살라자르 가족이지 내가 아니다. 그들의 삶을 읽어나감에 따라 치료를 넘나들면서 변화시키는 기술보다 훨씬 더 중요한 것은 사람에 대한 깊은 이해라는 점을 발견하기를 바란다.

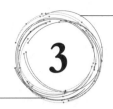

# 3

# 사랑에 빠진 젊은이의 꿈

샤론 살라자르와 스튜어트 살라자르 부부는 첫 치료회기 이후 별로 이야기를 나누지 않았다. 샤론은 가족치료사를 좋아했다. 그는 자신이 무엇을 하고 있는지 알고 있는 것 같았지만 스튜어트에게는 별다른 말을 하지 않는 것이 상책이라 생각했다. 스튜어트는 무엇을 생각해야 할지 알 수 없었다. 동맹을 맺는 것이 좋을 것 같았고 항상 나쁜 사람이 되는 것도 싫었지만 지금 당장 끼어들고 싶은 마음은 없었다. 생각할 것이 많아서 스튜어트는 머릿속이 너무 복잡했다.

다음 월요일 밤, 스튜어트는 늦은 시간에 집으로 차를 몰고 가고 있었다. 눈이 와서 길이 질척거렸고 더러웠다. 아침에는 눈이 얼마나 아름다웠는지 그는 기억하고 있었다. 눈은 순수하고 하얗고 부드럽고 사랑스러웠다.

마침내 집에 도착했을 때, 진입로의 눈이 치워져 있지 않았기 때문에 그는 차를 도로에 세우고 현관문까지 눈을 헤치고 터벅거리며 걸어야 했다. 집안에 들어설 때쯤 그의 두 발은 젖어 있었고 스튜어트는 한바탕 말다툼을 할 태세가 되어 있었다.

"집에 오기 힘들었어요?" 샤론이 물었다.

"아니, 길에 눈이 깨끗하게 치워져 있어서 괜찮았소." 스튜어트가 와인을 따르러 가면서 말했다.

"저녁이 거의 다 됐어요. 와서 식탁에 앉아요."

"애들은 어디 있소?" 스튜어트가 물었다.

"제이슨은 어디 있는지 모르겠고 헤더는 방에 있어요. 식사하세요."

"한잔하고 긴장을 풀게 5분만 기다려줄 순 없나?"

이번엔 샤론이 화가 솟구쳤다. 그녀는 남편이 늦은 것에 대해 한마디도 언급하지 않는데 남편은 속을 긁어대고 있었다.

"뭔가 마시지 않고 그냥 앉아서 함께 있어주면 안 돼요?"

'왜 나를 1분도 내버려 두지 않는 거지? 당신 아버지가 술을 안 드셨다고 나머지 사람도 술을 마실 수 없는 건 아니잖아.' 이것이 스튜어트가 생각한 바였지만 그는 그 생각을 입 밖으로 내진 않았다. 대신 그는 그저 입을 다물어버렸다. 그들은 침묵 속에서 저녁을 먹었고 불편한 시간을 보냈다. 저녁 식사를 마친 후 그는 설거지를 하기 시작했다.

"나한테 아무 부탁도 하지 말아요!" 샤론이 소리쳤다. "당신은 아직도 니콜스 박사를 만난 것에 대해 한마디도 하지 않았고 나는 그 문제를 꺼내기 두려워요. 내가 뭐라 하던 당신은 나를 뒤집어 놓는군요. 별것도 아닌 것에서 폭발해버리죠. 당신하고 말을 하니 벽하고 이야기하는 게 낫다고요." 그녀는 침실로 들어가서는 문을 쾅 하고 닫아버렸다.

스튜어트의 화는 공포로 변했다. 말 안 한다고 이렇게 화를 낸다면, 그가 실제로 느낀 바를 말한다면 그녀는 무어라 말할 것인가? 그는 밖으로 나가버리거나 아내처럼 소리를 지를 수는 없다고 생각했다. 아내는 그를 두렵게 만들었기 때문에 그는 더 수치스럽고 비밀스러운 분노를 느끼게 된다. 그가 벌어다 준 돈으로 사는 집에서 아내는 그를 두렵게 만들었다.

결혼이 20년간 지속된다면 졸업, 방학, 행복한 순간들, 결혼의 기쁨으로 우는 아버지, 손자, 그리고 더한 것들이 있을 것이지만 지금 존재하는 것은 끔찍한 싸움뿐이다. 그는 아내가 미웠다.

침실에서 흐느끼는 소리가 가늘게 들려왔다. 그동안 그녀의 눈물은 그를 패배시킬 마지막 무기였다. 그러나 오늘 밤은 아니다. 오늘 내가 화해하려고 그 방에 들어간다면 내가 미친 거지. 저 사람이 먼저 '내가 잘못했다.'고 사과를 해야 한다고 살라자르 씨는 생각하였지만, 곧 그 생각이 얼마나 헛된 꿈인지 깨달았다.

11시 뉴스가 끝난 후 피곤이 엄습하자 그는 침실로 살며시 들어가서는, 가능한 한 소리를 내지 않으려 애쓰면서 옷을 벗고 침대에 올랐다. 시야가 어둡긴 했지만, 그는 아내가 깨어 있다는 것을 알았다. 그 사실이 그를 쉽게 잠들 수 없게 했다.

두 사람은 어둠 속에 서로를 보지 않은 채 팽팽한 침묵 속에서 꼼짝없이 누워 있었다. 작은 바스락거림마저 없었다면 함께 있다는 것조차 의식하지 못했을 것이다. 어떤 날은 샤론은 단지 그의 주의를 끌고 성가시게 하려고 바스락거리는 것 같았지만, 오늘 밤은 그러지 않았다. 오늘 밤 아내는 조용하고 미동 없는 야생의 생물체 같았다. '아내가 화가 단단히 났나 보군.'하고 생각하자 곧 배에서 꼬르륵거리는 소리가 났다.

한참 후 샤론의 숨소리가 규칙적으로 변했다. 그러나 스튜어트는 잠이 오질 않았다. 그는 아내의 말다툼을 떠올렸고 그가 옳고 아내가 틀린 모든 이유를 생각해냈다. '내가 뭘 어쨌다고…. 나쁜 여자 같으니라고….'

누워서 곰곰이 생각하고 있을 때 아내가 뒤척이는 바람에 그녀의 잠옷 자락이 그를 건드렸고 그것이 그의 생각을 흩어놓았다. 기억이 떠올랐다. 그는 두 사람이 조금은 달랐을 때, 살랑거리던 아내의 드레스가 그의 마음을 산산이 부숴 놓던 그때를 떠올렸다.

# "우리는 찬란한 햇빛 속에서 노래할 거예요"

샤론과 스튜어트는 낸터킷에서 만났다. 대학교 3학년에서 4학년으로 올라가기 직전 스튜어트는 수누티 팍스라는 바에서 보조 웨이터로 일하고 있었다. 어느 날 밤 10시경 샤론이 부모님과 함께 그가 일하고 있는 바로 걸어 들어왔다. 학교에서 본 듯한 얼굴이었지만 확신할 수는 없었다. 학교에서는 여학생들이 그런 드레스를 입지 않는다. 샤론은 빨간 실크 드레스를 입고 목에는 진주 목걸이를 하고 있었다. 그는 그 목걸이가 모조품이 아니라 진짜라고 생각했다. 샤론은 그가 청소를 하고 있는 건너편 구석에 부모님과 자리를 잡고 앉았다. 긴 검은 머리에 큰 입, 커다란 검은 눈···. 분명히 낯이 익었지만, 캠퍼스에서 봤다기보다는 소피아 로렌이 연상되었다.

놀랍게도 그녀는 그에게로 다가왔다. 심장이 두근거렸다. "하트윅 대학에 다니지 않으세요?" 그녀가 물었다.

"아, 네. 당신은···?"

"샤론이에요. 샤론 나단"

"여기 온 적 있어요?" 그는 자신이 말하는 소리를 들었다. 그는 들떠 있었다. 샤론은 무척 세련되어 보였다. 그녀에게서 향수 냄새가 풍겨왔다.

그는 그녀가 말하는 것을 들었다. "네, 부모님께로 돌아가야겠어요. 우린 아침에 배를 타고 돌아갈 거예요. 아마 학교에서 당신을 보겠군요."

"그러네요." 그는 말했다. "그렇고 말고요." 그녀가 걸어가자 펼쳐진 드레스 자락이 스타킹을 부드럽게 스치며 앞뒤로 흔들렸다.

학교로 돌아오자 스튜어트는 샤론을 찾았다. 그는 다시 그녀를 만나야만 했다. 샤론은 너무나 아름다웠고 스튜어트는 그녀를 찾아 수소문하지는 않았지만, 그녀에 대해 알아보았다. 그는 샤론이 뉴욕 출신이고 졸업반으로 올라갈 예정이었으며 마지막 봄방학을 맞고 있다는 것을 알아냈다.

처음 스튜어트가 샤론을 만났을 때 그는 너무나 긴장해서 제대로 이야기조차 나누지 못했다. 여름방학은 잘 보냈는지, 어떤 수업을 듣는지가 다였다. 샤론이 너무나 다정해 보여서 그는 놀랐다. 스튜어트는 샤론이 굉장히 좋은 사람임이 틀림없다고 생각했다.

그는 샤론에게 이야기하기 위해 계속 핑곗거리를 만들어냈다. 그들이 나눈 이야기 중 심각한 것은 없었다. 스튜어트는 흥미로운 말 한마디를 제대로 건네지 못하는 자신이 부끄러웠고, 샤론은 그를 강하게 끌어당기지 못하는 자신에 대해 당황했다. 스튜어트는 샤론의 아름다움이 이국적이고 신비하다고 생각했다. 그녀는 그야말로 자신과는 다른 조금은 낯선 모든 것을 가지고 있는 누군가였다. 그것이 무엇인지 스튜어트는 말로 표현할 수 없었는데 사실 샤론의 '다름'이란 거의 이해할 수 없는 어떤 것이었다.

여성학자들은 '타인 됨'이란 다름과 열등한 성, 즉 '제2의 성'이란 여성성을 내포한다고 주장한다. 샤론도 역시 스튜어트가 남과 다름을 발견했다. 스튜어트는 그녀가 알고 있는 다른 남학생들보다는 훨씬 진지했고 그녀를 그녀답게 해주는 여유를 가진 것처럼 보였다. 샤론은 그녀를 유혹하는 남학생들에게 둘러싸여 있곤 했는데 스튜어트는 그들과는 달랐고 그러면서도 재미있었다. 그건 참 신선한 경험이었다.

자신은 의식하지 못하고 있었지만, 스튜어트는 자신의 유머 감각에 의지하고 있었다. 그는 재치 있는 희극배우처럼 처신하는 데 이숙했고 교수들의 행동을 흉내 내는 것을 즐겼기 때문에 많은 사람은 그의 농담이 사람들과 친밀감을 회피하고 거리를 두기 위해 사용하는 강박적인 자기보호 방식이라는 사실을 알아차리지 못했다. 그러나 샤론은 그의 농담을 개의치 않는 것처럼 보였다. 그녀가 그의 농담에 웃어준다는 사실은 그녀가 그를 좋아하는 것으로 느끼게 해주었다.

스튜어트의 마음은 어느 정도 알려졌지만, 이야기를 나누는 것에서 데이트를 신청하는 것은 너무 큰 변화였다. 그것은 마치 부자와 빈자 간의 틈처럼 넘어서기 어려운 것이었다.

드디어 가을이 한창 깊어갈 무렵, 스튜어트는 긴장한 채로 샤론에게 데이트를 신청했다. 그에게 이것은 기억될 만한 사건이었으며 샤론에게는 영화 속에서 일어나는 일 같았다. 후에 샤론의 기숙사 계단에서 스튜어트는 키스해도 되겠냐고 물었다. 샤론은 안 된다고 말하고 기숙사로 들어갔고 스튜어트는 충격을 받았다. 후에 샤론은 스튜어트에게 "그냥 내게 키스했어야 했어요. 좀 더 자신 있게 행동하면 안 되나요?"라고 말했다.

스튜어트는 상처를 받았다. 그는 굉장히 신경을 써서 키스해도 되겠냐고 물었는데 그녀가 안 된다고 했기 때문이었다. 스튜어트의 생각에는 그녀의 대답은 '당신과 키스하고 싶지 않아요.'가 아니라 '난 정말 당신이 싫어요. 우리는 사랑하는 관계를 맺을 수 없어요. 난 당신을 받아들일 수 없어요.'라는 의미였다. 그 때문에 스튜어트는 그들 관계에서 하나의 패턴이 된 행동을 했다. 자신의 상처를 감추기 위해 자기 연민 속으로 후퇴해버리는 것이다. 그는 그녀를 피했다. 그리고는 누구도 자신을 다시 상처 주는 것을 허락하지 않겠다고 다짐했다. 그는 수도사가 되는 상상을 했다. 수도사가 된다면 그는 홀로 있으면서 순수하고 안전할 것이다. 그건 단지 백일몽이었지만 그 뒤 며칠 동안 그는 실제 수도사처럼 생활했다. 사람들과의 만남을 피하고 아침 일찍 일어나 열심히 공부하고 오랫동안 혼자 걸으며 산책을 했다.

스튜어트는 이런 생활이 위로가 된다는 것을 발견했다. 아무도 필요로 하지 않았고 자신에게만 이야기를 걸었다. 그러나 때로는 그가 피하고 있는 사람들의 관심 대상이 되어 있는 자신을 발견하기도 했다. 사람들은 그를 강하고 신비롭고 외로운 사람이라고 생각했고 샤론은 그가 얼마나 상처를 받았는지 예상하는 것 같았다. 아마 그녀는 자신이 한 일에 대해 미안해하고 있을지도 모를 일이었다. "그냥 잊어버리자…." 그는 그 생각을 하지 않으려 했다.

샤론은 분명 그를 지켜보고 있었다. 그러나 신비로운 수도사로서가 아니라 쉽게 상처받는 남학생으로서였다. 그녀는 처음에는 그가 그렇게나 예민한 데 대해 화가 났었지만, 그 점이 사랑스럽기도 하다고 결론을 지었다. 어느 날 밤 샤론은 도서관에 있는 스튜어트를 보았고 이야기를 나누기 위해 그를 기다렸다. 10시

30분이 되어서야 그는 자리를 떴다. 샤론은 도서관 밖의 계단에서 그를 불러 세웠고 어둠 속에서 그의 곁으로 걸어갔다. "안녕!" 하고 말하며 그녀는 스튜어트의 손을 잡으려 했지만, 그는 손을 빼며 "왜 이래?"라고 말했다. "화내지 마. 보고 싶었어."라고 샤론은 말했다.

스튜어트는 혼란스러웠다. 그가 듣고 싶었던 말이었지만 그녀를 밀어내는 것을 그만두어야 할지 어떻게 해야 할지 확신이 들지 않았다.

샤론이 혼란을 마무리 지었다. "이리 와."하고 말하며 샤론은 손을 스튜어트의 얼굴에 올리고 그의 입술을 그녀의 입술로 이끌었다. 입술이 부딪히자 그녀의 입이 열렸다. 그녀의 입술은 따뜻하고 젖어 있는 채로 떨렸다. 이번엔 스튜어트는 아무것도 묻지 않았다. 스튜어트는 손을 그녀의 스웨터 안으로 넣었다. 샤론의 등이 조금 뒤로 휘어 있었다. 샤론은 그의 손가락에 나 있는 부드러운 털의 촉감이 좋았다. 그러나 자기들이 지금 어디에 서 있는지를 생각해내고는 샤론은 부드럽게 스튜어트의 손을 잡고는 등 뒤로 두르게 했다. 그에게 아직 기댄 상태로 샤론은 "우리 여기서 이러면 안 돼. 내일 만날 수 있을까?"라고 물었고 스튜어트는 "그래."라고 대답했다.

다음 날 저녁 7시 30분에 스튜어트는 샤론의 기숙사 밖에서 그녀를 만났고 샤론은 그를 정문 로비에 있는 큰 빈 대기실로 이끌었다. 불빛 한 점 없었지만, 스튜어트는 몇몇 쌍쌍이 부스럭거리는 소리를 들을 수 있었다. 구석에 놓인 가죽 소파로 그를 이끌어 샤론은 다시 키스를 시작했다. 처음과 같았지만, 더 좋았다. 그녀의 입은 뜨거웠고 젖어 있었다. 그들은 오랫동안 키스했다.

샤론의 심장이 뛰고 숨이 차오르기 시작했다. 샤론은 블라우스의 단추를 여는 그의 손이 떨리는 것을 느낄 수 있었다. 그 모든 쾌감에 열중하길 바라며 그녀는 꿈을 꾸듯 한 눈으로 뒤로 몸을 기댔다.

그들은 거의 매일 만나기 시작했다. 식사를 같이하고 샤론을 교실로 데려다주고 함께 공부했다. 샤론은 축구 연습을 하는 스튜어트를 응원했고 경기마다 따라갔다. 그들은 부부였다. 저녁을 먹고서는 영화를 보거나 맥주를 마시러 시내로 가거나 카페에서 음악을 들었다. 보통 저녁 데이트의 마무리는 샤론의 기숙사 소파에서 이루어졌다. 때로 그들은 저녁을 먹자마자 그리로 향하곤 했다.

깊은 관계를 맺지는 않았으나 스튜어트는 상관하지 않았다. 그는 그녀에게 빠졌고 이건 사랑임이 분명했다.

샤론도 그러했다. 스튜어트는 머리가 좋았고 야심이 있었다. 그는 진지한 것들에 대해 고민했고 어느 날 그는 대단한 인물이 될 것이었다. 좀 더 자신감이 있었다면… 하고 샤론은 생각했다. 시간이 주어진다면 그녀는 그 점을 고칠 수 있으리라 생각했다. 스튜어트는 정말로 잠재력이 있었다.

나머지 시간은 쏜살같이 지나갔다. 나뭇잎들의 색들이 변하고 떨어지고 눈이 오고 다시 봄이 오고 나서 스튜어트는 새 학기에 무엇을 할 것인지 결정을 내렸다. 그는 영문학을 전공하기 위해 대학원에 진학할 것이었다. 아마 아이오와나 버클리로 가야 할 것이지만 지금 당장은 샤론의 곁을 떠나고 싶지 않았다. 그래서 그는 코넬을 택했다. 코넬대학교가 있는 아타카 지역은 하트윅과 멀지 않았고 뉴욕과도 가까웠다.

그들은 결혼에 대해 마치 어떤 게임에 관해 이야기하듯 했다. 샤론은 스위스의 산 옆 오두막에서 살아야 한다고 말했고, 스튜어트는 샤론을 닮은 네 명의 아이들을 낳아야 한다고 이야기했다. 샤론은 유대인과는 결혼할 수 없다고 못 박았고 스튜어트는 결혼할 준비가 되어 있다고 확신할 수가 없었다. 이런 자신들의 상황에 대한 생각에 빗대어 샤론은 '우리는 햇빛 속에서 노래할 거예요(We'll Sing in the Sunshine, 게일 가넷가 부른 노래)'가 자기들을 위한 노래라고 말했다.

다음 해 샤론은 졸업반이 되었고 스튜어트를 격주로 만났다. 한두 번 샤론이 이타카로 차를 몰고 가긴 했지만, 대부분은 스튜어트가 하트윅으로 왔다. 주말에는 주로 뉴욕에서 만났다. 샤론은 집에 자주 갔으며 스튜어트는 뉴욕에서 샤론을 만나길 즐겼다. 하트윅으로 돌아오는 것은 좋았지만 뉴욕에서 주말을 보내는 것은 마법과도 같았다.

\* \* \*

저항이론은 사람은 자기의 것을 잃어버렸다고 판단하면 그것을 더 간절하게 원한다고 설명하고 있다. 사람도 사랑하는 사람과 관계를 지속할 수 없을 때 상대방에 대한 애착 욕구가 더 커진다. 부모가 자녀의 연애에 개입해서 좌지우지하면 할수록 자녀는 부모의 개입을 더 거부하려 한다.[1]

\* \* \*

함께 시간을 보내면서 그들은 자신을 잊어버렸지만, 나머지 시간 동안 스튜어트는 관찰자였다. 그는 거리에서 사람들을 관찰했고 심지어 수업시간 중에도 지루해지면 사람들을 관찰하곤 했다. 그가 보기에 어떤 사람들은 인정받을 만했고 대부분 교수와 편안하고 자기 확신에 차 있는 사람들에 대해서는 찬사를 보냈다. 그러나 대부분 사람을 인정할 수 없었다. 많은 사람은 경박하고 잔인했고 떠들어대면서 껌이나 씹어대는 속물들이었다. 그러나 샤론은 달랐다. 샤론과는 자신이 생각하는 것들에 관해 이야기를 나누었다. 위대한 작가들이 인간 조건에 대해 심리학자들보다 훨씬 더 잘 알고 있다든지, 사람들이 돈을 벌고 쓰는 데 인생을 얼마나 낭비하고 있는지 등에 대해서 말이다. 샤론이야말로 그가 몇 년간 생각해온 진지한 문제들과 의견들에 대해 모든 것을 말할 수 있는 사람이었다. 샤론은 그 모든 것을 충족시켜주었다.

두 사람이 함께 보낸 주말들은 빠듯하고도 활기찬 시간이었다. 일요일 오후는 항상 그레이하운드 고속버스 터미널에서 끝나곤 했다. 그들은 버스를 기다리면 출발 전의 어색한 순간의 불편함을 느끼곤 했다. 버스 정류장에서는 이야기를 나누기도, 나누지 않기도 쉽지 않았다. 그들은 열렬하게 키스했고 스튜어트는 차에 올라탔다. 샤론은 항상 버스가 멀어질 때까지 기다리고 서 있었다. 그는 더할

---

[1] R. Driscoll, K. David, & M. Lipetz, "Parental Interference and Romantic Love." *Journal of Personality and Social Psychology, 24* (1972): 1-10.

수 없이 그녀를 사랑했다.

자리에 앉아서 버스가 움직이기 시작하면 샤론을 만나면서 가졌던 모든 긴장 감이 풀어졌다. 그는 보통은 무언가를 잠시 읽거나 창밖으로 지나가는 나무들과 집들을 바라보기도 했다. 고독감이 엄습했고 외로움이 찾아들었지만 그건 달콤한 외로움이었고 스튜어트는 그것을 즐겼다.

샤론은 심드렁하게 4학년을 끝냈다. 별다른 계획이 없었고 스튜어트와 함께 현재가 지나갈 것이라고 느꼈다.

크리스마스가 지나고 스튜어트는 차를 샀다. 4만 킬로를 달린 빛바랜 녹색의 볼보였다. 근사하진 않았지만 600달러밖에 하지 않았고 달리는 데도 무리가 없었다. 볼보 자동차를 소유했다는 사실은 스튜어트를 자유롭게 느끼게 해주었지 상처를 주지는 않았다.

스튜어트에게는 모든 것이 맞아떨어져 갔다. 대학원에 정착했으며 생각보다는 잘해나가고 있었다. 그러나 겨울이 막바지에 이르자 그는 외로워지기 시작했다. 그는 샤론이 있어야만 한다는 것을 깨달았고 불현듯 결혼이야말로 세상에서 제일 멋진 아이디어라고 생각되었다. 그는 샤론과 항상 자신의 아파트에 있을 수 있다고 생각하면서 떠오르는 의구심을 버렸다.

샤론의 침실에 있는 전화가 울린 것은 새벽 2시였다. "무슨 일 있어요?" 스튜어트의 목소리를 듣고 샤론은 물었다.

"아무 일도 없어. 외로워서 그래. 네가 보고 싶어."

"좋아, 이번 주말에 와요."

"오후쯤 도착할 거야."

"기다릴게요." 그녀가 말했다.

"잘자, 사랑해."

"저도요."

만나자마자 청혼하지는 않을 거였다. 주말을 함께 보낸 후에 상황이 괜찮다면 일요일에 그는 그녀에게 청혼할 것이다. 토요일에 차를 몰고 가서 그는 그녀의 부모님과 저녁을 함께 먹었다. 샤론의 어머니는 모든 음식을 테이블 위에 놓고 각자 덜어서 먹게 했다. 그것이 그녀 가족의 방식이었다. 그리고 그건 스튜어트 집의 식사 방식과는 달랐다. 그의 집에서는 좀 더 전통적인 방식으로 식사를 했다. 일요일에 스튜어트와 샤론은 아침 겸 점심을 먹으러 밖으로 나갔고 센트럴 파크를 걸으며 그는 그녀에게 물었다.

"샤론, 나는 남은 삶을 너와 함께 하고 싶어. 나와 결혼해주겠어?"

샤론은 충격을 받았다. 예전에도 그는 농담처럼 그녀에게 결혼에 대해 말한 적이 있었다. 그녀는 미소를 지으면서 "기다려 보자고. 어떤 일이 일어나는지 말이야."라도 말했었고 그들은 그 화제를 접었었다. 그러나 이번은 정말이었다. 샤론은 눈물을 글썽거리며 그의 가슴에 얼굴을 묻었다. 떨면서 그녀는 그러겠다고 대답했다.

장거리 운전을 하려고 스튜어트가 차로 돌아온 건 한참이 지나서였다. 고속도로에 들어서자 눈이 오기 시작했고 우측 차도는 서행하는 차들로 가득 차고 있었다. 라디오에서 프랭크 라이만이 '왜 우리는 바보같이 사랑에 빠지는가?'를 노래하고 있었다. 스튜어트는 가사에 귀 기울이지 않았다. 그저 운전하면서 노래의 비트에 귀를 기울이고 있었다. 내리는 눈에도 관심이 없었다. 행복에 취해 달릴 뿐이었다.

## "왜 우리는 바보같이 사랑에 빠지는가?"

결혼이 한 사람이 내릴 수 있는 가장 중대하고도 합리적인 결정이라는 점은 이미 비밀이 아니다. 요점은 사람들은 바보가 아니며, 결혼한다는 것 자체도 비합리적인 것은 아니지만, 보통의 경우 우리가 결혼하려는 상대를 분명히 알고 결혼이라는 것이 무언가를 알지도 못한 채 지나치게 낭만적인 분위기에 취해 그런 결정이 내려진다는 것이다.

보통은 사랑이 시작되고 그 후에 우정이 된다. 안됐지만 원하는 대로 일이 풀리지 않는다.

샤론과 스튜어트는 너무 많이 사랑했다. 그는 다른 누구도 믿지 않았지만, 그녀에게만은 자신의 비밀스러운 소망과 야심을 보여주었다. 샤론은 경계선을 풀었고 그에게 자신의 소녀다움을 보였다. 그는 그녀가 어린 소녀처럼 말하는 걸 사랑했다. 그렇게 말할 때 샤론은 달콤하고 연약해 보여서 그가 그녀를 보호하고 싶게 만들었다. 어떻게 그녀를 사랑하지 않을 수 있겠는가?

그러나 그들은 아직도 서로에 대해 모르는 점이 많았다. 성격의 어떤 면은 문자 그대로 뒤로 감춰졌고 어떤 특성은 결혼하고 난 뒤까지 표면으로 올라오지 않았다. 우리 대부분은 집을 떠날 때 어린아이 같은 면들을 억누르게 된다. 선생들과 사장들과 친구들과 연인들은 우리의 부모가 하듯이 우리의 단점을 참아주지 않는다. 그러나 후에 결혼하고 다시 한번 가족의 일부가 되면 우리 대부분은 사춘기 청소년처럼 스트레스와 좌절에 반응하기 시작한다. 이것이 결혼 후 처음 몇 달간이 힘겨울 수도 있는 이유이다.

왜 사람들이 사랑하고 결혼을 하느냐는 질문에 관심을 두는 사람은 별로 없다. 이런 질문은 이성적인 질문이다. 무의식적 소망은 이상화된 환상들, 삶의 역사, 부모와의 관계, 가치들, 열망 등등이며, 이러한 이유에 대해서는 대부분 사람은 관심이 없다.

결혼 예비상담은 내가 좋아하는 전문적인 일 중 하나이다. 몇 마디 잘 고른 지혜로운 말을 들려주어 두 사람이 "영원히 행복하게 살 수" 있도록 돕는 것보다 더 보람 있는 일은 없을 것이다. 결혼 예비상담을 위해 나를 찾아온 대부분의 커플들은 심각한 문제를 갖고 있다. 나는 종종 그들이 자신들의 난관을 이해할 수 있는지를 알 때까지 결혼에 관한 결정을 미루라고 충고하곤 한다. 함께 지낼 수 없는 누군가와 결혼할 수는 없는 일이다. 그렇지 않은가?

두 사람이 얼마나 어울리지 않는지, 또는 이들이 문제를 얼마나 제대로 해결하지 못하는지는 문제가 아닌 듯하다. 그들은 마음을 먹었고 계획을 세웠다. 결혼을 취소해야만 하는 것보다 더 끔찍한 일이 있겠는가?

✳ ✳ ✳

샤론과 스튜어트는 서로를 잘 안다고 생각했고 다른 점이 조금 있지만, 시간을 갖고 고쳐나갈 수 있다고 생각했다. 그들은 의식적인 생각이라는 표면 아래에 놓여 있는 강력한 갈망 때문에 떠밀렸고, 깊고 원초적인 위기감에 의해 서로를 끌어당겼다.

어린아이일 때 샤론은 순종적이었지만 욕심이 많았다. 예쁘게 생겨서 칭찬을 받았지만 진지하게 대해주진 않았다. 그녀의 미래는 가족이었다. 그저 그것뿐이었다. 샤론은 열망을 지니고 있었지만, 가정적이게끔 키워졌다. 집에서는 응석을 부리고 학교에서는 그럭저럭 지냈다. 전문인이 되도록 개인적인 성취를 하게끔 부추겨졌지만, 자제력이 부족했다. 스튜어트를 만났을 때 이미 그녀는 개인적인 야망을 이룰 수 없다는 패배감을 받아들였다. 30년 전 그것은 쉬운 일이 아니었다.

스튜어트는 젊었고 매우 불안정했으며, 성취동기가 높았고 친해지기 힘들었다. 샤론도 역시 불안정했지만 독립성이 좀 더 있는 편이었으며 강한 사람과 함께 지내는 것에 익숙해 있었다. 스튜어트의 청혼은 모든 것을 옳은 것으로 만들었으며 그 순간 그녀의 삶에서 모든 불행의 흔적이 사라졌다. 그녀는 자신의 청소년기를 그토록 비극적으로 만들었던 감정의 혼란을 끝내고 싶었다. 스튜어트가 마법과 같은 말, 즉 "사랑해."라고 말하자 그 말은 사랑에 빠지는 것에 대한 모든 환상을 불러일으켰다.

"사랑에 빠진다."는 말에 주목해보라. 이는 행복한 상태에 스스로 들어간다는 말이다. 그 말은 자동으로 주어지는 일처럼 들린다. 마치 생일 선물이나 방학이 시작되는 날처럼 말이다. 행복이 그저 다가오기를 바라는 인간의 소망은 끝이 없는 것 같다.

스튜어트가 가진 약함에 대한 두려움은 강함으로 위장되어 있었다. 그는 사소한 이야기를 피했고 샤론은 스튜어트의 강한 성격만을 보았다. 샤론은 의지할 수 있는 강인한 남자에게 끌리는, 그저 그 자신이길 두려워하는 한 소녀였다. 자연스럽게 그들은 사랑에 빠졌고 서로에게 투사된 이미지를 사랑했다.

## "서약합니다."

샤론은 결혼을 위해 준비해야 할 것이 얼마나 많은지 상상해본 적이 없었다. 음식들과 꽃들, 곡을 연주할 밴드들, 어떤 곡을 연주할 것인지, 누구를 초대할 것인지, 초대장을 고르고 누구를 어디에 앉도록 할 것인지(그녀의 어머니는 "아델 이모는 그 테이블에 앉혀선 안 된다."고 말했다) 그리고 기타 등등의 것들…. 결혼은 낭만적인 것이라 상상했었으나 잡다한 일이 되어버렸다.

전날 밤, 샤론의 아버지는 엠파이어 룸에서 가족 저녁 식사 파티를 열었다. 모든 사람이 먹고 마시고 웃고 건배하는 동안 샤론은 스튜어트를 쳐다보았다. 그는 웃고 이야기를 나누었지만 뭔가 동떨어져 있는 것 같았고 그녀의 가족들과 있는 것이 편하지 않은 것 같았다. '이건 실수야.' 그녀는 생각했다. '나는 그를 사랑하지 않아. 그는 단지 한 남자아이일 뿐이야.'

결혼식을 올리는 날, 샤론은 6시에 일어났다. 긴장되어서인지 위가 아팠다. 어머니와 함께 미용실에 가서 비싼 돈을 지급하고 머리를 매만졌지만 그리 멋지게 보이지는 않았다. 얼굴에 여드름이 나는 것은 자연스러운 일이다. 그러나 이런 것에 그녀는 신경 쓰지 않았다. 너무나 생각할 것들이 많았기 때문이다.

스튜어트는 대부분의 시간을 혼자서 보냈다. 결혼식에 참가하기 위해 캘리포니아에서 온 친구인 로저와 아침을 먹었고 그의 부모와 점심을 먹었다. 그러나 대부분의 시간 동안 혼자 있길 원했다. 그는 산책을 많이 했다. 브로드웨이에서 리버사이드 교회로, 샤론과 함께 갔던 센트럴 파크 동쪽에 있는 정원에 이르기까지 걸었다. 걸으면서 생각했다. 그는 결혼식이나 결혼, 심지어는 샤론에 대해서도 생각하지 않았다. 그는 말 그대로 이런 주제를 피했고 대신 더 '큰 일'들을 생각했다. 자신의 인생에서 하고 싶은 일들, 어떻게 모든 것이 지나가는가와 같은 것들 말이다. 그리고 열심히 어둠과 바다로 흘러 들어가며 소용돌이치는 빛깔의 허드슨강, 가게의 창들을 통해 멋지게 진열된 물건들을 눈을 크게 뜨고 바라보는 사람들의 얼굴을 바라보았다. 그는 생각했다. '물질적 욕구'라고⋯ 스튜어트는 시험이나 강의를 준비하듯이 결혼을 준비했다. 걷고, 바라보고, 생각하면서 불안을 달랬다.

샤론과 그녀의 가족은 결혼식이 올려질 유대교 회당에 늦게 도착했다. 샤론의 아버지는 긴장해 있었다. 그는 말이 없었고 경직되었으며 무뚝뚝했다. 샤론은 아버지의 이런 모습을 본 적이 없었다. 교회로 샤론이 걸어 들어가자 스튜어트가 눈에 띄었고 그를 보자 그녀는 기분이 나아졌다. 그는 미소 짓고 있었다. 모든 것이 제대로 되었다.

신부 대기실은 사람들로 가득 찼다. 샤론의 드레스는 자신이 원하는 만큼 마음에 들지는 않았지만, 드레스를 입자 모두 탄성을 질렀다. 그녀는 흥분했다.

결혼식 자체는 너무 빨리 지나가서 몇 가지 세부적인 잘못들에 대해서 두 사람 모두 주의를 기울일 수 없었다. 화장으로 잘 커버하려 했지만, 뺨에 있는 큰 종기 2개를 가릴 수 없었다. 통로를 걸어가면서 샤론은 아버지의 눈에 맺힌 눈물을 보았다. '아버지는 정말 나를 사랑하셔.'라고 생각했다. 결혼식은 시시했다. 랍비와 스튜어트, 그녀를 사랑하는 모든 사람이 그녀 뒤에 서 있었고 그녀는 자신이 "네, 서약합니다."라고 말하는 것을 들었다. 그리고 그것으로 끝이었다.

스튜어트는 사진 촬영 때문에 화가 났다. 그가 누군가와 얘기를 하거나 샴페인을 마시려 들면 사진사는 그를 끌어냈다. "좋아요. 신랑, 신부, 신부의 부모님들은 여길 보세요." '이게 도대체 누구의 결혼이야?' 스튜어트는 생각했다. 그는 답을 알고 있었다. 샤론의 가족의 결혼식이었다. 그는 바람에 날리는 나뭇잎처럼 자신이 밀려다니는 것을 내버려 두었다.

그가 꽃으로 둘러싸인 천장 아래서 샤론 옆에 서자 모든 것이 멈추었다. 모든 소음과 밀고 당기는 일, 모든 바보 같은 짓까지 말이다. 조용했다. 그의 심장이 터질 듯했다. 랍비의 말은 옳았다. 샤론은 아름다웠다. 그녀는 여자 같기도 했고 소녀 같기도 했다. "당신들은 … 하겠습니까?" "네, 서약합니다." 그는 마음을 다해 대답했다. 그리고 다시 소란스러워졌다. 그날 밤 내내 소란스러웠다.

그들은 신혼여행을 위해 낸터킷으로 돌아왔다. 그건 적절한 일 같아 보였다. 섬에서의 첫날, 샤론은 생리를 시작했고 변비에 걸렸다. 그건 스튜어트의 환상을 깨어버렸다. 그는 골이 났고 사기당한 것처럼 느꼈다. 그는 '하필 지금이야.'라고 생각했다. 샤론은 기분이 나빴다. 이런 상황을 계획한 것은 아닌데 죄책감을 느꼈고 스튜어트가 자신에게 공감해주지 않는 것에 대해 화가 났다.

아직은 그들은 즐겁게 지내려 했다. 6월 넷째 주까지는 여름이 시작되지 않았고 북적대는 사람들 없이 섬의 아름다움을 만끽할 수 있었다.

해변에서 그들은 나이 든 빌과 에밀리 로빈슨 부부를 만났다. 그들은 20년간 매년 여름이면 그 섬을 찾았다. 그들은 빌과 에밀리와 함께 시간을 보냈고 그들과 함께 있는 시간을 즐겼다.

빌은 요트에 대해서 아는 것이 많았고 어느 날 밤은 달빛 속의 항해를 시켜주었다. 갑판 의자에 붙어 앉아서 와인을 홀짝거리며 ― 이것이 그들이 원하는 것이다 ― 샤론은 스튜어트 옆에 붙어 앉아 그의 셔츠 속으로 손을 넣으면서 "사랑해."라고 말했다. 그들은 행복했다.

# 사랑하기가 왜 이렇게 힘든가?

그들은 비용 때문에 낸터킷에서 나흘밖에 신혼여행을 즐기지 못했다. 게다가 스튜어트는 여름 계절학기의 조교 일을 하기 위해 돌아와야 했다.

신혼 생활을 위해 스튜어트가 얻은 아파트는 비싸진 않았지만 아늑했다. 거실과 침실, 욕실, 부엌은 스튜어트에게는 넉넉하게 넓었다. 그는 샤론이 빨리 그 집에 들어와서 함께 살기를 기다렸다. 가구로 집을 채우자 공간이 조금은 비좁게 느껴졌다. 샤론은 아파트가 마음에 든다고 말은 하였지만 자기 어머니에게 부엌이 공중전화 부스만 하다고 전화로 말하는 것을 들었다. 그는 샤론이 항상 부풀려서 말한다고 생각했다.

처음 몇 주 동안은 마치 아무도 보지 못하는 데서 데이트를 하는 것과 같았다. 이런 친밀감은 최선의 모습을 보이려고 애쓰기보다는 서로 마음 놓고 자신을 드러낼 수 있을 정도로 긴장을 풀어주게 했다. 서로 가장 좋은 모습을 보이기보다 그냥 있는 그대로의 자기의 모습을 드러냈다. 집에서 샤론과 함께 있을 때 그는 방어를 풀고 마음 놓고 자신의 욕구를 표현해도 될 정도로 안전감을 느꼈다. 이제 사람들이 쳐다볼 수 있을 정도로 지적이고 아름다운 여성을 부인으로 맞게 되었기 때문에 결혼은 스튜어트가 자신감을 느끼게 해주었다.

샤론은 스튜어트가 자기 자신을 어떻게 즐길 수 있는지에 대해 가르쳐줬다. 샤론은 새신랑을 위해 요리를 하고 특별한 디저트나 비싼 셔츠, 큰 빨간색 목욕 수건과 같은 약간 사치스럽다고 느껴지는 물건들을 사는 것을 즐겨 했다. "당신이 내 버릇을 다 버려놓고 있어."라고 스튜어트가 말하면 "그럼요, 당신이 좋아하잖아요."라고 샤론은 대답하곤 했다.

스튜어트가 샤론의 도움을 원할 때 샤론은 행복했다. 샤론이 원하는 것은 조그만 감사 표시뿐이었다.

스튜어트는 영문과 친구들에게 샤론을 소개하였다. 두 사람은 파티를 자주 열었고 그들의 신혼집은 미혼 대학원생들의 사랑방이 되었다. 어느 파티에선가 학생 대표가 샤론에게 신입생들을 도와주는 시간제 일을 제안했고 샤론은 그 일을 잘해냈다. 그녀는 학생들에게 기쁘게 엄마 노릇을 해주었고, 게다가 부수입도 얻게 되었다.

＊ ＊ ＊

결혼 생활을 하다 보면 드러나지 않았던 성격의 부분들이 드러나기 마련이다.[1] 사람들은 완전하게 성장한 다음에 집을 떠나기보다는 덜 성숙한 상태에서 세상으로 나가고, 결혼하고, 가족을 만든다. 그리고 가족을 통해서 나를 완성하고 통합하게 된다. 부부는 조화를 이루고, 상대방을 통해서 나를 완성하고자 하는 소망을 지니고 배우자를 선택한다.

우리는 연애를 시작할 때는 자신의 가장 좋은 모습만을 보인다. 아마 그녀는 '이런 모습을 좋아할 거야'라는 생각에서 말이다. 시간이 흐르면 우리는 상대의 헌신을 시험하기 위해 여러 모습을 드러낸다. 데이트하는 동안 샤론은 스튜어트가 진지한 학생의 모습, 열렬한 구혼자이면서 자유분방한 축구선수로서의 다양한

---

[1] 여기에서 **결혼**이라는 것은 두 사람이 같이 살겠다고 약속한 것을 의미한다. 전통적인 두 남녀의 결합뿐만 아니라 다양한 모습의 결혼을 다 포함하고 있다.

면모를 보게 되었다. 샤론은 자신을 웃게 만들고, 자기 통제력이 강하고, 안전감을 느끼게 해주는 스튜어트의 이런 모습들은 결혼해도 되겠다는 마음을 갖게 하였다. 샤론은 비밀스럽게 이런 스튜어트의 다양한 모습이 자기의 부족한 부분들을 보완해줄 수 있으리라고 믿게 되었다. 자기가 그레이스 켈리이고, 남자는 캐리 그랜트, 자기가 무서워하면 그는 용감하고, 안기고 싶으면 그가 옆에 항상 있어줄 것이라 기대했다.

불행히도 서로 조화를 이루는 이런 부부의 모습은 오래가지 않았다.

✻ ✻ ✻

샤론은 처음으로 학생회 사무실에서 일하고 돌아온 첫날, 스튜어트가 앉아 있는 거실로 들어섰다.

"어땠어?" 그가 물었다.

"좋았어, 고마워."라고 샤론이 말하자 그는 몸을 더듬기 시작했고 샤론은 쉬고 싶었다. '왜 이 사람은 그냥 가만히 안고 있지는 못하는 거지?'라고 샤론은 생각했지만, 그의 손은 쉬지 않았고 샤론은 긴장을 풀고 쉴 수가 없었다.

항상 그녀를 거칠게 다루고, 말하는 법은 알지만 듣는 법은 모르는 이런 스튜어트의 모습은 대체 어디서 오는 것일까? 그는 영문과에서 일어나는 뒷이야기들을 들어주기는 했지만 편한 이야기들은 아니었다. 어떤 이야기는 재미있었지만, 학교 이외의 이야기는 전혀 없었다. 샤론도 그냥 말 없이 지냈다. 샤론이 속으로 '저 사람은 나하고 이야기하기 싫어하나? 너는 좋든 싫든 이 모든 것과 결혼했어.'라고 스스로 말하였지만, 이 모든 것을 받아들이는 데는 수개월이 걸렸다.

✻ ✻ ✻

가족치료사는 두 사람이 사귄 지 얼마 안 되었을 때 사람들은 모두 서로 다르고, 스타일과 기대도 다르다는 사실에 직면하게 된다. 따라서 가족치료사는 서로 상대방에게 적응하는 것을 반드시 배워야 된다는 사실을 두 사람에게 이해시켜야 한다. 사람들은 자신의 삶의 방식과 행동방식을 그대로 지닌 채 다른 사람과 만나고 관계를 맺는다. 서로 다름이 충돌할 때는 누구나 그렇겠지만 두 사람 모두 상처를 입게 된다. 이런 상황에서 이야기하기 시작하면 상대방의 차이점에 화를 내고 공격적으로 표현하게 된다.

이 글을 쓰는 동안에 어제 아내의 이야기가 떠올랐다. 내가 저녁에 외식을 하자고 하니까 자기는 피곤해서 싫다고, 먹는 것조차도 피곤하다고 말했다. 그 순간 나는 아내의 말을 비판적으로 받아들이고 기분이 나빠졌다. 그러나 어쩌면 부인이 나를 비난하려고 한 것이 아닐 것이다. 화가 난 것이 아니라 자기가 원하는 것을 단지 표현한 것뿐일 것이다.

가족치료사가 도움을 줄 수 있는 부분은 부부가 상대방에게 각자가 원하는 것을 말로 표현하도록 촉진시키는 것이다. 각자가 자기의 이야기를 하고, 상대방이 말을 듣고, 이 과정에서 가족치료사가 상대방을 비난하거나 투사하지 않고 자신의 감정을 적절하게 표현하게 도울 수 있다. 대화방식을 바꾸는 것만으로도 많은 변화를 시킬 수 있다. 불행히도 새신랑, 새신부는 자신들의 문제가 심각해질 때까지 가족치료사를 찾지 않는다.


## "왜 당신은 나에게 그렇게 야비하게 구나요?"

그렇다. 상반된 면을 가진 사람들은 서로에게 매력을 느끼지만, 그들이 함께 살 때는 많은 문제를 갖게 된다. 그들의 삶은 마치 전혀 새로운 외국을 방문하는 것 같다. 사람들은 먼 곳을 방문하기 위해 많은 돈을 지급한다. 그러나 그곳에서 생활하는 것은 아마도 힘들 것이다. 그것이 바로, 로맨틱하지 않게 들릴지 모르지만, 결혼에서 각자가 갖는 배경의 유사성이 결혼 생활의 만족을 예측하는 가장 강력한 요인이 되는 이유이다.[2]

---

[2] 처음에는 서로 반대되는 기질에 이끌리지만 시간이 지나면 오히려 혐오감을 느끼게 된다. 연구자들은 이런 매력을 '치명적 매력'이라고 설명하였다. D. Fmlee, & H. Flynn, 'Too Much of a Good

*  *  *

여러 이유로 스튜어트는 샤론에게 끌렸지만, 그중에서도 처가가 자기 가족보다 진지하고 현실적인 점에 가장 이끌렸다. 반면, 샤론은 남편의 진지함과 침울한 기분, 그리고 자기를 가까이 오지 못하도록 하는 부분의 다른 면을 발견하였다. 그가 가장 자주 사용하는 말은 "나 이제 가봐야 해."였다.

샤론이 스튜어트에게 감탄했던 면인, 자신의 목적에 대해 진지한 태도를 보이는 것과 자기 수양의 면이 이제는 그를 융통성 없고 불친절하게 보였다. 그는 모든 것에 대해 굉장히 심사숙고했다. 간단히 생각해도 되는 작은 일들, 즉 영화를 보러 갈 건지 일요일 아침에 무얼 할 건지도 심각하게 생각했다. 대부분 시간에 그는 자신과 자신의 진로에 대해 몰두했고 마치 그것이 넘어야 할 장애물인 양 엄숙하게 "난 …해야 해."라고 말하곤 했다. 샤론은 성실하고 열심히 일하는 그를 좋아했지만 좀 지나치게 열심히 일했다. 그는 자신을 잊어버리거나 놓치는 일이 없었기에 두 사람의 관계나 부인을 위해 자신을 던지는 일은 쉬운 일이 아니었다. 그는 자신의 바람과 열망에 열중했고, 그녀의 욕구나 감정은 거의 알아채지 못했다.

그들이 데이트할 때 스튜어트가 샤론에게 매력으로 느꼈던 점들이 나중에 그가 받아들이기 어려운 점으로 변하였다. 낯선 이들 앞에서 샤론은 수줍어했으며 파티에서 그리 인기가 없는 편은 아니었지만, 친구들과의 저녁 식사나 파티에서 말을 별로 하지 않는 편이었다. 그녀는 스튜어트에게 "날 혼자 두지 마. 이 사람들하곤 할 말이 없단 말이야."라고 귓속말을 하곤 했다. 이런 점은 여자 친구로서는 사랑스러웠지만, 아내로서는 아니었다.

그녀는 집에서는 달랐다. 부모와 함께 있으면 그러지 않았다. 점차 그녀는 그와 함께 있을 때 말이 많아졌고, 스튜어트는 정반대였다. 그는 특별한 경우가 아니면 말을 아꼈다. 집에서 그는 혼자 있기를 원했던 것이다. 그들은 달라도 너무

---

Thing: Fatal Attractions in Adult Intimate Relationships' IARR학회에서 발표한 논문.

달랐다.

사람들이 샤론을 불안한 사람으로 보진 않았지만, 그녀는 항상 사람들이 자신을 거부한다고 생각되는 신호에 민감했다. 사람들을 먼저 초대하고 파티를 여는 것을 하려고 하지는 않았지만, 샤론이 누군가 자신을 거부한다고 생각하면 스튜어트가 무슨 말을 하든 그녀의 생각을 바꿀 수가 없었다. 두 사람 모두 깨닫지 못하고 있었지만 이런 식의 토론은 자신들의 관계에 관한 이야기일 수도 있었다. 그녀를 위로하려는 시도는 도리어 그녀를 화나게 했다. 스튜어트가 어떤 친구가 그녀를 무시하려고 한 것이 아니었다고 말할 때마다 샤론은 "당신은 그 여자 편이군요."라고 말하곤 했고 스튜어트는 결국 설득을 그만두고 침묵을 택하곤 했다.

＊　＊　＊

사랑을 하는 것도 그들은 각자 익숙한 방법으로 사랑하게 되었고, 상대방에게 주는 것도 자기가 원하는 것을 주려고 하는 것이 문제였다. 그 결과 결혼은 오해와 갈등으로 가득 차게 되었다.

스튜어트의 부모는 그를 화나게 하는 일을 많이 하였다. 어머니는 아버지가 일에 너무 열중하는 것에 관해 끊임없이 불평하였으며, 아버지는 부엌일에는 전혀 취미가 없었다. 어머니는 자기의 감정을 이야기하지 않았고, 다른 사람이 감정표현을 하는 것도 참아주지 않았다. 아버지는 항상 주위의 다른 사람들에 대해 과장하여 말하는 버릇이 있었다. 스튜어트는 이러 저러한 면들을 감지하고는 자신의 결혼은 이와는 다르리라 기대했다(부모가 손주들을 대하는 것을 보고 부모에 대해서 더 많은 것을 알게 되었다). 그러나 스튜어트의 결혼도 다른 사람의 결혼과 마찬가지였다.

부모가 함께 생활하는 방법의 많은 부분을 스튜어트는 '으레 그런 일'로 당연하게 받아들였다. 그의 어머니는 유능하고 독립적이었다. 그녀는 집안의 안과 밖의 대부분 일을 혼자 처리하였고 혼자 있는 것을 좋아하였다. 스튜어트의 아버지는 저녁에 친구들과 외출을 자주 하였으며 어떤 때는 사업상으로 몇 주간 집을 비우기도 하였다. 예를 들어 가까운 산에 소풍을 가는 것과 같이 가족 단위로 함께 움직이기도 했지만, 대부분 가족들은 뿔뿔이 흩어져 자기 일을 알아서 하였다. 스튜어트는 아버지와 함께 낚시를 가기도 했고, 어머니와 앉아서 책을 읽고 있을 때 아버지는 친구들과 놀러 나가기도 했다. 그의 부모는 각자가 원하는 대로 독립적인 삶의 방식으로 살았는데, 스튜어트는 그것을 알아채지 못했다. 그의 부모는 그저 부모 역할을 한 것뿐이었다.

샤론은 자기 가족에 대해 남편보다는 더 많이 알고 있었고, 자신은 부모의 결혼 생활과는 다르게 살겠다고 결심하였다. 그녀는 가족의 책임과 전통에 매이는 것을 원하지 않았다. 그녀는 여행하면서 흥미로운 사람들과 만나기를 원했다. 그런데 스튜어트의 생각은 달라도 너무 달랐다. 그는 자기의 영역을 견고하게 지키려 하였다. 샤론은 스튜어트의 이런 점을 좋아했지만, 대부분의 사람들이 그렇듯이, 자신과 반대되는 점을 가진 사람에게 무의식적으로 끌려 좋아하게 된 것을 몰랐다. 또 좋아하는 강도만큼 무의식적으로 자신의 그런 면을 혐오한다는 것도 몰랐다. 샤론에게 매력적으로 다가왔던 부분은 자신과 자기 가족에게 실망하고 수용하기 싫어 거부한 것이다.

샤론의 부모는 그들이 원하는 것을 직접 표현하는 것을 선호하지 않았다. 그들은 샤론에게 원하는 것을 직접 말하지 않고, 샤론이 눈치 채서 알아주기를 바라면서 힌트만을 주곤 하였다. 그리고 샤론의 말에 모호한 대답을 하였고, 자신들의 의견은 분명하게 표현하지 않으면서 슬그머니 자신들이 원하는 것을 얻어내려고 하였다. 그들은 자신들이 원하는 것을 절대 입 밖으로 말하지 않았다. 그녀는 아버지의 잘난 척하는 점을 정말 싫어하였다. 만약 아버지의 특징이 다른 사람을 조정하려는 것이 아니라면 그런대로 그만의 특징이라고 인정할 수도 있다.

잘난 척한다든지, 솔직하지 못하다든지와 같은 특징들은 관계에서의 패턴이 아니라 성격적 특징이다. 스튜어트와 마찬가지로 샤론도 부모님의 인간관계를 맺는 방식을 당연한 것으로 여겼다. 그녀의 경우, 이모와 삼촌 그리고 사촌들이 비슷한 패턴으로 행동하는 것을 보고 더욱 그러한 패턴을 당연한 것으로 여겼다. 샤론은 아버지가 항상 열심히 일하는 모습을 보아왔기 때문에 스튜어트가 자기 일을 열심히 한 것은 별로 문제 삼지 않았다. 그녀는 그러한 모습에 익숙했다. 그러나 일이 끝난 후 그녀는 남편에게 자신의 부모님이 서로에게 가졌던 그런 친밀감을 느끼기를 기대했다.

상당히 독립적인 부모님과 함께 성장한 스튜어트는 다른 기대를 가지고 있었다. 이런 종류의 차이점은 약혼 기간에는 그다지 문제가 되지 않는다. 그러나 결혼을 하면 두 가지 문제가 생긴다. 즉, 주의 깊게 배려하던 모습은 점점 사라지고 예전의 나 자신으로 돌아가고, 두 사람 사이에 있던 차이점이 서로의 패턴을 양극화하기 시작한다.

어떤 갈등은 타협으로 해결되기도 하지만 두 사람이 각각 상대방이 변화하기를 바라면 타협이 되지 않고 오히려 두 사람 사이의 양극화 현상 때문에 골이 더욱 깊어진다.

스튜어트는 운동을 좋아해서 시즌마다 여러 장비를 갖추고 근육을 만드는 작업에 돌입한다. 이미 다 큰 성인임에도 너무도 열심히 운동해서 샤론은 그가 언제 일하고 언제 운동을 하는지 알 수 없을 정도로 운동에 심취했다. 샤론도 강하고 여성적 근육을 가진 건강한 여성이었지만 운동이나 몸을 단련하는 일에는 전혀 관심이 없었다. 스튜어트는 "당신도 몸을 좀 만들지 그래?"라며 샤론에게 운동을 권하기는 하였지만, 그는 샤론이 스스로 알아서 운동하기를 기대했다. 그러나 샤론은 운동에는 관심이 없었다. 어떤 때는 샤론이 스튜어트에게 자전거를 같이 타러 가자고 했을 때 스튜어트는 "당신은 자전거를 너무 늦게 타던데 뭐."라고 말했다. 그 말이 얼마나 퉁명스럽고 불친절하게 들리는지를 모르는 듯했다.

이들 사이에 점점 틈이 벌어지면서 둘이 함께 시간을 보내지 않게 되었다. 시간이 흐르면서 갈등이 심각해지고, 두 사람의 거리는 더 멀어지게 되었다. 이제 둘 사이의 갈등이 심상치 않다고 여기게 되었다.

사람의 성격적 특징은 개인의 기질적 차이에서 비롯되는데, 작은 차이점인데도 불구하고 자주 과장된다. 성격적 차이를 흑백으로 나누다 보면 각자의 잠재력을 통합하는 데 걸림돌이 된다. 그 이유는 상대방이 드러내는 특징이 내가 개발해야 할 잠재된 특징이기 때문이다. 한 예로, 워커홀릭인 직장여성이 자기 내면의 부드러운 부분을 통합하지 못하고 강한 면만 드러내면 배우자는 의존적이고 무력하게 된다. 건강한 모습은 두 사람이 때로는 부드러움을, 때로는 강함을 드러내면서, 즉 연약함과 강함을 바꿔가면서 사는 것이다. 불행하게도, 샤론은 이렇게 하기보다 자기가 선호하는 방식만 강력하게 유지하려 했다.

＊　＊　＊

샤론과 스튜어트에게 있어 극단으로 서로를 몰고 가는 것 중의 하나는 꼬리를 물고 계속되는 논쟁이었다. 그러한 논쟁은 보통 샤론이 무시당했다고 느껴졌을 때 시작된다. 그녀가 남편과 저녁을 함께 먹기 위해 집에서 기다리고 있을 때 스튜어트는 혼자 파티에 가서 기웃거리거나 학교 강의가 끝난 후에 친구들하고 술을 마신다. 남편은 부인의 감정에는 도무지 관심이 없는 것 같았다. 그런데도 샤론은 아무 말도 하지 않았다. 자기의 감정을 표현하다 보면 결혼 생활이 잘못될 것 같았다(스튜어트만큼 비판에 민감했던 사람은 없었던 것 같았다). 그렇지만 얼마 후 샤론도 지쳤다.

"당신은 자신 외에는 아무에게도 관심이 없어요." 이러한 불평은 스튜어트에게는 전혀 예상하지 못한 것이었다. (그의 생각에는) 그녀가 이렇게 괴상한 목소리로 싸움을 할 아무런 이유가 없었다. 그녀의 목소리는 날카롭고, 냉정했으며, 언짢게 들렸다. 그는 샤론의 공격에 무방비상태였다.

그녀가 크게 소리칠수록 그는 더욱 듣지 않았다. "알았어, 알았어."라고 말했지만, 그 의미는 '알았으니까 이제 그만 좀 해, 더는 못 참겠어.'라는 것이었다. 그녀도 그가 전혀 듣고 있지 않다는 것을 알고 있었지만 계속 싸움을 걸었고 결국 그는 일어나서 문을 쾅 닫고 나갔다. 이제 샤론은 혼자 앉아 울고 있다.

싸움하고 난 후 두 사람은 각자의 마음속에 싸운 것을 묻어 두고, 분노를 키워

가고 있었다. 그는 속았다고 느꼈고, 몹시 마음이 상하고 실망했다. 결혼이 그녀를 야비하게 만들었다고 생각했다. 그녀는 다 큰 어린아이 같았지만, 포악함 때문에 두렵게 보였다. 그는 그 자리를 피하는 것 외에 다른 대안을 찾을 수 없었다. 나중에 그는 자신이 떠나지 않을 것, 아니 떠나지 못하리라는 것을 안 후 자신이 겁쟁이라고 느꼈다. 스튜어트의 진짜 겁쟁이 모습은 상대방의 이야기를 들어주거나 같이 화를 내며 싸울 수 없는 것인데 말이다. 아마도 그가 마주쳐서 싸우는 것을 배울 때까지 그는 다른 사람의 이야기를 들을 수 없을지도 모른다.

한참 동안 혼자서 울고 난 후 샤론은 그를 용서할 준비가 되었지만, 그것으로 충분하지는 않았다. 용서한다는 것만으로는 절대로 충분하지가 않다. 용서를 한다는 것은 어떤 일이 행해진 그 상태로 그것을 받아들인다는 의미이다. 용서는 또한 똑같은 일이 반복되지 않으리라는 것을 포함하지만 똑같은 일은 계속 반복될 것이다. 우리가 배우자와 관련해 증오하는 그 모든 것들, 이해할 수 없고 신경을 거슬리며 생각이 없는 것 같은 그 모든 행동을 그들은 반복할 것이다. 수용한다는 것은 그(혹은 그녀)가 있는 그대로, 그러니까 결점까지도 다 받아들이는 것을 의미한다.

스튜어트가 준비되기 전에 샤론은 항상 화해할 준비가 되어 있었다. 그는 아직도 골이 나 있었지만, 그녀는 친절하게 대하려고 노력했다. 그들이 심하게 싸우고 난 하루나 이틀 후, 그는 집안의 한곳에 혼자 앉아 있으면 샤론을 사랑한다고 생각하게 된다. 그러면 측은지심이 올라오면서 두 사람 사이의 차가운 공기를 만든 것을 후회한다. 그렇게 하고 나면, 샤론의 따뜻한 면을 떠올린다. 이러한 애정 어린 기분과 화해한다는 생각이 아주 편안한 느낌으로 다가오기 시작하면 그는 자신의 감정의 저 밑바닥에 있는 진실을 감추고 싸움을 멈추는 것을 선택한다. 그 방식은 아주 쉬웠으며 마침내 하나의 습관으로 자리 잡았다. 그는 샤론에게 선물을 주고 잘못한 것에 대해 "미안해."라고 크게 말하는 것으로 마무리를 한다. 그리고 그녀는 관대하게 용서를 해주는 것으로 끝난다.

서로의 욕구가 충돌할 때 두 사람은 상대방이 너무 가혹하게 대한다고 느낀다. 서로 싸우고 난 후 샤론은 앉아서 울면서 "왜 당신은 나에게 그렇게 야비하게 구나요?"라고 말하는 것을 한 번 이상 하게 되고, 스튜어트는 그 말에 대해 생각은 하지만 일주일에 10번 정도도 생각하지 않는다.

스튜어트는 샤론이 대화를 좀 더 원하는 것이 터무니없다고 생각한다. 샤론은 스튜어트가 어떻게 행동하는지와 상관없이 자기 맘대로 화를 폭발할 것이기 때문이다. 그들이 독서를 하면서 거실에 앉았다면 그녀는 잡지에 난 쓰레기 같은 기사를 읽으며 매 순간 자신의 독서를 방해할 것이다. 샤론의 행동은 그가 독서에 집중하는 것을 방해하고 결국 그는 화를 낼 것이다. 그래서 그는 샤론이 화낼까 봐 두려워 말을 하지 않고 대신 TV를 켠다.

샤론의 생각으로는 남편은 그를 위해 무언가를 해줄 때만 고맙게 생각하는 것 같다. 그 외의 시간에는 샤론에 대해 아무런 느낌이 없거나 혹은 아예 그의 머릿속에서 내쫓아 버리는 것 같다. 자기가 남편에게 어떤 말을 걸려고만 해도 남편은 화를 낸다. 책을 읽거나 TV를 보는 그의 모습은 "나 방해하지 마, 나 지금 바쁘거든."이라고 말하는 것 같다.

스튜어트는 거절당할까 봐 두려워 샤론을 만나기 전에 데이트를 거의 하지 않았나. 이제 그는 아내를 향해 복종적이다. 그의 의존 욕구와 공격적 성향을 많이 억압하고 있어서 자신조차도 자신의 그런 면에 대해 거의 의식하지 못하고 있다. 모든 분노는 부인되었다. 샤론은 그가 자신의 내면을 자각하지 못하고, 무감각하게 외면해버리려고 한다는 것을 알고 있었다. 그가 그녀의 불평에 대해 아무런 반응을 보이지 않으면 "거기 그렇게 바위처럼 서 있지 좀 말아요!"라고 소리치곤 했다. 이쯤 되면 그도 정신을 차리고 그 장면을 모면하기 위해 행동하는 것처럼 하지만 그럴수록 상황은 더 나빠졌다. 그들은 마치 고통의 회전 마차에 걸려든 것만 같았다.

이런 것들이 이들을 고통스럽게 하는 것은 자신들의 결혼이 이렇게 갈등이 있으리라 생각해보지 않았기 때문이다. 이들은 그들의 마음속에 그려왔던 갈등 없는 결혼을 기대했다.

가족에 대해 알아야 하는 것은 우리의 가족이 TV에서 보여주는 가족과 같이 정상적인 상태가 유지되는 모습과 다르다는 것이다. TV의 사람들이 조화롭게 살면서 가끔 문제가 발생하면 잘 해결하는 모습은 우리의 현실과는 다르다. 불행하게도 우리의 실제 삶은 그렇지 못한데도 불구하고 마음속에는 행복한 가족의 모델이 각인되어 있다. 그리고 자신의 가족과 머릿속의 가족과 비교한다. 가족은 갈등이 있는 것이 문제가 아니라 갈등을 어떻게 다루느냐가 더 중요하다.

샤론은 기꺼이 두 사람 사이의 갈등을 다룰 용의가 있었다. 그러나 불행하게도 스튜어트는 샤론의 방식을 받아들일 준비가 되어 있지 않았다. 그는 기가 막혔고 자기연민의 깊은 수렁으로 빠져들었다. 그는 가끔 주위에서 어떤 일이 일어나는지 알아보기 위해 그의 굴 속에서 빠져나오긴 하지만 주위의 차가운 느낌을 감지하고는 다시 굴 속으로 철수하곤 했다. 그러한 패턴은 수년간 유지되었다.

* * *

이 부부에게 어떤 일이 일어났을까? 그들의 이야기는 아주 익숙한 이야기이다. 아주 괜찮은 두 사람이 최선을 다했어도 삶의 여러 면에서 서로 부딪히면서 결혼 생활은 점점 더 어려워졌다. 그들은 만나서 사랑에 빠지고, 서로 상대가 자신과 다르다는 것을 발견하고, 서로에게 매력을 느끼고, 그리고는 마침내 좌절하게 된다. 상대를 폭행한 사람도 없으며 코카인 중독인 사람도 없고, 우리가 드라마나 영화에서 익숙하게 보아왔던 그런 특별한 이야기는 없다. 서로를 불행하게 만드는 평범한 두 사람의 비극은 다른 슬픈 이야기만큼이나 드라마 같은 부분이 있다. 어쨌든 불행은 불행이다.

샤론과 스튜어트는 자신들만의 관점을 가지고 있고, 다행히 서로에게 가끔은 동정하는 마음을 갖고 있었다. 여러분은 이 경우를 좀 더 폭넓은 관점에서 볼 수 있을 것이다. 상처와 비난을 객관적으로 바라보면서 아마도 불행한 오해와 현명하지 못한 선택, 그리고 서로 타협할 능력이 없는 두 사람-서로 쉽게 하나가 되기에는 너무도 다른 가족적 배경을 가졌으며, 그러한 차이점을 어떻게 해결할 것인가에 관해서 거의 경험이 없는 두 사람을 발견할 수 있을 것이다.

이 경우에 대해 정확히 평가하자면, 우리는 자신의 가족에 대해 객관적 평가를 할 필요가 있다는 것이다. 가족이란 성격적 특징이 다른 개인들의 집합체이다. 결혼할 때 샤론과 스튜어트는 자신들의 새로운 하나의 체계, 하나의 단위, 그리고 둘이 하나가 되는 그런 어떤 것을 만들었다. 그리고 이 새로운 하나는 그들만의 어떤 법칙이 있었던 것이 분명하다.

샤론과 스튜어트의 개인적인 특성은 전혀 없어지지 않았고, 더군다나 둘이서 하나로 합해지지도 않았으며, 용기나 동정 그리고 이타적인 것과 같은 특성들도 없어지지 않았다. 각자의 특성이 사라지는 것은 아니었지만, 무언가 새로운 것이 만들어지기는 하였다. 가족체계는 예견된 방식대로 움직이며, 이 방식은 서로 협력적이기는 하지만 가족구성원들의 특징을 다 통합할 수는 없다. 매일매일의 생활을 해 나가면서 내담자들은 배우자의 방식을 보는 것을 어려워하고, 외부의 도움이 없으면 가족생활을 계속해 나가는 것이 점점 더 어려워진다.

\* \* \*

앞에서 제안했듯이 젊은 부부가 서로 다른 스타일이고, 각자의 기대가 다르다는 것을 아는 것도 도움이 된다. 누가 틀리거나 옳은 것이 아니다. 두 사람은 그냥 다를 뿐이다. 두 사람의 방식은 옳은 것이 아니라 다른 것이다. 그 사람의 방식은 그 사람에게만 중요하다. 그리고 결혼에 대한 각자의 기대도 서로 나누어야 한다. 이렇게 확인하는 것만으로도 두 사람의 갈등에 대해 명확하게 이해할 수 있다. 결혼 전에 젊은 남녀를 만나서 이런 이야기를 하는 것은 서로의 기대가 다른 것을 수용하게 도와주고, 상대가 자기의 기대를 충족시키지 못해도 비난하지 않게 된다.

또 다른 도움이 되는 방법은 각자의 원가족 경험이 어떠했느냐고 질문하는 것이다. 사람들은 자신들이 몸담고 자랐던 원가족의 것들은 당연하게 받아들인다. 그 경험에 비추어 어떤 것은 옳다고, 어떤 것은 틀렸다고 판단한다. 그리고 사물을 판단하는 관점을 제공한다.

이처럼 약혼한 젊은 사람 혹은 부부와 대화하는 것만으로도 서로의 차이점을 수용하고 이해하는 데 도움이 된다.

## 이상화를 하면서 사랑에 빠진다

우리 사회에서 사랑은 인간의 관계에서 최고의 선으로 자리 잡고 있다. 사랑은 신성하기조차 하다. 사랑을 분석하는 것은 소중히 간직해야만 하는 것을 더럽히는 신성모독에 해당한다. 나는 서로에게 어떤 점에서 매력을 느꼈느냐고 지난 25년 동안 부부에게 질문했지만, 아직도 제대로 된 대답을 듣지 못했다. 지적이고 마음이 착한 사람들은 말을 해줄 수 있겠지만, 그들 중 아주 소수만이 그들이 사랑에 빠진 이유에 관해 이야기해줄 수 있다.

대부분 사람은 꿈을 가지고 결혼을 한다. 낭만적인 사랑은 그 사랑이 실제로 가져다줄 수 있는 것보다 더 많은 것을 약속한다. 스튜어트가 결혼한 열정적인 여자는 그가 보기에 의존적이고 요구가 많은 여자로 변하였으며, 샤론의 친절한 애인은 거리감이 있고 무시하는 경향을 가진 남편으로 변하였다.

어쩌면 내가 결혼 생활에 대해 부정적인 그림을 그리고 있는 것처럼 보일지도 모르지만 내 의도는 그런 것이 아니다. 많은 사람이 결혼할 때는 행복하며 바로 그것이 그들이 결혼하는 이유이다. 이러한 모든 문제에도 불구하고, 샤론과 스튜어트도 결혼 생활의 많은 시간에 만족해했다. 내가 강조하고자 하는 것은 우리의 인생에 들어온 피할 수 없는 실망들을 직면하고 이해하고 또한 그러한 실망들이 건설적인 행동을 위한 하나의 디딤돌이 될 수 있도록 해야 한다는 것이다. 그렇지 않으면 이러한 실망들이 곪게 되고 또한 많은 경우에 점차 관계를 좀먹어간다.

부부들은 행복한 사랑의 관계를 유지하기 위해서는 힘든 기간을 잘 통과해야 한다. 그렇게 잘 통과하기 위해서는 서로가 자신의 불만에 대해 상대방을 비난하지 말고 극복해야 한다. 결혼 생활에 대한 실망(그리고 비난)은 그들의 관계가 어떤 환상이나 소망들에 기초를 두고 있을 때 더욱 확대된다. 그리고 슬프게도 대부분 부부는 그들이 이미 결혼을 하고 난 후에야 자신들의 환상이나 소망이 잘못되었다는 것을 발견한다. 당분간은 "좋은 일이 있으나 나쁜 일이 있으나"라는 결혼 선서는 나쁜 일만 의미하는 것처럼 느껴진다.

사람들은 자신의 기대가 좌절되었을 때 다양하게 반응한다. 어떤 사람들은 냉대와 모욕을 마음속에 담아두며 온갖 불평불만을 쌓아둔다.

스튜어트는 샤론이 아내로서 '당연한' 모습을 가질 것과 그녀가 그렇지 않은 게 얼마나 불공평한 일인가에 대해 아주 엄격한 기준을 가지고 그녀의 행동을 주시했다. 그는 자기 신부가 도저히 살아낼 수 없는 그런 생활에 대한 꿈을 마음속에 그려왔다. 샤론은 스튜어트가 꿈꾸던 여신이 아니었다. 또 샤론은 스튜어트가 의욕적이고 다정하고 능력이 있는 사람이 아니라고 불만을 느끼면서 행복의 책임을 전부 남편에게 전가하고 있다. 스튜어트는 도대체 왜 샤론이 자신의 삶을 살지 못하는지 답답했다. 그는 결혼이 환상을 깨는 비극이라고 생각했다.

＊　＊　＊

아마도 이러한 모든 이야기는 우리가 모두 이미 알고 있는 것, 즉 "사랑을 하면 눈이 먼다."를 재확인시킨다. 이와 관련해서 "결혼을 하기 전에는 두 눈을 활짝 뜨고, 결혼 후에는 눈을 반쯤 감고 있어라."라는 격언도 있다.

샤론은 친절하고 신중하며 그녀가 원하는 것을 미리 알 정도로 충분히 힘이 있고 세심하게 사랑해줄 그런 사람을 원했다. 샤론은 그런 남자를 발견했다. 한편 스튜어트도 그를 완전하게 사랑해줄 수 있는 그런 사람을 원했다. 샤론은 그를 떠받들고 존경할 것 같았으며 그가 원하면 언제라도 그의 곁에 있어줄 것처럼 여겨졌다.

이러한 환상을 우리는 **이상화**idealization라고 부른다. 이상화라고 하는 것은 우리가 이미 알고 있듯이 사랑의 진행 과정과 사랑에서 깨어나는 것의 상당 부분을 설명해주는 복합적이며 동기화된 심리적 현상이다.

프로이트에 의하면 이상화라는 것은 사랑하는 사람에 대하여 부정적인 감정은 적극적으로 억압하는 반면 가장 좋은 것을 바라는 희망을 품는 이중적인 투사의 과정에 기초를 두고 있다.[3] 사랑하는 사람들은 자신의 사랑의 대상에 대해 그들의 '이상화된 자아', 즉 완전한 인간에 대한 자신들의 개념을 투사한다. 상대방이 자신이 원하는 그런 사람일 것이라는 환상을 갖는다. 그러한 과정의 두 번째 부분은 **반동형성**reaction-formation이다. 어떤 사람에게 이상화는 자신의 공격적인 감정을 인정하기를 거부하는 하나의 방법이 되기도 한다. 자신의 배우자가 얼마나 '굉장히 괜찮은' 사람인가 하는 것을 항상 언급하는 사람은 아마도 자신이 가진 분노와 실망을 직면하지 않기 위해 그러한 표현을 사용하는 것일 수도 있다. 프로이트에 의하면 사랑에 빠지는 것은 어린 시절에 가졌던 낭만적인 열망을 불현듯이 되살아나게 하는 것과 같다고 한다. 우리가 배우자에게서 원하는 것은 완벽한 부모의 모습이라는 것이다.

이상화를 다르게 표현하면서도 여전히 유용한 설명 중의 하나는 하인츠 코헛 Heinz Kohut의 자기심리학이다.[4] 코헛에 의하면 우리는 부모가 두 가지의 기본적인 욕구를 충분히 해결해주었을 때 건강하고 안정된 자기 개념을 발달시킨다고 믿었다. 그 첫 번째는 그가 **거울반영**mirroring이라고 부른 것으로 부모가 자녀에게 그들이 얼마나 가치 있는 존재인지를 느끼게 해주는 지지로부터 형성되는 자기가치감이며, 부모가 자녀의 성격 성장을 강화하기 위해 도움을 주는 두 번째 방법은 **동일시**identification를 위한 모델을 제공해주는 것이다. 자녀들은 자신들이 성장했을 때 자신이 될 모습의 이미지로 부모를 바라본다.

---

[3] Sigmund Freud. "Observations on Transference Love." *Standard Edition*, *12*, 157-172. London: Hogarth Press, 1958.

[4] Heinz Kohut. *The Analysis of the Self*. New York: International Universities Press, 1971. Heinz Kohut. *The Restoration of the Self*. New York: International Universities Press, 1977.

이처럼 부모를 존경하고 부모와 교감을 갖는 것이 아이의 내적 자원을 이루는 기초가 된다. 만성적으로 혹은 어떤 사건에 의해 공감이나 이상화 중 어느 한 부분이 제대로 발달하지 못하면 아이의 자존감은 약해지며 그 아이는 평생 그러한 손상에 대해 어떤 보상을 얻고자 한다. 칭찬에 목말라한 아이는 자라서 관심을 받고자 하는 열망을 억누르며, 선망의 원천같이 보이는 어떤 사람과의 관계에서 그러한 열망이 해소되기를 기대한다. 마찬가지로 부모에 대해 꿈이 깨지는 고통을 경험한 사람들은 항상 자신들이 존경하고 기댈 수 있는 사람을 찾아 헤맨다. 샤론과 같은 사람에게 있어서, 이러한 열망은 자신의 의존성을 개방적으로 표현하는 것으로 나타난다. 스튜어트와 같은 사람은 자신의 열망을 독립성과 강함이라는 마스크로 가리지만 그 역시 비밀스럽게 자신의 정신적인 지주(자신이 힘을 빌릴 수 있는 사람)와 존경심을 가지고 반영하기(거울반영)를 열망한다.

이상화의 정도와 특성은 어떤 사람에 대해 상당히 많은 것을 설명해준다. 내면이 안정되지 않을수록 이상화 대상을 찾는다. 우리는 어떤 특별한 사람을 만나고 그 사람의 진정한 자질과 우리 자신이 투사하고 있는 갈망을 별 의식 없이 섞어서 사랑에 빠진다. 이상화된 대상은 어쩔 수 없이 자각할 때까지는 우상처럼 떠받들어진다. 그리고 나서 그 사람은 자신의 본 모습이라는 이유로 처벌을 당한다.

가족치료사는 "당신은 왜 그(혹은 그녀)가 그렇게 괜찮은 사람이어야 한다고 생각합니까? 당신의 인생에서 보완하고 싶었던 부분이 있다면 어떤 부분일까요?"와 같은 질문을 함으로써 이상화 과정에 관해 관심을 끌 수 있으며, 이러한 질문을 한 다음에 다음과 같은 질문을 할 수 있다. "부모님은 어떤 분이셨습니까?" 서로에 대해 느끼는 실망과 비난을 부모와의 관계로 초점을 돌리는 질문을 하는 것을 머레이 보웬Murray Bowen은 변화의 기초 메커니즘으로 생각했다.

개인 심리 치료사들은 내담자들이 가지고 있는 이상화된 기대들을 벗기고 재조명하도록 돕는다. 그렇게 하는 것은 배우자들이 자신들이 가진 환상을 자신의 것으로 소유할 수 있도록 하고, 또한 상대가 실제가 아닌, 이상 속의 모습이 아니라고 비난하던 것을 멈추고 서로를 실재 인물로서 알아가면서 관계를 개선할 수 있다.

그러나 가족치료사는 다른 방법으로 접근한다. 단순히 서로에 대해 이상화하지 않게 하는 대신에, 자신들의 결혼 전의 지각을 현실적인 측면에서 재점검한다. 다시 말해, 자신의 지각, 상대방의 지각, 그리고 두 사람의 관계에 대한 지각을 점검한다. 그들 두 사람을 함께 있도록 이끌어 온 것이 무엇이었는지에 관한 부부들의 이야기를 탐색하면서 싸움의 반복과정에서 벗어날 수 있게 돕는다. 이렇게 약혼 기간의 오해에서 벗어나 서로 '진실'에 관해 이야기하기 시작하면 서로에 대한 이상적인 기대 때문에 겪는 걸림돌에 덜 걸려 넘어진다. 이렇게 하기 위해서는 서로를 비난하지 않고 자신의 기대를 일치적으로 표현해야 한다.

## 부부가 서로 적응하기

젊은 사람들은 종종 결혼을 어떤 행복한 상태라고 생각한다. 그러나 친밀한 동반자 관계는 새로운 땅으로 들어가듯이 발을 내딛는 것이 아니라 서로 만들어가는 것이다.

사랑에 빠진 두 사람이 낮과 밤 그리고 그들의 미래를 공유할 것을 결정했을 때, 그들은 약혼 관계에서 기능적인 동반자 관계의 결혼 관계로 전환해야 하는 힘든 적응 기간을 거쳐야 한다. 두 사람은 각자의 기대와 삶의 방식을 내려놓고, 상대방의 방식에 적응하는 것을 배워야 한다. 창문을 닫고는 잠을 잘 수 없는 남편과 창문을 열고는 잠을 잘 수 없는 부인이 결혼했다면, 서로 타협점을 찾아 적응해야 한다.

장기간 지속하는 인간관계에서 적응 기간은 필요하다. 오랜 세월에 걸쳐서 하나가 되는 경험을 한 사람들은 이 말이 무엇을 의미하는지 잘 알 것이다. 일반적으로 적응은 타협을 통해 서로 맞추어가는 것으로 생각한다. 그러나 적응이란 저절로 서로 맞추는 과정이라기보다는 우리가 생각하는 이상으로 두 사람 사이에서 진행되는 체계적 변화가 발생하는 과정이다.

두 사람이 함께 살기 시작하면 아주 작은 일부터 서로 적응해야만 한다. 그러나 두 사람 모두 자신에게 익숙한 방식을 유지하려고 하고, 상대방이 자기의 방식에 맞춰주기를 바란다. 가끔은 서로 맞추는 데 큰 문제가 없을 때도 있다. 남자는 여자가 원하는 대로 헤어질 때 키스를 하고, 여자는 남자가 원하는 대로 아침에 커피 한잔을 조용하게 마시고 작업을 하려고 할 때 방해를 하지 않는다.

부부가 한 팀이 되는 과정에서 합의가 필요한 것 중에는 간단히 이루어지는 것도 있지만, 매우 심한 갈등을 겪은 다음에야 적응할 수 있는 예도 있다. 두 사람은 어떤 부분에서는 융통성이 있지만, 어떤 부분에서는 융통성을 발휘하지 못할 때도 있다. 많은 신혼부부와 같이 샤론과 스튜어트도 융통성이 없는 부분이 있지만, 자신들은 그것을 알지 못한다. 스튜어트는 중요한 과제에 대해서 샤론에게 많이 양보하였기 때문에 삶의 작은 것들에 대해 적응하는 것이 얼마나 어려운지 잘 몰랐다. 부인이 원하는 종교로 개종할 정도로 큰 주제에 대해서는 양보를 하였지만, 저녁 식사를 위해 식당을 선택할 때 부인의 의견에 잘 따르지 않았다. 부인에게 어떤 식당으로 갈지를 묻기는 하지만 열이면 아홉은 자기가 원하는 대로 간다.

샤론은 결혼하기 위해 친정에서 먼 다른 지역으로 떠나야 했고, 친구들과도 헤어져야 했다. 그리고 남편을 위해 식사 준비를 하고, 친하지도 않은 남편의 친구들과 어울려야 했다. 이렇게 많은 것을 포기하였음에도 불구하고 남편이 다른 사람들과 시간을 보내는 것, 혹은 혼자 조용히 책을 읽고자 하는 것은 허락하기 힘들어했다. 샤론은 자신이 얼마나 남편을 혼자 소유하려고 하고 그렇게 하지 못하면 엄청나게 질투한다는 사실을 자각하지 못하고 있었다. 이런 자신의 행동이 남편에게 얼마나 큰 압력을 가하는지를 잘 모르고 자신의 요구는 당연하다고 여겼다.

❋ ❋ ❋

내가 부부는 서로 적응하는 것이 필요하다고 주장하는 것을 들은 사람들은 만일에 그렇지 못하면 어떤 결과가 나타날지 궁금해할 것이다. 이들은 서로 적응하지 못하면 결국 이혼하게 될 것인가? 전혀 그렇지 않다. 행복해야만 같이 사는 것이 아니다. 많은 사람이 불행하면서도 계속 함께 살아간다.

성공적으로 적응하지 못할 때의 대안은 아래와 같다. 첫째 싸움을 하면서 거리를 둔다. 적응에 실패하는 사람들은 지쳐 있는 상태에서도 혹을 날리려는 권투선수와 비슷하다. 이들은 감정이 엉켜 서로 비난하는 데 지쳐 있으면서도 서로 계속해서 주먹을 날린다. 그리고 이들은 헤어지지도 못하고 서로 분리된 채 함께 살아가는 방식을 발달시킨다.

가족치료사가 서로 조정해야 한다는 말을 했을 때 이들은 조화로운 관계를 자신의 모든 것을 포기하는 것으로 생각한다. 그들은 가족치료사가 관계를 회복하기 위해서는 상대방이 원하는 것을 해주기 위해 나의 것을 조금은 포기해야 한다는 말을 들으면 바로 자신이 그렇게 하고 있다고 억울해하면서 "그게 바로 내가 항상 하는 것입니다. 항복하는 것…."이라며 자신을 방어한다.

많은 사람이 조정을 위해 어느 정도는 포기하는 것도 사실이지만, 상당히 많은 부분은 타협한다. 그러나 부부가 하나가 될 때 한 사람이 변화하면 다른 사람도 같이 변화한다는 사실을 깨닫게 된다. 변화란 사람 자체가 변화하는 것이 아니라 상호관계 방식이 변하는 것이다. 아마도 각자 억울하다고 느낄 수도 있다. 물론 두 사람이 공평하게 변하는 것이 아닐 수도 있다. 그러나 자신이 원하는 것을 얻기 위해서는 나 자신이 변화해야 하는 몫은 내가 책임을 져야 한다.

## 심리적 경계선 세우기

7월의 푹푹 찌는 듯한 여름날 오후 샤론은 일을 마치고 집으로 와서 찬물에 샤워하고 스튜어트를 기다리며 집 밖의 그늘에 앉아 있었다. 그가 마침내 집에 돌아왔을 때 그는 마치 정장을 하고 증기탕에서 나온 사람같이 보였다. 그는 지친 모습으로 "안녕!"이라고 말하고는 그만이었다. 샤론은 그가 안으로 들어가는 모습을 바라보았다. 그녀는 그가 돌아와서 자신에게 말을 걸어주기를 기다렸다. 그녀는 오랫동안 그렇게 기다렸다.

스튜어트가 갑자기 무엇인가를 깨달았을 때는 벌써 진토닉 두 번째 잔을 반쯤 마신 뒤였다. 무엇인가 머릿속에서 섬광처럼 스쳐 지나갔다. 이제야 정신이 들었다. 천당과 지옥 사이는 아주 가까웠으며 그는 지금 그 선을 넘은 것이었다.

샤론은 방으로 들어와 이야기하기 시작했고, 그는 머리가 핑핑 도는 혼란한 느낌을 숨기려고 열심히 듣는 척하는 모습을 보였다. 그러한 연기는 효과가 있어서 샤론의 말을 빨리 끝나게 했다.

"당신 많이 지친 것 같아요."라고 그녀가 이야기했고 "응, 맞아."라고 그가 대답했다.

샤론이 스튜어트에게 수영하러 가는 것이 에어컨 바람을 쐬는 것보다 기분을 상쾌하게 하는 데 더 나을 것 같다고 말했고, 그는 "알았어, 잠깐만 있다가."라고 말했다.

수영장에서 그는 시원한 물속에 푹 잠겨서 오랫동안 천천히 수영하였다. 이제 열기와 긴장들이 모두 사그라지고, 그는 마침내 물속에서 나와 잔디에 있는 휴식용 의자에 길게 누워 햇빛 속에서 몸을 말렸다. 그는 나무 사이로 태양이 비춰서 파란색을 내는 부분을 발견하였다. 하루 중 처음으로 긴장이 풀어지고 편안함을 느끼는 순간이었다. 그는 잠깐만이라도 조용하게 상쾌함과 편안함을 느끼면서 있고 싶었다. 그런데 바로 그 순간 샤론이 나타나서는 말을 시키기 시작했다. 그녀는 그가 시간을 좀 내서 친정 부모님을 방문할 수 있겠는지를 알고 싶었던 것뿐이었다. 그는 다시 침울한 기분이 되었다. 그녀는 단 5분 만이라도 그를 가만히 내버려 두지 못하는 것일까?

✳ ✳ ✳

스튜어트와 샤론의 관계처럼, 친밀한 관계에서 가장 많이 부딪히는 영역은 경계선 설정이다. **경계선**<sup>boundary</sup>은 행동적인 면과 정서적인 면의 두 가지 수준에서 존재한다. 행동적인 경계선은 두 사람이 얼마만큼의 시간을 같이 보내기를 좋아하는지를 의미하며, 두 번째인 정서적인 경계선 수준은 내적인 사고와 감정, 열망 부분과 배우자와의 관계 부분으로 나누어 생각할 수 있다.

머레이 보웬에 의하면 인간의 욕구는 두 가지가 있는데, 하나는 자신을 다른 사람으로부터 분리하고자 하는 욕구이고 다른 하나는 다른 사람과 연결되고자 하는 욕구라는 것이다. 두 가지 욕구를 모두 충족시키는 것이 가능한 일이기는 하지만 그들 사이에는 어떤 긴장이 있고 대부분 사람은 다른 사람과 연결되어 그들에게 의지하든지 아니면 그들로부터 독립적이 되든지, 둘 중 하나에 더 가깝게 행동한다. 자율성과 친밀감의 문제는 독립적이냐 함께 있느냐의 관계로 이러한 것을 살바도르 미누친은 **밀착**<sup>enmeshment</sup>과 **유리**<sup>disengagement</sup>로 설명하였다.

보웬의 **융합**<sup>fusion</sup>과 미누친의 밀착된 관계 모두 경계선이 분명하지 않은 것을 의미하는 것이지만 실제로 그 둘은 완전히 같은 의미는 아니다. 보웬의 융합은 정신분석학에서 이야기하는 **개별화**<sup>individuation</sup>로 개인의 성격적 특징을 의미하는 것으로 그 사람 내면에 존재하는 다양한 개성을 말하는 것이다. 미누친의 밀착은 사회적 체계와 관련된 개념으로 사람들 사이의 관계를 의미한다. 가족생활의 서로 다른 점에 관해 설명할 때, 나는 가족원의 관계에서 경계선을 묘사할 때 두 가지 방법 모두를 사용하기도 하지만, 살라자르 가족으로 돌아가기 전에 나는 중요한 점을 지적하고 지나가고자 한다. 즉 우리가 믿는 것은 우리가 그것을 어떻게 느끼는가 하는 것과 관련이 있다는 것이다. 친밀감을 경험하는 것에 어려움을 느끼는 사람은 다른 사람과의 관계에서 너무 멀리 있거나 혹은 너무 가까이 있게 되면 불안하기 때문에 자연히 자신만의 개인적인 공간을 찾게 된다. 마찬가지로 독립적으로 있는 것을 불편하게 생각하는 사람은 누군가와 함께 있기를 선호한다. 그러나 여기서 주의를 기울여야 할 것은 우리가 항상 우리의 감정과 일치하게 행동하는 것은 아니라는 것이다.

관계 패턴을 융통성 있게 형성하기 위해서는 감정이 가르치는 것과 반대되는 행동을 해야 할 때도 있다. 그렇다고 해서 "나는 화를 내면 절대 안 돼!"라고 감정과 투쟁을 벌일 필요는 없다. 사람들의 감정은 자연스럽게 느끼는 경험이지만, 감정대로 반드시 행동할 필요는 없다. 감정이 어떠하든 나의 반응 행동은 내가 선택할 수 있다. 이제 과거와 다른 방식으로 상호작용하다 보면 감정도 변하게 되고 서로를 다르게 경험할 수 있다.

부부갈등을 경계선의 문제로 이해하면 성격적 문제가 아니라 변화가 가능한 유연한 문제로 바라볼 수 있다. 물론 밀착과 유리를 학문적인 용어로 표현하면 불편하게 들릴 수 있다. 그래서 남편을 냉정한 사람이라고 말하기보다 독립적이라고 말하고, 부인을 지나치게 요구하는 사람이라고 말하기보다 친밀감을 원하는 사람이라고 말하는 것이 훨씬 낫다.

✳ ✳ ✳

정서적 경계선을 이해하는 것은 샤론과 스튜어트의 결혼 생활의 초기 몇 달간의 어려움을 명료화하는 데 많은 도움이 된다. 이 정도면 여러분은 이미 각자의 원가족과의 관계가 밀착인지 유리인지 파악할 수 있을 것이다.

샤론의 가족은 밀착되어 있으며, 스튜어트의 가족은 유리되어 있다. 이 둘이 처음 만났을 때 샤론은 대학생이었는데 여름방학을 부모님과 함께 보내고 있었던 것을 기억해보라. 그녀는 또한 하기 중에도 주말에 자주 집으로 가서 부모님과 함께 보내고 왔다. 우리가 그들에 대해 자세히 안다면 이들 가족 속에서 밀착의 단서들을 많이 발견할 수 있다. 샤론의 가족은 침실 문들이 항상 열려 있으며, 가족구성원들은 자유롭게 서로의 일을 참견했으며, 부모가 각자 자기 일을 하는 경우는 거의 없다.

지금까지 우리는 스튜어트의 집에 대해서는 거의 들은 게 없다. 아마도 그러한 것이 그의 집이 유리되어 있다는 하나의 증거가 될 수도 있다. 그의 결혼에도 적은 수의 친척이 참석했으며 이것이 또 다른 분리의 증거이다. 그리고 스튜어트의 아버지는 혼자 낚시를 가고, 어머니는 남편이 혼자 낚시를 가거나 친구들을 만나러 가도 전혀 개의치 않는다.

이러한 간단한 설명만을 들어도 "문을 열어 놓는 것이 뭐 어떻단 말이야." "아버지가 낚시를 가는 게 뭐 그리 이상한 일이야."라고 생각할 수 있다. 경계선은 강한 감정을 일으킨다. 경계선의 기준은 각각의 가족에서 경험한 것이 내재화되어 있고, 그것을 당연하다고 느낀다. 즉, 우리 가족의 특징들이 우리 안에 자리 잡고 있다.

스튜어트가 뉴욕에서 샤론과 주말을 보내고 버스에 올라탔을 때 그가 어떤 것을 느꼈는지를 기억해보라. 열정의 감정에 휩싸여 있을 때지만 그는 그런 정도의 가까움만 견딜 수 있었다. 반면, 샤론은 같이 주말을 보낸 후에 충분한 친밀감을 느끼지 못했기 때문에 아쉬움만 느꼈다. 사실, 스튜어트가 가고 싶어 안달이 난 것처럼 보여서 샤론은 불편했다.

스튜어트가 결혼하기 전에는 샤론에 대해 잘 몰랐다. 아마도 두 사람이 같이 있는 시간이 길었다면 스튜어트는 샤론과 결혼하지 않았을지도 모른다. 살다 보니 스튜어트는 샤론의 의존성을 감당하기가 힘들어졌다. 두 사람이 결혼 전에 서로 적응하는 것을 배웠다면 성격 차이로 인한 문제는 적었을 것이다. 그러나 어쩌면 스튜어트는 결혼 전에 두 사람 사이의 갈등에 대해 말을 꺼내기가 두려웠을 수도 있다. 이제 스튜어트가 부인에게 별거를 제안한 것은 우연이 아니었다.

스튜어트는 멀리 떨어져 있을 때 사랑을 가장 잘할 수 있는 그런 사람이었다. 친밀한 관계가 가능할 것 같으면 멀리 도망가는 것이 그의 장기였다. 그들이 함께 오랫동안 있는 것이 그에게는 그의 사랑을 시험해보는 것일 수 있고 그렇다면 아마도 시험을 통과하지 못했을 것이다.

약혼 기간 멀리 떨어져 있었기 때문에 샤론은 스튜어트와의 관계에서 독립된 자기 자신이 되는 것을 배울 필요가 없었다. 그가 함께 있지 않을 때 그녀의 가족들이 그녀와 함께 있었기 때문이다.

개인적인 공간을 갖는 것에 관심이 있는 스튜어트와 같은 사람은 샤론과 같이 친밀감을 느끼기를 원하는 것을 내적인 자신에 대한 침범으로 받아들인다. 이제 샤론이 온통 스튜어트를 차지하려고 하자 그는 집에 갈 수가 없다. 그 자신이 그의 집이었다. 거짓말을 하는 것이 자율성을 지키는 방법일 수 있다. 스튜어트가 샤론에게 고의로 거짓말을 하기까지는 몇 년이 걸릴 수도 있었지만, 그의 방법은 어떤 것에 화를 내고 왜 화를 내는지 이야기하지 않으면서 자기 노출을 피하는 것이다. 그는 이 방식을 재빨리 배웠다. 정서적 친밀감에 대한 샤론의 요구에 대해서 대놓고 싸울 수 없어서 감정을 속이고 내면에서 샤론과 단절하였다.

그녀가 스튜어트에 관해 좋아했던 점 중의 하나는 그가 마음이 개방되고 따뜻한 사람이라는 점이었다. 그는 데이트할 때 아주 열정적이었다. 그녀는 그들이 결혼하면 친밀감을 자연스럽게 나눌 수 있다고 예상했다. 서로 떨어져 있을 일도 적어질 것이고 신경 쓸 일도 줄어들 것으로 생각했다. 결혼하고 나면 자기가 자기다워질 수 있다고 생각했다. 왜 그렇지 않겠는가, 그가 그녀를 사랑하고 있는데 말이다.

이들에게 결혼이 갖다 준 가장 큰 고통은 결혼 후 자신들에게 익숙한 방식대로 생활할 것이라고 기대한 것이 문제가 아니라 각자 자기 삶의 방식만이 옳다고 믿었기 때문이다. 상대방의 방식을 이해하지 못할 뿐만 아니라 잘못되었다고 판단하였기 때문이다. 어떻게 남편이 밖으로만 돌면서 나를 외롭게 만들 수 있단 말인가? 남편도 나와 있기를 원하지 않았는가? 어떻게 아내가 나를 이렇게 닦달할 수 있을까? 나를 질식시키려고 하는가?

❋ ❋ ❋

이쯤 되면 사람들은 체계라는 관점에서 이들의 문제가 어떻게 해결될지에 대해 궁금할 것이다. 예를 들어 경계선을 설정하는 것, 그것은 정말 성격의 문제일까? 남자들은 거리를 두는 경향이 있고 여자들은 친밀감을 느끼는 것에 관심이 있다. 그러니 이러한 차이점으로 인해 문제가 발생하는 것은 당연하지 않을까?

또는 친밀감과 거리 두기를 여성과 남성의 차이점으로 돌리기도 한다. 적어도 미국 문화권에서 남성들은 성취 지향적이고, 여성은 관계 지향적이라고 설명한다. 그러나 가까워지고자 하는 욕구와 거리를 두고자 하는 욕구는 심리학적으로 여자와 남자의 문제는 아니다. 많은 부부가 반대이다. 따라서 이것은 성별의 문제가 아니라 성장 과정의 차이에서 비롯된다고 볼 수 있다.

게다가 같은 부부라고 할지라도 친밀감/거리 두기의 패턴은 시간이 흐르면서 변화한다. 이렇게 변화하는 이유는 부부 사이의 경계선이 그들을 둘러싸고 있는 사회의 영향을 받기 때문이다. 어떤 젊은 남편은 자신의 직업과 관련된 일로 너무 바빠서 부인과 가까이 지낼 시간이 없을 수 있다. 이 경우 두 사람이 같이 있는 시간과 에너지의 나눔과도 관련이 있다. 세월이 흐른 다음에는 서로의 필요가 달라질 수 있다.[5] 이미 두 사람이 서로의 시간과 에너지를 나누는 패턴이 익숙해져서 남편이 부인과 가깝게 지내길 바라지만, 부인이 오히려 남편보다는 외부의 친구들이나 다른 일에 더 관심을 가질 수도 있다.

이러한 경계선의 양극화 현상을 해결하기 위해서 가족치료사가 할 수 있는 한 가지 방법은 서로에 대해 경멸적인 언어로 비난하는 것을 다루는 것이다. 부부가 서로를 "차갑다", "이기적이다", "의존적이다", "사람을 질식하게 만든다" 등과 같이 말할 때, 그러한 부정적 단어들이 의미하는 바를 정확하게 표현하도록 요청하고 중용적인 언어로 표현하도록 도울 수 있다.

"부인이 '냉정하다'고 말하는 것은 자기 일에 너무 바빠서 당신과 시간을 보낼 때 당신만큼 좋아하지 않는다는 것을 의미합니까?", "그가 '의존적이다'라고 말하는 것은 그가 혼자서 어떤 일을 하기보다는 당신과 함께 어떤 것을 하는 것을 더 선호한다는 것을 의미합니까?", "선호한다"라는 말에 주의를 기울일 필요가 있다. 선호들에 관해 질문하는 것은 참을성을 갖도록 하는 것보다 훨씬 효과적이다.

이렇게 명료화하면서 왜 그렇게 되었는지 그 뿌리를 탐색하는 것이 도움이 된다. 그리고 가족에 대해서도 질문한다. 그러면 서로 다른 경험을 하였고 서로 다른 기대를 하게 된 이유를 알게 된다. 이렇게 이해를 하게 되면 자신들의 감정에

---

[5] 사람들은 친밀감의 문제를 외부에서 찾으려 한다. 그러나 이들의 진짜 문제는 상대방에 대한 사랑의 감정을 제대로 표현하지 못하는 데 있다.

따라 행동하기보다는 다른 방법을 자유롭게 실험해볼 수 있다.

## 결혼에 성공하려면 부부의 진지한 노력이 필요하다

나는 이 장의 제목을 "그래서 그들은 영원히 행복하게 살았다."라고 생각했지만, 그 제목은 너무 긍정적인 면만 부각한 느낌이 들었다. 사랑은 자연스럽게 하는 건데 그 사랑을 위해 그렇게까지 노력을 해야만 한다면 좋아할 사람이 없을 것 같아서였다. 우리는 항상 사랑이 자연스럽게 다가오는 것이라고 기대하고 있다. 진실은 이렇다. 대부분의 사람들이 관계를 원활하게 이루어지기 위해서는 각자의 특정 습관들을 변화시키기 위해 열심히 노력해야 한다.

불행하게도 대부분 사람은 사랑하는 사람한테 실망하게 되면, 사실 인간적이기는 하지만 부정적인 자기 방어적 방법으로 반응을 한다. 어떤 사람들은 결혼을 함정에 걸렸다고 생각하고 그 장애물로부터 탈출하는 환상을 꿈꾼다. 스튜어트의 경우도 그랬다. 샤론과 싸운 후에 그는 자신의 패배를 설욕하기 위해 속으로 그녀가 얼마나 기막히며, 인생이 얼마나 불공평하게 돌아가고 있는지, 그녀와 결혼한 것이 얼마나 큰 실수였는지에 관해 곰곰이 생각했다. 그가 그녀와 결혼만 하지 않았다면 그가 누렸을 모든 자유에 대해 생각했다.

부부 상담을 원하는 부부의 경우, 배우자의 한 사람은 끊임없이 상대를 떠나야만 하는 모든 이유들과 또 그렇게 하면 안 되는 이유들을 생각한다. 이렇게 되면 긍정적인 해결책을 찾기가 쉽지 않다.

불행한 결혼 생활을 하는 내담자가 그 상대를 떠나야 할지 아니면 계속 그 상태에 머물러야 할지를 몰라서 나에게 문의를 하러 왔을 때, 나는 종종 그들이 서로에게 적응하도록 노력해볼 것을 권유한다. 나는 이것을 '시험적인 동거'라고 부른다. 그들이 열심히 노력했는데 개선되는 것이 없으면, 그때 가서 그들이 결정하는 것을 돕는다. 게다가 헤어지는 데는 몇 분 걸리지도 않는다.

또 다른 함정과 관련된 것은 조금만 더 노력하면 충만한 관계를 맺을 수 있다는 희망을 심어주는 것이다. 그러한 희망은 새로운 사랑일 수도 있고, 좀 더 많은 돈을 버는 것, 아이를 갖는 것 혹은 아이를 하나 더 갖는 것 등이 될 수도 있다. 지금은 아니지만, 그 언젠가는… 그 "언젠가"는 상대방이 변했을 때이다. 샤론은 스튜어트가 언젠가는 변하리라는 희망을 품고 있었다. 샤론은 '대학원을 졸업하고 직장을 잡으면 그는 안정을 찾고 나와 더 많은 시간을 보낼 거야.'라고 믿었을지 모른다.

불행한 사람들이 사용하는 표현은 "내가 기분이 좋아지려면 상대방이 변화해야만 해."이며 이와 관련된 원칙은 "어떤 일이 있어도 나는 옳아야만 해."이다. 두 사람이 서로 자기가 반드시 옳다는 태도를 고수하면 분쟁은 지속된다. 이와 관련된 진실은, 적어도 중요한 어떤 것에 관해서는, 우리는 항상 옳다는 것이다. 우리는 항상 우리가 기억하는 것만 기억하고, 우리가 느끼는 것만 느끼고, 우리가 생각하는 것만 생각하고, 대부분 우리는 항상 최선을 다한다. 우리의 배우자도 마찬가지다.

여러분의 배우자가 옳다는 것을 인정하는 순간 아주 많은 논쟁이 자동으로 없어지거나 혹은 최소한 그 맹독성이 없어진다. 그렇지만 거짓으로 수용하는 척하면서 자신의 감정을 속일 필요는 없다. 조금만 연습하면 배우자의 주장이 정당하다는 것과 그것을 알아볼 수 있는 눈을 갖게 된다. 이러한 모든 것들이 사실 이론적으로 옳다고 생각되고 사실상 맞는 이야기이다. 친밀한 관계에 있는 사람들이 서로에게 비난하고 잘못이 있다고 주장하는 이유 중의 하나는 그들이 아직도 자신의 이상이 깨어진 것에 대해 마음이 아프기 때문이다.

✳ ✳ ✳

많은 부부와 같이 샤론과 스튜어트도 결혼 초기에는 불필요한 갈등이 많았다. 스튜어트는 샤론이 모든 것을 함께 하고자 하는데 실망했고, 속으로는 자신의 부족함에 대해 비밀스럽게 자신을 비난하였지만, 겉으로는 샤론에게 화를 냈다. 샤론은 스튜어트가 섹스에 관심이 없는 것에 실망감을 표현하는 데 거침이 없었다. 샤론은 스튜어트가 자신의 감정을 무시한다고 느꼈고 스튜어트를 무시했다.

문제는 한 배우자가 다른 배우자에게 자신의 기대에 맞추라고 요구는 하지만 문제를 해결하려고 노력은 하지 않는 데 있다.

**✴ ✴ ✴**

배우자들이 그들이 함께 사는 사람을 그대로 받아들이는 것을 배우기 시작하면 각자의 관심을 조절하려 한다.[6] 조절을 두 사람의 화해라고 생각한다면 반드시 잊지 말아야 할 두 가지 요소는 타협과 협상이다.

타협을 실제로 끌어내기보다는 타협에 관해 이야기하는 것이 더 쉽다. 새로 결혼한 부부는 어려운 문제들을 안고 있다. 그들은 친밀한 관계를 맺는 것을 기꺼이 배우려고 하지만 상대방이 자신을 통제하거나 자신이 한 일을 당연히 여기는 것을 원하지는 않는다. 그러나 어떤 것들이 상대방에게 더 중요한 것이라면 그냥 포기하는 것이 좋다.

우리는 우리 자신의 욕구가 충족되었을 때나 혹은 그러한 욕구들이 충족될 것이 확실할 때 가장 너그럽다. 당신의 배우자를 위한 일이라는 확신이 있을 때 배우자에게 너그럽게 대하는 것이 한 방법이며, 또한 당신 자신보다 배우자에게 더 중요한 것에 관해서는 자신이 포기하는 것도 또 다른 한 방법이 된다. 초기 단계의 타협은 의도적으로 어떤 노력을 하는 부분은 거의 없다. 서로가 원하는 것에 대해 같이 토의해보지 않고 상대방이 원하는 것에 따라 조질하는 경우가 많다는 것이다. 그러나 어떤 것은 좀 더 많은 협상의 과정이 필요하다.

요구하는 것은 포기하는 것과는 상반되는 것처럼 보인다. 전자는 이기적이고 후자는 너그럽다. 이 둘 모두 자기 관심을 재조명하는 데 이바지하는 바가 있다. 성공적인 조절은 관계에서의 만족감을 극대화한다. 어떤 사람은 요구하는 것보다 포기하는 것에 더 익숙하다. 그들은 배우자가 원하는 것에 맞추기 위해 자신

---

[6] 샤론은 스튜어트를 항상 용서할 준비가 되어 있었지만 절대로 마음 깊이 수용하지는 않았다. 그녀는 남편이 자기의 이상적인 남성이 아니라는 생각을 떨쳐버리기 전에는 스튜어트를 수용할 수 없었다.

의 부분들을 조절하고는 배우자가 자신이 원하는 것을 알아서 자동으로 보답해
줄 것으로 생각한다. 그러나 자신들이 원하는 것을 받지 못하면 이 모든 것이 얼
마나 불공평한가를 골똘히 생각하고 비참한 심정에 빠진다.

✻ ✻ ✻

다수의 남편은 부부 상담을 마치 치과의사한테 가는 것 같은 마음으로 참여한
다. 그들은 부인의 불평에 너무 익숙해져 있어서 가족치료사가 부인이 자기한테
원하는 것이 무엇인지를 찾아주기를 바란다. 어떤 이유에서인지는 몰라도 남편
들은 부부 갈등이 자기와는 상관없는 것처럼 여긴다.

전략주의 치료사인 제임스 케임James Kein은 요구하는 부인과 철회하는 남편의
문제를 "협상 과정에서 깨어진 관계"[7]라고 보았다. **협상**은 한 사람이 요구하고 다
른 한 사람이 대가를 치르는 대화이다. 이러한 재구조화는 부인이 자기가 잔소리
하는 사람이라고 생각하지 않으면서 상대방에게 요구하고, 남편은 부인한테 두
드려 맞은 피해자로서가 아니라 협상에서 얻을 것이 있다고 보게 하는 것이다.

케임은 협상 과정을 "종결에 다다르기 위해 기차 레일에서 벗어난 기차를 다
시 제자리에 올려놓는 훈련을 하는 실험"이라고 소개하고 있다. 부부에게는 협
상하는 건설적인 방법을 지시하고, 집에서 쉽게 할 수 있는 것부터 협상하라고
지시한다. 그리고 좀 더 어려운 것을 하게 한다. 마지막으로 부부는 서로 주고받
음을 협상한 다음에 그들은 결과를 수용하지 않을 수 있다고 말해준다. 때때로
변화시키려고 노력하는 데 치루는 값보다 문제를 참는 것이 더 좋을 때도 있다.

적응의 일부는 자신에게 중요한 것에 대해서는 말을 하는 것이다. 이것이냐
저것이냐가 아니고 내가 이기냐, 네가 이기냐는 것도 아니다. 자기가 원하는 것
을 표현하는 것 자체가 의미 있는 승리이다. 적어도 서로가 이해하게 되는 점이
있다. 이런 과정에서 해결되지 않는 갈등도 서로에게 차이점이 있다는 것을 인정

---

[7] James Keim & Jay Lappin. "Structural-Strategic Marital Therapy." Clinical Handbook of Couple
Therapy, edited by Alan Gurman & Neill Jacobson. New York: Guilford Press, 2002.

하는 것만으로도 견딜만하기 때문이다.

\* \* \*

　샤론과 스튜어트는 많은 부분에 대해 서로 이야기하지 않았다. 스튜어트는 샤론의 가족에 대해 그다지 말을 많이 하지 않았다. 그녀의 가족이 경계선 침범을 덜 해주었으면 하는 바람이 있지만 그런 말을 했다가는 샤론이 그를 절대 용서하지 않을 것이라는 두려움이 있었다. 샤론은 스튜어트의 일에 관해 말을 많이 하지 않았다. 그녀는 남편이 자신을 피하고자 하는 핑곗거리로 일에 몰두한다고 생각했다. 그러나 말로 표현하는 대신에 상처를 마음속에만 간직했다. 그리고 두 사람 중 어느 사람도 성생활에 관해서 이야기하지 않았다. 이것은 정말로 불행한 일인데 왜냐하면 부부에게 있어 성생활은 가장 큰 문제 중의 하나이기 때문이다.

　많은 부부가 성생활에 문제가 있음에도 불구하고 문제를 다루지 않는다. 사람들은 자신이 원하는 것을 표현하지 못해 관계에 갈등을 일으킨다. 물론 서로의 차이점을 표현한다고 해서 갈등이 해결되는 것은 아니지만 서로의 감정을 알지 못해 분노와 죄책감을 느끼고 상대방에게 화를 내는 것은 매우 안타깝다.

\* \* \*

　부부는 서로 분리된 두 사람의 협력체 이상이다. 새로운 한 단위의 동반자이다. 부부관계는 하나 더하기 하나가 둘이 아니라 하나가 되는 것이다. 수학적 개념으로 이해하기 힘든 말이지만 인간관계의 관점에서도 이해하기 힘들다. 아마 그림으로 설명하는 것이 좀 더 이해를 도울 수 있을 것이다. 남성과 여성을 우주적 에너지인 여성성과 남성성을 의미하는 중국의 음양 상징으로 이해하는 것이 좀 더 쉬울 것이다.

음양이 한 공간을 차지하면서도 어떻게 상호보완적인지 보라. 부부관계도 이와 같다. 두 사람이 함께 한 공간에 존재하고, 관계 또한 하나의 공간에 존재한다. 따라서 한 사람이 변화하면 관계도 변화하고 자동으로 상대방도 변화한다. 만일에 한 여성이 배우자를 변화시키기 원한다면 자기가 변화하면 된다. 여자가 남자를 덜 통제하면, 남자가 더 관여할 것이다.

많은 사람이 이러한 원리를 직관적으로는 알지만, 그 영향력을 평가절하하고 있다. 자기가 변화해도 상대방이 변하지 않을 것이라는 두려움이 있다. 한쪽 배우자가 쇼핑과 요리 등 모든 집안일을 맡고 있다고 가정해보자. 그러면 지나친 부담을 안고 있는 배우자가 상대 배우자에게 도와 달라고 말로 요청하거나 혹은 더 좋은 방법이 있어 가사를 공유하면 많은 변화가 이루어질 것이다. 하지만 이야기를 한다고 해서 많은 변화가 따를 것이라는 기대는 하지 않는 것이 좋다. 한편 행동이 변화해도 관계는 변화한다. 만약 한 사람이 하던 일을 그치면 다른 사람이 그 일을 할 것이다.

사람들을 머뭇거리게 하는 또 하나의 문제는 변화에 시간이 걸린다는 것이다. 종종 우리는 변화하는 과정이 시간이 걸리기 때문에 제대로 변화가 이어지기 전에 포기한다. 한 사람이 우편물을 가져오거나 아침에 커피를 끓이거나 신문을 가져오는 것을 하지 않으면, 배우자가 그 일을 할 것이다. 그런데 한 사람이 금요일 저녁에 집에 앉아서 TV나 보고 있는 것이 싫증 나서 외출하기 위해 표를 사거나 다른 사람들을 초대하면 배우자가 그런 변화를 위한 조절을 하는 데는 시간이 좀 더 많이 걸릴 것이다. 갑작스러운 큰 변화에는 상대방이 불편해할 것이다. 기억하라. 변화란 말로 되는 것이 아니라 행동을 통해서 이루어진다는 것을! 상대방에게 잘해주고자 하는 마음에서 배우자에게 무언가 하고자 할 때는 배우자가 융통성을 발휘하기 쉬운 부분(콘서트에 가는 대신 영화를 보러 가기)을 찾아서 행동을 시작할 수 있다. 그러나 한 번 행동에 옮긴 것은 그대로 밀고 나가야 한다. 뒤로 물러서서는 안 된다.

내가 선택한 예 중의 하나는 의도적으로 관심이 없는 듯이 하는 것이었다. 다른 변화들은 좀 더 위협적일 수도 있지만 똑같은 원리가 적용된다. 예를 들어 여러분의 배우자가 감정을 나누지 않는다고 가정해보자. 여러분은 배우자에게 감정을 나누자고 요청을 해보기도 하고, 감정을 나누지 않는다고 비난을 해보기도 하고, 상대방을 포기하려고 해보기도 했다. 이러한 것은 그냥 내가 예를 들어 말한 것뿐이다. 여러분이 시도했던 것들을 다시 고려해보아야만 한다. 다시 말해 성격에 대해 생각하는 대신에 상호작용 패턴에 관해 생각해볼 필요가 있다. 그리고 다른 방법들을 시도해보라. 그가 보여주는 어떤 감정이라도 그것을 수용하고 이해하려고 노력해보라. 만약 그가 "그것에 관해서는 이야기하고 싶지 않아."라고 말하면 "알았어요. 당신 혼자 조용히 있고 싶군요."라고 말하고, 그가 "내 상사는 정말 나쁜 놈이야."라고 말하면 남편이 그 일과 관련해 이야기하도록 하고 그 일에 관해 그와 논쟁을 하거나 어떤 충고를 하려고 들지 말아야 한다. 감정이라는 것은 해결되어야 할 문제는 아니다. 감정은 우리가 잡아내야 할 어떤 것은 아니다. 잡으려고 하면 감정은 더 멀리 도망간다.

만약 어떤 사람이 감정을 끌어내고 그 감정을 받아주고 적절하게 반응해주는 사람으로 변화하면, 그들의 배우자들은 점차 더 많은 것을 나누려고 할 것이다. 절대 잊지 말라. 이러한 과정은 시간이 필요하다. 어떤 관계에서건 그 관계에서 한 사람의 패턴을 변화시키는 것은 새로운 행동을 위한 공간을 만드는 것이고, 다른 사람이 그러한 변화 속으로 들어가는 것이 그에게는 압박이 될 수도 있다. 모든 것을 이런 방법으로 변화시킬 수 있을까? 그 대답은 '아니요'이다. 하지만 이러한 방법을 사용하면 많은 변화를 경험할 수 있다. 그리고 사람들이 관계의 힘과 관계에 영향을 미치는 자신들의 힘을 인식하고 나면 그들은 자신들의 삶과 자신들이 맺고 있는 관계에 좀 더 책임감을 느끼고 자신들을 희생양이라고 생각하는 것이 줄어들게 된다.

✳　✳　✳

부부치료는 당연히 부부를 함께 만난다고 생각한다. 두 사람을 함께 만나면 두 사람의 입장을 파악할 수 있고, 상대방의 상황을 이해하고, 치료장면에서 직접 타협하게 할 수 있다는 장점이 있다. 그러나 이렇게 할 때의 문제점은 상대방이 변화해야 할 부분에 대해서만 초점을 맞추는 데 있다. 또한 어떤 행동을 변화해야 한다고 설교를 하지 말아야 한다. 그들이 지금과 같이 계속 행동할 때의 결과에 대해서만 직면시킨다.

사람들에게 무엇을 해야 한다고 말하면 저항을 하게 되는 것은 자연스러운 현상이다. 부부치료에서는 그들이 무엇을 해야 한다고 지시하고, 제안하고, 의사소통 훈련 등에 초점을 맞추다 보면 실제로 그들이 변화해야 하는 데서 관심을 비껴가게 한다. 자기의 행동과 결과에 대해서 자각하도록 도와야 한다.

# 양쪽 가족과의 적절한 관계는?

남자는 자신의 엄마 같은 여자와 결혼하고, 여자는 자신의 아빠 같은 남자와 결혼한다는 상투적인 말이 사실이라면 아마도 누군가 샤론과 스튜어트에게 그런 말을 해주는 것을 잊은 것 같다. 스튜어트는 어머니를 사랑했고 존경했다. 그녀는 지적이었으며 재능 있고 에너지가 넘쳤지만 혼자 있기를 즐기는 타입이었다. 스튜어트의 어머니와는 다르게 샤론은 따뜻하고 외향적이며 인정이 많은 유형이었고 스튜어트에게 이런저런 잔소리를 하였지만 그의 어머니는 한 번도 스튜어트에게 그렇게 대한 적이 없었다.

아버지에 대한 샤론의 기억은 행복한 것들이었다. 그녀가 기억하는 대부분은 그녀를 위해 무엇인가를 해주는 아버지의 모습이었다. 한번은 샤론의 가족이 해변의 한 모텔에서 머문 일이 있었는데, 샤론이 모텔의 수돗물 맛이 이상하다고 하자 아버지가 근처의 가게까지 가서 물을 사다주었다. 그녀의 아버지는 항상 그런 식이었다. 그녀는 나이가 들어서야 그러한 아버지 모습 이면에 바로 상대방을 통제하려는 것이 있음을 알아차리게 되었다. 아버지의 사랑을 한 번도 의심한 적은 없었지만 아버지가 너무 지배적이라고 느꼈다. 스튜어트에게는 그런 면이 전혀 없었다. 아버지와는 달리 그는 한 번도 자신의 요구를 표현하지 않았으며, 그녀를 독립적인 존재로 인정하는 것처럼 보였다.

또 다른 재미있는 공통점은 스튜어트의 어머니와 마찬가지로 샤론의 아버지도 분명히 지배적인 배우자였다. 다시 말해 샤론과 스튜어트 모두 자신과 다른 성의 부모가 중요한 결정을 하고, 집안일에 대해 에너지와 능력을 발휘하는 가족에서 자라게 된 것이다. 그 결과 이들의 배우자에 대한 기대는 분명했다. 샤론은 집안의 수도를 고치고 쓰레기를 버리고 영수증들을 처리하는 남편을 기대했으며, 스튜어트는 샤론이 이러한 일들을 해주기를 바랐다. 간단하게 말하면, 두 사람 모두 자신의 부모에게 없는 점을 상대방이 채워주고 또한 부모들이 가진 장점들도 모두 가지고 있기를 기대했다.

❊　❊　❊

그가 처음으로 뉴욕에 도착했을 때 샤론의 부모님은 그를 저녁식사에 초대하여 샤론의 친구로서 환영을 받는다는 것을 보여주었다. 길이가 긴 정찬용 디너 테이블에서 저녁 식사가 이루어졌으며 나단 부인은 게필트 생선(유대인의 요리, 송어·잉어 따위의 고기에 달걀·양파 등을 섞어 수프로 끓인 요리), 새콤달콤한 미트볼, 오븐에 노릇노릇하게 구운 감자, 누들푸딩 등의 요리 접시를 들고 부엌과 식당 사이를 왔다 갔다 하였다. 나단 씨는 스튜어트가 대학에서 전공이 뭔지, 그가 학교생활을 좋아하는지, 그리고 장래 희망은 무엇인지 등을 물어보았다. 질문이 형식적인 것 같으면 스튜어트도 적당히 대답했다. 게다가 샤론과 그녀의 어머니가 옆에서 계속 끼어들었으며 샤론은 스튜어트의 대답이 충분치 않다고 여겨지면 보충설명까지 했고 그녀의 어머니는 계속 음식을 권했다.

저녁식사는 따뜻한 분위기였지만 참으로 정신없는 시간이기도 했다. 샤론과 스튜어트가 둘만의 시간을 갖고자 밖으로 나가려고 할 때까지 나단 부인은 스튜어트에게 푸딩을 좀 더 먹을 것을 권하였다. 스튜어트는 이번 저녁식사 이후에 한동안은 샤론의 집에서 저녁식사를 하지 않게 되리라는 것을 그때는 알아차리지 못했다.

스튜어트와 샤론의 사이가 친구 이상이라는 것이 분명해지자 샤론의 부모님은 눈치 챌 정도로 스튜어트에게 차갑게 대했고 스튜어트는 그런 부모님의 태도를 이해하기 힘들었다. 샤론의 부모님이 샤론이 유대인이 아닌 사람과 교제하는 것에 대해 탐탁해하지 않는다는 것을 들었을 때 스튜어트는 그런 부모님의 태도를 믿을 수 없었다. 그에게 있어 그런 일은 상상도 할 수 없는 일이었다.

한동안 멍청한 편견이라고 생각한 이 일로 그는 기가 막혔고 화까지 났다. 그러나 샤론과 결혼하고 나서야 분노의 감정을 분명히 느낄 수 있었다. 샤론과 사귀는 초기 동안 스튜어트는 마음 깊숙한 곳에서 종교나 인종, 문화 혹은 그 무엇인지는 몰라도 그저 자신이 받아들여질 만큼 충분히 자격이 있다고 생각하지 않았다. 그는 자신이 샤론과 같이 훌륭한 여성을 사귈 만한 자격이 안 된다는 생각을 했다.

스튜어트는 샤론의 부모님에 대해 거의 아는 게 없었기 때문에 샤론으로부터 듣는 이야기를 통해 그들의 태도에 변화가 있음을 알았다. 샤론과 스튜어트가 심각한 사이이며 그들이 결혼할지도 모른다는 것을 알고는 샤론의 부모님은 잠시 완강히 거절하는 태도를 보였다. 그들은 한두 번 큰소리를 내며 싸웠고 그러고 나서 샤론 부모님의 태도가 누그러들었다. 그들은 어쩔 수 없는 일은 그냥 받아들이는 분들이었고 그 이후로는 스튜어트에게 다시 친절하게 대하기 시작했다. 스튜어트는 자신이 샤론에게 청혼한 바로 그날 샤론의 부모님이 모든 친척들에게 전화를 해서 그들의 결혼 사실을 알렸다는 것을 나중에 들었다.

＊　＊　＊

스튜어트가 크리스마스 휴가 동안 샤론을 부모님에게 소개시키러 자신의 집으로 데려갔을 때 그는 아직 샤론과 결혼하기로 확고하게 결심하지 않은 상태였다. 그는 그저 부모님께 샤론을 소개시키고 샤론에게도 자신의 부모님을 만나게 해주려고 했던 것이었다.

스튜어트가 자신의 부모님에 대해 하도 그럴 듯하게 말했었기 때문에 샤론은 조금 위협감을 느꼈다. 그러나 두 사람은 잘 대해주었고, 스튜어트의 아버지는 친절했으며 조금 과장된 모습을 보였지만(스튜어트는 아버지의 이러한 태도에 당황했다), 그는 스튜어트에게 들은 것과는 다르게 샤론의 가족과 비슷한 분위기를 느끼게 하는 사람이었다.

스튜어트의 어머니는 샤론을 인정하면서 매우 예의 바르게 대했다. 그녀는 샤론에게 뉴욕에 대해서 질문하고, 어디에서 쇼핑하는 것이 좋은지 또 좋아하는 식당은 어딘지 묻기도 했다. 스튜어트의 어머니는 이렇게 샤론을 좋게 대했지만, 그녀의 마음을 읽기는 힘들었다. 뭔가 숨기고 있는 것처럼 느껴졌다.

스튜어트 부부는 샤론을 만나자마자 한 식구로 받아들이고 크리스마스를 함께 보내기를 바랐다. 샤론은 스튜어트 부모와 함께 크리스마스 나무를 꺾어 오려고 바깥으로 나갔고, 오래된 크리스마스 장식 보관함에서 크리스마스 나무의 장식품을 꺼내서 달았다. 샤론에게는 이 모든 과정이 흥미로웠다.

크리스마스 아침에 그들과 함께 교회에 갔다 와서는 선물을 풀어보기 전에 크리스마스 아침 정찬을 함께 했다. 모든 것들이 전통에 따라 진행되었다. 스튜어트의 아버지가 약간 우스꽝스럽게 과장을 하며 선물을 건네는 것까지 그들은 모두 크리스마스 아침에 서로에게 기대하는 것을 완벽하게 알고 있었다.

크리스마스 행사가 하나의 시험이었다면 모든 사람이 그 시험을 통과했다. 샤론은 스튜어트의 아버지가 자신을 좋아한다고 생각했다. 그는 자신의 감정을 숨기는 사람이 아니었다. 그렇지만 스튜어트의 어머니는 무슨 생각을 하는지 알아채기 힘든 사람이었다. 예를 들어, 왜 스튜어트의 어머니는 유대인들이 좋은 사람이라고 이야기하는지 샤론은 이해할 수 없었다. 그리고 겉으로 겸손한 태도를 보이는 것은 진정한 마음의 표현은 아니라고 결론을 내렸다. 샤론은 스튜어트 부모를 좋아했다. 그들은 좋은 사람들이었고 흥미로운 사람들이었다. 그들 때문에 샤론의 마음이 불편할 일은 없었다.

프러포즈를 한 후 스튜어트는 다시 한 번 샤론을 자신의 가족과 만나게 했다.

그는 샤론과 그의 부모님이 개인적으로 친해질 시간을 갖기를 원했는데, 그의 아버지는 상당히 좋아했고 그의 어머니도 겉으로는 즐거워하는 척 했지만 샤론은 그녀에게 왠지 거리감을 느꼈다. 스튜어트의 어머니는 감정을 거의 표현하지 않아서 무슨 생각을 하는지 알기가 정말 힘들었다. 샤론은 이런 태도를 자신의 부모와는 전혀 경험해보지 못하였다. 사실 샤론은 스튜어트의 가족에게 거의 신경을 쓰지 않았다. 그들은 괜찮은 사람들이었고 샤론으로서는 그것으로 충분했다. 그녀가 결혼하는 것은 스튜어트이지 그의 가족이 아니기 때문이었다.

## "마침내 가족을 떠나 혼자가 되다."

사람들이 결혼하는 이유 중의 하나가 원가족으로부터 벗어나기 위한 것이라면, 샤론도 그중의 하나였다. 그녀는 어머니가 세상을 보는 눈이 좁고 현명치 못하며 아버지는 너무 자기 마음대로 하려는 것 때문에 질식할 것 같았다. 스튜어트는 자신의 가족에 대해 그다지 관심이 없었다. 그는 자신이 이미 오래 전에 부모로부터 해방되었다고 생각했다. 이제 이런 두 사람이 결혼을 하고 그들을 방해할 사람은 아무도 없었다. 그들은 마침내 두 사람만의 세상을 가진 것이었다.

칼 휘태커Carl Whitaker가 말한 "사실 결혼이라는 것은 없다. 오직 자신의 원가족으로부터 벗어나 자신만의 세계를 만들고자 하는 두 사람의 희생양이 있을 뿐이다."라는 말을 기억해보라. 이러한 언급은 인생의 어느 한 지점에서는 상당히 분명하고 객관적으로도 인정되는 말이다. 가족의 연결이라는 것은 혈연, 정치적인 힘, 자신들만의 왕국 등 여러 가지 의미를 함축하고 있다. 오늘날 이러한 의미가 많이 퇴색하기는 하였지만 여전히 가족과 관련된 진실로 받아들여지고 있다.

우리가 기억해둬야 할 한 가지 사실은 스튜어트와 샤론 사이에 원가족이 여전히 존재하고 있다는 것이다. 그들은 없어진 것이 아니다. 그들은 가족의 원형적인 모습으로 내재화되고, 결혼한 후에는 그 모습을 재생산하려 한다. 만일에 배우자와 잘 협조하면 좋은 가족을 만드는 데 어려움이 없겠지만, 그렇지 못하다면 많은 갈등을 일으킬 수 있다.

살라자르 가족과 나단 가족의 경우, 사돈이 되지 않았다면 사회적으로 전혀 관계가 없었을 것이다. 자녀들의 결혼으로 인해 관계가 형성된 것뿐이다. 비록 두 가족이 실제적으로 교류가 없다 하더라도 자녀들 내면에 있는 가족이 서로 상호작용하기 때문에 두 가족의 관계는 지속된다.

모든 친밀한 관계들은 다세대 체계 속에서 존재한다. 시집 식구들이나 처가 식구들과의 관계는 방대한 체계에서 가장 눈에 띄는 한 부분일 뿐이다. 대부분의 사람들은 한 세대에서 일어나는 사건들 사이의 복합성과 강력한 연계성, 그리고 세대에 걸쳐 전달되는 영향들을 발견하고는 놀라곤 한다.

연로하신 노부모님은 돌아가시고, 40세의 아버지는 10대 아들의 반항에 엄격하게 대한다. 할아버지의 죽음이 손자에게 큰 영향을 미치는 것 같지는 않지만, 사실은 할아버지의 죽음은 아버지를 불안하게 만들고, 그 불안은 10대 아들의 반항적인 태도를 더욱 통제하는 것으로 나타난다. 결국 할아버지가 이 어린 소년에게 분명한 영향을 미치는 것이다.

'두 가족이 함께 만나는 것'이라고 말하는 사람들은 두 가족의 행복한 연합을 상상한다. 그러나 그것과 관련된 진실은 **별들이 서로 충돌을 일으켰을 때**와 좀 더 유사하다.


## 저들은 다른 별에서 온 침략자들이다

스튜어트의 부모님은 결혼식 이틀 전에 뉴욕에 오셨으며 결혼식 예행연습 전날 저녁 스튜어트의 아버지가 두 가족을 저녁식사에 초대했다. 샤론은 두 가족이 살라자르의 가족과 나단의 가족의 두 가족을 의미하는지, 아니면 스튜어트의 부모님, 샤론의 부모님, 그리고 샤론과 스튜어트의 세 가족을 의미하는지 확실히 감을 잡을 수 없었다.

스튜어트의 아버지는 그들 모두를 그가 오래 전에 식사를 했던 '리틀 이탈리아'라는 고급 식당으로 초대했다. 그는 식당 이름은 잊었지만 그 식당이 어디에 있었는지는 기억하고 있었으며, "그 식당을 분명히 좋아하실 것입니다."라고 샤론의 가족들에게 확신에 차서 말했다. 그는 소리쳐서 택시를 불렀고 모두가 택시를 타자 택시기사에게 '리틀 이탈리아'로 가자고 말했다. 그들은 택시에서 내려서 조금만 걸어가면 그 음식점을 발견할 것이라고 생각했다.

같이 걷는 것이 처음에는 즐거웠다. 두 아버지는 서로를 알게 된 것이 즐거운 듯 재미있게 이야기를 하며 앞에서 천천히 걷고 있었는데, 뒤에서 샤론이 보기에 자기 아버지가 거의 이야기를 하고 스튜어트의 아버지는 그저 듣고 있는 것처럼 보였다. 스튜어트는 어머니들에 더욱 관심이 갔다. 과연 자기 어머니가 샤론 어머니를 어떻게 생각할지 궁금했다.

그들은 계속 걸었지만 그 식당을 찾을 수 없었다. 이미 문을 닫았을 수도 있겠지만 그들은 걱정하지 않는 것 같았다. 걷다가 적당한 곳이 나오면 그곳에서 저녁을 먹으면 된다고 생각했다. 기온은 따뜻했고 그들이 서로 좋은 시간을 가지고 있는데 걱정할 것이 무엇이란 말인가? 샤론의 어머니는 스튜어트의 어머니에게 몸을 약간 숙이고는 밤에 이런 지역에서 걸어 다니는 것은 그리 좋은 생각은 아닌 것 같다고 이야기했다. 샤론은 그 말을 뒤에서 듣고는 엄마가 걱정을 너무 많이 하는 것이라고 말해주었다. 그들 모두 약간 신경이 날카로워졌다.

2개의 블록과 6개의 식당을 지나서 스튜어트의 아버지는 마침내 자신이 원하던 장소를 찾았다. 벽에 이탈리아풍의 벽화가 있는 촛불이 켜진 식당으로 들어서며 "여기 분위기 참 좋지요."라고 말했지만 샤론의 어머니는 그곳이 약간 어둡다고 생각했고 샤론은 배가 고팠다. 스튜어트의 아버지는 책임자를 불러서 결혼을 축하하는 자리인데 어떤 음식이 좋은지에 대해 장광하게 물어 보았다. 그의 부인과 스튜어트는 그런 남편과 아버지를 무시하는 듯한 눈초리로 쳐다보았다.

스튜어트와 그의 어머니는 스튜어트의 아버지가 자신의 감정을 그렇게 공개적으로 표현하는 것을 불편해 했지만 내색하지 않고 마음에 담아두고 있다는 것을 알아차렸다. 몇 년이 지난 후 샤론은 그런 경멸의 눈초리를 다시 기억하게 되는 경험을 하였다.

샤론의 아버지는 샴페인을 주문하였고 그들 모두 약간 취할 정도로 마셨다. 스튜어트는 그의 부모님들이 당황해하고 있는 것을 알았다. 그들은 평소와 달리 한결같은 미소를 지은 얼굴로 앉아 있는 것을 보았다. '어머니는 아버지의 행동을 창피해 하는 것일까?' 그는 궁금했다. 그렇지만 아무도 신경을 쓰는 것 같지는 않았다.

스튜어트는 아버지가 감상적으로 되는 것이 싫었다. 다른 사람들은 아버지의 그런 면을 온정적인 면으로 보았지만 스튜어트에게는 끊임없이 다른 사람의 인정을 받고자 하는 것으로 보였다. 그는 자신의 아버지에게서 그런 면을 보기 싫어했지만 자신에게도 그런 면이 있다는 것은 알지 못했다. 스튜어트는 가끔 자기 내면에서 남을 회유하고 싶어 하는 마음이 있다고 느끼지만 그런 감정을 겉으로 드러내지는 않았다. 사실 그는 자신의 아버지와는 다른 사람이 되려고 지나치게 신경을 쓴 나머지 아버지에게 무뚝뚝하게 대하고 심지어는 버릇없게 대하기도 하였다.

잠시 동안 그는 아버지에 대한 불안을 누그러뜨리고 샤론의 부모님에게 관심을 기울이기로 했다. 그는 이제 그의 어머니의 눈으로 샤론의 부모님을 좀 더 분명하게 파악할 수 있었다. 샤론의 아버지는 따뜻하고 개방된 분이기는 했지만 약간 잘난 척을 하는 것 같았다. 그는 샤론이 화이트 와인을 마시고 싶어 했지만 그날의 음식과는 레드 와인이 어울린다고 레드 와인을 주문할 것을 주장했으며, 또 샤론의 어머니에게는 이탈리아 음식점에서는 생선 대신에 송아지 고기를 주문하는 것이라고 말하였다. 스튜어트는 어머니의 얼굴이 냉랭해지는 것도 볼 수 있었고, 그들을 좋아하려고 노력하는 것도 알고 있었지만 그들은 어머니가 좋아하는 유형의 사람들은 아니었다.

샤론의 어머니가 몇 가지 농담을 했는데 스튜어트는 그런 유치한 말을 하는 것에 놀랐다. 그렇지만 샤론의 어머니가 결혼이라는 커다란 사건에 관해 몇 가지 선언을 했을 때는 놀라지 않았다. 그녀는 엄숙하게 말하기를 결혼이라는 것이 인생의 '최고봉'이라고 하였으며, 나중에는 '신성한 연구소'라고 하였다. 그 말을 듣고 그는 신학교를 떠올렸다. 오만한 젊은이인 스튜어트는 조용하게 샤론의 어머니를 조롱하였다. 그러나 스튜어트 자신도 45살이 되기도 전에 그와 비슷한 언급을 하게 되는 것을 볼 수 있다. 샤론의 어머니를 비웃었던 행동을 그대로 한 것이다. 결국 우리가 비웃던 것들을 우리도 한다는 것이 참 고통스럽다.

그들이 마침내 저녁식사를 마치고 택시를 탔을 때는 꽤나 늦은 시간이었다. 샤론은 피곤했으며 다음날 있을 결혼식 예행연습으로 약간 긴장을 하고 있었다. 스튜어트는 저녁식사 동안 누가 무슨 말을 했는지를 기억하고 있었다. 그는 여전히 샤론을 자랑스럽게 생각하고 있었지만 그녀의 부모님에 관해서는 그다지 확신이 서지 않았다.

✻ ✻ ✻

샤론은 결혼이 순조롭게 진행되고 있다고 생각했다. 모든 사람들이 좋은 시간을 보내고 있는 것 같았다. 스튜어트는 자기 어머니가 약간 긴장을 하고 있다고 말했지만 샤론의 생각은 달랐다. 그녀는 스튜어트가 자신의 가족에 대해 좀 무뚝뚝하게 대한다고 생각은 했지만 말로는 표현하지 않았다. 그는 정중했지만 열정적이지는 않았다. 그의 이러한 정정당당하고 똑 부러지는 태도가 언젠가 그녀에게 화살로 돌아올 것이라는 것을 그때는 눈치 채지 못했다.

결혼 피로연에서 스튜어트는 두 가족이 얼마나 다른 사람들인지를 질감했다. 샤론의 부모님은 그런대로 괜찮았지만 그녀의 친척들 중 몇몇은 꽤나 시끄러운 사람들이었다. 요란한 파마머리를 한 이모는 그가 예전에 위성영화에서나 보았던 요란한 드레스를 입고 나타났다. 그 드레스는 보랏빛이 도는 붉은색이었으며 그녀는 또한 옷과 어울리지도 않는 긴 털목도리를 하고 있었다. 그녀는 어떤 색깔도 두려워하지 않을 그런 사람이었다.

정치인도 힘들어 할 정도로 많은 키스와 악수를 했다. 스튜어트는 이 모든 것들은 샤론의 가족의 일이며 그저 자신은 그러한 흐름에 따라갈 뿐이라고 생각했다. 그는 화장실에 가서야 처음으로 조용한 시간을 가질 수 있었으며 화장실에 좀 더 머물면서 자신의 생각을 정리하려고 노력했다. 그가 식장으로 돌아와서 샤론의 친척들이 술을 마시며 춤을 추고 서로 수다를 떠는 것을 바라보며 입구에서 있을 때, 그는 이 가족 속의 자신의 모습이 마치 맥주잔 속의 오이 피클과 같다고 생각했다. 그렇지만 그런 생각도 잠시, 그는 적절한 시간에 그 가족의 모습에 합류했다.

샤론은 스튜어트와 함께 떠날 시간이 되었을 때 진이 다 빠져 있었다. 떠날 때 어머니가 아버지에게 "마침내 저 아이들이 정착을 했어요."라고 말하는 것을 들었다. 그것은 마치 결혼이 변화하는 복잡한 과정으로 들어서는 것이 아니라 어떤 문제를 해결한 것처럼 바라보는 입장에서 나오는 감상적인 말이라는 것을 알고 있었다.

## 양쪽 가족에 적응하기와 경계선 세우기

두 사람이 결혼생활을 시작하게 되면 각자의 가족(원가족)으로부터 분리되어야 한다. 자기 가족관계에서 경험하던 것과는 다른 상대방 가족의 관계 특성을 경험하게 된다. 각자가 자신의 가족에 대한 충성심도 변화해야 한다. 이제부터 두 사람은 하나의 단위로 기능해야 효과적인 결혼생활을 유지할 수 있다. 그러기 위해서는 서로에 대한 신뢰가 먼저 구축되어야 한다. 대부분의 경우는 각자의 가족과의 분리가 필요하다는 것을 원칙적으로 인정하지만 자신의 가족과 미해결된 문제가 있다면 다양한 문제가 발생한다.

❋ ❋ ❋

30대 중반의 부부가 나를 찾아와서는 자기네는 끔찍하게도 서로 싸우고 있으며 남편이 집을 나갈 것이라고 위협한다고 말하였다. 한 가지만 제외하면 그들은 아무 문제도 없다고 하였다. 남편은 아내가 친정 부모에게 너무 집착을 하고 있으며, 그들과 너무 많은 시간을 보내고, 친정 부모에 대해 지나치게 걱정한다고 불평하였다. 아내는 평상심을 잃지 않으려고 하면서, "부모에게 너무 집착하는 것인지는 모르지만 한 주에 한 번 전화를 하고 2, 3개월마다 부모님을 방문하는 것이 무엇이 문제란 말인가요?"라고 말했다. 이 부부들은 이렇게 계속 같은 문제로 다람쥐 쳇바퀴 돌듯 싸웠으며 결국 파국을 맞았다.

상대방의 가족 문제에 대해 부부가 불평을 하기는 하지만, 이 부부의 경우는 의견 차이가 심했다. 그들은 차이점을 타협하는 게 아니라 오히려 반대 방향으로 달려갔다. 남편이 아내를 비난할수록, 아내는 더욱 완강하게 저항하였다. 이런 갈등이 사라지는 것은 아니지만 이 사례에서는 이들의 문제를 크게 세 가지로 나눌 수 있다. 첫 번째는 부부들 주위의 경계선을 설정하는 것이다. 아내가 정말로 떠나기를 원하는가? 나는 남편에게 물어보았더니 아니라고 대답했다. 부인에게 똑같이 물었다. 아내는 남편을 사랑하고 있다고 대답했다. 아내가 남편에게 이런 마음을 확인시켜줄 필요가 있다는 것을 알게 되었다. 아내가 가장 애착을 느끼는 사람은 부모가 아니고 남편이었다. 어떻게 남편이 그걸 의심할 수 있을까? 아내는 그 점을 믿을 수 없었다.

두 번째 문제는 "어떻게 하면 그들이 서로 의사소통을 하게 할 수 있을까?" 하는 것이었다. 사람들이 생각할 때 '의사소통'을 잘하면 갈등이 다 해결될 것 같지만 그렇지 않다. 명확한 의사소통은 두 사람 사이의 문제를 찾아낼 수 있게 해준다. 나의 도움으로 두 사람 모두 자신의 말에 포함된 자신의 욕구를 자각하게 되고, 자신의 말이 상대방에게 어떤 느낌으로 전달되는지도 알게 되었다. 남편도 아내에게 친정과 관계를 끊기를 원하는 것이 아니라, 아내와 더 많은 시간을 가지고 친밀하게 연결되고자 한다는 것을 알게 되었다. 물론 아내도 남편의 마음을 알게 되었다. 이렇게 서로에 대해 약간의 공감적인 이해만 있으면 두 사람 모두 상대방에 대해 용광로 같은 분노를 느끼지 않을 수 있다.

이제 경계선에 대한 문제가 명확해지고, 서로를 공격하지 않으면서 자신의 느낌을 말하고 다른 사람이 느끼는 것을 이해하고 있다는 것을 보여주면 어려운 문제도 타협이 가능해진다. 얼마나 자주 부모님을 방문하고, 방문할 때 두 사람이 같이 갈 것인지 아니면 혼자 갈 것인지를 결정하는 것 같은 실제적인 문제가 이제까지는 너무 어렵고 복잡한 일이었지만, 이제 서로에게 상처 내고 오해하며 싸우는 일은 하지 않았다.

먼저 남편의 부모님을 방문했을 때 부인이 원하면 언제든지 시집을 나올 것이라고 남편이 먼저 말을 한 것이 문제 해결에 큰 도움을 주었다. 아내는 처음에는 남편의 통제를 좀 받는 것 같은 기분을 느꼈지만 기꺼이 그러겠다고 했고, 남편은 그런 아내가 진정으로 고마웠다. 두 사람 모두 상대방의 가족에 대해 비방하는 것을 멈추었다.

✳ ✳ ✳

두 사람이 함께 살기 시작할 때 2개의 분리되었던 정서적인 문화들이 하나의 새로운 문화로 다시 태어난다. 우리가 보아왔듯이 배우자들은 각자의 원가족으로부터 가져온 것들 중 어떤 의식이나 전통을 따를 것인지를 결정해야만 하며 자신의 문화를 어떻게 발전시킬 것인지를 결정해야 한다. 부부의 부모들은 그들의 사위나 며느리나 그들의 가족 전통에 대해 비난하는 것을 신중하게 피함으로써, 이러한 적응 과정에서의 갈등을 피할 수 있도록 도움을 줄 수 있다. 만약 한 부모가 비난을 하는 실수를 하면 아들이나 딸은 부드러우면서도 단호하게 자신의 배우자를 변호할 수 있어야 한다. 이것은 어느 것이 옳고 그른 것의 문제는 아니며 배우자에 대한 충성심의 문제이다. 단지 기분 문제로 당신이 나의 편을 들지 않으면 당신은 내 편이 아닌 것이다.

✳ ✳ ✳

샤론과 스튜어트가 결혼한 후 샤론은 아버지를 방문할 때마다 싸웠다. 샤론은 이제 아버지가 자신을 다른 사람의 아내이자 장성한 여자로서 대접해주기를 원했지만 그녀의 아버지는 딸의 새로운 지위에 대해 입으로만 말을 하였지 ― 심지어는 살라자르 부인이라고 놀리는 듯이 부르기도 하였다 —바로 다음 만났을 때부터 또 다시 그녀를 아이나 자신의 딸로 취급했다.

그는 항상 샤론의 집을 검사했으며, 불평할 무엇인가를 꼭 찾아냈다. "이 서랍은 그렇게 닫는 것이 아니야." "그 스크린을 갈지 그러냐."라고 하면서 말이다. 그녀를 기분 나쁘게 하는 또 다른 것은 아버지에게 샤론과 스튜어트가 한 것을 말하려고 할 때마다 그는 자기가 5년 전에 만났던 사람 이야기를 한다든가 어렴풋하게 그와 비슷한 일을 한 먼 친척의 이야기를 하며 주제를 바꾸었다. 그러나 너무 지나쳐서 샤론을 정말 화나게 한 것은 인종적인 것("너 …이런 사람도 있다는 얘기 들어봤니?")을 화두로 농담을 하거나 아버지 자신도 그렇게 심각하게 생각하지 않는 보수적인 정치적 문제로 그녀를 힘들게 하는 것이었다. 만약 샤론이 그의 말에 동의하지 않으면 아버지는 그녀가 마치 아직도 어린아이인 것처럼 그녀의 의견을 무시하였다. 그가 가장 즐겨하는 표현은 "네가 조금만 더 우리와 함께 살았더라면 너도 이런 것들을 이해할 수 있을 텐데."였다.

절반 정도는 아버지를 무시하였지만 어떤 때는 둘이서 논쟁을 벌이지 않고도 토의를 할 수 있는 주제를 찾기도 했다. 결과적으로 아버지를 사랑하고 그와 가까이 있기를 원하는 샤론은 자신의 경계심을 늦추고 아버지와 잘 지내려고 노력했다. 변함없이 아버지는 샤론을 기분 나쁘게 하거나 힘들게 하는 말을 했으며, 이럴 경우 그들은 심하게 싸웠다.

아주 심한 싸움은 샤론과 스튜어트가 그녀의 부모님을 공항에 모셔다드렸는데, 비행기가 지연되어 2시간을 공항에서 기다려야 할 일이 생겼을 때 일어났다. 스튜어트는 샤론이 예민해지는 것을 알 수 있었으며 그녀의 아버지가 끊임없이 잘못의 책임 소재를 따질 때 그녀의 참을성이 점점 없어짐을 느꼈다. "이 꼴 같지 않은 비행기는 제시간에 오는 일이 없다니까.", "공항에는 왜 제대로 된 음식을 먹을 만한 장소가 없는 거야.", "비행기가 제시간에 오는지 미리 확인을 했더라면 우리는 하루 종일 여기에서 기다릴 필요가 없는 것 아니냐."

이때쯤 샤론도 참을 만큼 참았으며 "좀 가만히 계시면 안 돼요?"라고 아버지에게 화를 냈으며, 그녀의 아버지는 얼굴이 벌겋게 달아올라서 "감히 아버지한 테 그런 식으로 말을 하니, 얘야."라고 말하였다. 샤론은 이성을 잃었고 완전히 뒤집혀서 아버지에게 소리치기 시작했으며 이때쯤에는 완전히 신경질적으로 변해 있었다.

샤론과 그녀의 아버지가 서로 소리치며 싸울 때 스튜어트는 완전히 얼어서 그 자리에 가만히 서 있었다. 스튜어트가 어떤 말을 생각해내기도 전에 샤론은 울면서 복도를 뛰어가고 있었다. 그는 샤론의 감정이 폭발하는 것을 보고 어찌할 바를 모르고 서 있었다. 샤론은 스튜어트가 모든 것을 알아채고 자신을 따라와 주기를 바랐지만 그녀는 잘못 판단한 것이었다. 그는 그 자리에 어색하게 서 있었다. 그는 샤론의 부모님의 편이 되고자 했던 것은 아니었고 샤론의 불 같은 성미를 확인하고 싶었다. 그는 힘 없이 "샤론은 가끔 저렇게 흥분을 해요."라고 말했다.

몇 분이 지난 후에 그는 샤론을 찾으러 나갔지만 이미 너무 늦었다. 그녀는 스튜어트가 자기를 바로 따라오지 않아서 상처를 입었고 화가 났던 것이다. 그녀는 그를 필요로 했지만 버림받은 기분을 느꼈다.

\* \* \*

두 사람이 서약을 할 때 현명한 가족들은 그들을 지지하기는 하지만 어느 정도의 거리를 유지함으로써 새로운 두 사람의 연합을 존중하고 귀하게 여겨준다. 그렇다면 어느 정도의 거리가 적절할까?

스튜어트는 샤론이 친정과 거리 두기를 원했지만 그렇다고 그에게 너무 가까이 오는 것을 원하지도 않았다. 그녀의 부모님은 샤론과 스튜어트가 서로 가까워지는 것을 바랐고 또한 자신들과도 가까워지기를 원했다. 그녀의 관심을 요구하며 경쟁하고 있는 두 관계 속에서 샤론은 양쪽에 모두 충성스럽지 못한 자신을 느끼며 양쪽 모두에게 다가서지 못했다. 그래서 샤론은 이럴 경우 대부분의 사람들이 그렇듯이 자신의 감정에 따라 왔다 갔다 하는 것이었다.

스튜어트가 자신을 무시한다는 생각이 들면 샤론은 그녀의 어머니에게 더 가까이 다가가는 식으로 삼각형의 한 꼭지에서 다른 꼭지로 왔다 갔다 했던 것이다. 그녀는 따뜻한 가족의 사랑에 푹 빠질 수 있는 자신의 가족을 방문하는 것을 고대했으며, 샤론과 스튜어트가 도착하면 그녀의 가족은 그들을 에워쌌다. 샤론은 약 24시간 동안은 이러한 분위기를 좋아했다. 그러나 부모님이 그녀의 신경을 건드리기 시작하면 그때는 스튜어트에게로 다가갔다. 샤론이 어머니의 남 흉보기와 아버지의 독불 장군식 태도에 싫증이 날 때 그녀는 스튜어트와 둘이서만 있고 싶다고 이야기하였으며, 이런 태도는 그녀의 부모님이 가장 참지 못하는 것이었다. 그들은 말을 많이 하지는 않았지만 스튜어트가 샤론을 데리고 나가서 자신들만의 시간을 가지려고 하는 것은 자신들의 집에 적응을 하지 않으려는 태도라고 비난했다.

샤론과 그녀의 원가족과의 관계는 긍정적인 부분과 부정적인 부분이 모두 있었다. 그녀의 가족은 함께하는 윤리가 너무 강해서 샤론이 가족으로부터 정서적으로 그리고 물리적으로 거리를 두고자 할 때마다 죄책감이 철끈처럼 그녀의 뒤에서 잡아당겼다. 그러나 그녀가 집에 묶여 있는 것이 어떤 의무감 때문만은 아니었다. 그녀는 긍정적이고 사랑으로 가득 찬 유대감도 느끼고 있었다. 스튜어트는 말로 표현하지는 않았지만 이러한 두 가지 극단적인 면을 모두 감지하고 있었으며 그 모두에 대해 분개하고 있었다. 그는 의무감이라는 것은 멍청한 것이라고 생각했다. 강한 사랑의 유대감을 스튜어트는 의존성이라고 생각했다.

✳  ✳  ✳

가족은 새로 결혼한 부부의 자율성을 존중해주어야 하는 것 이외에, 새로 가족구성원이 된 사람에게 자신을 개방하는 것에 스트레스를 경험한다. 두 가족의 가족문화나 전통이 서로 다를수록 조절하는 것은 더욱 어려운 일이 된다.

✳  ✳  ✳

동성애자 부부는 자신들의 배우자뿐만 아니라 그들의 성적 선호에 관해서도 부모의 반응과 싸움을 해야만 한다. 부모님을 떠난 지 한참이 된 아들과 딸도 그들이 공식적인 의식을 가지거나 함께 삶으로써 그들의 관계가 공식적인 것이 될 때 자신의 부모님으로부터 자신들의 관계를 인정받지 못하거나 집안에서 추방되는 경험을 한다.

부모의 인정을 받지 못한 동성애자 부부들은 특히 정서적인 단절을 경험하게 된다.[1] 이러한 단절의 경험은 부부들에게 불행한 일인데, 왜냐하면 이들은 가족으로부터 얻지 못한 정서적인 욕구를 배우자에게 투사하는 경향이 있기 때문이다. 이것은 그들의 관계에 강한 스트레스를 주며 역기능의 가능성을 증가시킨다.

동성애자 부부들은 우리가 가진 지나치게 동질적인 관계를 중시하는 문화 때문에 고통을 받고 있기는 하지만 그들이 경험하는 딜레마가 우리 모두에게 교훈을 주는 부분이 있다. 젊은이 둘이서 새로운 가족을 형성하기 위해서 반드시 그들의 가족으로부터 분리되어야 한다. 이상적인 것은 세대 간의 경계선이 너무 경직되지 않도록 하여 양쪽 부모가 지지적이며 서로 도움이 되는 관계를 맺는 것이다. 그러나 꼭 기억해야 할 것은 새로운 부부의 통합을 위하는 방향으로 도움이 되어야 한다는 것이다.

동성애자 부부들은 그들 관계의 신성함을 보호하기 위해 분명한 경계선을 긋는 것이 필요할 것 같지만 가족과 관계를 갖는 것이 너무 고통스러운 사람들은 적대적인 세상에서 자신들의 천국을 지키기 위해 가족과 거리를 두기도 한다. 가족과의 연결을 유지하고자 하는 열정을 가지고 있으면서도, 어떤 부부들과 개인들은 자신들의 관계를 좀 더 돈독하게 하기 위해 그들의 부모나 시댁식구들과 어느 정도의 거리를 둘 필요가 있다는 것을 가족치료사들은 기억해야 한다.

가족치료사는 동성애자 내담자가 언제 부모에게 다가갈지, 심리적 거리는 어느 정도 둘 것인지 직면하게 하는 것도 다루어야 하지만 사실 정답은 없다. 따라서 가족치료사는 자신의 편견에 대해 탐색하는 것이 옳다. 내담자가 이야기를 꺼

---

[1] Michael LaSala. The Need for a Thick Skin. Unpublished doctoral dissertation, State University of New York at Albany, 1997.

내지도 않는데 가족치료사가 계속 내담자에게 부모에게 성정체성을 밝히라고 밀어붙이는 경우와 또는 부모와 화해하는 것이 중요하지만 강요하지 않는 경우 중 어떤 것이 적절한 태도일까? 가족치료사는 그들의 부모가 어떻게 반응할지 모른다. 따라서 무엇이 필요한지를 판단하는 것은 내담자에게 맡기는 것이 적절하다.

✳ ✳ ✳

스튜어트와 화해하자 샤론의 부모님은 자신들의 가족에 새로운 구성원이 생긴 것을 기쁘게 생각했다. 그들은 새로운 관계를 자신의 집에 새로운 방을 꾸미는 것처럼 공짜로 생긴 그 무엇으로 생각했지만 스튜어트의 생각은 달랐다. 그는 샤론과 결혼했지 그녀의 가족과 결혼한 것은 아니라고 생각했다.

샤론은 중간에 걸려 있었다. 그녀는 부모님이 그녀와 스튜어트를 좀 더 만나고 싶어 한다는 것을 알았지만 스튜어트는 그들을 좀 덜 만나고 싶어 한다는 것도 알았다. 결과적으로 얼마나 자주 부모님을 만나야 하는 것인지에 대해 항상 다툼이 있었으며, 방문 그 자체가 항상 긴장을 가져왔다.

✳ ✳ ✳

스튜어트와는 달리 샤론은 스튜어트의 어머니에게 매력을 느꼈다. 그녀는 스튜어트의 어머니의 자기통제 능력이 친정어머니이 간정 폭발괴는 대조직이어서 시어머니의 이런 능력을 존경하였다. 스튜어트의 어머니 또한 이야기를 잘 들어주는 사람이기도 했다. 그녀는 항상 샤론이 무엇을 하고 있고, 어떻게 지내는지를 알고 싶어 했으며 자기 자신에 관해 이야기하기 위해 주제를 바꾸거나 상대방의 이야기를 방해하지도 않았다.

스튜어트의 어머니는 같이 이야기하기는 쉬운 사람이었지만 그녀에 대해 알기는 어려운 사람이었다. "낸시, 여기에 오시는 동안 어땠어요?"라며 샤론은 주로 날씨에 관한 이야기를 했으며 스튜어트의 어머니는 "괜찮았어, 날씨가 따뜻하고 햇볕이 비춰주어 여기 오는 동안 정말 좋은 시간을 보냈어."라고 대답했다.

샤론은 스튜어트의 어머니가 마음을 좀 더 개방하기를 원했으나 그녀가 자신에게 개인적으로 감정이 있어서 그러는 것은 아니라고 생각했다. 그녀는 그저 혼자 있고 싶었을 것이라고 생각했다. 그녀는 대화를 짧게 끝내고는 마치 방문객이 집으로 돌아가듯이 대화에서 빠져나왔다. 샤론은 이러한 특성을 가진 스튜어트의 어머니가 자신의 남편을 가르쳤다고 생각하니 마음이 불편했다.

## 각자의 가족에게 갖는 보이지 않는 충성심

스튜어트는 샤론이 전화하는 목소리만 들어도 그녀의 기분을 알 수 있었다. 샤론은 목소리가 들떠 있었는데 그것은 새로운 뉴스거리가 생겼다거나 화가 날 참이라는 것을 의미했다. "엄마, 그이는 벌써 조교수라고요. 대부분의 사람들은 강사부터 시작해요." 샤론이 하는 이야기 중 듣기 좋은 말은 이렇게 귀 너머로 듣는 것들이었다.

샤론은 스튜어트 대해 오래 말하지는 않았다. 그녀는 이미 가장 흥미 있어 하는 이야깃거리인 그녀 자신과 그녀의 가족을 연결시켜주지만, 그런 주제들은 스튜어트를 소외시켰다. 그 자신은 외면당하는 느낌이 들게 하는 그런 이야기로 주제를 옮겼다. 샤론의 이야기는 온통 이모와 삼촌, 그들의 남편과 부인들 그리고 그들의 자녀에 관한 이야기뿐이었다. 그들이 행동하는 모든 것과 그들이 하는 모든 이야기들이 아직도 그녀의 초미의 관심사였다. 젤다 이모는 병원에 계시는데 사촌인 프레다는 이모를 방문하지도 않는다는 둥, 사촌인 랄프의 부인인 수지는 자기 집을 온통 새로 페인트칠을 했는데, 어디서 돈이 났는지 모르겠다는 둥 그런 이야기들이었다.

스튜어트는 화가 났다. 그의 생각에 만약 샤론이 그를 사랑한다면 이 모든 말도 안 되는 일을 화젯거리로 삼아 시간을 보내지는 않을 것이라고 생각했다.

어떤 관계든 간에 우리가 사랑을 할 때 하는 가장 큰 실수 중의 하나는 상대방을 변화시키고 싶어 한다는 것이다. 당신이 어떤 사람을 선택했을 때 당신은 그 사람의 모든 것을 한꺼번에 다 선택한 것이지 좋아하는 일부분만 선택한 것은 아니다. 그 전체 중의 일부분이 바로 당신의 배우자가 자신의 부모와 가지고 있는 관계인 것이다. 스튜어트는 샤론이 어머니에게 지나치게 애착을 가지고 있다고 생각했다. 전화는 왜 그리 많이 거는지 이해할 수 없었다. 그렇지만 스튜어트가 보지 못했던 점은 샤론은 자신의 가족을 떠나고 싶어 했지만 그녀가 기대한 만큼의 정서적 반응을 스튜어트가 보이지 않자 친밀감에 대한 욕구를 만족시키기 위해 원가족으로 다시 돌아간 것이다.

샤론과 스튜어트 그리고 샤론의 부모님은 상호 교환이 가능한 정도의 길이를 가진 삼각관계를 형성했다. 샤론과 스튜어트의 거리가 멀어질수록 그녀는 부모님에게로 더 가까이 갔다.

✳ ✳ ✳

자신의 배우자가 자기 부모님과 유대를 맺는 것에 질투심을 느끼는 사람들은 보통 그들의 관계에서도 자기 자신에 관해서도 불안정하다. 그들은 보통 자신의 원가족이나 친구들과도 단단한 유대감을 가지지 못한다. 이러한 내담자에게 내가 해주는 충고는 가능한 한 배우자로 하여금 원가족과 자유롭게 관계를 갖도록 해주라는 것이다. 그렇지 않으면, 말로서 표현이 되건 그렇지 않게 되던 간에 둘 사이에 생기는 불만으로 긴장이 고조되고 결국 싸움을 하게 된다는 것이다.

✳ ✳ ✳

스튜어트가 샤론의 가족에 대해 더욱 적대적이 될수록 샤론은 자신이 스튜어트의 질투심의 희생양인 것처럼 느꼈다. 스튜어트가 샤론의 어머니를 비난할 때 샤론은 자신이 공격을 받는 것처럼 느꼈다. 그의 비난은 그녀의 마음속에 있는 자신의 가족에 대한 충성심에 손상을 입혔을 뿐만 아니라 어머니에 대한 그의 비난이 사실은 자신을 향하는 것이라는 것을 알아채게 되었다. 그는 샤론의 어머니에 대해 깊이가 없고 의존적이며 상상력이 없는 사람이라고 대놓고 말했다. 그 이전에는 속으로만 비밀스럽게 간직하고 있던 것을 겉으로 드러내게 된 것이다.

가족치료사는 원가족과의 삼각관계를 형성하고 있는 부부를 도와주는 것은 부부에게 성인 자녀와 그들의 부모님과의 관계로부터 자신들의 관계를 적절하게 설정하는 것이 무엇을 의미하는 것인지를 명료화함으로써 가능하다. 그러한 작업의 시작은 질투심을 느끼는 한 배우자가 다른 배우자에 대해 불평을 하고 다른 배우자는 자신이 왜 원가족과 그렇게 많은 시간을 보내고 싶어 하는지에 대해 이야기를 시작할 수 있다. 그러한 것에 대해 이야기하는 것은 고통스러울 수도 있지만 생산적인 면도 물론 있다.

원가족의 문제로 방해를 받는 경우 원가족의 부모님을 치료회기에 오도록 하는 것도 효과적이다. 나이 든 분들이 그들의 관점을 이야기할 수 있는 기회를 주는 것으로부터 시작하는 것이다. 그리고는 그들로 하여금 자신들의 감정을 마음속으로부터 꺼내도록 하여 자신들의 감정을 스스로 느끼도록 하는 것이다. 자신들의 감정을 자각하는 이러한 기회는 그들이 자신들의 감정의 찌꺼기를 정리하고 자녀 세대의 관점을 받아들일 수 있도록 돕는다.

❋ ❋ ❋

사람들은 현재 가족의 긴장이 남편과 부인의 가족으로부터 비롯되었다고 쉽게 말한다. 어떤 어머니들은 아들이 결혼한 다음에 부모와 거리를 두고자 하는 것을 수용하지 못하고 며느리에게 아들을 빼앗겼다고 비난한다.

그러나 상대방의 부모와의 관계를 힘들게 하는 것은 배우자가 자기 부모에 대한 양가감정에서 시작된다. 샤론은 남편이 숨 막히게 하는 가족에서 빼내 주기를 바랐고, 조금은 스튜어트가 그렇게 해주었다. 한편 스튜어트도 시어머니가 전화를 걸어도 샤론에게 전화기를 건네곤 했다. 사실은 스튜어트도 어머니와 연결되기를 바랐지만 어떻게 해야 할지를 몰랐을 뿐이다.

두 사람 모두 각자의 부모와의 관계가 정말 힘들다. 그렇다고 해서 지금의 부모가 자기 자식들을 잡아먹는 밀림 속의 맹수는 아니다.

## 과거의 미해결된 문제와 불완전한 미래

우리는 성장을 하면서 부모님과 두 가지 종류의 관계를 갖는다. 그 하나는 과거에 만들어진 관계이다. 그 관계는 우리가 어떻게 자랐는지, 부모님이 우리를 어떻게 다루셨는지, 그리고 우리는 부모님에 대해 어떻게 느꼈는지 하는 것들에 대한 추억으로 이루어져 있는 것으로 좋은 기억들과 좌절된 소망들의 저장소이다. 두 번째 관계는 현재 존재하는 부모님과의 생생한 관계이다.

아이러니하게도 어떤 사람들에게 있어서는 우리의 마음속에 있는 첫 번째 관계가 두 번째 관계보다 더 큰 영향을 끼친다. 진짜 관계가 과거의 기억이 자리잡고 있는 어느 한 순간에 고착되어있기 때문이다.

가족이라는 것은 이상한 형질을 가진 접착제로 만들어진 관계로 가족에서 벗어나려고 해도 절대로 나가게 놔두질 않는다. 스튜어트의 가족과 같이 관계가 따뜻하기는 하지만 어느 정도의 거리감이 있는 가족들에서조차 가족의 해결되지 않은 정서적인 문제가 다음 세대로 전이된다.

이 해결되지 않은 문제는 **융합**이라고 불리는 것으로 가족 내에서 나 자신과 타인과의 심리적인 경계선이 너무 모호한 것을 의미한다. 융합의 반대는 정서적 성숙과 독립성, 혹은 **분화**differentiation라고 한다. 그런데 사람들이 많이 저지르는 실수는 자신의 가족을 회피하는 사람의 가장된 독립성을 진짜 분화와 혼동하는 것이다. 분화라고 하는 것은 자율적인 정체감을 성취하는 것이지 자신과 자신의 가족 사이에 거리를 두는 것은 아니다. 가족과 관련해서 도망갈 수는 있지만 가족으로부터 숨을 수는 없다.

샤론과 스튜어트는 여전히 자신의 원가족과 정서적으로 융합되어 있었지만 그 표현 방법이 정반대였다. 분화가 덜 된 것은 샤론의 경우처럼 지속적으로 친정 일에 참여하는 유형으로 나타나기도 하고 스튜어트처럼 정서적인 단절의 유형으로 나타나기도 한다. 그렇지만 분화의 과정에서는 '우리'로부터 '나 자신'이 분리되는 과정을 경험한다. 그러나 샤론의 경우는 하나의 '우리들'(그녀의 가족)을 떠나 또 다른 우리(하나의 강한 유대감을 형성한 그녀와 스튜어트)를 만들려고 하였다. 그녀가 계획한 새로운 가족은 자신이 경험했던 가족의 발달된 형태로 가족 속에서 그녀는 스튜어트를, 남편 스튜어트는 그녀를 돌보아주는 것이었다. 그러나 이전의 가족은 사라지지 않고 계속 참견을 했으며 그녀는 예전의 원가족과 현재 결혼에서의 관계 사이에 균형을 유지하는 데 어려움을 겪었다.

불행하게도 그녀가 유대감을 형성하고자 하는 그 남자는 친밀감을 형성한다는 것 자체에 알레르기 반응을 보이는 사람이었다. 스튜어트는 관계를 맺는 것이 부정되고 회피되는 가정을 떠나 결혼을 하였지만 그는 여기에서도 똑같은 것을 반복하고 있었다. 스튜어트와 같이 제대로 분화되지 않은 사람은 친밀감이 자신의 독립성을 통째로 집어삼킬 것 같은 생각에 친밀감을 유지하는 것을 두려워한다. 다른 사람에게 너무 가까이 가는 것이 자신에 대한 통제를 잃는 것이라고 느끼기 때문이다.

✳ ✳ ✳

비록 과거는 지나갔지만 우리는 정말로 과거를 보내지 못하는 것 같다. 우리가 부모님을 생각하거나 방문할 때 분명히 긴장이 흐른다. 예전에 무슨 일이 있었든지 간에 그들은 지금 눈에 보이는 그 모습일 뿐이라는 것을 서서히 받아들이면서 우리는 그들에게 어떤 것을 원하게 된다. 언젠가는 과거에 놓쳤던 무언가를 보상해주리라고, 언젠가는 그들이 변할 것이라고, 그들이 미안해하고 용서를 구할 것이라고, 그리고 마침내 우리가 원하는 방식으로 우리를 대해주리라고 기대한다. 우리는 그들로부터 모든 것을 원한다 — 지금 현재 가능한 것은 진정한 사랑인데 그것을 빼고 다른 모든 것을 원한다.

샤론은 자신의 부모님이 자신들을 존중해주기를 원했으며, 스튜어트는 사랑과 관심을 보여주기를 원했다. 마음속 어디인가에서 부모에게 상처받은 어린 나는 부모가 보상해주기 전까지는 결코 없어지지 않는 우리의 일부분이다.

어떤 사람은 자신의 온 생애를 바쳐 부모님과 투쟁을 하는 사람도 있다. 우리는 50대인데도 아직도 그들의 부모님이 관심을 가져주지 않는다거나 혹은 어머니가 자신보다 다른 형제들을 더 자주 방문한다고 화를 내는 사람들을 만난다. 그 끈이 얼마나 강한지!

**포트노이의 불평**_Portnoy's Complaint_이라는 책에서 필립 로스_Philip Roth_는 그의 아버지를 무지에서 벗어나게 하려고 자신이 평생 애써온 것을 그의 정신 분석가에게 자백하면서 다음과 같이 쓰고 있다.

> 오늘날까지도 나의 운명은 나의 상상 속에서 엉켜 있으며, 그리고 너무도 많은 순간을 나는 책 속에 담겨 있는 논리성이나 지혜로 감동하며, 그럴 때마다 나는 즉각적으로 "아버지가 이 글을 읽을 수만 있다면 얼마나 좋을까. 그래, 이 글을 읽고 이해할 수만 있다면…!"이라는 생각을 한다. 당신도 보고 있다시피 33세인 이 나이가 돼서도 아직도 나는 그런 희망을 가지고 있다.[2]

물론 현실적으로 현재에 변화될 수 있는 유일한 것은 미래에 관한 것이다. 당신이 부모님에 대해 예전에 당신이 원했던 그런 사람으로 변하게 하려고 노력하는 것을 멈추기만 한다면 당신은 그들의 현재 모습으로 관계를 새롭게 시작할 수 있다.

그러면 과거는 어떻게 할까? 어머니가 구박했던 것, 아버지가 무시했던 것, 그리고 부모님이 당신을 우습게 봤던 그 모든 기억들을 어떻게 할 것인가? 그러한 모든 것들을 날려버리고 없었던 것으로 할 수 있을까? 그렇지는 않다.

✻　✻　✻

---

[2] Philip Roth, _Portnoy's Complaint_. New York: Random House, 1969, p. 9.

내 내담자 중에 35세의 남자가 있었는데 그는 모든 사람들이 잊고 싶어 하는 그런 아동기를 보냈다. 그의 어머니는 분노에 차서 불같이 화를 내는 것과 우울의 상태를 번갈아가며 나타내는 사람이었다. 어머니가 우울증에 빠져 있을 때 그녀는 6명의 아이들을 방치했으며 화가 났을 때는 그들을 때렸다. 그의 아버지는 술을 많이 마시는 사람이었으며 집에는 거의 들어오지 않았다. 이러한 분위기에서 자란 내담자는 자기 자신만을 믿는 사람이 되었고 자신의 감정을 안으로 간직하며 아무도 믿지 않는 사람으로 성장하였다. 이러한 특성이 사업에서는 그에게 장점으로 작용했지만 한 사람의 남편이자 아버지로서는 도움을 주지 못했다. 그의 과거 경험과 그러한 경험의 영향을 탐색함으로써 내담자는 자신을 좀 더 잘 이해할 수 있게 되었으며 어떻게 해서 그가 그렇게 단절된 사람이 된 것인가를 이해하고 나자 그는 아내와 아이들에게 좀 더 자기 자신을 개방할 수 있게 되었다. 그러나 부모와의 관계를 재정립하는 것은 쉽지가 않았다.

그는 "맞아요, 과거는 이미 지나간 것이에요. 그렇지만 그분들은 지금도 전혀 변화하지 않았어요. 그들은 여전히 나를 무시해요. 지난 주가 내 생일이었는데 그들은 나에게 생일축하 카드조차 보내지 않았어요."라고 말했다.

우리 중의 많은 사람들과 마찬가지로 이 남자는 아직도 자신과 관련한 슬픈 기억들을 수집하고 있었다. 아마도 그것이 공평하지 않은 일일 수도 있다. 아마도 나는 그의 부모님이 아직도 그를 실망시키고 있다고 말을 했어야 했는지도 모른다. 그가 불평을 하고 있는 것은 완전히 옳은 것이었다. 그는 불평을 할 만한 충분한 이유를 가지고 있었다. 그렇지만 그가 미처 깨닫지 못한 것은 그러한 관계들이 돌고 돈다는 것이다. 그들이 어떤 행동을 하면 그에 대응하는 어떤 행동을 낳고 이러한 행동 양식은 반복된다.

나의 내담자의 부모님이 생일카드를 보내지 않은 것은 사실이었다. 그러나 그것은 어찌 보면 당연한 일이었다. 왜냐하면 그가 몇 년 동안 전화도 하지 않고 편지도 쓰지 않았으며, 찾아가지도 않았기 때문이다. 내가 그 모든 것이 그의 잘못이라고 하는 것 같은가? 그렇지 않다. 누구에게 책임의 소재가 있는지 하는 것은 중요한 것이 아니다. 여기서 중요한 점은 관계에서의 문제는 양쪽 모두에 의해 지속된다는 것이며 어느 편에서도 먼저 그 사이클을 깰 수 있다는 것이다. 이러한 진실은 아이들과의 관계나 어렸을 때의 친구나 동료 등과 같이 그 관계에서 좀 더 힘을 가지고 있다고 생각되는 사람에게는 좀 더 쉽게 받아들여진다. 그렇지만 우리보다 더 큰 사람(예 : 부모)과의 관계에서는 힘이 약해지는 것을 느끼며 상황을 변화시킬 능력이 자신에게 있다는 사실을 쉽게 알지 못한다. 특히 부모님과의 관계에서 더욱 그러하다.

❋ ❋ ❋

젊은 시절, 가족치료사인 나는 20대의 젊은이들이 자기 부모에게 분노를 느끼고 있다는 것을 발견하면 때때로 화가 나서 인내심을 상실하곤 했다. 그들은 부모가 자기를 이해해주지 않았고, 진지하게 대해주지 않았고, 혹은 잔인하기까지 했다고 한다. 나는 '이겨내라. 끝내라.'라고 생각했다. 나는 그들이 분노하고 억울해하는 부모도 그들 나름대로 최선을 다했을 것이라고 믿었다. 그러나 세월이 흐르면서 나는 부모에게 이런 반발의 감정을 느끼는 것은 성숙과정의 한 단계임을 깨달았다. 다시 말하면 그들의 분노의 과정은 이제부터 나는 부모에게 나의 삶의 문제에 대한 답을 구하지 않겠다는 선언문과도 같은 것이다.

그래서 가족치료사로서의 나의 충고는 과거는 이미 지나갔고, 가족은 내 삶을 풍성하게 할 수 있는 실제적이고 가능한 자원이 될 수 있다는 사실을 깨닫게 해주려 한다. 그러나 만일에 여러분의 내담자가 부모와 형제자매에게 화가 나 있거나 억울함을 많이 느끼고 있다면 그냥 그러한 감정을 해결할 시간을 허락하는 것이 좋다.

❋ ❋ ❋

왜 그래야만 하는데요? 이러한 질문은 가족치료사들이 내담자들에게 그들의 부모님과의 관계를 개선시키기 위해 노력하는 것이 좋을 것 같다는 제안을 했을 때 많은 내담자들이 하는 것이다.

귀찮게 왜 그래야 하는가? 왜냐하면 그렇게 하는 데는 말로 할 수 없을 정도로 소중한 가치가 두 가지 있기 때문이다. 첫 번째는 우리의 부모님이 우리에게 한 일의 결과인 해결되지 않은 정서적인 민감성을 잘 조절할 수 있다는 것이다. 두 번째는 우리 관계들의 활동성을 증가시킨다(시댁이나 처가식구들과의 관계를 발전시키는 데도 적용된다. 그들에 대해 알고 있는 그대로 받아들이므로 이해하게 되고, 가족의 크기를 늘려줄 뿐 아니라 배우자들에 대한 이해의 폭도 넓혀준다).

부모님과의 해결되지 않은 문제의 특성에 대한 최고의 실마리는 이미 꺼져버린 정서적인 반응을 다시 자극하는 것일 수 있다. 스튜어트와 같이 자신의 가족과 단절하고 사는 사람들은 청소년기에 그들이 어떻게 대했는지를 명확하게 기억하지 못하고 있을 수도 있다. 스튜어트는 자신과 부모님을 하나로 묶는 의존성의 연결고리가 완전히 끊어져 있었다고 생각했지만 조금씩 감각으로 느낄 수 있을 만큼 아직도 남아 있다는 사실을 깨달았다. 그것은 머리카락만큼이나 가는 것이었지만 그것이 흔들리는 소리가 들리는 것처럼 느끼는 순간들이 있기 때문이다.

* * *

스튜어트는 아직도 자기가 직업에서 성공했을 때 어머니에게 전화를 하고, 그의 어머니는 아직도 마치 고무풍선을 바늘로 찌르는 것처럼 그의 자존심을 상하게 하는 냉정한 반응을 한다. 그의 어머니는 단 한 번도 스튜어트에게 진심어린 칭찬을 해주지 않는 유일한 사람이었다.

스튜어트는 칭찬받기를 원하면서도 자신이 칭찬을 받지 못할까 봐 두려워하였다. 그렇기 때문에 그는 성공을 하고도 그러한 기쁨을 속으로 삭였다. 샤론은 스튜어트가 어떤 일을 성공적으로 하고도 기쁨을 나타내지 않으려고 할 때 "장난치지 말아요. 자기도 좋으면서."라고 말하곤 했다. 그의 의도는 자신의 성공을 최소화해서 말하면서 샤론이 오히려 자신에게 아낌없는 칭찬을 해주기를 원했다. 그렇지만 그가 그렇게 우회적으로 표현하는데 샤론이 어떻게 그가 원하는 만큼 칭찬을 해줄 수 있겠는가?

여기서 말하고 있는 정서는 수치심이라는 것으로 마음의 저 어두운 구석에 자리 잡고 있으면서 자신에 대한 확신과 존중감에 해로운 영향을 주며 자신을 무가치하다고 생각하게 하여 자신을 갉아먹는 감정이다. 스튜어트는 어떤 말을 했을 때 상대방이 반응을 보이지 않을까 봐 아예 표현을 하지 않았으며 더 나쁘게는 자신이 특별한 사람이라는 생각을 아예 하지 않았다.

✽　✽　✽

샤론처럼 결혼 후에도 여전히 친정의 일에 적극적으로 관여하고 있는 사람들은 부모가 어떤 일로 자신들을 화가 나게 만드는지를 정확하게 알고 있다. 부모들은 그녀를 사랑하지만 그녀를 자신들의 일부분으로 생각한다. 이것은 다른 말로 하면 그들은 그녀에게 너무 많은 기대를 하며 그녀 자신과 관련해서는 그다지 심각하게 신경을 쓰지는 않는다는 것이다.

샤론의 가족은 '좋은 딸'의 역할을 해줄 누군가가 필요했으며 샤론이 바로 적임자였다. 이러한 역할들은 그 가족체계에서 위치를 나타내주는 것이지 그 개인의 참모습을 보여주는 것은 아니다. 샤론의 가족에서는 '가족'이라고 하는 집합적인 의미가 가족구성원의 개성보다 더 중요했으며, 가족구성원으로서의 역할이 가장 중요한 부분이었다.

샤론이 결혼했을 때 그녀는 부모님이 이제는 자신을 존중해주기를 바랐다. 이제는 장성해서 행복하고 안정적으로 결혼생활을 하는 자신의 모습을 볼 것이라고 생각했던 것이다. 마침내 그들은 그녀가 원했던 관심과 존중을 보여주었다.

스튜어트는 샤론이 부모님에게 그렇게 실망을 하면 화를 내는 것도 좋아하지 않았지만(왜 부모님에 의해 그렇게 영향을 받는지 알 수 없었다), 그녀가 자신에게 원조 요청을 할 때는 개의치 않았다. 샤론이 자기 부모님을 험담할 때 동정심을 느낄 수는 있었다.

각각의 배우자가 자신의 가족과 해결되지 않은 갈등의 정도는 그 부부가 앞으로 얼마나 융통성 있게 조절하는 부부가 될 것인가를 보여준다. 이것은 원가족에서 해결되지 않은 문제가 새로운 관계를 만들어가는 과정에 영향을 미친다는 것을 의미한다. 사람들이 자신들의 부모님에 대한 감정을 해결하기 시작하면 바로 그 순간 그들은 자신들의 부모님을 과거의 그림자 속에서가 아니라 현실 속에서 만나게 된다.

부모님과의 관계를 개선하는 가장 좋은 방법 중에 하나는 부모님 각자와 개인적인 연결을 가지며 파괴적인 상호작용 패턴을 발견하고 그것을 변화시키는 것이다.

예를 들어 샤론은 부모님 각자와 개인적인 시간을 가지려고 노력했어야 했다. 그러나 그녀의 부모님들은 항상 같이 다녔기 때문에 이것은 쉬운 일이 아닐 것이다. 참으로 놀라운 사실은 부모님과 좋은 관계를 유지하고 있다고 하는 사람들의 대다수가 부모님 각자(특히 자신과 반대되는 성을 가진 부모와)와 시간을 보낸 적이 거의 없다는 것이다. 샤론은 가끔 어머니와는 단 둘이서 지낸 적이 있었지만 이럴 때 그들은 항상 다른 사람에 관한 이야기를 하고 있었기 때문에 정작 두 사람의 관계를 돈독히 할 수 있는 기회는 없었다. 샤론의 어머니는 여러 친척들에 관해 불평을 늘어놓기를 좋아하는 사람이었으며, 그들의 잘못은 보통 자신에게 충분히 관심을 보여주지 않는다는 것이었다. 샤론은 흥미롭기도 하며 동정심이 생겨 들어주기는 하였지만 그러한 대화를 그녀 자신이나 어머니에 대한 개인적인 것을 이야기하는 기회로 만들었다면 더 좋았을 것이다.

아버지와 시간을 갖기 위해 샤론은 아버지에게 외식을 제안할 수 있었을 것이다. 어머니와 관련된 목표는 좀 더 친밀하고 개인적인 문제에 관해 대화하는 시간을 가질 수 있었을 것이며, 아버지와 관련된 목표는 자신의 감정을 억누르지 않으면서 좀 덜 자극적인 방법으로 그녀를 화나게 했던 그의 행동들에 대해 이야기하고 반사적인 자신의 행동을 통제하는 것이 될 것이다. 그녀가 아버지와 있을 때의 패턴은 먼저 대화를 시작하고는 스튜어트가 학교에서 무엇을 하고 있는 것에 관한 이야기나, 자신이 최근에 만난 재미있는 사람에 관한 이야기, 혹은 자신이 최근에 세운 계획 등에 관한 이야기를 하는 것이었다. 그는 그녀의 이야기를 들어주기는 하였지만 그리 오래가지 못했다. 그가 이야기의 주제를 바꿀 때 샤론은 완전히 무시당하는 기분이었다. 그리고 긴장이 조금 오래 지속되면 샤론은 입을 닫았고 불안이 올라오면 그 자리에서 폭발했다.

이러한 사이클을 깨기 위해 샤론은 몇 가지 작업을 했다. 그녀는 아버지에게 아버지 자신에 관한 질문을 함으로써 대화를 시작할 수 있다. 아버지 자신에게 관심을 보여줌으로써 샤론은 그녀가 이야기할 차례가 되었을 때 아버지가 끼어들고 싶어 하는 마음을 진정시킬 수 있으며, 아니면 아버지가 그녀의 말을 중간에서 끊으면 기분이 나빠진다고 아버지에게 직접적으로 말을 할 수도 있다.

불만족스러운 오래된 패턴이 무엇인지를 발견하고 나면 어떤 변화도 가능하다. 여기서 필요한 기술은 침착하게 있으면서 반사적으로 반응하지 않는 것이다. 어쨌든 이러한 것은 가족들이 다 모여서 부산스러울 때보다는 계획을 세우고 외출을 했을 때 실행하기 더 쉽다.

✳ ✳ ✳

스튜어트가 자신의 부모님과 관계를 개선하기 위해서는 어머니에게는 조금 더 가까이 다가가고 아버지에게는 좀 더 솔직해질 수 있는 방법을 찾아야 했다. 어머니에게 가까이 가는 것은 항상 어려운 일이었다. 부끄러움을 타는 사람에게 친밀감 증진을 위해 어떤 것을 할 것을 강력히 요구한다면 그는 멀리 도망치려고만 할 것이다.

친하게 표면적인 대화를 하는 것에서부터 개인적인 정보를 노출하는 것과 좀 더 내적인 감정과 생각을 나누는 것, 그리고 두 사람의 관계 자체에 관해 이야기하는 것까지 친밀감의 수준이 있다는 것을 기억할 필요가 있다. 어떤 사람과 친밀한 관계가 되는 것은 한 번에 하나씩 단계를 밟아가는 것이다.

스튜어트는 아버지와는 가까웠다. 사실 그들은 꽤 잘 어울렸다. 여기에서 스튜어트가 이전과는 다르게 해야 할 것은 자신이 동의하지 않는 것에 대해 아버지에게 공개적으로 말하고, 언제 자신이 아버지에게 화가 났었는지를 아버지가 아시도록 하는 것이다. 스튜어트는 그를 공격하는 것을 무시하고는 자신은 아무것도 느끼지 않는 것처럼 행동하는 것에는 전문가였다. 그는 자신의 감정을 밖으로 꺼내 이야기하는 연습이 필요했다. 사실 이런 면에서 샤론과 스튜어트는 서로에게 좋은 코치였던 것이다.

# 우울한 젊은 엄마

파티에서 집으로 돌아오고 있던 온화한 어느 여름밤, 스튜어트가 말했다. "우리 아기를 가집시다. 작은 샤론을 갖고 싶어." 그들이 결혼한 지 4년째였다. 스튜어트는 알바니에 있는 주립 대학교에서 가르치고 있었고, 샤론은 입학처에서 일하고 있었다. 샤론은 뭐라고 말해야 할지 몰랐다. 언젠가 아이를 가지리라 생각했지만 '그날'이 이렇게 빨리 오다니… 그녀의 대답은 "그래요."였다.

샤론의 주치의는 호르몬의 불균형을 일으키는 약 때문에 임신하기까지 6개월 정도 걸릴 것이라고 했지만 임신에 동의한 7주 후에 산부인과 의사는 샤론에게 임신 사실을 알려주었다. 샤론이 스튜어트에게 전화하려고 할 때 마침 전화벨이 울렸다. 스튜어트였다. "그래, 의사가 뭐래?"

"곧 우리 아이가 태어날 거예요." 샤론이 말하자 스튜어트는 전화에 대고 소리를 질렀고 마치 그것은 "야호!" 하는 것처럼 들렸다. 처음으로 그의 감정에 실수가 없었다.

그날 밤 그는 꽃을 사가지고 집으로 돌아와서 아내가 좋아하는 작은 프랑스식 레스토랑에 샤론을 데리고 갔다. 스튜어트는 정말로 아내를 극진히 대접했고,

샤론은 기분이 좋았다.

임신 후 처음 석 달 동안 샤론은 매일 오후에 위가 아팠다. 입덧을 시작하고 처음 며칠은 그런 대로 지나갔지만, 입덧이 매일 계속되자 참기 어려워졌다. 결국 샤론은 의사를 찾아가 입덧을 줄이는 처방을 받아 약을 먹었다. 임신 중 약을 복용하는 것은 달갑지 않았지만 다른 한편으로는 매일 오후 입덧에 시달리는 것보다는 낫다고 생각했다.

그녀의 몸이 자라나는 태아에 맞추어 불어나자, 샤론의 마음도 천천히 엄마가 된다는 사실에 순응해 갔다. 혼란스러운 감정들이 서서히 정리되는 느낌이 들었다. 처음으로 아기가 몸속에서 움직이는 것을 느꼈을 때 임신이라는 것이 현실로 다가왔다. 스튜어트는 아기의 움직임을 느끼고 신나했지만 그 후에는 샤론의 배 속에서 어떤 일이 일어나는지에 대해 특별히 관심이 없는 듯했다. 그는 방관자였다. 그는 아내가 아기가 발로 찬다고 말했을 때 "아파?"라며 걱정을 했지만, 그의 걱정은 아내에게만 미치는 것이었고 안에서 자라고 있는 새 생명까지는 생각이 미치지 않았다.

임신 초기는 지루하고 느리게 지났지만 예정일은 빠르게 다가왔다. 진통은 3주나 빨리 시작되었다. 어느 날 샤론은 스튜어트를 깨우면서 진통이 시작되고 있다고 했다.

"그럴 리가 없어.", "아마 진짜 증상이 아닐 거야."라고 스튜어트는 말했다. 잠시 후에 진통은 멈췄고 스튜어트는 여느 때와 다름없이 출근하였다. "만약 뭔가 일이 더 진행되면 전화해요."

그날 오후 2시에 샤론은 진통이 주기적으로 반복된다고 전화했고 의사는 병원으로 가야 할 때라고 말했다.

분만은 힘들었고 길었지만, 라마즈 요법이 도움이 되었다. 최소한 샤론이 뭘 기대할지를 알았고, 스튜어트도 역시 잘 알고 있었다. 그는 항상 위기상황에서 차분했다. 고통이 그녀의 집중력을 흐트러뜨릴 때 스튜어트는 바로 곁에서 그녀가 호흡을 조절하는 것을 도와주었다. 그날 밤은 길었다. 마침내 샤론이 분만실로 옮겨졌을 때는 이미 자정이 훨씬 지난 시간이었다. 샤론은 이제 불안한 상태였고 이제 거의 막바지에 다다랐다고 생각했다. 샤론은 빛이 가득한 분만실에 누워 의사와 간호사가 "힘주세요. 힘주세요. 힘주세요!"라고 재촉하던 이 장면을 평생 기억할 것이다. 세상에, 정말로 아팠다.

샤론은 아기의 머리와 어깨가 나온 것을 보았다. "아기가 나오고 있어요!" 갑자기 아기가 태어난 것이다. 다음으로 그녀가 본 장면은 스튜어트가 울었다 웃었다 하며 아기를 안는 것이었다. '아마 무지개가 있을 거야.' 샤론은 꿈을 꾸듯 생각했다. 그 후 의료진들은 그 작은 포대기를 그녀에게 건넸다. 그녀의 가슴은 사랑으로 터져나가는 듯했다. 뱃속에서부터 아기를 사랑해 왔지만 이것은 또 달랐다.

스튜어트가 다음 날 아침 돌아왔을 때 샤론은 자고 있었다. 아기는 신생아실에 있었다. 스튜어트는 유리 앞에 서서 감격에 겨워 작은 아기들을 바라보고 있었다. 하지만 그는 오래 머물지 않았다. 샤론을 보고 싶다. 그는 아내의 침대 곁에 가능한 한 조용히 소리 내지 않고 앉았다. 샤론은 지쳐보였고 약해보이면서도 매우 아름다웠다.

샤론이 눈을 뜨고 스튜어트를 보면서 미소를 지었다. "당신, 아기 봤어요?" 그녀가 물었다.

"응, 그 녀석 영락없이 당신을 닮았더군."

바로 그때 간호사가 조용히 노크를 했다. "여기 아기 보고 싶으신 분 있으신가요?" 간호사는 제이슨을 작은 카트에 담아 데리고 들어와서 샤론에게 건네주었다. 샤론은 아기에게서 눈을 뗄 수가 없었다. 포동포동한 볼, 검은 곱슬머리, 너무나도 작은 몸…. 그녀는 아기를 향한 사랑이 물결치는 것을 느끼며 놀라지 않을 수 없었다. 그녀의 아기!

스튜어트는 아기를 보고 있는 샤론을 바라보았다. 베개를 세워 누워 머리를 어깨에 흘러내리게 하고 자그마한 아기를 팔에 안고 있는 샤론은 천사처럼 보였다.

샤론은 그날부터 일생 동안 잊지 못할 기억들을 간직하게 되었다. 그 좋은 기억들 중에서 특히 제이슨을 바라보는 것을 정말 좋아했다. 그녀는 '신이 부모들이 모두가 하나씩 갖고 싶어 하도록 그리고 보살펴주고 싶도록 아기들을 무기력하고 사랑스럽게 만들었'고 생각했다. 자고 있는 제이슨은 작은 인형 또는 천사처럼 보였고 아기를 키우는 데 들어야 할 어떤 힘든 일들도 아무렇지 않게 느끼게 하였다.

✻ ✻ ✻

갓난아기를 데리고 집에 오는 것은 몇 분밖에 걸리지 않는 순간이지만 정말 감격스럽고 영원히 기억에 남는 경험이다. 샤론의 가슴에 기쁨이 차올랐고 모든 것이 선명했다. 햇살은 잔디와 꽃들에 밝게 내리쬐었고 공기는 따뜻했지만 덥지 않았다. 모든 것이 완벽했다.

샤론은 줄곧 아기를 내려다보았다. 마치 멋진 물건을 쇼핑하고 집에 돌아오는 것 같았다. 그녀는 침실에서 쓸 커다란 에어컨을 들여놓았을 때 어떤 기분이었는지를 기억했다. 무거운 에어컨 상자를 계단 위로 끌고 올라가 마침내 설치를 마쳤을 때 정말 기분이 최고였다. 안도감이 들었다. 그런데 아기는 어떻게 하지?

집은 어느 정도 준비가 되어 있었다. 스튜어트는 샤론에게 아기를 다른 침실에서 재우자고 얘기했다("당신 좀 자고 싶잖아, 그렇지?"). 친구들이 요람을 빌려주었고 또 아기용품점에서 윗부분이 푹신하게 덧대어지고 이것저것 넣을 수 있는 작은 칸막이가 있는 기저귀 갈이용 탁자를 사왔다. 정말 잠옷 몇 개와 기저귀를 제외하고 그들이 뭐가 더 필요하겠는가?

천 기저귀보다는 일회용 기저귀를 사용하자는 것이 스튜어트의 생각이었으므로, 그는 가게에 기저귀를 사러 나갔다. 그는 샤론에게 유아 사이즈의 종이 기저귀 네 상자를 보여주며 "이거면 얼마 동안은 충분할 거야."라고 말했다.

✻ ✻ ✻

샤론은 아기가 걱정되었다. 아기는 너무나 작고 무기력해 보였고 무엇이 필요한지 알 수 없었지만 시간이 가면서 샤론은 방법을 알아냈다.

부모가 그들의 아기를 돌보도록 만든 것은 세상의 이치이다. 아기는 배고프다고 울어댔고 기저귀가 젖었을 때면 울부짖었다. 적어도 제이슨은 그랬다. 아기는 젖은 기저귀에 너무 민감한 것 같았다. 간혹은 그저 안아달라고 울었다. 제이슨이 너무 맹렬하고 가혹하게 요구를 하는 바람에 처음 몇 달간은 피곤하고 좌절을 겪느라 정신이 혼미할 지경이었다. 부부는 이런 상황에 아무런 준비도 되어 있지 않았다.

병원에서 돌아온 첫날, 샤론이 곯아떨어진 것은 매우 늦은 밤이었다. 잠에서 깼을 때 샤론은 여전히 지쳐 있었고 꿈을 계속 꾸느라 혼란스럽고 불안했다. 그녀는 밤새 속력을 내며 기적을 울리는 기차를 타고 있었다. 그 기차가 어디로 향하고 있는지에 집중할 무렵 그녀는 기적소리가 진짜 아기 울음소리라는 것을 점차 깨닫게 되었다. 아기라? 그러고 나서야 그녀는 아기를 기억해냈다. 시계를 흘끔 보니 새벽 2시였다. 정말 피곤했다! 샤론은 남편이 아기를 보러 아기 방에 가기를 바라면서 눈을 계속 감고 있었다. 그래야 더 잘 수 있을 테니까… 기다렸지만 아기의 끊임없는 울음소리는 멈추지 않았다. 몇 분이 더 지난 후 샤론은 "스튜어트, 아기를 나에게 데려다 줄래요?"라고 말했다.

"오, 제발, 샤론! 나 내일 일찍 출근해야 한단 말야. 당신이 좀 가서 달래보는 게 어때? 어쨌든 젖은 당신이 먹여야 하잖아."

아무 말 없이 아이를 달래러 가며 샤론은 '이럴 줄 알았다'고 생각했다.

다음 몇 주간은 아기가 엄청나게 보채서 샤론은 그야말로 녹초가 되었다. 낮과 밤이 바뀐 날들은 마치 쉽게 떨어지지 않는 감기가 걸렸는데 아무도 돌보아주지 않는 것과 같은 상태였다. 아, 이제 엄마가 된 것이다.

아직 출산 후 완전히 회복된 상태도 아니었고 여전히 회음 절개술과 부푼 젖가슴 때문에 아프고 쓰렸다. 등도 아팠고 아기를 안아 들어 올릴 때마다 상태가 더 나빠지는 것을 느낄 수 있었다. 또 여전히 통증과 함께 하혈을 했다. 아기에 대한 욕망과 모든 것을 그녀에게 일임한 스튜어트에 대한 실망감은 산후 우울증을 일으킬 만한 요인이 되었다.

신참내기 엄마들의 20%가 산후조리 기간 동안 어느 정도의 우울증을 경험한다.[1] 원인이 되는 요소들은 걱정, 피로, 그리고 자기만의 시간 부족이다. 샤론은 실제로 병리적인 우울 상태는 아니었지만, 쉽게 우울해지고 울곤 하는 신참내기 엄마들 중 하나였다.[2] 애석하게도, 신생아의 엄마들은 자신들이 우울한 것을 수치스럽게 여긴다. 그럴 필요는 없지 않을까?

## 좋은 부모가 된다는 것은 쉬운 일이 아니다

아기가 탄생하기 전까지는 아무도 아기를 키우는 것이 얼마나 힘든지 모른다. 그러나 또 그런 사실을 곧 잊어버린다.

✳  ✳  ✳

산부인과 병동에서 퇴원하기 전에 샤론은 가슴에서 진짜 젖이 나오기까지 이틀 정도 걸린다는 것을 알고 놀랐다(그 전에는 초유라고 알려진 적은 양의 액체가 나오는 것이 전부였다). 수유하는 방법을 터득하는 데 시간이 좀 걸렸지만 성공했을 때 말로 표현할 수 없이 만족스러웠다. 아기를 팔에 안고 아기 입 근처에 젖꼭지를 두자 아기는 놓치지 않으려는 듯이 가슴을 헤집었다. 아기는 작은 입으로 작은 동그라미를 만들곤 했고, 샤론은 이를 '배고픈 얼굴'이라 불렀다. 아기는 원하는 것을 얻을 때까지 열심히 젖꼭지를 찾았고 젖을 빨고 있을 때는 더없이 행복해 보였다. 젖이 흐르기 시작했을 때 샤론은 심장에서 마치 젖이 나오는 듯 감동을 느꼈다.

샤론은 제이슨이 기쁘고 자극을 줄 수 있는 환경에서 자라길 원했기 때문에 예술적인 그림이 들어 있는 카드들을 사서 코팅을 하고는 요람 근처에 매달았다. 밝고 기쁨을 주는 색상을 골랐다. 몬드리안, 클레, 그리고 루소는 그녀가 가장 좋

---

[1] Eugene Paykel et al., "Life Events and Social Support in Puereral Depression", in *British Journal of Psychiatry*, 136 (1980): 339-346.
[2] Ramona Mercer, *First Time Motherhood: Experiences from Teens to Forties*, New York: Springer, 1986.

아하는 작가들이었다. 제이슨이 올려다 볼 때 보이도록 모빌을 요람 위에 매달기 위해 양면으로 작은 보트나 동물의 모양을 내어 자르는 건 쉬운 일이 아니었다. 그녀는 심지어 아기가 프랑스어에 익숙해지게끔 프랑스어로 책을 읽어주었다. 하지만 그것은 아기가 자신의 주변에 무슨 일이 일어나고 있는지를 알기 두세 달 전의 일이었다.

점차 제이슨은 감당하기 벅찬 아기임이 드러났다. 생후 8개월이 될 때까지 한 번도 밤에 잠을 제대로 잔 적이 없었다. 식욕이 왕성한 아기였지만 언제 젖을 많이 먹고 싶어 하는지, 조금만 먹고 싶어 하는지 알기는 어려웠다. 또 낮잠을 재울 때나 밤에 잠을 재울 때 뭘 해야 할지 알 수 없었다. 때로 제이슨은 얌전히 누워 잠을 잤지만 어떤 때는 화가 나 얼굴이 빨갛게 변하면서 계속 울어대곤 했다.

제이슨이 울면 샤론은 슬프고 무기력감을 느꼈다. 그를 안아 올려야 하는지 아니면 스튜어트나 소아과 의사가 충고했듯이 울게 내버려 두어야 하는지 한 번도 확신하지 못했다. 동시에 죄의식을 느끼고 두려웠다.

가끔 늦게 젖을 먹이고 샤론이 누워서 제이슨이 그대로 잠들었으면 하고 바랄 때 제이슨은 계속해서 날카롭게 소리를 질렀다. 울부짖음은 시작할 때와 마찬가지로 갑자기 멈추곤 했다. 고요함이 흐르면 샤론은 인질에서 풀려난 것처럼 자유를 느꼈다.

2개월 정도 지나자 제이슨은 손가락들을 빨기 시작했고 웃기 시작했다. 4개월쯤엔 걸음마를 하기 위해 일으켜주면 좋아했다. 제이슨은 활기가 넘치는 아기였다. 가장 좋아하는 것은 욕조에서 물을 텀벙거리는 것이었지만 한 번도 혼자서 놀려고 하진 않았다. 누군가 항상 곁에 있어야 했다. 샤론은 부담을 떠맡아야 했다. 제이슨과 놀아주면 크고 신이 난 웃음소리를 듣게 되지만 그렇게 재미나게 해주기 위해선 많은 노력이 필요했다.

제이슨이 생후 6개월이 되자 샤론은 계획했던 대로 복직했다. 아침 7시 30분에 일어나 출근하기 위해 옷을 입고 제이슨을 유모에게 맡기고 나가는 것은 이상한 느낌이었다. 제이슨은 샤론이 집에서 나가려 하자 울며 엄마의 팔을 꼭 부여

잡았다. 샤론은 심지어 운전석에 오르고 나서도 제이슨의 울음소리를 들을 수 있었다. 온종일 그 울음소리와 울며 손을 뻗는 제이슨의 모습이 머릿속에 떠돌았다. 바로 그 주일에 샤론은 일을 그만두었다.

샤론은 스튜어트에게 복직하기에는 너무 지쳤고 집에서 제이슨과 있는 것이 더 나을 거라고 말했다. "좋아, 당신이 좋을 대로 해요."라고 했지만 그는 아내가 잠시나마 아기로부터 떨어져 있는 것이 더 좋을 거라고 생각했다. 샤론은 직장을 그만두고 집에 있었지만 죄의식에 사로잡혔다. 스튜어트가 자신의 생각에 전적으로 동의하지 않는다고 생각했고 많은 여성들은 가사일과 육아를 잘 병행하고 있다고 생각했기 때문이다.

샤론은 제이슨이 병원에서는 얌전하고 집에서만 까다롭게 구는 이유를 궁금해 했다. 아마 그녀가 뭔가를 잘못하고 있는지도 모른다는 생각이 들었다.

❋  ❋  ❋

다루기 힘든 아기들을 가진 부모들은 자신들이 뭔가 잘못하고 있다고 생각할 때, 순한 아기들을 가진 부모들은 자기들은 운이 좋다고 생각할까? 아마 그것은 보통 사람들의 자아비판을 위한 능력을 시험하는 것일 게다.

부모들이 필요 이상으로 자기비판을 하는 이유 중의 하나가 아기들이 굉장히 다양한 기질을 갖고 태어난다는 인식이 부족해서이다. 어떤 부모들은 아기가 항상 까다롭다거나 혹은 항상 다루기 쉽다고 말하지만 뭔가 잘못됐을 때는 자신들이 잘못하고 있기 때문이라는 생각을 떨쳐버릴 수가 없다.

아기의 성격의 한 부분은 타고난 기질의 문제이다. 유아의 기질을 연구하는 가장 존경받는 학자들 중 알렉산더 토마스Alexander Thomas와 스텔라 체스Stella Chess는 아기들은 셋 중 하나의 기질을 가지고 태어난다고 결론지었다. '다루기 쉽거나', '감당하기 힘들거나', 그리고 '다른 사람들에게 느리게 반응하는'[3]

---

[3] Alexander Thomas and Stella Chess, *Temperament and Development*, New York: Brunner/Mazel, 1977.

어린 아이의 타고난 성격에 대한 자료를 모아온 제롬 케이건Jerome Kagan은 아기의 성격을 두 종류로 분류하고 있다. 이러한 아기의 성격은 아기가 탄생한 지 1년이 되면서부터 드러나기 시작하여 평생을 지속한다고 결론을 내렸다. 어떤 아이들은 자기 규제를 하는 반면(억제되고, 조심스럽고, 부드러운), 다른 아이들은 자기 규제를 하지 않는다(자유롭고, 활동적이고, 끊임이 없는). 자기 규제를 하는 아이들은 유아일 때 초기에 더 민감하다. 더군다나 이 민감함은 생리학적 각성(위경련이나 알레르기 반응, 그리고 다른 신체적 불편함)을 일으키는 것과 연관되어 있다.[4]

물론 부모들이 아이들의 기질적인 방향에 영향을 줄 수 있는데 다음의 두 가지이다. 다루기 쉽고 예측 가능한 아기는 부모의 수고를 덜어주지만, 제이슨처럼 까다로운 아기는 부모에게 굉장한 스트레스를 준다. 선천적으로 민감한 아기들은 오랫동안 울어대고 달래기가 어렵기 때문에 우는 것에 대한 스트레스에 더하여 아기가 힘들어하는 것을 없애주지 못한다는 무력감까지 느끼게 된다.

이 모든 것들이 까다로운 아이를 돌보는 과정에 극도로 스트레스를 준다. 연구에 의하면 이러한 어려움이 종종 임산부의 우울증을 유발한다고 주장하였다.[5] 샤론처럼 엄마가 아기를 달래는 데 어려움을 겪으면, 엄마로서 자신감을 잃어버리게 된다. 그리고는 죄책감을 느끼고 그러다보면 자존감도 낮아지게 된다.

비록 부모들이 아기의 기질을 바꾸는 데 약간의 영향을 끼칠 수는 있지만, 태어나면서부터의 기질을 쉽게 바꿀 수는 없지만 산모를 도울 수 있는 네트워크를 형성하면 아기를 돌보는 데서 오는 스트레스를 줄일 수 있다. 아기가 태어나기 전에 배우자, 부모 혹은 친구들로부터 많은 도움을 받은 여자들은 부모가 되어 출산 3개월 후에 더 확신감을 느끼고, 우울감을 덜 느꼈다고 한다.

❊　❊　❊

---

[4] Jerome Kagan, *The Nature of the Child*. New York: Basic Books, 1984.

[5] Carolyn Cutrona and Beth Troutman. "Social Support, Infant Temperament, and Parenting Self-Efficacy: A Mediational Model of Postpartum Depression," *Child Development, 57* (1986): 1507-1518

아기를 키우는 일은 너무나 지치고 할 일이 많고 벅차서 전체 상황을 바라보지 못하기 쉽다. 우리는 스스로를 가족 단위보다는 엄마와 아버지, 아기라는 개체로 생각하게 된다. 따라서 변화라고 생각하면 당연히 각자의 변화를 말하게 된다. 아기는 태어난 후에 지속적으로 성장하고, 부모들은 아기의 성장에 모든 초점을 맞추게 된다. 1개월 때 아기가 이것을 하고, 4개월에는 저것을 하고 등등. 아기의 발달을 놓치는 위기감 같은 것은 없다. 우리가 부모에게 아기가 몇 살이냐고 물어보면 부모들은 얼마나 아기의 성장에 초점을 맞추고 있는지 대부분 몇 주째라고 대답하곤 한다. 그러나 우리가 놓치는 것은 아기만 성장하는 것이 아니라 이 가족 전체가 하나의 체계로서 성장과정을 거치고 있다는 것이다.

## 가족도 세월에 따라 변한다

가족생활 주기family life cycle를 생각할 때 우리는 시간에 따라 변하고 자라고 달라지면서 각 단계에서 부딪히는 도전들을 이겨내고 다음 단계로 옮겨가는 개인들에 대해 생각한다. 인간의 삶의 주기는 아마도 어느 정도 순서가 있긴 하겠지만 그렇다고 해서 반드시 정해진 지속적인 과정이라고 말할 수는 없다. 어느 정도는 평평한 단계로 진전하다가 어느 순간 변화가 요구되는 발달상의 위기를 거치게 마련이다. 변화가 정리되고 통합되는 상대적 안정 기간에 이어서 성장과 변화의 기간이 뒤따르게 된다.

가족도 발달 과정을 거친다. 이는 부모나 자녀들 각각 주기를 겪는 그 이상의 것이다. 인생 주기의 일관된 주제는 세대 간에 영향을 미치는 상호연관성이다. 이런 연관성이 명확하지 않을 때조차도 그들은 강력한 영향력을 발휘한다. 부모들이 청년기에서 중년기로 넘어감에 따라서 자녀들은 아동기에서 10대 청소년이 되고 더 고집스럽고 독립적이 되어 조만간 집을 떠날 준비를 한다. 때로는 더 이를 수도 있고 때로는 더 늦을 수도 있지만 말이다.

한 세대의 변화는 다른 세대의 적응을 복잡하게 만든다. 중년기에 들어선 아버지는 출세라는 환상에서 벗어나서 자녀들이 자라고 떨어져 나가려 하는 그 시점에서 가족에 더 관여해야겠다고 생각할지도 모른다. 그렇다면 이런 아버지의 욕구는 독립적이고자 하는 자녀의 욕구를 좌절시키게 될 것이고 세대 간의 분쟁을 야기할 수도 있다. 또는 90년대에 더 익숙한 예를 든다면, 한 남자와 여자가 자녀들을 떠나보내고 자신들을 위해 뭔가 더 해보려 할 바로 그때, 집을 떠나 대학교에 갔던 자녀가 낙제를 해서 집으로 돌아오거나, 직업을 잃고 스스로 자립하기가 힘들어 부모에게 돌아오거나, 이혼을 하고 집으로 돌아오게 되면 새로운 부모 역할을 해야만 하는 상황에 직면하기도 한다.

집단의 문화가 다르다면 삶의 변천에 대한 강조점도 다르다. 죽음을 예로 들어보면, 아일랜드인 가족들은 정교한 철야장례를 치르는 반면, 아프리카인 가족들은 장례에 그다지 비용이나 노력을 들이지 않는다. 유대인 가족들은 쉬바shivah라고 불리는 기간에 7일간 상을 치르고, 다른 집단들이 장례 이후에 죽음을 잊는 것과는 달리 유대인들은 오랫동안 다함께 애도 기간을 갖도록 권장한다. 유족들은 일 년 동안은 하루 한 번, 그리고 그 후는 매년 기일마다 죽은 자를 위한 카디쉬Kaddish 기도를 암송한다.

멕시코계 미국인들은 아메리칸보다 더 오래 초중 아동기를 길게 잡는가 하면 유대인들은 다른 집단과 달리 13살이 되면 '바알 미츠바bar or bat mitzvah'라고 하는 성인식을 치르고 이를 기점으로 아동기의 종지부를 찍는다. 앵글로 색슨계 부모들은 자녀가 집을 떠나 독립을 하지 않으면 자식을 잘못 키웠다고 느끼는 반면, 라틴계 부모들은 반대로 자녀들이 집을 떠나면 자신들이 자녀교육에 실패했다고 느낀다.

가족이 다른 복잡한 체계와 비슷한 특성 중 하나는 부드럽고 점차적인 진화의 과정을 통해 변화하는 것이 아니라 다소 불연속적인 도약을 통해 변한다는 것이다. 아이를 가지는 것은 사랑에 빠지면서 동시에 엄청난 변화를 경험하는 것이다.

**✱  ✱  ✱**

이제 샤론과 스튜어트는 한 아이를 가졌고 한 쌍이라기보다는 가족이 되었다. 제이슨이 너무 손을 필요로 하는 아이여서 샤론은 남편의 도움이 더 많이 필요했다. 남편이 출근하는 것이 미웠다. 어머니라는 이유로 자신은 아이 때문에 집에 묶여 있어야 했지만, 남편은 아버지로서의 역할에서 벗어날 수 있었다. 남편은 집에 있을 수도 있고 일하러 나갈 수도 있지만, 샤론은 선택의 여지가 없었다. 스튜어트에게는 샤론이 계속 관심을 요구하는 것처럼 보였다. 샤론이 자신을 필요로 한다는 걸 느낄 수는 있었지만, 부인이 화가 난 것처럼 보일 때 스튜어트 입장에서는 부인이 자기를 거부하는 것으로 느꼈다. 그들이 제대로 이해하지 못한 것은 그들에게 일어난 것들이 사실 삼각관계의 한 부분이라는 점이었다.

제이슨이 샤론을 지치게 할수록 샤론은 남편이 더 필요했다. 일에서 스트레스를 더 느낄수록 스튜어트는 샤론에게 더 신경을 쓸 수 없었다. 이제는 두 사람이 하는 어떤 행동도 다른 사람에게 영향을 끼치지 않는 것이 없게 되었다.

제이슨이 태어남으로써 샤론과 스튜어트의 위태로운 조화는 깨져버렸다. 새로운 요소가 덧붙여지는 것은 체계에 불안을 가져오고, 새로운 적응은 체계를 재조직할 것을 요구한다. 기계적인 체계에서 이런 변화는 자동적인 변화이다. 새로운 요소가 '살아 있는 아이'고 '체계'가 두 사람일 때 이런 불안은 본질을 건드리게 되고 평화를 깨게 만든다. 변화의 시점에 스트레스가 최고조에 다다르기 때문에 이 중대한 시점에 그들은 곤경에 빠지게 된다. 불행한 것은 융통성을 발휘해야 할 이 기간에 막상 그러지 못한다는 것이다. 이는 단지 우리가 익숙한 적응전략(과거에 써먹곤 했던 전략)으로 되돌아가는 것만이 아니라, 역설적으로 바로 이 시점이 세계의 유연함을 가장 많이 요구한다. 그러나 그렇게 하는 사람은 많지 않다.

**✱  ✱  ✱**

내담자의 호소 문제가 무엇이든지 가족생활주기 6개월 이내에 문제가 발생했다면 가족치료사는 내담자 가족이 생활주기가 요구하는 적절한 변화를 제대로 이행했는지를 확인할 필요가 있다. "가족이 아기가 태어나기 전에는 괜찮았는가?" 아니면 "아이가 학교 가기 시작하면서 문제가 발생했는가? 만일에 그렇다면 어떻게 그 가족이 변화에 적응하였는가?" 등을 질문할 수 있다.

✳ ✳ ✳

부부 갈등을 불가피하게 만드는 것 중 하나는 부부가 부모 역할을 해야 하는 데 있다. 모든 부모는 다르다. 한 사람은 다른 사람과 성격이 다르고 각각 화나게 만드는 상황도 다를 것이다. 남편은 아이들이 떠드는 것에 화가 나고 아내는 아이들이 소리를 질러대는 것에 화가 날 수 있다. 아내는 아이들이 자기에게 대드는 것보다 아이들끼리 싸우는 것에 더 화가 날 수 있고, 남편은 아이들이 다투는 것은 상관없지만 무례한 것에 대해 화가 더 날 수 있다.

부모가 되기 어려운 이유는 이런 대조적인 스타일이 안정적이지 않다는 것이다. 부모들은 서로 극과 극이 되어버린다.

무릎이 까져 아빠에게로 달려간 한 사내아이를 상상해보라. 아버지는 상처를 닦아주고 아들에게 괜찮다고 다시 나가서 놀 수 있다고 말한다. 이를 본 아내는 남편이 동정심이 부족하다고 느낄지도 모른다. 그녀는 아들을 불러서 상처를 깨끗이 씻고 응급약을 바르고 무릎에 앉혀서 이야기를 들려주면서 좀 더 관심을 보여준다. 이를 본 아버지는 기분이 상하고 아들의 버릇을 버려놓는다고 생각한다. 그는 아들을 더 강하고 엄하게 키우려 하거나 '아내가 내가 하는 게 맘에 안 든다면 자기 맘대로 하라고 그래.'라고 생각하면서 관심을 거두어버릴지도 모른다. 그래서 갈등은 원래 있기 마련이다. 갈등은 좋은 것도 나쁜 것도 없다. 그냥 갈등일 뿐이다.

가족들의 삶에 가장 어려운 점은 우리가 모두 다르다는 것이다. 그러나 우리는 이런 차이들을 받아들이지 않는다. 어떤 차이점들은 함께 살기 어렵게 만들기도 한다. 얼마나 시간을 함께 보내는가, 얼마나 자주 섹스를 나누는가, 추위나 더위를 비슷하게 느끼는가 하는 것들은 함께 사는 데 중요한 점이다.

따라서 부부와 아기가 함께 만든 가족은 갈등 속에서 탄생하는 것과 같다. 그렇다면 어떻게 할 것인가? 기억해야 할 것은 인생 주기의 특성이다. 가족은 안정 단계를 지나가고 불안정 상태에 봉착하고 다시 새로운 가족으로 재조직하는 변화의 시점에 봉착하게 된다는 것이다. 이 시점에서 가족구성원들은 재적응을 위해 적극적인 노력을 해야 하며, 서로 영향을 주는 방식을 바꾸어야 한다. 그렇지 않으면 가족들은 갈등 상태에서 헤어나지 못하고 어려움을 겪게 될 것이다.

어떤 사람은 변화나 재조직의 필요성을 무시함으로써 실패하게 된다. 양가 가족들은 자신들의 문제를 헤쳐 나가야 하는 부부에게 지나치게 관여함으로써 부부의 적응을 방해할 수 있다. 갓 결혼한 남편은 자기만의 시간을 줄이고 아내와 함께 하는 시간을 가지는 것을 배워야 한다. 결혼했음에도 불구하고 아직 총각처럼 자기 마음대로 살아갈 수는 없기 때문이다.

힘들고 스트레스를 주긴 하지만 이런 혼란은 오래 지속되지 않는다. 변화에 적절하게 적응한다면 가족들은 인생 주기에 새롭게 안착한다. 그러나 이러한 적응은 가족들이 스스로 새로운 상황에 적응하려 노력할 때에만 가능한 것이다.

＊　＊　＊

한 내담자는 정서적으로 문제를 가진 딸과 힘든 관계를 맺고 있었다. 딸은 충동적으로 화를 내고 폭력을 쓰곤 했다. 통제 불가능한 행동에도 불구하고 부모들은 딸이 17세라는 나이에 마이애미로 도망가서 마약에 빠지고 창녀가 될 때까지도 학교에 남아 있게 하려고 모든 노력을 다했다. 딸아이가 체포되고 부모의 보호 아래 교도소에서 풀려나자 부모는 자신들이 사는 동네 근처의 아파트에서 딸이 독립적인 생활을 배울 때까지 도와주기로 동의했다. 딸이 21살이 되고도 혼자 알아서 살 기색을 보이지 않자 부모는 그들이 '엄해야' 한다는 것을 깨닫고 딸이 직업을 갖도록 원조를 끊었다. 하지만 딸이 또 성질을 부릴까 두렵기도 하고 제대로 잘 해낼지 염려가 되어서 다시 도움을 주게 되었다.

부모는 그들이 엄하게 해야 함을 알고 있었지만 딸의 분노나 실패 가능성에 직면할 수 없었다. 나는 그들이 느끼는 두려움을 이해한다고 말했지만, 그들이 자신들이 "변해야 한다."고 말했을 때 부드럽지만 확고하게 반드시 그러지 않아도 된다고 말했다. 그들이 변할 필요는 없었다. 딸이 28살, 30살, 45살이 될 때까지 지금처럼 해줄 수도 있을 것이다. 하지만 딸이 변하기를 정말 원한다면 딸에 대한 지원을 끊고 딸의 저항을 감당해야 할 것이라고 말했다. 게다가 나는 그 기간이 몇 주 혹은 몇 달이 지속될 수 있다고 했다. 하지만 딸의 변화는 그들이 변하지 않는 이상 일어나지 않을 것이다.

❋　❋　❋

잘 훈련된 가족치료사도 가족을 변화시키기 어렵다고 하지만 나는 나름대로 내담자를 변화시킬 방법을 알고 있다.

사람들은 이런저런 이유를 대면서 변화에 저항한다. 많은 사람들이 운동하는 것과 같은 단순한 것도 하지 않으려고 저항한다. 물론 운동하는 게 쉽지만은 않고 다음 날은 몸이 여기저기 쑤시기 마련이다. 그러나 이런 불편함 없이는 변화는 힘들다. 가족들이 변화에 저항하는 것은 자신들만의 일 처리 방식, 대인관계 패턴 등이 서로 얽혀 있기 때문이다.

치료 현장에서는 가족들의 변화를 위해 압박을 가해야 한다. 이를 위해서는 내담자가 변화가 안전하다는 믿음을 가지고 치료사를 신뢰해야 가능하다. 가족이 사용하는 저항의 기능을 알아차린 가족치료사는 그들의 방어를 조심스럽게 다루어야 한다. 나는 내담자에게 말할 때 변화하지 않고 지금까지 하던 대로 할 때 치러야 할 대가에 대해서 자세하게 설명한다. 그리고 변화하기 어렵다는 다양한 이유도 말한다.

한 예로, 나는 쫓아가고-도망가는 패턴의 부부에게 그 관계에 각자가 공헌하는 것이 무엇인지 자세히 설명하였다. 그리고 부인에게 "부인께서 원하시면 지금 하던 대로 계속하십시오."라고 말했다. 그러자 부인은 "나는 그렇게 할 수 없어요. 이렇게 살 수 없어요.", "아뇨. 그렇게 할 수 있습니다. 그리고 많은 사람처럼 영원히 불행하게 사십시오."라고 말했다. 마침내 그 내담자는 내 말의 뜻을 알아챘다. 이 부부와의 작업에서 왜 그들이 변화를 두려워하고, 왜 어려운지를 탐색한 것이다.

＊ ＊ ＊

아이의 탄생은 가족체계의 근본적인 변화, 부모 중 한 사람 혹은 두 사람 모두 예측하지 못했던 변화를 요구한다. 부모의 기능은 아기의 기본적인 욕구, 즉 젖을 먹거나, 기저귀를 갈거나, 목욕을 하거나 하는 욕구에 따라 달라져야 하고, 시간을 강요당하는 압박감을 조정해야 한다.

＊ ＊ ＊

제이슨은 상당히 드센 아이였다. 아기는 온전히 부모의 보살핌에 의존했다. 제이슨의 입장에서는 홀로 존재하는 것이다. 젖을 빨거나, 잠을 자거나, 기저귀가 갈아지거나, 예쁘다고 누가 쓰다듬어 주거나 자기 혼자만의 세계에 있는 것이다. 제이슨은 자려 들지 않았고 자연스럽게 잠이 드는 게 아니라 갑작스럽게 잠이 들곤 했다. 젖을 먹으려 잠에서 깨어서는 엄마를 찾곤 했다. 만약 엄마가 즉시 오지 않으면 드세게 굴곤 했다. 아기는 아직 자기를 돌보는 사람의 입장이나 존재도 잘 자각하지 못하고 있다.

샤론은 아들이 커 나가면서 엄마의 돌봄을 집요하게 요구하는 것에 맞추려고 노력을 하였지만 혼자만의 시간이 필요했다. 낮에 재우려고 했지만 제이슨은 거의 잠이 없었다. 책을 읽거나 잠시 앉아 쉬려고 제이슨을 놀이터에 내려놓고 장난감을 한아름 주어도 제이슨은 아무것도 갖고 놀려 하지 않았다. 엄마만을 찾았다.

아이가 원하는 대로 해주느라 바쁜 동안, 부모가 달리 해볼 수 있는 방법 중 하나는 부부가 혼자만의 시간을 갖게 하는 것이다. 너무 많은 일들과, 근심과 긴장,

그리고 수면 부족 속에서 부모가 자신들을 위해 쉬고 긴장을 풀 시간을 필요로 하는 것은 당연한 일이다. 스튜어트가 샤론을 위해 한 일 중 한 가지는 샤론이 늦잠을 자거나 신문을 읽도록 아기를 일요일 아침에 잠시 데리고 나가 산책하는 것이었다.

아기를 돌보는 것은 너무나 지치는 일이라 부모는 스스로를 위해 휴식을 갖고자 생각할 것이다. 이런 과정에서, 두 사람은 서서히 두 사람만의 유대감을 점차 잃어버리게 된다.

## 2+1＝2

'나의 우울한 천국'이라는 노래 가사에 의하면 2 더하기 1은 3이다. "당신과 나, 그리고 아기를 더하면 우리는 셋이 되고, 우리는 행복해요."라고 하지만 새로운 아기가 태어난다는 것을 체계로 생각하면 다르다. 남편과 부인은 부부이면서 동시에 부모체계가 된다. 쉽게 설명하자면 두 사람은 한 팀이다. 그래서 부부의 한 체계와 부모와 자녀의 한 체계로 단지 2개의 체계가 있을 뿐이다. 즉, 부부는 하나이고, 아이가 하나이다. 그래서 둘이다.

부부에게 새로운 것, 즉 아기가 추가되면 무언가가 줄어들게 된다. 아기가 추가되면서 부부 사이의 관계는 아무래도 달라진다. 서로에게만 집중할 수 없게 된다. 아기의 존재는 노상 돌봄의 손길을 요구하기 때문이다.

샤론에게는 모유를 먹이는 것이 엄마의 부드러운 사랑에 빨려드는 기쁨에 넘치던 옛 기억을 떠올리게 했다. 제이슨에게 샤론은 전부였다. 행복한 융합의 순간이었다. 이런 순간은 스튜어트가 공유할 수 없는 것들이었다.

엄마만이 느끼는 마술적인 사랑의 영역에서 소외된 남편, 육아에 대한 엄마의 무거운 부담감은 부부 관계를 해치게 할 수 있다. 부부란 서로 상대방에게 삶의 스트레스로부터 피난처가 될 수 있는 관계이고 그렇게 되어야만 하는 것이지만 갓난아기를 갖게 된 부부에게는 더 이상 부부가 이런 역할을 해주지 못하게 되고 만다.

비록 힘들지만 갓난아기를 둘이서 함께 양육하는 과정에서 부부의 유대감을 회복시키는 것이 서로에게 줄 수 있는 최고의 도움이다. 이런 사실은 누구라도 알 수 있는 것이기는 하지만 육아 때문에 많은 부부들은 그들의 함께 했던 첫 번째 이유, 즉 서로 사랑하고자 하는 마음에서 멀어지곤 한다.

샤론과 스튜어트도 마찬가지였다. 구애 기간 동안에 빠졌던 몽롱함은 관계라기보다는 열대성 열병을 앓는 것과도 같았다. 그들의 연애는 불시에 덮쳤고, 노래에 있듯이 '마술', 즉 신비로운 감정으로 충만했다. 그들은 그때의 신비스러운 감정을 살아가면서 재창조해내야 한다는 것을 전혀 계산에 넣지 않았다.

나는 서로를 즐기는 습관을 잃어버린 젊은 부부들에게 이렇게 말해준다. "상대방이 무언가를 먼저 시작해주길 바라거나, 기다리거나, 또는 있던 가능성을 다시 시작해서 관계를 회복하려 하는 것은 불가능하다. 이제부터 아주 새로운 것, 그 전에는 해보지 않았던 것을 통해서 새롭게 만들어 가야 한다."

이런 연습을 해보라. 눈을 감고 연애 당시를 생각하라. 가장 행복했던 기억은 무엇인가? 긴 산책, 서로에게 마음을 연 일, 밤새도록 나눈 대화, 서로를 안고 천천히 추었던 춤, 긴 입맞춤, 계절의 변화를 함께 보았던 일, 또는 단지 함께 있었던 순간들….

이런 기억들은 마음을 아프게 한다. 마술처럼 벌어졌던 사랑에 무슨 일이 일어난 것인가? "우리의 사랑은 어디로 갔나?" 기회는 마술이 아직 존재한다는 것에 있다. 즐겨 듣곤 했던 낭만적인 노래 가사에는 없지만 더러운 접시와 젖은 기저귀, 밤늦게야 잠들고 새벽같이 잠에서 깨야 한다는 데 사랑을 재창조할 수 있는 기회가 놓여 있다.

심지어 매사에 좀 지루해지거나 생기가 없어졌을 때, 부부는 서로 더 가까워지기 위해 무엇을 해야 할지 알 수도 있다. 방법은 배우자가 당신의 어떤 점을 좋아하는지를 알아내는 것이고, 배우자에게 좀 더 주의를 기울임으로써 따스하고 낭만적인 관계를 재창조해 보는 것이다. 공굴리기처럼 여겨보라.

관심을 기울인다는 것은 다른 사람을 주시한다는 것, 즉 당신의 배우자가 어떻게 보이는가? 어떻게 느껴지는가? 혹은 그녀가 무엇을 하고 있는가를 보는 것이고, 그렇게 주시한 것을 알아차리는 것이다. 배우자를 이해한다는 것은 그가 피곤해 보이는지, 혹은 하루를 어떻게 지냈는지를 물어보고, 그 대답을 실제 들어주는 것처럼 단순할 수 있다.

신생아를 둔, 무언가 함께 하기를 좋아하는 부부들은 책임감과 긴장이 감도는 분위기를 벗어나기 위해 집 밖으로 외출하는 것도 좋다. 아이를 잠시 보아줄 보모를 고용하고 친구를 찾아서 부부끼리만 오붓이 산책을 하거나 새 옷을 사러 나가든지, 외식을 하거나 영화를 보는 것처럼 집에서 벗어나 함께할 시간을 갖고 즐기는 것이 필요하다. 젊은 부모들은 자신들을 위해 밤새 아기를 봐줄 친척을 찾아 평화롭고 한가한 저녁시간을 갖는 것도 필요하다.

집 안을 맴돌면서 다정한 분위기를 만들어내는 것은 어렵지만 가능하다. 손을 마주 잡고, 촛불 아래서 와인과 치즈를 먹고 상대방의 등을 안마해주고 샤워를 함께 하라(물을 아낄 수 있는 좋은 방법이지 않은가), 식탁 말고 집 안의 다른 장소에서 저녁을 먹고 스크래블 같은 게임을 해보라. 매번 이렇게 하고 싶진 않겠지만, 이렇게 해보는 것은 평소의 습관을 깨고 서로의 거리를 좁히면서 부부관계의 부드러운 감정을 소생시킬 긍정적인 나선형의 시작이 될 수 있다.

어떤 불행한 부부들은 너무 신랄하게 화를 내다보니 서로에 대해 포기하고 최소한의 평화를 지키겠다고 합의를 내리고는 그저 부모 노릇이나 제대로 하자고 생각을 한다. 그러나 사실 두 사람의 사이가 멀어지고 공유하고 있는 것이 자녀뿐이라면 그들은 좋은 부모가 될 수 없다. 만약 자녀를 사이에 두지 않고도 둘이 서로 함께 시간을 보낼 수 없는 부부라면 자녀 양육에 관해서도 암묵적인 긴장상태가 계속될 것이다.

# 둘째 아이가 태어나다

제이슨이 한 돌 반이 되었을 때 이제야 모든 것이 좀 안정이 되는가 싶었다. 샤론이나 스튜어트 모두 둘 다 제대로 잠을 잘 수 없던 밤들, 그리고 끔찍했던 모든 일들을 잊지는 않았지만 시간이 지나면서 이런 기억은 희미해졌다. 게다가 제이슨은 이제 너무나 귀여웠다. 통통하고 뒤뚱거리며 걷고 웃는 제이슨은 그들이 만들어낸 기적이었다. 매일매일 감동의 도가니였다.

샤론은 아이를 더 갖겠다고 생각하지 않았기 때문에 스튜어트가 그런 제안을 하자 놀랐다. "모르겠네요." 샤론은 천천히 대답했다. 같은 전철을 되풀이하고 싶지 않았지만 제이슨이 혼자 외롭게 자라는 것도 원하는 바가 아니었다. 뭐라고 하겠는가?

2주 후 샤론은 벌써 임신 6주째라는 사실을 알고는 너무 놀랐다. 채 마음을 먹기도 전에 모든 것이 다시 시작이었다. 스튜어트는 의기양양했다. "좋아!" 그가 말했다. "이제 제이슨이 함께 놀 상대가 생겼군." 샤론은 감히 남편에게 자신이 느끼는 바를 말할 엄두를 내지 못했다. 엄마들은 그런 식으로 느껴서는 안 되는 것이었다.

\* \* \*

두 번째 아기는 제이슨이 조산이었던 것과는 달리 만산이었다. 배가 점점 더 불러오면서 출산 예정일이 지나가고 열흘이 지났을 때 진통이 왔다. 이번에는 진통이 쉬웠다. 제이슨은 세상에 나오려 하지 않았는데, 이번 아기는 세상에 빨리 나오려고 하였다. 마지막으로 힘을 주고 아이가 태어난 것은 저녁 6시였다.

스튜어트는 "딸이다!"라고 소리 질렀다. 눈물이 그의 뺨으로 흘러내렸다. 샤론도 기분이 참 좋았다.

샤론은 이번에는 남편이 더 진심으로 아내를 배려하는 듯 보였다. 아마 남편이 이제는 부인이 원하는 것이 무엇인지 알아챈 듯 보였다. 스튜어트도 샤론이 변했다고 생각했다. 이번에 아내는 당황하지도 않고, 힘들어하거나 불평을 하지도 않았다.

헤더는 제이슨이 다루기 벅찬 아기였던 것에 비해 다루기 쉽고 심성이 순했다. 심지어 친남매가 맞나 싶을 정도였다. 제이슨은 통통하고 검은 곱슬머리를 가진 아기였고 헤더는 더 작으면서 마르고 바스락거리는 붉은 색을 띤 금발머리를 가졌다. 헤더는 병원에 있다가 집으로 돌아오면서부터 밤새도록 깨지 않고 잠만 잤다. 이것은 기적이었고, 신의 은총에 샤론은 감사했다.

헤더는 너무 순해서 샤론의 마음에 들었다. 헤더는 안기는 것을 좋아했고 조용하고 유연했다. 제이슨은 항상 안아줄 때마다 고집을 부리고 등을 뒤로 젖히며 뻗대곤 했고 안아 올리면 내려가려고 안간힘을 썼다.

항상 주의를 끌고 싶어 했던 제이슨과 달리 헤더는 혼자 노는 것에 만족하는 것처럼 보였다. 헤더는 요람에 누워 방 안을 둘러보며 자기만의 세계에 매료되었다. 헤더는 아기 침대용 장난감을 갖고 노는 것을 좋아했고 지쳐서 눈이 감길 때까지 놀았다. 헤더는 놀랍도록 많이 잤고 그건 첫 아이를 키운 노력에 대한 보상과도 같았다.

제이슨은 새 동생이 태어난 것을 기뻐했다. 단 한 번 그가 질투심을 표현한 적이 있는데 샤론이 제이슨의 요람 위에 있던 모빌 장난감을 샤론의 요람에 걸어주자 제이슨은 작은 나무 의자를 가져와서 올라가서는 그 모빌을 떼어 내버렸다. "그게 뭐니?" 샤론이 제이슨이 방으로 뭔가를 갖고 가는 것을 보고 묻자 제이슨은 "내 거야!"라고 대답했다. 샤론은 아기를 위해 새로운 모빌 장난감을 만들어야 했다.

그 뒤에는 여동생에게 아주 착하게 굴었다. 그는 샤론의 기저귀 가는 것을 할 수 있는 한 도우려고 했다. 비록 접착 부분을 느슨하게 붙여 다시 떨어지기는 했지만 샤론은 제이슨이 기저귀를 갈게끔 내버려두었다. 제이슨은 아기를 안는 것을 제일 좋아했다. 처음에 샤론은 제이슨이 아기를 떨어뜨릴까 봐 두려웠지만, 제이슨이 여동생을 안는 것을 너무나 행복해 했기에 샤론은 제이슨을 카펫에 앉히고 헤더를 건네주었다. 최소한 제이슨이 아기를 떨어뜨린다고 해도 그리 높은 데서 떨어지는 것이 아니니까. 산책을 나가면 제이슨은 유모차를 밀었고 만약 헤더가 울기 시작하면 동생에게 장난감을 건네며 "울지 마, 아기 헤더야. 이걸 봐." 하고 말하곤 했다.

제이슨은 엄마의 작은 조수였지만 더욱더 어리광을 부렸다. 한 달 동안 그는 2살 반에서 1살 반으로 돌아간 것 같았다. 가게에 가면 제이슨은 걷는 것 대신에 안아달라고 했다. "넌 걸어 다녀야 해, 제이슨. 엄마는 아기를 안아야 하잖니. 넌 이제 다 컸어." 제이슨도 자기가 왜 그러고 싶은지 분명히 알 수 없었다.

그렇지만 전반적으로 삶은 더 평화로웠다. 제이슨이 그렇게도 애를 태우고 샤론이 외로움을 느끼던 낮과 밤은 이제 더 이상 반복되지 않았다. 헤더가 커갈수록, 두 아이는 그저 아이인 것만으로 샤론을 계속해서 바쁘게 했다. 그녀는 자신에게 쓸 시간이 전혀 없었다. 심지어 그녀가 화장실에 있을 때에도, 그녀는 문을 두드리는 노크 소리와 "엄마…" 하고 부르는 목소리를 듣곤 했다.


## 아이들에게 삶을 빼앗긴 어른들

스튜어트는 아이들이 잠든 모습을 바라보는 것을 좋아했다. 자고 있을 때, 아이들의 얼굴은 심장이 멎을 정도로 온화해 보였다. 제이슨은 입을 동그랗게 오므리고 쌕쌕거리고 자곤 했다. 그때가 제일 얌전할 때였다. 태아처럼 몸을 구부린 헤더는 손에 담요를 꼭 붙잡고 엄지손가락을 입에 물고 잠이 들곤 했다. 스튜어트는 아이들을 사랑했다. 부드럽고 온화한 얼굴들에 떠오르는 순수하고 깨끗한 신뢰를 보면 사심이 없어지곤 했다. 하지만 단지 1, 2분 정도만 아이들을 들여다볼 뿐이었다.

샤론 생각에는 스튜어트가 아이들을 사랑하는 것은 의심할 여지가 없었지만, 별것 아닌 것에 대해서 또 분위기가 변하는 것에 대해 인내심이 없어 보였다. 남편은 언제나 뭔가 불만이고 아내가 그걸 고쳐야 한다고 생각했다. 헤더가 좀 칭얼거리면 스튜어트는 "헤더가 피곤하군."이라고 말하곤 했다. 그는 언제나 뭔가를 찾고 있었다. 언제나 아이들이 이가 나거나 배가 고프다거나, 피곤하다거나 하다고 생각했다. 그는 아이들을 감정을 표현하는, 어느 정도의 보살핌과 인내가 필요한 작은 아이들로 대하지 않았다.

그는 아이들에게 짜증을 내거나, 밀어내거나, 산보를 하거나, 관심 갖게 하는 놀이를 하는 것을 흩뜨려놓거나, 감정을 깨놓거나 하였다. 저녁 외식이라도 할 경우에는 스튜어트는 처음부터 끝까지 불편해했다. 스튜어트는 아이들을 언제 터질지 모르는 작은 폭탄처럼 여기고는 그들을 달래기 위해서 빵을 먹였고 레스토랑에서 신경 써서 준비해준 크림 용기로 음료를 마시게 했다. 아이들이 테이블에서 조용히 놀게끔 온갖 놀 거리를 찾아내었다. 아기가 깩깩 소리 지르며 열쇠를 잡을 때까지 눈앞에서 열쇠를 흔들어댔고, 숟가락을 주며 숟가락 쌓는 법을 가르치고, 휴지로 인형을 만들고, 얼굴을 그려 넣었다. 스튜어트는 좋은 아빠가 되려고 노력했지만 지쳐버렸다.

음식이 나오면 그는 아이들이 조용히 먹기를 기대했다. 이제는 그가 말하기 시작했다. 음식을 먹으면서 그는 샤론에게 영문학과에 무슨 일이 일어나고 있는지를 말했다. 샤론은 피곤했지만 남편의 이야기를 들었다. 스튜어트가 부서에서 하는 일은 천장을 뚫고 내려오는 마시멜로우 같은 음악처럼 재미있었다. 제이슨이 끼어들었다. "엄마, 나랑 똑같은 수프 드세요." "그럴까?" 샤론은 제이슨에게 대답하고 남편에게 다시 몸을 돌렸지만 이미 늦었다. 남편은 이미 언짢아져서는 세 번째 미셸롭을 주문했고 마구 먹어댔다.

대화는 긴장되고 예의를 갖추면서 팽팽해졌다. 샤론은 스튜어트가 인정하지 않더라도 그가 화가 났다는 것을 알 수 있었다. "소금 좀 건네주겠소?" 그리고 나선 침묵이 흘렀다.

제이슨이 이 고요함을 깼다. 긴장감을 느낀 것일까 아니면 샤론의 주의를 끌 기회를 본 것일까? 어느 쪽이건 간에 샤론은 그 방해가 즐거운 듯했다.

"나 이제 내려가도 돼요?" 제이슨이 물었다.

"잠깐 기다려라, 너 아직 다 먹질 않았잖니?"

"아니, 나 내려가고 싶어!"

"여기 와서 제일 좋은 게 뭐지?" 샤론이 물었다, "예쁘고 작은 장식들, 수프, 아님 크래커, 맛있는 디저트?"

"말해줄까?" 제이슨이 명랑하게 말했다. "다 싫어!"

"오, 아가. 하지만 뭔가 제일 좋은 게 있을 텐데?" 제이슨은 킬킬거렸다.

"아니, 아무것도 안 좋아요." 그가 행복하게 말했다.

이것은 굉장한 놀이였다. 하지만 샤론은 심각하게 받아들였다. 샤론은 식구들이 좋은 시간을 보내길 원했다.

스튜어트는 계속해서 돌처럼 앉아 창밖을 바라보았다. 헤더는 그녀의 둥글고 또릿또릿한 눈망울로 그냥 바라만 보고 있었다.

집에 돌아왔을 때에도 그 긴장감은 사라지지 않았다. 샤론은 부모님에게 전화할 시간이 되었다고 생각했다. "제이슨, 엄마가 할아버지와 할머니께 전화할까?"

"아니! 제이슨이 해라." 스튜어트가 말했고, 샤론의 도움으로 그는 전화번호를 두드렸다.


## 조부모와 경계선 재협상하기

샤론의 부모들은 항상 손자로부터 전화받는 것을 기뻐했다. 대화는 몇 분간 계속되었다. 샤론은 제이슨이 더듬거리며 말하는 것을 듣고 그녀의 부모님들이 뭐라고 말하는지 궁금해 했다.

아이들이 생기자 그녀의 부모들은 전보다 더 자주 찾아오고 싶어 했다. 좋은 일이었다. 샤론의 부모들은 손주들을 끔찍이 좋아했다.

젊은 부모들이 할머니, 할아버지에 대해 싫어하는 두 가지는 아이들 버릇을 망친다는 것과 아이들을 진지하게 대하지 않는다는 것이다. 사실 이 두 가지 문제들은 연관되어 있고 신경 쓰이는 일들이다.

샤론의 어머니는 아이들에게 사탕을 주는 것과 쇼핑하러 데리고 가는 것을 좋아했다. 쇼핑하는 것은 괜찮았다.

예전에 샤론의 어머니가 샤론과 제이슨을 데리고 옷을 사기 위해 데리고 나간 적이 있다. 그들은 귀여운 셔츠 두 벌과 바지 한 벌을 산 뒤에 신발을 사기 위해 유아용 신발가게로 갔다. 샤론은 적당하다고 생각되는 세 켤레의 구두를 골랐고, 제이슨에게 가장 좋아하는 것 하나를 고르라고 했다.

"샤론, 너 애한테 신발을 직접 고르라고 해선 안 된다. 그 앤 아직 애기라고."

"그 앤 자기 생각이 분명해요. 그 애도 한 인간이잖아요. 아시다시피."

샤론은 화가 났다. '이게 할머니, 할아버지들이 손자들을 다루는 방법이라고.

＊　＊　＊

조부모들은 손주를 무조건으로 귀여워하지만 때로 그들을 자기 의지를 가진 작은 한 인간이라기보다는 애완용 동물처럼 다룬다. 안아주고 먹여주고 버릇없게 만들면서 말이다. 제이슨의 조부모들은 손자를 버릇없이 키웠고 제이슨은 그것을 받아들였다. 할머니에 대한 제이슨의 사랑은 절대적이었고 아무도 막을 수 없었다. 할머니는 다 오냐오냐했고 엄마보다 더 사랑했다. 샤론은 물론 이것을 걱정했다. 그녀가 모든 것을 퍼주었던 아들을 초콜릿 바 하나에 팔려가게 할 수 없었다.

＊　＊　＊

여기서 논쟁점은 부모와 조부모의 경계선에 대한 것이다. 조부모들이 그들의 자녀가 부모가 되었다는 권리를 인정할 것인가? 그리고 새로운 부모들이 조부모가 될 권리를 인식할 것인가? 젊은 부모들은 그들의 부모가 부모로서의 그들의 새 역할을 존중하지 않을 때 화를 낸다. 그들은 자신들이 중요하다고 생각하는, 예를 들어 TV는 얼마나 봐야 하며, 무엇을 먹을 것인가 하는 것들에 대한 특정한 규칙이 있다. 그리고 누구도, 심지어 조부모일지라도 그 규칙을 무시해서는 안 된다고 생각한다. 부모들은 그들이 중요하다고 여기는 규칙을 말해야 하고, 조부모들에게 그들의 방식을 존중해달라고 요구해야 한다.

반면에, 부모들은 조부모들이 어떻게 손주를 대하는지를 보고 조부모들에게 어느 정도의 자유를 허용함으로써 배울 수 있다. 요점을 말한다면, 조부모들이 하고 싶은 대로 하도록 내버려 두라.

어떤 부모들은 조부모들이 아이들에게 늦게까지 자지 않아 괜찮다고 하고, 보아서는 안 되는 텔레비전 프로그램을 보아도 된다고 할 때에 아이들이 혼란스러워 할까 봐 걱정한다. 걱정하지 않아도 된다. 아이들은 부모와 조부모가 어떻게 다른지를 매우 빨리 배운다. 부모들은 자녀에 대해 중요한 규칙에 있어 무엇을 고려해야 하는지를 명확히 해야 한다. 집에 있을 때는 부모가 통제하지만, 조부모들과 있을 때엔 부모는 그들이 할 수 있을 만큼 내버려 두어야 한다.

가족치료사는 갑작스럽게 조부모와의 논쟁에 끼어들기도 한다. 흔히 드러나는 불평은 자녀들의 행동에 관한 것이다. 면담을 진행하다 보면 결국 부모가 아이들을 훈육할 때 조부모가 끼어드는 것이 문제이다.

가족체계는 세대 간의 위계질서가 분명해야 한다. 아이들은 부모가 자기들의 책임자라는 것을 알고 있고, 다른 사람들도 그렇다는 것을 인정해야 한다. 만일에 부모와 조부모와 사이에 의견 차이가 있다면 가족치료사는 중립을 지키기 힘들고 어느 한 편을 지지해야 한다. 부모와 만나서 조부모들이 부모의 권위를 인정해야 할 필요성에 대해 설명한다. 그러나 이때 부모는 조부모의 인격을 존중하면서 이야기를 해야 한다. 그래서 나는 1, 2회기를 조부모와 만나서 그들이 느끼는 감정과 의견을 나눈다. 그리고 부모는 논쟁을 벌이지 않고 조부모를 존중하면서 그들의 이야기를 듣게 한다. 조부모에게 귀 기울이고 의견을 존중하는 것만으로 자녀 양육에 관한 논쟁을 줄일 수 있다. 조부모는 자신들의 자녀가 이제 성인이 되었다는 것을 인정해야 하고, 부모는 조부모의 의견을 존중하는 태도를 보여야 문제해결이 가능하다.

# 부부는 서로 주고받는다

대부분의 사람들에게 그들 관계에 뭐가 잘못되었냐고 물으면, 배우자들에게 상당히 점수를 후하게 준다. 처음에는 "우리는 대화가 없어요." 혹은 "우리는 공통 관심사가 없어요."라는 말을 들을지도 모른다. 하지만 왜 그러냐고 물으면 "그는 감정을 나와 나누려 들질 않아요." 혹은 "그녀는 항상 뭔가에 대해 바가지를 긁어요." 혹은 "그는 가족과 함께 아무것도 하려고 하지 않아요." 같은 것들이다.

이런 불만들의 공통점은 단순한 비난이 아니라 한 사람의 심리에 대한 반응이다. 어떤 일이 일어난다는 것은 다른 누군가가 한 것에 대한 나의 반응이다. 가족치료사는 이렇게 생각하지 않는다. 우리는 관계를 한 사람의 행동이 다른 사람이 행한 것에 대한 반응으로, 즉 순환적인 것으로 본다. 그들의 행동은 상호호환이다.

**상호호환성**은 모든 관계의 원칙을 지배한다. 단순히 다른 사람을 위한 친절에 대해 응대하는 의무를 뜻하는 것이 아니다. 이것은 다른 이를 위해 선행을 하는 것이 자신에게도 좋을 거라는 희망에 근거한 인간 본성에 관한 긍정적인 시각이다. 상호호환성에 의하면 관계에 있어서 한 사람의 행동은 다른 사람의 행동에 반응하는 기능과 연관되어 있다는 것을 의미한다. 이 원칙에 대한 잘 알려진 표현은 "뿌린 대로 거둔다."이다. 행동이 계속되는 순환패턴에 연결되었다고 깨닫기만 하면 누가 시작했는가에 대해 걱정을 멈출 수 있고, 어떻게 해야 할지를 생각하기 시작할 수 있다.

가족치료사로서 나는 자주 불평하는 사람에게 그 불평이라는 짐을 돌려준다.

남편 : 내 아내는 지겨워요.

가족치료사 : 아내가 그렇게 되도록 당신은 어떻게 하십니까?

엄마 : 내 아들이 문제예요, 그 앤 철이 덜 들었어요. 심지어 자기 신발 끈 하나 안 묶어요.

가족치료사(소년에게) : 너의 엄마가 어떻게 너를 그토록 어리광부리게 만들었지?

A가 B의 원인이라고 보는 관점을 직면하기 위해서는 조용히 내담자의 불평하는 말을 그대로 따라서 말한다. "그러니까 그가 그렇게 되도록 했다는…"

가끔 가족구성원들은 자기 자신들을 비난한다. 이 또한 갈등을 회피하려는 것이다. 많은 여성이 '우울'해서 치료를 받으려 한다. 자기들이 문제라는 것이다. 이들은 가족에 문제가 있다고 말하거나 배우자 때문에 우울하다고 말하기를 힘들어한다.

**가족치료사** : 어떤 것이 문제라고 생각하십니까?

**아내** : 저요. 전 우울해요.

**가족치료사** : 누가 당신을 우울하게 하나요?

**아내** : 아뇨, 그냥 제가 우울하다니까요.

**가족치료사** : 가족 중 아무도 당신의 우울증을 일으키지 않았다고요? 못 믿겠는걸요.

이런 질문들의 목적은 행동의 상관관계를 끄집어내는 것이고, 문제들을 한 사람의 내면의 문제가 아니라 두 사람(혹은 둘 이상) 사이로 옮기게 한 것이며, 그동안 시도했지만 실패했던 해결책에 대한 대안을 제공하는 것이다.

＊　＊　＊

가족치료사는 어떻게 그들의 문제가 두 사람의 상호작용에 기인한 것이라고 깨닫게 할 수 있을까? 한 가지 가능성은 레스토랑에서 일어난 일에 대해 이야기 나누는 것이다. 두 사람 각각에게 제이슨의 난리법석이 그들에게 어떤 영향을 끼쳤는지를 물을 수 있다. 스튜어트가 입을 다물었을 때, 샤론은 눈치를 챘는가? 그녀는 자신의 느낌을 알았지만, 스튜어트의 감정에 대해 알았는가? 스튜어트는 아내가 경험했을 만한 것에 대해 고려했는가? 그들은 서로 도움을 받고 있다고 느꼈는가? 좀 더 도움을 받는다고 느꼈다면 어떤 일이 달리 일어났을까? 만약 제이슨을 다루는 데 한 팀으로 서로를 도왔다면 제이슨이 눈치를 챘을까? 다시 말해서, 그들 각자가 했을 법한 것들이 그 혹은 그녀의 소원대로 되었을까?

사람들은 아기를 갖는 것이 두 사람을 더욱 가깝게 만든다는 틀에 박힌 문구에 대해 회의적이 되곤 한다. 사실 맞는 말이다. 부부는 더 가까워지긴 한다. 하지만 두 사람이 서로 적응하게 하는 것보다 지나치게 가까워지게 한다. 제이슨의 끊임없는 요구는 샤론과 스튜어트 두 사람에게 불안을 촉발시켜서 각자의 개성대로 정서적으로 반응하게 했다. 즉 스튜어트는 자신만의 시간을 더 많이 필요로 하게 되었고, 샤론은 남편이 더 많이 신경 써주길 바라게 되었다.

# 아이들의 엄마는 외롭다

어린 자녀를 키울 때 감기에 걸리면 아이에게서 부모로, 부모에게서 아이로 온통 가족들을 휩쓸어버리기 마련이다. 마지막으로 걸린 사람은 애초에 감기를 집안에 들여온 사람에게 다시 감기를 돌려주게 마련이다.

헤더와 제이슨은 둘 다 감기에 걸렸다. 헤더는 너무나 착한 아기였지만, 답답할 때는 잠을 자지 않고 몇 번이고 깨어나 두려움에 떨며 울었다. 가습기가 도움이 되긴 하지만 충분치는 않았다. 제이슨은 이제 밤새 잘 수 있을 만큼 컸지만 아침이 되면 끊임없이 불평을 해댔다. "목이 아파!", "빨아먹는 약 좀 줘.", "아스피린 좀 줘.", "나 주스 먹고 싶어."

스튜어트는 가능한 한 떨어져 있으려고 했다. 그는 이틀 동안만 떨어져 있었다면 자신이 감기에 걸려 결근하는 일은 면할 수 있었을 거라고 생각했다. 때문에 헤더가 밤에 깼을 때 안아주고, 귀에 약을 뿌리고, 두 아이에게 타이레놀을 먹이고, 따끔거리는 목 때문에 생강차를 끓인 것은 샤론이었다. 오후가 지나갈 무렵 두 아이들이 잠시 잠에 빠져들었을 때, 샤론은 녹초가 되어 소파에 털썩 주저앉았다.

창문을 통해 뒤뜰을 내다보면서 샤론은 재미있는 것을 발견했다. 스튜어트가 두 그루의 난쟁이 사과나무를 첫 결혼기념일 선물로 주었는데, 한 그루는 매년 꽃을 피우고 가을이면 열매를 맺었지만, 무슨 이유인지 나머지 한 그루는 꽃도 피우지 않고 열매도 맺지 않았다. 지금 보니까 샤론은 열매를 맺은 나무가 그렇지 않은 나무보다 훨씬 작다는 것을 발견했다. 분명 나무는 모든 힘을 열매가 열리게끔 하는 데 쓰고 있음이 틀림없었다. 그 나무는 가지가 울퉁불퉁하고 꼬였지만 다른 나무는 곧게 뻗어 있고, 더 컸고, 건강해 보였다. 갑자기 그녀는 울음을 터뜨렸다.

요즘에 샤론은 자주 울었다. 마음에 상처를 잘 입고 혼자 동떨어진 느낌이 들었다. 엄마가 된다는 것은 그 불쌍한 작은 나무처럼 자신의 힘을 짜내야 하는 일이었고 그녀는 남편이 자신에게 얼마나 소홀한가 생각했다. 날이 갈수록 샤론은 자기연민과 씁쓸함에 급속도로 빠져들고 있었다.

✳  ✳  ✳

우리가 자기연민을 얘기할 때, 보통 모멸적인 의미로 쓴다. 자신에게 연민을 느낀다는 것은 우리 문화권에서는 죄이다.

자기연민에 무슨 문제가 있는가? 연민이란 한 사람의 고통에 공감하는 것이고 타인의 고통으로 인해 나의 감정이 느껴지는 것이다. 자기(self)란 사람의 핵심이고, 인격의 중심이다. 따라서 자기연민이란 자신의 내적 존재의 비탄에 의해 한 사람이 고통을 겪는 것을 말한다. 자아가 상처 입는 것은 당연한 반응이다. 자기연민의 목적은 타인이 주지 않는 위로를 채우고 스스로를 진정시키는 것이다.

샤론은 절망감이 들었다. 그녀는 결혼이 친밀한 감정과 공감을 가져올 거라고 기대했지만 그렇지 않다는 것을 알았을 때 처음엔 실망을 느꼈고 아팠고 그리고 분노했다. 아기를 가지고 육아를 거의 다 부담해야 하자 상황은 더욱 악화되었다. 결국 더 이상은 지탱할 수 없었다. 너무 마음이 아파서 가족치료사인 필립 게린Philip Guerin이 말하는 '상처받지 않는 섬'[6]으로 들어가 버렸다. 그녀는 감정에 벽

---

[6] Philip Guerin et al., *The Evaluation and Treatment of Marital Conflict: A Four-Stage Approach.* New York: Basic Books, 1987.

을 쌓기 시작했고 더 이상 상처받거나 감정을 다치지 않게 만들었다.

그러나 희망을 포기하면 소외감에 빠지게 된다.

가끔 한 번씩 스튜어트는 뭔가 좋은 일을 해서 샤론을 놀라게 하곤 했다. 그는 아이들 저녁을 먹이는 것을 좋아했고, 가끔 아내가 쉬도록 아이들을 데리고 오랫동안 산책하기도 했다. 하지만 이런 사소한 친절에서 오는 느낌이 샤론의 씁쓸함이 가시는 데는 역부족이었다. 샤론은 항상 스튜어트가 최선을 다해 돕지 않고 있다는 느낌을 떨칠 수 없었다.

스튜어트는 샤론에게 미안했다. 그는 자신이 사랑에 빠졌던 그 여자를 바라보았다. 그녀는 이제 늙어 보였고 항상 지친 눈을 하고 있었다. 아내에게 미안했지만 왜 항상 자신을 비난하는지 이해할 수 없었다. 다른 여자들은 샤론이 그에게 받은 도움보다도 훨씬 더 적은 도움을 받고도 수천 년간 아이들을 길러오지 않았는가.

마치 두 사람은 자신의 슬픔을 쌓아두는 감정의 밀실을 가진 듯했다. 화가 날 때마다 그들은 그곳에 자신의 감정을 넣어 두었다. 후회라는 찌꺼기가 쌓여 갔다.

샤론이나 스튜어트는 누가 문제를 유발했는가를 잊고, 자신들이 무엇을 해서 문제가 유지되었는가를 생각하기 위해 상호호환성의 개념을 활용할 수도 있었을 것이다. 누가 무엇을 해서 그렇게 되었다는 단일선상의 이해(스튜어트의 나태함이 샤론을 화나게 했다든지 샤론의 바가지가 스튜어트의 분리를 야기했다는) 보다는 상호교환성, 어느 지점에서나 바꿀 수 있는 연결고리에 대해 생각해 볼 수 있었다. 순환적인 사고방식을 하면 타인이 먼저 행동해야 한다는 억지스러운 가정을 하지 않을 수도 있었다.

샤론에게 뭘 원하는지가 아니라, 무엇이 화를 유발시키는지에 대해 생각하기 시작했다면 스튜어트는 아마 자신이 한 번도 아내가 어떻게 느끼고 있는가 물어보지 않은 것을 깨달았을지도 모른다. 그는 아내의 불안과 우울증이 자신을 감염시킨 것처럼 행동했고, 그녀가 그 감정을 극복해야 한다는 제안만 했다. 그는 부인의 말에 공감하면서 들어줄 수도 있었을 것이다. 그저 들어주는 것 말이다.

샤론은 악순환에 빠져 있었다. 스튜어트와 나가서 즐기기엔 너무 지쳤고 스튜어트의 요구를 들어주기엔 너무 짜증이 났다. 그리고 남편과 즐기는 시간이 줄어들수록 더욱 피곤해졌고 남편의 감정들을 덜 고려할수록 남편도 그녀에 대해 무신경해졌다. 샤론은 자신이 원하는 바와 스튜어트가 무엇을 주지 않는지를 알았고, 이러한 것들이 씁쓸함으로 마음에 빈공간을 남겼다.

\* \* \*

무엇을 줄 수 있을 것인가? 무엇이 도움이 될지를 어떻게 예측할 수 있을까? 그것은 그렇게 힘든 게 아니다. 하지만 어느 한쪽이 먼저 불공평한 관계를 바꿀 수 있다고 생각하는 믿음을 지워야 할 것이다. '왜 모든 게 나한테 달렸다고 하는 건가?'

공평성이 아니고 효율성이 요점이다. 두 가지는 관계에서 생기는 문제들에 기여한다. 역설적으로 어느 한쪽이 헌신하면 그 사람은 관계를 바꿀 힘을 갖게 된다. 나는 한쪽 편을 변호하거나 무조건 관용을 베푸는 것에 대해 말하는 것이 아니다. 나는 상대방에 대한 어느 한 사람의 행동이 어떻게 상호호환적인 변화를 이끌어내는지를 말하고 있는 것이다. 우리는 계속해서 우리의 삶의 '상황들'에 영향을 줄 뿐만 아니라, 유기적이고 쌍방향적인 상호작용들에 의해 영향을 받기도 한다. 많은 사람들이 그것을 알지 못하는 것이 너무 안타까울 뿐이다.

# 왜 아들아이 키우기가
# 이렇게 힘들까?

제이슨은 병원에서 데리고 온 날부터 다루기 힘들었다. 고작 두세 시간 정도 잠을 자곤 대부분은 깨어서 기저귀를 바꿔 달라, 우유를 달라고 울부짖다가 잠시 후엔 안아달라, 만져달라, 같이 놀아달라고 아우성이었다. 귀여운 아기였지만 돌보는 이를 지치게 했다.

샤론은 지칠 대로 지쳐 있었다. 오직 유일한 피난처는 잠을 자는 것이었다. 하지만 11시 30분이 넘어 혹은 자정에야 침대로 향해도 두세 시간 후면 제이슨의 울음이 잠을 깨울 것이라는 걸 잘 알고 있었다. 그녀는 꿈을 꿀 시간조차 없었다.

신참내기 부모일 때는 이런 일이 전부인 것처럼, 잊을 수 없는 기억으로 여겨질 것이다. 하지만 생각보다 이런 일은 빨리 기억에서 지워진다.

8개월 후쯤 되자 최소한 샤론이 부족했던 잠을 잘 수 있을 만큼은 정돈이 되고 자리를 잡았다. 이제 제이슨은 밤에 자고, 샤론이 신문의 한 단락을 읽을 정도는 혼자 놀 수 있게 되었다.

이번에는 스튜어트가 아들에게 관심을 가지기 시작했다. 무기력했던 신생아의 아버지였던 스튜어트는 이제 제이슨을 매주 일요일 아침마다 밖으로 데리고 나가 산책하였다. 샤론에게는 쉴 수 있었고 스튜어트에게는 아들과 함께 보낼 수 있는 시간이었다.

그러나 이 시간은 그리 길지 않았고 제이슨이 스스로 일어서기 시작하자 끝이 났다. 한 번 일어서기 시작하자 제이슨은 신이 나서 계속 일어서고 싶어 했다. 샤론과 스튜어트는 땅딸막한 아기가 일어서기 위해 몸에 힘을 주는 모습을 보며, 머지않아 그가 곧 걸음마를 시작하리라 생각했다. 스튜어트는 좀 더 빨리 걷도록 손가락을 내밀어 제이슨이 자그마한 주먹으로 쥐게 해주었고 제이슨은 주춤주춤 몇 걸음을 더 뗄 수 있게 되었다. 연습과는 상관없이 처음으로 걸음을 배울 시기가 된 것은 분명했다.

6개월 후 샤론은 제이슨이 말하고 걷는 것에 그렇게나 가속도가 붙는 것에 대해 믿기 어려웠다. 제이슨은 마치 말하는 작은 기계 같았고 집안을 여기저기 돌아다녔다. 귀엽긴 해도 제이슨을 한곳에 묶어두기란 불가능했다. 제이슨을 안아 올리려 하면 그는 마치 작은 동물처럼 빠져나가려 발버둥 쳤다.

제이슨이 2살이 되고 3살이 되자, 샤론은 해야 할 일이 너무나 많다는 것을 깨달았다. 헤더가 태어났을 즈음에도 헤더가 워낙 얌전해 주의를 기울일 필요가 없어서 샤론은 대부분 제이슨과 놀아주면서 보냈다. 제이슨은 변장하고 노는 것을 좋아했고, 샤론은 망토와 모자 등 다락에 있는 아버지의 옛날 군인 시절 유니폼 중에서 제이슨이 좋아하는 옷들을 찾아주었다.

사야 할 것들도 많아졌다. 아기용 담요나 아기 우주복, 원색의 멜빵바지들, 동화책, 장난감, 하스브로 회사의 장난감, 플레이스쿨 장난감을 비롯한 무수한 장난감들을 사야 했다. 이런 회사들은 갖고 놀기에 좋고 보기에도 좋은 장난감을 만들었다. 장난감 가게에 들어갈 때마다 샤론은 새로 나온 장난감 중에 제이슨이 좋아할 만한 것을 찾아내곤 했다. 제이슨이 가장 좋아하는 것은 킹콩, 다스베이더(스타워즈에 나오는 악당 캐릭터 이름)와 같은 악당 캐릭터 인형이었다. 조금 자란 후엔 단순한 차나 트럭으로 변형되는 킬러 로봇에 빠졌다. 찾아보면 어디에도 여자아이를 위한 악당 인형이란 건 없었다. 헤더가 어느 정도 자랐을 즈음, 샤론은 딸에게 제이슨이 좋아하던 장난감들과 같은 것을 사다 주었다. 샤론의 노력에도 불구하고, 헤더가 좋아하는 것은 바비 인형과 남자 인형인 켄이었다.

새로운 것을 살 때마다 제이슨은 잠깐 기뻐했다. 한번은 샤론이 제이슨에게 한 쌍의 게르빌루스 쥐와 그들이 자유자재로 돌아다닐 수 있는 투명한 플라스틱 튜브가 달린 우리를 사주자 제이슨은 마법에 걸린 듯 이틀 동안 거기에 푹 빠져 있었다. 그리고 나서 제이슨은 다시 토끼를 사달라고 했다. 그러면 누가 그 쥐들을 먹이고 우리를 치웠을 것 같은가?

첫 아이인 제이슨의 탄생에 친척들이 갖는 관심은 말할 나위가 없었다. 제이슨을 낳았다는 것만으로도 샤론은 엄마의 역할을 충분히 해내고 있다는 증명이 되었다. 제이슨은 사랑스러웠고 샤론은 아들을 보여주는 것을 좋아했다. 하지만 제이슨은 원하는 대로 해줄 때만 귀엽게 굴었고 심사가 뒤틀리면 심통 사납게 굴었다. 심통 사납다고? 샤론은 그 단어를 생각하는 것만으로도 창피했다.

재미있어야 할 것들이 그렇지 못했다. 공원에 가는 것을 한 예로 들 수 있다. 누군가가 물었다면, 샤론은 제이슨을 데리고 공원을 산책하는 것을 좋아한다고 말했을 것이다. 그러나 제이슨은 매번 산책을 망치곤 했다. 관심을 기울여주면 제이슨은 좋아했지만, 엄마가 벤치에 앉아 신문을 꺼내 읽을라치면 "그네 밀어줘, 그네 밀어줘!" 하며 훼방을 놓고, 집에 돌아갈 시간이 되면 오히려 떼를 쓰고 소리를 지르고 난리를 치고, 집에 가서 간식을 준다는 약속을 들어야만 순순히 그네에서 내려오곤 했다.

제이슨과의 생활은 끊임없는 투쟁이었다. 죄의식과 확신을 갖지 못한 상태에서 샤론은 뭔가 잘못되었다고 생각했다. 하지만 어찌 알겠는가?

샤론의 친구 에밀리는 다소 동정적이었다. "그래. 애들이 어릴 때는 골칫거리야." 하지만 그녀는 제이슨이 샤론의 정강이를 차고 깨물었다는 얘기를 듣자 손을 쓸 수 없는 상태라는 것에 동의했다. "소아청소년과 의사에게 말을 해보는 게 좋겠다. 제이슨이 혹시 과잉행동장애(ADHD)일 수도 있잖니."

과잉행동장애라고? 그 말이 맞을 수도 있었다.

처음에 맥그루더 박사는 간단히 생각하는 것 같았다. "모든 아이들은 다루기 어렵지요." 하지만 샤론은 쉽게 물러서지 않았다(우유 알레르기가 있어서 아이가 먹지 못하고 침을 뱉는 것을 보고 아무것도 아니라고 했던 사람이 바로 이 의사가 아닌가?).

"지난 금요일에 제가 아이랑 바닥에서 놀다가 저녁 준비할 시간이 되어서 일어섰어요. 그래서 제가 몸을 구부려 키스하려 했더니 아이가 제 입을 주먹으로 때렸다고요. 전 소리를 질렀죠. 그리고는 아이에게 '네 방으로 가!'라고 했죠. 그랬더니 아이가 다가와서는 안기면서 '엄마, 미안해요. 사랑해요.'라는 거예요. 너무했나 싶어서 아이를 안아주었죠."

"뭔가 문제가 있는 것 같군요. 제가 아동상담소 전화번호를 드리죠."

샤론이 마침내 상담 예약전화를 했을 때, 그녀는 가족 모두를 보고 싶어 한다는 사실에 놀랐다.

## 아들만 고쳐주세요

살라자르 가족이 아동상담소에 근심과 불신에 차서 들어섰다. 각자 걱정하는 이유가 있었다. 제이슨은 부모가 자기를 낯선 어른에게 데려가 혼을 내주려는 게 아닌가 걱정했다. 몸이 아파서 의사한테 가면 주사를 놔서 아프게 하는데, 하물며 내가 잘못했는데 모르는 어른이 나를 어떻게 할지 걱정이 먼저 앞선다.

샤론은 도움이 필요하였음에도 불구하고 외부 전문가의 도움을 받는다는 것이 한편으로는 자신의 실패를 인정하는 것처럼 느껴졌다. 그래도 만약 그녀가 통제력을 회복하는데 치러야 할 대가라면 비난이라도 달게 받겠다고 생각했다.

스튜어트의 가장 큰 희망은 소위 말하는 아동치료사라는 사람이 샤론이 아이에게 너무 과보호하는 것을 알아냈으면 했다. 아이는 너무 버릇이 없었다. 그의 가장 큰 공포는 자신에게 질문의 화살이 돌아올까 하는 것이었다.

그들에게 지정된 젊은 의사는 정신과와 소아청소년과를 복수전공으로 막 끝내고 있는 싱이라는 이름을 가진 인도인이었다. 샤론은 싱 박사가 착해 보인다고 생각했다. 그러나 그는 너무 어렸다.

샤론은 제이슨이 듣기를 원치 않았기 때문에 낮은 목소리로 입을 열었다. "박사님, 우리가 알고 싶은 것은 왜 제이슨이 얌전히 굴지 못하는 거냐는 거예요." 싱 박사가 그녀에게 상세하게 설명하기 위해 질문하려 하자, 그녀는 마치 봄철 방류하는 댐마냥 갑자기 말을 시작했다. "저 애는 가만히 앉아 있질 않아요. 항상 뭔가를 하고 있어야 하고, 뛰어다니고, 문제를 일으켜요. 그냥 '안 돼'라고 말을 할 수가 없어요. 그녀의 목소리는 높아지고 눈에는 눈물이 고이기 시작했지만, 그녀는 계속 말을 하기 위해서 감정을 자제했다.

샤론이 이런 문제들을 말로써 표현하자 제이슨은 행동으로 옮겼다. 원래 상담소에 오면, 가족들은 뭐가 잘못됐고 누구의 잘못인지 얘기하기 위해 다툰다. 진짜는 이들이 어떻게 서로 반응하느냐이다. 부모가 서로 일치하는가? 혹은 충돌하는가? 그들이 아이들에게 단순하게 말을 하는가? 혹은 장황하게 명령을 내리는가? 아이들이 말할 때 부모가 듣는가, 정말 듣는지 아니면 듣는 척하는가?

샤론과 스튜어트 그리고 제이슨은 그들의 삶이 어떤 것인가를 보여주었다. 단지 일 분 정도만 보아도 알 수 있었다. 샤론은 끊임없이 제이슨의 행동에 대해 불평을 하면서 그에 대해 아무것도 하질 않았다. 제이슨은 한 가지를 하다가 다음 단계로 넘어갔다. 별로 재미가 없는 듯했지만, 진정하기엔 다소 불안해 보였다. 한편 스튜어트는 조용히 앉아서 샤론이 불평을 하는 동안 마루바닥만 내려다 보고 있었다.

각자 하고 싶은 대로 살자, 샤론과 스튜어트는 수동적이고 서로에게 아무런 영향을 끼치지 않았다. 그들의 유연성에 대해 시험하기 위해서, 싱 박사가 샤론에게 제이슨을 조용히 시키라고 요청했다. 몸을 반쯤 제이슨 쪽으로 돌리며 "제이슨, 귀염둥이 아들, 어른들이 얘기하시는데 조용히 좀 하려무나. 알았지?" 그리곤 다시 몸을 돌려 불평의 연대기를 늘어놓기 시작했다. 싱 박사가 다시 자극했다. "아이가 당신 말을 무시하는군요." 그러자 샤론이 다시 한 번 명령했다.

"제이슨, 얘기 좀 하게 제발 저쪽으로 가서 놀라니까, 그럴래?" 2분쯤 뒤 제이슨은 다시 돌아와 있었다. 이번엔 스튜어트가 말했다. "제이슨!" 하지만 그 순간 싱 박사의 손이 스튜어트의 팔을 잡으며 말했다. "부인이 하게 놔두세요. 종일 아이와 지내는 사람은 부인입니다."

제이슨은 계속해서 방해하며 주의를 끌기 위해 별짓을 다 했다. 그동안 샤론은 그에 대한 이유를 늘어놓았다. 언뜻 보면 그것을 그녀의 문제라고 생각하기 쉽다. 그녀는 엄하지 않았다. 아마 그녀의 느슨함에 대한 이유도 금방 알아챌 수 있다. 한 예로 그녀에게는 제이슨과의 유대감을 너무나 중요시해서 그가 하고 싶지 않은 것을 그에게 강요하는 모험을 할 수 없었다. 하지만 문제를 한 사람에서 다른 사람으로 옮기는 것, 제이슨의 '활동성'과 샤론의 '관대함'은 보탬이 되지 못한다. 모든 이야기는 모든 가족구성원과 연관된다.

샤론이 제이슨을 통제하는 데 실패하는 것을 보면서, 스튜어트는 아무 말도 하지 않았다. 발을 꼬았다가 풀었다가 하며 불안해했다. 마침내 그는 더 참을 수 없었다. "제이슨! 이 망할 의자에 앉아서 숨소리도 내지 말고 있어!" 이것이 샤론의 관용적인 이미지와 반대되는 스튜어트의 훈육 방식이었다. 처음 반응을 보인 것은 샤론이었다. "여보, 너무 그렇게 거칠게 대하지 말아요." 그러자 제이슨이 풀이 죽은 얼굴로 엄마의 무릎으로 안겼다. 이제 순환 고리는 완결되었다.

싱 박사는 스튜어트 가족을 단 두 번 만났다. 두 번째 만남에서는 샤론과 스튜어트가 그동안 자신들이 피하고 있던 문제들을 언급했다. 스튜어트는 샤론이 제이슨에 대해 과보호를 하고 있고 너무 봐준다고 생각했다. 샤론은 남편이 너무 무관심하고 그게 자신이 아이와 지내는 시간이 많은 이유라고 했다. 샤론은 지나치게 엄한 엄마가 되는 것을 두려워했고, 남편이 화내는 걸 무서워했기 때문에 남편처럼 엄하게 되는 것을 싫어했다.

샤론과 스튜어트는 서로를 회피하기 위한 수단으로 제이슨을 이용하고 있었다. 제이슨의 잘못된 행동들은 부모가 자신들의 문제에 대해 대처하는 방법 때문에 잉태된 산물이었다. 자신을 통제하는 방법이 일치하는 부모 앞에서 뻗대는 네

살짜리 아이는 없다. 잘못 행동하는 아이는 어느 한쪽 부모의 편에 기대기 마련이다.

싱 박사는 교훈적인 역할을 하기로 했다. 샤론의 실수는 너무나도 명백해서 어쩔 수 없이 간섭하고 제안을 해야 했다. 좋은 부모가 되는 것이 단지 좋은 정보를 가지고 있는 것이 아니기 때문이다. 싱 박사가 가족치료 담당이 아니었다 할지라도, 샤론과 스튜어트 사이의 문제는 더 말할 나위 없이 명백했다. 싱 박사는 어떻게 제이슨이 부모 사이를 갈라놓고 있는가에 관해 간단히 설명했다. "만약 두 분께서 한 팀으로 화합하려 하지 않으면 제이슨이 똑바로 행동하는 것이 더욱 어려워질 겁니다." 부부는 의사가 하는 이야기를 들으면서 그것이 진실이라는 것을 알면서도 의사가 자신들 사이의 고통스러운 감정을 끄집어내지 말았으면 하고 바랐다. 안정을 위해 의사는 더 말하지 않았다.

싱 박사는 스튜어트 가족 내의 문제는 그 이상 치료를 받기에는 너무 사소한 것이었다. 게다가 그 부모들도 의사가 이야기하는 것을 이해하는 눈치였다.

## 가족에는 규칙이 있다

가족의 삶은 거의 의식하지 않거나 겉으로 드러나지 않는 규칙들에 따라 움직인다. 그러므로 그 규칙을 모른 채로 가족의 문제를 풀려고 하는 것은 마치 규칙을 모르는 게임에서 이기려는 것과도 같다.

만약 샤론에게 **가족규칙**<sup>family rules</sup>이 무엇이냐고 물으면, 그녀는 제이슨에게 기대하는 '할 수 있는 것'과 '하지 말아야 할 것'을 인용할 것이다. "자기 전에 양치질 해라. 여덟 시에는 불을 켜라. 허락 없인 마당을 나가선 안 된다."와 같은 것들 말이다.

하지만 가족치료사가 가족규칙에 관해 물을 때는 그 의미가 매우 다르다. 가족치료사가 말하는 규칙은 '어떻게 해야 하느냐'가 아니라 '현재 지키는 것'이다. 규칙이란 사회체계를 특징짓는 순환패턴을 설명하는 말로서 가족체계에서 극명하게 드러난다. 지속적인 관계를 유지하는 사람들은 일정하고 예측 가능한 상호작용 방식을 발전시킨다. 규칙은 규정이라기보다는 일정하다는 것을 의미한다. 규칙에 대한 가설은 사이버네틱cybernetic 체계로서의 가족기능을 관찰한 돈 잭슨Don Jackson에 의해 만들어졌다.[1] 가족체계는 피드백에 지배된다. 사이버네틱 시스템에 관한 잘 알려진 예는 소리 나는 주전자이다. 주전자에 물을 올려놓고 신문이라도 읽으려 하면 주전자가 울려대기 시작한다.

비슷하게 샤론은 제이슨의 행동으로 인해 화가 나지만 화가 머리끝까지 난 다음에야 터뜨리곤 하였다. 비록 가족규칙이 기계적으로 적용되지는 않지만 거의 바뀌지 않고 적용된다. 이는 어때야 한다는 것이 아니라 현재 존재하는 가족규칙이 시행착오를 거쳐서 형성되고, 주의 깊고 신중하게 생각하면서 만들어진 것이 아니기 때문이다. 아마 우리 스스로 그 규칙을 만들어냈는지도 모르지만, 그 규칙이 워낙 복잡하고 언급되지 않기 때문에 우리는 종종 선택한 것은 아니지만 어떤 패턴에 갇히게 된다. 게다가 아무도 규칙을 인정하려 하지 않기 때문에 더욱 검증하기가 힘들다.

✳  ✳  ✳

스튜어트 가족 내의 문제를 설명해주는 규칙은 샤론의 해석과는 전혀 달랐다. 잠자리에 들 시간을 예로 들자. 실제 어떤 일이 일어나는지를 관찰한다면, 아이를 재우고 난 후를 봐야 한다. 샤론은 보통 제이슨에게 자기 전에 15분간 이야기를 한다. 여느 또래 아이들과 마찬가지로 제이슨도 잠자리에 들고 싶어 하지 않는다. 엄마에게 책을 읽어달라고 하든지, 엄마와 놀 수 있는 무언가를 찾으면서 최소한 20분은 버티거나 억지를 부려서 결국 아빠가 거들게 한다. 샤론이 제이슨에게 자리 갈 시간이라고 말하면 제이슨은 스튜어트의 상호작용 패턴이 시작되어 큰소리를 지르러 올 때까지 엄마에게 반항했다. 만약 이 패턴이 반복된다면

---

[1] Don Jackson. "Family Rules: Marital Quid Pro Quo." *Archives of General Psychiatry*, *12*(1965): 589-594.

이는 가족규칙으로 유지될 것이다. 샤론은 한계를 잘 두지 못하므로 스튜어트가 악역을 맡게 된다. 당연한 결과로 샤론은 제이슨에게 더욱 애정을 주고 가까워지고, 훈육하려 드는 스튜어트는 더욱 멀어진다.

초창기의 가족치료에서는 가족 내의 규칙은 주로 가족들이 만들었다고 여겨져 왔지만, 최근에는 문화와 인종의 다양성이 가족규칙의 형성에 영향을 끼친다고 이해하게 되었다.

예를 들어 브루클린에 가족과 사는 딸이 오리건주에 있는 작은 대학에 가겠다고 결정한다. 만약 그녀의 부모가 푸에르토리코인이라면 아마 앵글로색슨계 신교도와는 반응이 달랐을 것이다. 푸에르토리코인들은 다른 라틴계 사람들과 가족 간의 서약, 맹세 그리고 책임과 같은 것들을 나누려 한다. 그 가족은 도움도 많이 주지만 그만큼 가족에 대한 충성심도 기대할 것이다. 집을 떠나는 것은 통과의례가 아닌 배반이다.

전문적인 성취를 하는 것과 가족을 형성하는 것에 대한 가치관의 차이 때문에 딸이 대학을 진학하는 것이 아니라 결혼을 하고 아기를 낳겠다고 결정한다면 두 가족의 입장은 바뀔 것이다. 이 말은 대학 진학을 하거나 18살에 가정을 꾸리는 것이 옳고 그름이 아니라 그런 결정들에 대한 반응이 가족의 전통에 의해 영향을 받는다는 것이다.

문화가 가족규칙에 영향을 끼친다고 생각할 때, 다른 문화권 사람들을 이해하기가 쉽다. 문화가 이질적일수록 그 가족의 방식들은 눈에 띈다. 우리 문화는 은연중 주입된 프로그램처럼 작용하고, 여성과 남성에 대한 가치관을 주입하지만 우리는 거의 그것을 의식하지 못한다.

어떤 면에서 샤론은 이 시대의 전형적인 부모상이었다. 가족생활은 민주적으로 되었다. 권위 약화의 맥락에서 우리는 개인의 자유를 믿고, 심지어 또는 특히 가족 내에서 개개인의 자유를 중시한다. 아이들을 존중하며 키워야 한다고 믿고 아이 중심으로 대화하는 것이 유행이다. 샤론은 아이들의 권리를 두말하지 않고 인정했다. 그녀는 가족이 함께하도록 하는 데 헌신했고, 이해와 설득이 권위적인 통제를 대신해야 한다고 믿었다. 과거에 덜 민주적이었던 때에는 모든 것이 거칠었지만 단순했다. 아이들은 '엄마(혹은 아빠)가 하라고 했기 때문에' 행동을 했다. 오늘날은 즉흥성이 더 필요하고, 그 결과 부모들은 혼란에 빠진다.

아동학대로 비난받을지도 모른다는 두려움을 느끼는 현대의 부모들은 자녀들에게 화를 내는 것에 대해 더 두려움을 느낀다. 그들은 '대화하기 위해서' 힘겹게 노력한다. 원칙적으로는 대화가 늘어나면서 가족을 더 양육해야 하지만, 실제로는 권위의 표현 방법이 신체적인 것에서 언어적 통제로 변했을 뿐이다. 아이들의 엉덩이를 때리거나 방에서 나오지 못하게 하는 대신에 우리는 그들과 말다툼을 한다.

샤론은 아이들을 통제하는 듯했지만 무능한 부모였다. 샤론은 아이들에게 조정당하고, 압력을 느끼고, 경계를 그을 수 없는 역할을 했을 뿐이었다. 어느 육아지침서든 그녀의 실수를 지적했을 것이다. 그녀는 지나치게 명령했고("제이슨 이거 해라, 제이슨 저거 해라"), 자신 없이 했고("…해, 알았지?"), 그리고 그것들을 뒷받침하는 데 실패했다. 혹자는 이 엄마에게 뚜렷한 지침을 세우고 시행하도록 조언했어도 아마 그녀는 듣지 않았을 것이다. 만약 그녀가 그 말을 들었다면 어떻게든 더는 주도적이지 않은 자신을 발견했을지도 모르고, 다른 대부분 엄마와 마찬가지로 자신을 탓했을 것이다. 샤론이 이해할 때까지, 가족의 삼각관계는 그녀의 행동에 대해 보이지 않는 한계를 부과한다.

# 가족에는 구조가 있다

가족규칙은 강력하고 보이지 않는 구조에 숨어있기 때문에 변화시키기가 매우 어렵다. 구조란 과정이 발생하는 전체 모습을 말하고, 규칙은 상호작용의 과정을 규정짓는다.

가족과 같이 사회적 체계가 구조화되면 치료사들은 일차 수준의 변화를 시도한다. **일차 수준의 변화**first-order change란 엄마가 자녀와 밀착되어 문제가 발생하였다면 엄마가 자녀한테 하는 행동을 바꾸는 것을 말한다. 그런 경우 엄마가 더 엄격해지거나 혹은 방임하는 태도를 선택할 수 있다. 그러나 엄마가 삼각관계의 일원으로 남아있다면 자녀는 변하지 않는다. 모든 삼각관계에서 두 사람은 가깝고, 한 사람은 떨어져 멀리 있기 때문이다. 샤론이 제이슨과 가깝고 남편과 멀리 있다면 제이슨과의 상호작용을 변화시킬 수가 없다.

첫 아이가 탄생하면서, 스튜어트는 샤론의 관심을 끌기 위한 경쟁이 시작되었다. 다른 경쟁적 관계와 마찬가지로 스튜어트는 샤론의 관심을 아기에서 자기에게로 돌리려고 애를 썼다. 그러나 이미 두 사람의 부부관계는 아이가 포함된 삼각관계로 변화가 시작되었고, 견고한 삼각관계의 구조로 인해 세 사람 모두 변화하기 힘든 상태에 놓이게 되었다.

샤론과 제이슨은 너무 단단하게 연결되어 있었기 때문에 두 사람만의 확고한 관계가 형성되었고, 그로 인해 두 사람이 변화시킬 수 있는 것이 별로 없다.

이제 필요한 것은 **이차 수준의 변화**second-order change이다. 전반적인 관계 양상의 변화 없이는 스튜어트의 위치는 보이지 않는 관계망에서 벗어날 수 없기 때문이다. 대부분 일차 수준의 변화란 이해하기는 쉽지만 비슷한 결과를 낳는다. 샤론이 제이슨에게 좀 더 엄격하려고 노력한다고 하자. 샤론이 제이슨이 말을 잘 안 들어서 아들과 말싸움을 하는 대신 방구석에서 손을 들고 있으라고 했다고 상상해보자. 글쎄, 그렇게 할 수도 있다. 그러나 두 사람이 지나치게 묶여있다면 똑같은 관계방식을 반복하게 하는 것뿐이지 샤론이 원하는 규칙을 강화하기 힘들다. 게다가 부모가 자녀 훈육에 대해 서로 의견의 일치가 안 되면 오히려 상대방의 권위를 깎아내리려 할 것이다. 이차 수준의 변화란 가족체계의 변화를 의미한다. 이 방식은 아래 사례에서 보듯이 때때로 직관과 반대되는 것이다.

✳ ✳ ✳

한 사례를 살펴보자. 잭슨 가족도 살라자르 가족과 비슷했다. 코리는 규칙 대부분을 로드니에게 일임했다. 그녀는 두 딸, 래티시아와 세실리와는 밀착되어 있었고 로드니는 가족을 멀리하고 있었다. 미국 중산층 가정의 공통된 이런 패턴은 안정적이지만 불만스러운 것이다. 엄마와 아이들에 대한 친밀도가 남편과 아내 사이의 관계를 안정시키고는 있지만 시들해진 사랑에는 별 도움이 되지 않았다.

이 시기에 불륜이 자주 발생한다. 가장 보편적인 예로 남자가 바람을 피운다. 그는 결국엔 고백한다. 아내는 상처받고 화를 내지만(그녀의 스타일에 따라 다양한 수준으로) 남편을 용서하거나 혹은 최소한 그를 다시 받아준다. 못된 아이가 벌받은 것처럼, 그는 주위를 두리번거리던 눈을 고정하고 아내는 남편을 확인하기 위해 주시한다. 그들은 다시 이전처럼 돌아가 또 다른 사건이 터지지 않게 준비한다.

이런 사건이 터지면 설명한 것처럼 고백, 용서, 새 출발과 같은 과정을 거친다. 요즘은 많은 여성이 직장생활을 하기 때문에 여자의 외도도 증가하는 추세이다. 로드니 가족이 바로 이런 경우였다. 바람을 피운 쪽은 코리였고, 로드니는 대부분 남자가 그러하듯 이혼했다. 이혼 후 코리는 친구들과 어울리는 데 시간을 보냈고 자기가 래티시아와 세실리를 얼마나 멋대로 내버려 두었는지를 깨달았다. 딸들은 코리가 집안일을 해주길 바라면서 자기들은 거의 손대질 않았다. 아이들은 코리를 사랑했지만 별로 신경 쓰지 않았다. 불행히도 여느 아프리카계 미국 가족과는 달리 로드니 가족은 부담을 덜어줄 수 있는 대가족도 아니었다.

이제 가족규칙이 없는 상태에서 코리가 그 역할을 맡아야 했다. 걱정하거나,

계획을 짜거나, 혹은 자녀훈육 방법에 관한 책을 읽지 않아도 되었다. 가족구조의 변화가 그녀와 아이들 사이를 변화된 관계로 이끌었다.

## 구조모델이란?

다른 집단처럼 가족도 관계를 맺는 데 있어서 많은 선택권을 가진다. 그러나 처음에는 다양하고 자유롭던 상호작용이 매우 신속히 고정되고 예측 가능해진다. 상호작용이 반복됨에 따라서 가족 간의 거래는 지속적인 패턴을 만들어내고, 일단 패턴이 형성되기만 하면 가족구성원들은 그들에게 주어진 많은 종류의 행동 중 단 한 가지만을 사용한다.

**가족구조**family structure는 가족 내의 업무를 처리하는 은밀한 규칙으로 만들어진다. 예를 들어 "가족구성원은 항상 서로를 보호해야 한다."는 규칙은 그 내용 안에 누가 연관되어 있냐에 따라 다양한 방법을 통해 드러난다. 만약 아들이 이웃집 아이와 싸움을 했다면 엄마는 이웃집에 가서 따질 것이다. 만약 10대인 딸이 학교 때문에 일찍 일어나야 한다면 엄마는 딸을 깨울 것이다. 만약 남편이 전날의 숙취로 인해 아침에 출근하기 힘들 경우엔 아내는 남편이 감기에 걸렸다고 하고 병가를 낼 것이다. 이 모든 결과는 **동일구조**이다. 그들은 구조화되어 있다. 이들 중 어느 하나를 바꾸는 것은 기본구조에 영향을 끼치지 못하나, 기본구조를 바꾸는 것은 전반적인 가족 간의 주고받음에 파급효과를 줄 것이다.

❋ ❋ ❋

가족은 세대와 성, 공통 관심사, 기능들로 인해 결정된 **하위체계**subsystem로 분화되며, 타인과의 접촉량을 규정하는 사람 간의 경계선과 보이지 않는 장벽에 의해 분리된다. 경계선은 가족과 그 하위체계의 분리와 자율성을 보호한다.

저녁 식사시간에 전화통화를 금지하는 규칙은 가족들을 다른 방해로부터 보호하는 경계선이 된다. 경계선에 의해 적절히 보호되지 않은 하위체계들은 관계 맺는 기술을 제대로 발전시킬 수 없게 한다. 만약 아이들이 저녁 식사 중 부모의 대화를 방해하도록 허락한다면, 세대 간을 분리하는 경계선이 침해될 것이고 이 부부의 관계는 파괴될 것이다. 만약 부모가 자녀 간의 말다툼에 항상 끼어든다면, 아이들은 자기 혼자 싸워나가는 방법을 배우지 못할 것이다.

경계선에 융통성이 없으면 지나치게 엄격하거나 제한된 접촉만을 허락할 것이고 그 결과로 가족의 유리가 생긴다. 유리된 하위체계는 독립적이지만 고립된다. 이는 자율성을 조장하는 반면 온정과 애정을 제한시킨다. 유리된 가족은 서로 도움을 주고받기 전에 극심한 스트레스에 시달려야 한다. 만약 부모가 자식들을 떼어놓으면 애정은 줄어들고 자녀들이 도움이나 조언이 필요할 때를 잘 알아차리지 못하게 될 것이다.

밀착된 하위체계는 서로 지지하려고 하지만 독립성과 유능함을 희생해야 한다. 밀착된 부모는 자녀들에게 친밀감을 주지만, 지나친 친밀감은 자녀의 주도성을 해칠 수 있다.

＊　＊　＊

몇 년 전, 나는 같은 날 두 통의 전화를 받았다. 두 사례 모두 16살 소년에 관한 것이었다. 두 엄마는 아들에 관해 비슷한 걱정을 하며 불평을 했다. 첫 번째 가족의 소년은 어머니의 말에 의하면 '행동 문제'가 있었다. 그 아이는 귀가 시간으로 정해진 6시 30분에서 15분이나 지나도록 근처 주변에서 자전거를 탔고, 쓰레기통을 가지고 나가는 것을 가끔 잊어버리고, 어머니에게 화가 날 때 방문을 쾅 닫고 들어간다는 것이다. 비슷한 걱정을 하는 엄마를 둔 다른 소년은 죽을 만큼 우울했다. 소년은 부모가 알기 몇 주 전부터 이미 심한 우울증에 빠져 있었다. 어머니는 아들의 행동에 너무 예민해져서 사춘기 때 있음직한 조그만 반항에도 화를 내곤 했다. 가족과 좋은 관계를 맺지 못한 이 어머니는 아이와의 거리가 떨어져 있어서 문제가 심각해지기까지 알아채지 못했다.

＊　＊　＊

밀착된 대부분의 부모와 마찬가지로, 샤론은 제이슨과의 관계가 밀착되어 있다는 것을 인지하지 못했다. 두 사람이 서로에게 몰두하면 할수록 다른 사람들과 관계를 맺는 것이 제한된다. 샤론이 제이슨과 엉키면 엉킬수록 스튜어트를 위해 쓸 시간이 줄어들고, 제이슨도 친구들과 있어야 할 시간이 점점 줄어들었다.

이런 부모들은 대개 집 밖에서 바르게 행동하는 자녀를 키워내는데, 이는 대부분 아이가 어른처럼 행동하도록 적응되었기 때문이다. 같은 선상에서 이런 아이들은 친구를 사귀는 데 문제가 있다. 학교에서 행동에 문제가 있는 아이로 찍힌 아이들은 대개 부모와의 거리가 있거나 부모와 불안정한 관계에 있는 경우이다. 유리된 부모들은 자녀들에게 무관심하고 밀착된 부모는 지나치게 아이들에게 몰두하는 경향이 있다.

＊　＊　＊

경계선에 대해 잘못 알려진 인식은 모든 가족이 밀착되었거나 유리되었다고 보는 것이다. 이것은 어느 정도는 맞는 말이다. 특히, 북미 유럽 문화의 가족은 일반적으로 더 사적이며, 타인으로부터 독립적이지만 다른 문화에서 온 가족의 구성원들은 콩깍지의 완두콩 정도로 독립적이다. 하지만 밀착과 유리는 가족 하위체계의 특정한 경계선을 긋는 데 직용할 때는 분명하게 적용할 수 있다.

스튜어트 가족은 밀착된 가족인가 아니면 유리된 가족인가? 이쪽이면 어떻고 저쪽이면 어떤가? 아버지는 밀려 나오고 부인과 아들이 엉켜서 밀착되어 있다는 사실은 정확할 뿐만 아니라 가족관계를 파악하는 데 매우 유용하다.

만약 스튜어트가 패턴을 자각하였다면 부인이 아들을 야단칠 때 끼어들어 개입하지 않았을 것이다. 오히려 둘이서 즐겁게 할 수 있는 것들을 제시하면서(그녀가 하자고 하는 모든 지루한 것들을 하기 싫다고 변명을 늘어놓는 것보다) 부인에게 더 가깝게 다가갈 수 있었을 것이다. 그리고 아들과 홀로 더 많은 시간을 가졌을 것이다.

만약 샤론이 이 패턴을 자각하였다면 아들에게서 물러나 남편이 더 개입하도록 하였을 것이다. 모든 것을 할 수 없게 되자 남편에게 아들을 훈육하는 데 개입하라고 바가지 긁는 것보다 통제권을 포기하는 것, 도움을 요청하는 것과 같은 더욱 효과적인 방법을 선택하였을 것이다.

✵  ✵  ✵

이런 문제들이 우리 사회에서 부여하는 성역할과 매우 밀접한 관계가 있다는 사실을 간과해서는 안 된다. 성역할이 옳다 그르다 하는 차원이 아니다. 하지만 우리 사회가 아이를 돌보는 일을 단지 여성이 감당해야만 한다고 기대하고 있다면 문제가 발생했을 때 아이를 키우는 여성들을 쉽게 비난하게 된다. 가족치료사가 밀착-엄마/유리-아버지의 현상을 자각하지 못하고 양육에 관한 모든 책임을 어머니에게만 묻는다면 왜 양육에 관한 아버지의 책임을 간과하는지를 자신에게 질문해야 할 것이다.

✵  ✵  ✵

사람들의 사회적 환경, 특히 가족을 고려하지 않고 사람들을 이해하는 것은 가능하지 않다. 반대로 사람들의 내면적인 경험에 대해서는 다루지 않고 사회적 행동만 보려 하면 인간 이해를 단지 피상적인 상호작용으로 보게 되는 잘못을 저지르게 된다.

정신분석이론은 사람과 사람 사이에 있는 경계선의 발전을 강조하면서, 어떻게 한 개인이 가족 환경으로부터 탄생하는지를 설명한다. '유아의 심리적 탄생'[2]에서 한 인간의 심리적 개체는 엄마와의 공생 관계에서 분리되어 개별화 과정을 거치면서 형성된다고 설명하고, 정신분석 임상의들은 지속해서 분리를 반복

---

[2] Margaret Mahler et al., *The Psychological Birth of the Human Infant*, New York: Basic Books, 1975.

하는데 오이디푸스 콤플렉스에서 절정을 이루고 차차 가족으로부터 독립된다고 설명하고 있다.

이것은 한 면만 강조하는 것으로 자기와 타인과의 경계선을 제대로 설명하지 못한다. 정신분석 학자들은 경직된 경계선으로부터 발생하는 정서적 소외의 문제에 대해 충분한 관심을 가지지 못했다. 홀로 있음을 선호하는 것을 근본적으로 심리적인 분리가 덜된 것을 방어하기 위한 방어벽이라고 설명한다. 분리의 정도를 성장의 척도로 보는 믿음은 지나치게 남성 중심적 심리학 입장을 일반화한 것이다. 사람들이 관계에서 발생하는 문제보다 다른 사람과 친밀감을 형성하지 못해 고립되는 것이 더 큰 문제이다.

갈등의 고통을 피하고자, 샤론과 스튜어트는 그들 사이에 보이지 않는 벽을 쌓았다. 샤론과 스튜어트를 떼어놓는 이 경직된 경계선은 제이슨을 훈육하는 방법에 대해 서로 의논을 할 수 없게 만들었다.

경계선에 대한 또 다른 중요한 점은 그들이 상호적이라는 것이다. 샤론이 제이슨과 밀착되는 관계가 되는 것과 샤론과 스튜어트가 거리를 두게 된 것에는 원인과 결과의 상관관계가 있다. 스튜어트로부터 얻는 것이 적을수록 아들에게서 얻으려 하였고, 제이슨과 더 밀착될수록 남편을 위한 공간은 줄어들었다.

## 건강한 가족의 청사진

가족에게 이상적인 구조란 무엇인가? 그런 것은 없다. 가족은 다양한 기능적인 형태로 나타나며, 문화적인 선호(예 : 자녀 중심 대 부모 중심)와 독특한 요구 사항들을 반영한다(예 : 혼자서 아이를 키우는 부모라면 당연히 제일 나이 든 자녀에게 부모와 같은 책임감을 감당할 것을 요구하게 된다). 또 다른 예를 인용하자면, 서로 자주 볼 기회가 없는 부부일지라도 가족의 기능을 잘 해낸다. 이런 부부 관계는 보통 가족은 하나여야 한다는 보편적인 기준에 덜 영향을 받는 부부로서 오히려 두 사람이 떨어져 있는 것이 두 사람에게 적합한가가 더 중요한 판단 기준이 된다.

단 하나의 최적의 가족 규준은 없지만 건강한 가족은 세 가지의 구조적 특징을 지니고 있다. **명확한 경계선**clear boundaries, **위계체계**hierarchal organization, 그리고 **유연성**flexibility이다

## 명확한 경계선

건강한 가족은 각 구성원의 욕구와 가족 전체의 욕구를 충족시키기 위해 친밀함과 분리의 중심을 잘 이루고, 개인적인 자유와 가족으로서의 소속감과 함께함을 충족시켜준다. 스튜어트는 자신의 주체성과 자율성을 포기할 필요 없이 관계 맺는 방법을 배워야 했다. 당신이 좋아하는 것과 의견을 표현하지 못하고 따라가는 것이 어떤 느낌일까? 자신과 가족의 한 구성원이 되는 것은 다른 사람의 견해를 참작하고 또 자신의 의견도 말하는 것이다.

건강한 가족은 명확한 경계선이 있다. 살아있는 세포의 얇은 막처럼, 경계선은 서로 깊이 연관되어 상호 작용하지만, 외부의 필요한 것을 받아들일 만큼은 투과할 수 있고 내부의 것이 흩어지지 않을 만큼 경계선은 확실하게 있다. 가족과의 밀착 관계는 샤론의 사회적 활동을 제한하고, 결국은 자기 자신뿐만 아니라 아들의 자율성까지 제한시켜 삶 전체에서 활기가 사라지고 성장도 멈추게 되었다.

최근 나는 6개월간의 출산휴가 후에 복직을 고려하는 아내의 남편과 이야기했다. 당연히 그는 아내의 복직으로 수반되는 가사 책임의 균형에 대해 걱정했다. 그래도 그는 모두를 위해서 그녀가 복직하는 것이 최선임을 의심하지 않았다. "물론 돈이 있으면 좋죠." 그가 말했다. "하지만 더 중요한 것은 만약에 아내가 일을 포기한다면 제 아내가 행복하지 않거나 매력적인 사람이 되지 못할 것이라는 사실입니다."

건강한 가족은 구성원들 사이에도 명확한 경계선이 있다. 그들은 각자가 다르다는 것을 이해하고 존중한다. 아빠는 중국 음식을 좋아하고, 엄마는 샐러드와 해산물을 좋아한다. 조니는 수영과 스케이트 타는 것을 좋아하며, 수지는 스케

이트를 좋아하지만, 등산을 선호한다. 그들은 모두 같은 것을 좋아해야 한다는 그런 **가성상호성**pseudomutuality의 얼굴을 만들려 하지 않는다. 그러나 그들은 이런 일들을 잘 풀어나가고 있다. 절충이라는 것은 서로의 다름을 받아들이고, 목표를 공유하며 나아갈 때 이루어진다. 이렇게 분화된 가족에서는, 개인의 선택이 받아들여지고, 가족구성원들은 자신의 의견을 말하며, 아주 어린 구성원도 권리와 책임을 지닌 자율적인 존재로 존중받는다.

## 위계체계

성공적인 가족에는 분명한 힘의 위계질서가 있다. 부모가 연합된 동맹을 맺고 부모의 손에 가족의 리더십이 있다. 세대와 세대 간에 분명한 구분이 있다. 부모는 자녀들보다 힘을 더 갖고 있고, 나이 많은 자녀가 어린 자녀보다 더 많은 특권과 책임이 부여된다.

부모와 자녀들 사이의 명확한 경계선은 어른들만의 삶의 활동―가족의 중요한 결정들, 성생활, 그리고 어른들 간의 대화―에서 아이들을 제외하고 배우자만의 관계를 맺을 여유가 있게 된다. 하지만 정말로 세대를 나누는 것은 거리가 아니라 관계 맺는 방법이다. 유능한 부모는 의심할 여지 없이(그리고 자신을 의심하지 않고) 적절한 권위를 가지고 아이들을 다룬다. 부모가 어른으로서의 권위를 포기해야 하는 것처럼 느끼지 않으며, 그들의 권위는 경직되거나 과도한 통세가 아니라 융통성을 지닌다.[3]

부모가 절망에 빠진 목소리로 "대체 난 아무것도 통제할 수가 없어요!"라고 외칠 때, 나는 보통 그들에게 자녀가 혹시 차 앞에 뛰어들었냐고 묻는다. 물론 요점은 모든 부모는 그들의 자녀들에게 가장 중요하다고 느끼는 규칙들을 복종할 것을 요구한다는 것이다.

부모들은 자녀들에게 규칙을 덜 요구하면 할수록 좋다. 그러나 가장 중요한

---

[3] Michael P. Nichols. *Stop Arguing with Your Kids*. New York: Guilford Press, 2004.

좌표가 있다. 부모가 주도권을 쥐고 있어야 한다. 지나친 훈육, 지나친 통제는 나쁘다. 최고의 지침은 아이들이 자신들의 행동 결과를 통해 스스로 배우는 것이다. 권위는 지나치게 사용하면 떨어지게 마련이다.

## 유연성

건강한 가족에서는 역할 분담이 뚜렷하지만, 융통성이 있다. 경계선과 연합은 삶의 주기에 따르는 변화에 적절하게 적응하도록 조정되어야 한다. 스튜어트 가족의 경우에서 보았듯이, 부부가 처음에 결혼하면 두 사람만의 새로운 연합체의 자율성을 보호하기 위해서 원가족으로부터 분리하는 경계선을 강화해야 한다. 아이들이 출현하면 부모들은 배우자의 기능을 할 수 있도록 아이들을 배제하는 경계선을 그으면서도 동시에 자녀들이 부모에게 다가갈 수 있도록 해야 한다. 둘이서만 잘 지내던 짝들은 구성원이 늘어 셋이나 넷으로 될 때는 결코 만족스러운 조정을 하지 못하기도 한다. 비슷한 예로, 수년간 행복하게 동거하던 두 사람이 결혼서약을 하게 되면 두 사람 사이의 경계선이 강화되는데 이를 견디지 못해 결혼식을 올린 후 갑자기 헤어진 예도 있다.

이토록 힘든 부모 되기가 이제 막 시작된 것이다. 아이들이 점점 자라면 새로운 국면에 접어들게 마련이다. 아이들이 아주 어릴 때는 조건 없고 충분한 사랑이면 된다.[4] 아이들이 조금 더 크면 통제하고 지도하는 것이 더욱 중요해진다. 좀 더 성장하면서 부모들에게 요구하는 것은 부모들의 유연성이다.

✳ ✳ ✳

제이슨이 아기였을 때 샤론은 아기의 요구를 사랑과 헌신으로 돌보는 완벽한 엄마였다. 제이슨이 조금 크자 양육만 전적으로 하던 역할에서 통제까지 해야 했는데 샤론은 이것을 버거워하였다. 이렇게 된 것을 단지 샤론이 제이슨을 훈육하

---

[4] 어떤 사람들은 어린아이에게 강의를 늘어놓는다. 후에 강의는 점차 설교로 변하고, 아이들은 귀를 막고 만다.

는 데 실패한 것이라고 단정 짓는 것은 상황을 무시하는 것이 될 것이다. 아이들의 변화하는 요구에 식구들이 반응한다는 것은 구성원들 간의 위치에 대한 주기적인 변환을 요구한다. 부모의 자녀와의 관계는 항상 부부관계를 반영하고, 편부모의 경우에는 다른 의미 있는 타자와의 관계를 반영한다.

가족을 변화하고 있는 사회체계라고 파악한다면 단순히 이렇게 된 책임을 어머니에게 부과하고 이 가족을 병리적이라고 단정 지을 수 없게 된다. 따라서 우리는 스튜어트 가족을 변화기에 있는 가족이라고 말할 수 있다.

과도기의 문제는 아마도 스튜어트 가족에서처럼 발달과정의 변화 때문에 발생하는 것이거나, 부인이나 엄마가 직장을 갖거나 하는 것과 같이 구성원이 가족이외에 지나치게 몰두할 때 발생한다. 이렇게 되면 가족구성원들은 변화하는 환경에 적응하기 위해서 역할 분담과 경계선을 재배치해야 한다. 또 다른 전형적인 혼란은 아이들이 사춘기에 접어들 때 발생한다. 10대는 바깥세상에 더욱 관심을 갖게 되고, 부모의 권위를 덜 인정하려 한다. 만약 사춘기 청소년들이 형제자매라는 하위체계로부터 멀어지고, 그들의 나이에 걸맞은 자율성과 책임감을 느끼게 하려면 경계선은 달라져야 하고 부모들도 바뀌어야 한다. 하지만 부모가 자녀들과의 관계를 바꾸기 위해서는 부모가 서로 간의 관계도 바꾸어야 한다.

샤론은 가족의 문제를 자신이 하는 역할은 배제하고 주관적인 관점에서 바라보고 스튜어트를 변화시키려고 하였다. 샤론은 남편이 자신과 아들로부터 너무 멀리 있다고 보고 스튜어트를 끌어들이려고 하였다. 그러나 다른 사람을 바꾸려는 것은 확실한 패배를 약속한다.

샤론은 스튜어트에게 함께 보내는 시간이 좀 더 많았으면 좋겠다고 했지만, 제이슨과의 단단한 속박이 방해하고 있다는 것을 알지 못했다. 스튜어트가 아내와 대화하려 할 때, 제이슨은 그들의 주위를 서성댔다. 또 스튜어트가 아들과 보낼 시간을 갖는 것도 힘들다. 둘이서 모험영화를 보러 간다고 하면 부인은("제이슨은 그런 영화를 TV로 수도 없이 본다고요."라며) 반대하거나 옷을 차려입을 때 잔소리를 해서 결국 스튜어트는 화가 나서 "젠장, 당신이 하고 싶은 대로 다

하라."고 하며 아들과 나갈 것을 포기한다.

샤론이 결혼생활을 힘들어하여 홀로 상담하러 갔을 때, 그녀는 아마도 이런 일들이 자신의 감정과 원가족과의 연관성을 발견하였을 것이다. 예를 들어, 제이슨을 위해 완벽한 엄마가 되기 위한 노력은 자신의 불안감, 부모가 그녀를 키우는 데 부모 역할을 성실하게 하지 않았다는 사실에서 비롯되었다는 것을 배웠을 것이다. 하지만 불안해하는 것은 코가 크거나 엉덩이에 살이 많은 것과 마찬가지다. 어떻게 그렇게 되는가는 잘 모른다.

가족치료를 받으면서 샤론은 제이슨의 행동과 스튜어트의 행동, 그리고 자신의 행동을 보면서 서로 연관이 있다고 배웠을 것이다. 그들의 관계를 삼각관계라고 이해하면 남편이 제이슨에게 더 개입하도록 공간을 마련하려 할 것이다. 특히, 스튜어트와 제이슨이 함께 있을 때 그녀는 둘이 있도록 내버려 둘 것이다. 정 안 되면 집을 나가버리기까지 할 것이다. 간단히 말해서, 그녀는 자신과 제이슨과의 명확한 경계선을 두기 시작해서 스튜어트가 끼어들 틈을 제공할 수 있을 것이다.

가족구성원이 자신의 행동 결과를 알아채는 것도 중요하지만, 가족치료사가 지나치게 빨리 지적하는 것은 잘못이다. 사람은 스스로 깨달아야 한다. 그러나 우리는 다른 사람이 하는 행동은 보지만 우리 자신이 하는 것은 잘 보지 못한다. 당연한 현상이다. 감정을 먼저 표현해야 다른 사람도 공감해줄 수 있다. 가족구성원들끼리 대화가 잘되지 않는 것은 서로 다른 의견을 가진 구성원에게 공감하지 못하기 때문이다. 가족치료사가 할 일이 바로 이들의 마음을 한 사람씩 다 들어주는 것이다.

## 가족 내의 구조를 찾아내기

만약 부모가 자녀와 밀착된 경우, 그들의 대화는 아이들, 아이들 문제, 아이들의 성취에 관한 것들이 대부분이다. 반면에 유리된 부모는 아이들과 같이 지내는 시간이 적고, 아이들에 관한 대화가 길어지면 흐리멍덩한 표정을 짓게 마련이다. 이것은 아래와 같은 도표로 나타낼 수 있다. 점선(……)은 산만한 경계선diffuse boundaries을 표시하는 것이고, 직선(──)은 경직된 경계선rigid boundaries을 표시한다. 점선과 직선이 포함된 것(─ ─ ─)은 서로 연결도 되고 분리도 가능한 명확한 경계선을 표시한다.

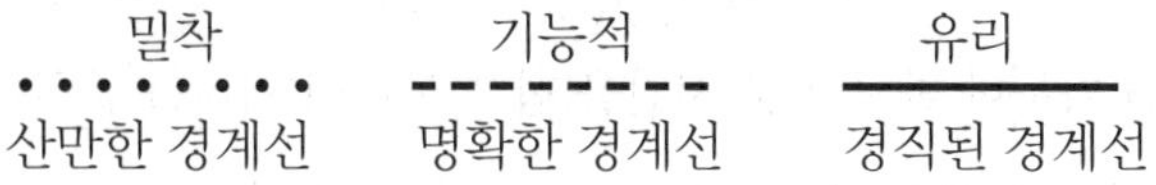

밀착      기능적      유리

● ● ● ● ● ● ●    ─ ─ ─ ─ ─ ─    ──────

산만한 경계선    명확한 경계선    경직된 경계선

만약 한 남자가 자녀와 소원한 관계에 있다면 아래의 그림과 같을 것이다. 여기서 명심해야 할 것은 남편으로서가 아닌, 아버지로서 자녀들과의 관계를 생각해야 한다.

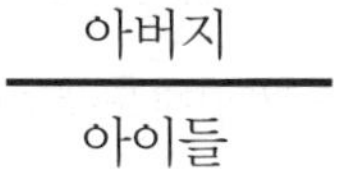

아버지

──────

아이들

아래의 도표에 있는 문제는 다른 관계를 제외하고, 변화를 위한 어떤 여유도 없다는 것이다. 나머지 가족도 도표에 넣자.

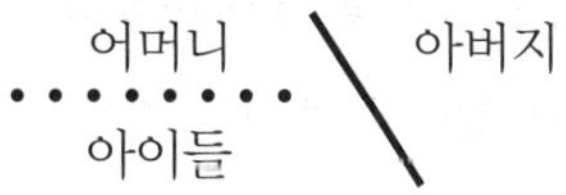

어머니   ＼  아버지

● ● ● ● ● ● ● ● ●

아이들

이렇게 생각해볼 때, 세 가지 방법으로 첫째, 엄마와 자녀 간의 경계선을 강화함으로써 둘째, 아빠와 엄마가 좀 더 가까이 다가감으로써 그리고 마지막으로, 아빠가 자녀에게 다가섬으로써 문제를 바꿀 수 있다는 것을 알 수 있다. 이 변화 중 어느 것이라도 서로의 관계를 회복하는 데 도움이 될 것이다.

부모와 자녀 사이의 명확한 경계선은 부모가 자녀에게 자신의 삶에 대해 어느 정도 통제할 수 있어야 존재한다. 부모들이 한 번 자녀들을 통제하지 않아도 된다는 것을 경험하면 두 가지 유형의 상호작용 형태를 취하게 된다. 양육이나 통제를 하게 된다. 훈육의 경우에도 요구하는 것이 간결하고 사랑이 담긴 것이어야 한다. 부모가 책임을 분명히 지고 있으면 분쟁도 적어지고 일어난다 해도 빨리 해결된다.

경직된 경계선을 깨는 것은 정서적으로 가까워지는 것이다. 식구들끼리 보내는 시간이 많아지고, 서로의 마음을 담은 이야기를 나눌 수 있다. 만약 두 사람의 거리가 멀다면 가능한 한 즐거운 시간을 함께 보내어 거리를 좁히는 것이 최선일 것이다. 그러나 진정한 의미의 가까움은 숨겨두었던 문제를 꺼내어 갈등을 해결할 때 이루어진다.

❊　❊　❊

가족치료사가 행동 장애가 있는 자녀를 둔 가족을 변화시키기 위해서는 무엇보다 부모가 연합하여 한 전선을 형성하도록 해야 한다. 그리고 일관성 있게 자녀를 대하도록 해야 한다. 그러나 오직 이것뿐이어서는 안 된다. 부모들의 효과적인 통제력을 확고하게 도와주는 것뿐만 아니라 관계를 강화하고 대화를 개선하며, 그리고 부모가 자녀를 지지하고 도움을 제대로 주는지 확인해야 한다. 더 나아가 이러한 것을 부모들이 확실히 이행하는지도 확인해야 한다. 부모의 역할에 대한 분명한 생각과 행동에 책임을 지는 부모는 자녀들의 말에 귀 기울이고 자녀들의 마음을 이해하지 무조건 자녀들을 통제하거나 무시하지 않는다.

## 자녀의 자아존중감 형성하기

자녀의 행동을 통제하지 않는 부모는 종종 감정을 통제하려고 한다. 자녀들이 감정을 표현할 때는 아이들이 뭔가를 이해받고, 허락되기를 바랄 때이다. 보편적인 사례가 취침 시간이다.

아빠 : 이제 잘 시간이다.

아이 : 자러 가기 싫어요! 졸리지 않아요.


자녀를 통제하고 있다고 믿는 아버지는 자녀의 감정에 공감할 수 있다. "나도 네가 자러 가고 싶지 않은 걸 안단다, 아가야. 네가 깨어 있고 싶은 만큼 놀았으면 좋겠지, 그렇지?"

자신의 통제력에 대해 의심하는 부모는 감정 표현의 기능적인 측면과 도구적인 측면을 혼란스럽게 받아들이고 아이들의 감정을 되받아친다. 그런데 세 살짜리가 온종일 벽돌 쌓기를 하지 않은 이상 피곤하지 않을 것이며 그렇다고 해서 부모가 세 살짜리를 피곤하지 않으니까 피곤할 때까지 잠을 안 자도 된다고 허락할 필요는 없다. 부모가 아이가 잘 시간이어서 자게 해야 한다면 아이를 재워야 할 것이다. 아이가 해야 할 일을 가지고 아이와 말씨름을 해서는 안 된다. 나는 스물네 쌍의 젊은 부부를 상담하면서 밤 10시 혹은 11시까지 피곤해하지 않는 아이들 때문에 평화로운 저녁 시간이나 사생활을 갖지 못하는 부부들을 얼마든지 보았다.

불행히도, 아이들이 느끼는 바를 표현할 때 벌을 받거나 무시당하는 아이들은 그들의 감정을 숨기거나 가라앉게 하는 것을 배운다. 결국에 이들은 자신의 감정을 자각하지 못하고 대신 오직 억압, 지루함, 분노 그리고 무감각의 감정 찌꺼기만을 느낄 뿐이다.

✳  ✳  ✳

제이슨의 엄마는 언제나 제이슨 곁에 있었지만, 항상 아들을 위해 있지는 않았다. 그녀는 자기 방식대로 아들을 끔찍이 사랑했다. 하지만 아들에 대한 반응은 종종 샤론의 감정적 상태, 즉 기분과 긴장을 반영하였다. 샤론은 상처를 가라앉히고, 붕대를 감아주고, 밤 그림자가 무서운 모양으로 보일 때 제이슨을 안아주었고, 화가 난 아빠로부터 아들을 보호해주었다. 하지만 때때로 샤론은 제이슨을 어리둥절케 했다. 샤론은 아들이 싸우면 야단쳤고, 화내는 것을 참지 않았으며, 때때로 더러워져서 돌아오면 소리를 질렀다. 샤론은 상냥했기 때문에 제이슨은 엄마에 대해 무조건적 신뢰를 지니고 있었다. 그러다 갑자기 야단을 맞으면 황당해지곤 했다.

제이슨은 자라면서 아버지에게 더 가까이 가려 했지만 그렇게 하는 것도 그리 만만치 않았다. 어머니가 소리를 지르면서 화를 내면 아버지는 금방 꼬리를 내리고 싸움을 회피하려고 자기 동굴로 들어가 버렸기 때문이다. 제이슨은 말로 표현하지는 않았지만, 그가 사랑하고 존경하는 아버지가 겁쟁이라는 것을 알게 되었다. 그리고 그렇게 하는 것이 남자와 여자와의 관계라고 생각했다.

어머니의 사랑은 추운 겨울밤의 따뜻한 담요 같았지만 때로는 살갗을 아리게도 했다. 제이슨은 마당에서 놀기를 원해도 샤론은 바깥이 추우니 이야기책을 읽어줄 테니 나가지 말라고 했다. 샤론은 제이슨의 행동을 항상 통제하려고 했기 때문에, 제이슨은 엄마가 선호하는 것과 규칙 사이의 차이점에 대해 분명하게 알 수 없었다. 샤론은 제이슨이 버릇없이 굴어도 못 볼 때도 있었고, 어떤 때는 제이슨의 행동에 소리를 지를 때도 있었다. 샤론이 소리를 지르면 제이슨의 행동보다 자존감에 영향을 미쳤다. 이렇게 반응하다 보면 나중에는 제이슨이 샤론에게 분노를 터뜨릴 것이고, 샤론은 더 심하게 제이슨을 야단치게 되고 결국 제이슨은 더 분노에 차서 반응할 것이다. 이제 제이슨은 상처만 입게 된다.

✻ ✻ ✻

만약 자녀 상태가 심각해서 부모가 도저히 통제하기 힘들어졌다면 어린 자녀에 대해 어떻게 통제력을 다시 회복할 수 있을까? 첫째로, 규칙과 사랑을 조화시킨다. 좋은 행동을 하였을 때 보상을 하면 더욱 효과적일 것이다. 그러나 어떤 행동을 하지 않았다 해도 아이를 많이 지지해준다면 두 사람 사이에 긍정적인 관계를 형성하기가 쉬울 것이다. 그렇게 될 때 아이에게 한계를 분명히 하면서 규칙을 지킬 것을 요구하는 것이 좀 더 쉬워진다.

두 번째로, 부모는 한 팀이 되어 상황을 헤쳐 나가야 한다. 두 사람이 자녀를 양육하는 데 반드시 똑같은 양의 책임을 져야 한다는 것이 아니고, 물론 그렇게 하면 좋지만, 더 중요한 것은 부모가 아이에게 제시하는 규칙이 같아야 한다는 것이다.

어떤 전문가들은 부모에게 아이가 행한 구체적인 행동에 대해서만 칭찬을 하라고 한다. "너는 착한 딸이야(혹은 아들이야)."라고 말하는 것은 자녀로 하여금 부모가 원하는 행동을 더 하게 만들 뿐이지, 아이의 자존감을 구축하는 데는 별로 바람직하지 않다.

아이의 자존감의 중요성은 아무리 강조해도 충분치 않다. 아이의 존재를 있는 그대로 수용하고 좋아할 때 아이의 자기 존중감은 커진다. 아이들은 어릴 때는 아이들이 자신들이 특별한 존재로 느낄 수 있도록 아낌없이 칭찬을 해주어도 좋다. 그러나 커가면서는 아이들의 생각을 듣고 인정해주는 것이 더 중요하다. 어린아이들을 훈육하기 위해서는 구체적이면서도 강력하게 요구해야 한다. 될 수 있으면 자녀들과 싸우지 말되, 만일에 싸우게 되면 빨리 끝내야 한다. 아이들에게 부모를 그리고 모든 어른을 존경하면서 대하는 방법을 가르치는 것은 그들 미래에 대한 투자이다. 만일 그들이 어른들을 짓밟고 올라서는 것을 배운다면, 그들 스스로 어른이 되었을 때 무엇을 기대해야 하겠는가?

# 지나치게 간섭하는 어머니와
# 방관하는 아버지

비오는 날 아침 헤더가 1학년을 시작하는 날이었다. 샤론이 부엌 창문에서 세차게 내리는 비와 강하게 불어대다가 때때로 멈추는 이른 가을 바람이 보도를 쓸어내리는 것을 내다보고 있었다. 단조롭고 회색인 수평선에는 빛이라고는 없었다. 아마 종일 비가 퍼부을 것이리라.

부엌은 따뜻하고 밝았다. 헤더가 시나몬 토스트를 다 먹었을 때 제이슨은 바닥에서 레고 장난감과 놀고 있었다. 비가 너무 세게 내리고 있었기 때문에 샤론은 헤더를 학교까지 차로 태워다 주겠다고 했지만, 헤더는 다른 아이들처럼 버스를 타고 등교하고 싶어 했다.

샤론은 문가에 서서 제이슨이 빗속을 뚫고 버스에 오르는 것을 보았다. 헤더는 일부러 느리게 걸었다. 매끄러운 노란빛 플라스틱 우비를 입은 그녀는 어엿했다. 어엿한 여자아이들은 비를 두려워하지 않아! 샤론은 감동하였고, 약 1분가량 울었다. 그녀는 활짝 웃으며 출발하는 버스에 손을 흔들었다. 버스가 빗속으로 사라지는 것을 보면서 샤론은 익숙하지 않은 고요함과 맞닥뜨린다.

이제 아이들은 온종일 학교에 있을 것이니, 샤론은 자기의 삶을 되찾은 것처럼 느꼈다. 시간에 맞추어 우유 먹이기와 기저귀 갈기에서부터 모든 곳에 아이들 데리고 다니기, 여기저기 어질러진 것 치우기까지의 지난 몇 년 동안의 시간이 무의미하게 지나갔다. 할 일이 너무 많았고, 시간은 항상 충분치 못했다. 이제는 상황이 다르다. 아이들에게 더는 묶여 있지 않아도 된다. 그녀는 자유로움을 느껴도 된다고 자신에게 말했다. 사실 그녀는 어찌할 바를 모르는 듯 느꼈다.

샤론은 복직하는 것에 대해 어떻게 느끼는가를 알고 있었다. 그녀는 복직하고 싶지 않았다. 집에 있는 것이 완벽하게 만족스러웠다. 할 일은 많았다. 게다가, 아이들이 학교에서 돌아왔을 때 부재 중이기 싫었다. 샤론은 여자도 일해야 한다고 주장하는 어떤 사람과도, 집에 있는 것이 훨씬 더 효율적이라는 주제에 대해 조목조목 따져가며 논쟁을 벌일 수 있었다. 그러나 샤론의 마음 한구석에는 여전히 그게 정답인 것 같지 않았다. 그러나 그들 가족에게 돈이 필요하다는 스튜어트의 말에 동의했다.

스튜어트는 그녀가 학교로 돌아가서 석사학위를 받고 돈을 버는 데 보탬이 되어야 한다고 생각했다. 하지만 샤론은 학교로 돌아가고 싶지 않았다. 그녀는 일자리가 필요했지 경력이 필요한 것은 아니었고, 공부를 하면서 여름에 일하고 싶지 않았다. 그러나 학교에서 그런 일을 찾기가 쉽지 않았다. 스튜어트의 인사과 친구 하나가 그녀에게 심리학과에 자리를 찾아주었다. 그곳은 현재는 '보조직원'이라고 불리는 6명의 비서가 있는 꽤 큰 학과였다. 샤론은 정확하게 비서는 아니었고 학과 업무나, 교수의 연구조사를 지원하는 행정업무 보조였다. 월급은 얼마 되지 않지만, 재미있는 일 같았고, 가장 중요한 것은 근무시간이 유동적이었다.

스튜어트는 기뻤다. 돈보다 더 다른 이유가 있다. 그는 비록 입 밖으로 말하지 않지만, 샤론이 지난 몇 년 전으로 돌아간다고 생각했다. 샤론은 아이들을 돌보면서 아이들과 하나가 되었다. 일하는 것이 좋을 것이다.

샤론의 첫 출근 전날 밤, 스튜어트는 아이들과 잠시 대화를 했다. 그는 엄마가 일을 시작하기 때문에 그들 모두가 도와가며 살아야 한다고 말했다. 그들은 각자의 방을 깨끗이 하고, 더러워진 옷들은 세탁소에 맡겨야 했다. 제이슨은 그릇들을 식기세척기에 넣기 시작해야 하며, 헤더는 저녁 식사 준비를 할 때 상차림을 도와야 했다. 스튜어트는 메뉴를 짜고 장보기와 요리를 돕기로 했다. 아이들은 끄덕였다.

✳  ✳  ✳

샤론에게 가장 힘든 일은 아침에 집에서 나오는 것이다. 그녀는 가운을 입고 내려와 아이들의 아침을 차려주는 것에 익숙했다. 그들이 떠나면, 그녀는 앉아서 커피를 한 잔 마시며 신문을 읽곤 했다. 날씨가 따뜻한 날에는 그녀가 새소리를 듣던 뒤뜰에 나가 앉았다. 이런 잠깐의 느긋한 고독함이 그녀를 이완시켰다. 이런 것이 없이는 그녀는 지나치게 서두르고 긴장감을 느꼈다.

스튜어트와 아이들은 적응하기 위해 열심히 노력했다. 스튜어트는 저녁 식사 준비를 될 수 있으면 자주 하였다. 헤더와 제이슨은 알아서 아침 식사를 챙겨 먹었고, 제이슨은 헤더를 도와 점심을 쌌다. 점심은 대부분 샤론이 좋아하는 것보다는 과일 젤리와 건강식품이었지만, 그녀는 그 정도면 되리라 생각했다.

샤론은 통학버스가 오기 전에 집에 돌아와 있으려고 계획했으나 일주일에 한두 번은 그렇게 하지 못했다. 둘째 주가 끝나고, 이제 여덟 살인 제이슨이 "엄마, 난 내가 집에 왔을 때 엄마가 돌아와 있지 않아도 괜찮아요, 난 내가 알아서 할 수 있어요."라고 말했다.

스튜어트와 아이들이 자발적으로 할 때 조정이 잘 이루어진다. 그들이 식사를 돕는 것은 좋았지만, 청소나 세탁은 아무도 도우려고 하지 않았다. 왜 스튜어트는 그녀가 도움이 더 필요하다는 것을 모를까?

스튜어트는 모든 것이 괜찮다고 생각했다. 그는 샤론이 출근하기 위해 옷 차려 입는 것을 보는 것이 좋았다. 샤론이 가정주부로 변해버린 아줌마보다 그가 좋아해서 선택한 여인으로 보였다. 그리고 그는 장보기와 요리를 하는 자신을 자랑스럽게 생각했다. 뭔가 잘못됐다고 그가 처음으로 느낀 것은 특히 피곤하다고 느꼈던 어느 날 밤이었다. 그는 막 위대한 개츠비에 관한 26페이지짜리 수필을 채점하고, 소파에 드러누워 영화를 보고 있었다. 샤론이 지하실에서 올라와 가득 차다 못해 넘쳐 나는 세탁 바구니를 그의 앞에 내동댕이치고는 쿵쾅거리며 올라갔다.

스튜어트의 속이 울렁거렸다. 그는 샤론이 화가 났다는 것을 알 수 있었다. 하지만 왜 아무 말도 하지 않고 빨래를 집어 던져야 했던 거지? 그는 다시 영화로 돌아가 샤론의 반응을 무시하려고 했다. 불끈 화낼 때마다 져줄 수는 없다. 몇 분 후 샤론이 침실에서 우는 소리를 들었고, 할 수 없이 올라가서 화해하기로 했다. 불행히도 샤론은 전투태세를 갖추고 있었다. 그녀는 그에게 소리 질렀다. "당신은 분명 도와준다고 했어요. 내가 당신의 더러운 빨래를 여섯 바구니나 하고 있을 때, 당신은 그냥 망할 TV 앞에 앉는 거 말고는 하는 게 없어요. 말만 번지르르하지 도와주는 적이 없다고요. 당신 편리할 때 어쩌다 가끔 한 번씩 요리를 하지만, 그럼 나머지 다른 일들은 어쩌라고요? 빨래는 누가 해요? 애들 데리고 다니는 건 누가 해요? 심지어 당신이 청소한다 해도 난 당신 뒤꽁무니를 쫓아다니며 치워야 해요. 당신은 말라붙은 접시를 그냥 긁어내지도 않고 식기세척기에 넣어서 내가 다시 꺼내 긁어야 하고요. 당신은 일말의 동정심도 없어요! 당신은 자신만 알고 다른 사람이 힘들거나 말거나 하죠!"

스튜어트는 들으려고 애썼으나 그가 참을 수 있는 것 이상으로 과장되게 고함지르는 그녀를 참을 수가 없었다. 그가 "미안하오."라며 그녀를 안기 위해 손을 뻗는 순간, 그녀가 따귀를 때리며 말했다. "건드리지 마, 이 나쁜 놈!"

그는 놀라고 기분이 으스스했다. 그는 화가 몹시 치밀어 침실을 걸어 나와 아래층으로, 현관으로, 그리고 차로 들어갔다. 하지만 그러고 나서 다음에 뭘 해야 할지 몰랐다. 그는 떠나기는 두려웠지만, 다시 돌아가기엔 너무 화가 나 있었다. 그래서 그는 대학교 맞은편에 있는 술집으로 차를 몰았다. 이건 그가 아니었다. 그는 한 번도 집을 박차고 나온 적이 없었고, 술집도 가지 않았다. 왜 모든 것을 다 자기에게만 덮어씌워야만 했나?

다음 이틀 동안 그들은 서로를 피했다. 스튜어트는 샤론이 말한 것을 받아들이기엔 화가 나고 상처 입었고, 상의하기에도 역부족이었다. 샤론도 매우 화가 났고, 스튜어트가 먼저 그녀에게 사과하기를 기다리기로 했다. 결국, 걸어 나간 쪽은 그였다. 이틀간 그의 분노를 달랜 후에 스튜어트는 진정했고, 샤론이 말한 것을 생각했다. 그녀는 물론 과장해서 말했지만, 아마 그가 좀 더 도울 수 있었을 것이다. 반은 공정한 상식에서 반은 그녀를 달래기 위해서, 그는 평화협정을 맺기로 했다. 그는 보통 하듯이 사과로 시작했다. "미안해요, 여보." 샤론은 아무 말도 하지 않았다. 그녀는 그저 그가 무슨 말을 다음에 할까 기다렸다. "나도 당신이 할 게 많은 걸 알고, 만약 내가 할 부분을 하지 않고 있다면 미안해요. 내가 뭘 더 도와주기를 바라요?"

잠깐은 괜찮았다. 샤론은 남편이 스스로 알 수 있는 것도 샤론에게 이것저것 묻는 것을 알아챌 수밖에 없었지만, 스튜어트는 전보다 더 도왔다.

비가 오던 어느 날, 모두가 늦어 서두르고 있었고 아이들은 짜증을 부리고 변덕스러웠다. 샤론은 아이들이 타야 할 버스를 놓쳤기 때문에 스튜어트에게 혹시 아이들을 데려다줄 수 있냐고 물었다. 그는 "안 되겠어."라고 말했다. 그는 출근하기 전 손봐야 할 논문이 있었다. 또 한 번은 제이슨을 스케이트 파티에 데려다주기 위해 시간 맞춰 돌아온다고 약속했지만, 마지막 순간에 그는 못 가겠다고 전화했고, 때는 이미 늦었다.

그들은 어떤 패턴에 갇힌 듯이 보였다. 한참 싸운 다음에, 스튜어트가 더 돕는 듯했다. 그 후 다시 모든 게 제자리로 돌아갔다. 어떤 때는 하는 방법을 잊기도 하고, 어떤 때는 샤론이 모든 것을 처리하는 과거 습관으로 돌아가기도 한다. 샤론은 아무 말도 하지 않으려고 했다. 사실 샤론은 스튜어트보다 더 싸움을 싫어했다. 하지만 얼마 후에는 그녀도 더 참기 힘든 상태에 다다른다. 그러면 또다시 싸움이 생기고, 또 화해한다. 약속하고, 약속이 깨진다.

# 가족 재구조화의 필요성

가족을 장기적인 측면에서 바라본다면 유연성이 있고 재조직의 단계를 거쳐 가는 것을 볼 수 있다. 그러나 한 단계에서 다음 단계로 재조직될 때까지 체계는 한동안 정적인 상태에 있게 되는데 가족들은 그 상태가 영원히 지속될 것 같다는 착각을 하게 된다.

\* \* \*

샤론이 직장으로 돌아가기 전, 스튜어트 가족은 서로 보완을 해가면서 살아가는 패턴을 만들었다. 스튜어트가 가족과 거리를 두고 샤론이 제이슨과 지나치게 얽매여 있는 것이 비록 이상적으로 기능하는 가족인 것은 아니었지만, 하나의 부부 체계를 이루었다. 샤론이 집에 머물 때는 스튜어트 혼자서 가정경제를 책임 졌기 때문에 집안의 가사는 전부 샤론에게 돌아갔다. 그러나 샤론이 직장에 복귀하면서 많은 변화가 일어났다. 스튜어트는 자신이 스스로 해야 할 일이 엄청나게 많다는 것을 깨닫고는 당황하였다. 세탁소에 옷을 맡기는 일, 차를 고치러 정비소에 가야 하는 일, 친척들의 선물들을 미리 준비해야 하는 일들은 부인이 항상하던 것이었고 이런 일들은 당연히 부인이 해야 하는 것으로 알았었다.

\* \* \*

이제 가족이 발달과정에 따라 구조가 변화해야 한다는 사실을 알았을 것이다. 미국의 가족도 성별에 따라 하는 역할이 달랐다. 여자는 가사와 자녀 양육에 전념하고, 남자는 사회생활을 통해 가정 경제를 감당하는 모습이었다면 이제는 부부 모두 각자 자기의 일을 갖고 같이 가족 운영의 책임을 동등하게 감당하는 형태로 변화하고 있다.

전통적인 가족에서는 서로가 노동을 분담하였으며 각자가 잘하는 것을 하였다(물론 반드시 그런 것은 아니지만). 그리고 여성과 남성의 하는 일이 서로 달랐기 때문에 두 사람 사이의 역할로 인한 갈등은 그리 많지 않았다. 남자는 공격적으로 사회에서 자기 능력을 발휘하고자 하고, 여성은 가정에서 식구들의 삶을 도와주고 심리적인 따뜻함을 제공하는 역할을 하였다. 이런 두 사람의 역할은 서로 보완이 되었다. 문제는 이 역할의 분담이 공평하지 않다는 데 있었다. 우리는 지금껏 불공평한 가운데 안정성을 가져왔다.

여성이 부인과 엄마의 역할에서 직장까지 나가게 되면 보완의 상태는 더는 유지될 수 없고 새로운 상태의 조화를 이루어야 한다. 노동 분담은 더욱 동등해져야 하지만, '동등함'이 반드시 '같음'을 뜻하는 것은 아니다. 필요한 것은 부부가 하나의 팀으로서 상호의존의 관계를 잘 재조정해야 한다는 것이다.

성공적인 맞벌이 가족이 되기 위해서는 집안일을 어떻게 나누고 어떻게 배분하느냐가 중요하다. 두 사람이 다 직장생활을 하는 경우 이들의 관계는 더 대칭적이고, 더 동등한 관계를 이루게 되는데 이러한 관계는 집안일을 어떻게 함께하느냐가 아니라 어떻게 잘 나누어서 하느냐에 달렸다. 성공적인 가족의 부부는 모든 일을 같이하는 것이 아니다. 한 사람이 장보기와 요리를 하고, 다른 한 사람이 설거지와 옷을 갠다. 이런 일을 번갈아 할 수도 있다. 물론 완벽하게 일을 동등하게 나누어서 할 수는 없다. 여성들이 이런 것을 기대하게 되면 실망할 것이다. 어떤 경우에도 여성이 하는 일이 더 많지 남자가 똑같이 나누어서 하는 경우는 거의 없다. 일하는 아내의 대부분은 7대 3의 비율로 합의를 보게 될 것이다.

치료사들이 성차별로 인한 불공평함에 대해 어떤 관점을 취하느냐 하는 것은 치료사에 따라 다르다. 베티 카터<sup>Betty Carter</sup>와 모니카 맥골드릭<sup>Monica McGoldrick</sup> 같은 가족치료사들은 중립을 옹호하는 편이다. 부부가 두 사람 사이의 공평에 관한 문제를 거론하지 않으면 가족치료사들이 거론할 것이다. 이들은 여성의 수입이 적으면 결정권에서도 힘을 발휘할 수 없다고 보면 이런 점에 대하여 여성이 자각할 것을 요구한다. 반면에 좀 더 완곡한 태도를 보이는 가족치료사는 간접적으로 상대방의 의도와 선호가 무엇인지를 질문한다. 이렇게나마 주제를 끌어내어 부부들이 서로 비난하지 않는 태도로 가사 일을 나누어 동등한 관계를 형성하도록 하고, 공감을 통해 이런 영역에 대해 적절한 대화를 할 수 있게 한다.

공감이 가족의 문제를 해결할 수 있을까? 아니다. 월트 디즈니의 작품 속에서만 가능하다. 공감은 갈등을 끝내게 하지는 못한다. 이해하게 되면 갈등을 참을 수 있게 해주는 것뿐이다.

✳ ✳ ✳

가족치료사는 변화가 작은 것부터 일어난다는 사실을 명심해야 한다. 만약 아내가 대부분 가사를 하고 남편도 조금씩 가사 일을 돕기 시작했어도, 남편의 이런 변화에 대해 아무 반응도 없다고 치자. 그는 아마 자기의 노력을 부인이 알아주지 않는다고 느끼고, 시도하는 것조차 소용이 없다고 판단할 것이다. 자기가 당연히 해야 할 일을 한 것에 대해 칭찬을 해주어야만 하는 것이 공평한가? 그렇지는 않지만 실제로 효과적일 수는 있다. 만약 상대방이 목표에 근접한 성공을 했을 때 보상을 해줌으로써 여러분은 분명히 남편에게 빨래 개는 방법을 가르칠 수도 있다.

가족생활에 있어서 남자는 붙들리는 것을 불편해하고, 여자는 놔주는 것을 힘들어한다. 만약 아내가 남편이 가사책임을 좀 더 떠맡기를 원하면, 그것을 남편에게 넘겨야 한다. 아내들은 '계산된 무기력함'을 좀 시도해볼 필요가 있다. 대부분 남편은 계산된 무기력함에 있어서 전문가이다.

✳ ✳ ✳

지금까지 나는 부부에 관해 그리고 그들이 전통적인 **상보성**complementarity에서 새롭고 더 대칭적인 조화로 움직여야 할 필요성에 관해 얘기했다. 이 분석의 한계는 부부를 그들의 상황으로부터 빠져나오게 하면서 시작된다. 이것은 많은 가족치료사가 가족을 보면서 전체적인 체계를 무시하고 가족의 한 부분만을 바라볼 때 저지르는 실수이다. 남편과 아내는 가족을 설계하는 건축가이고, 체계를 바꾸는 커다란 수용 능력을 갖춘 것도 그들이다. 남편과 아내는 부부이면서 부모이다. 부부관계가 바뀌지 않는 한 아이들과의 관계도 변화하지 않고, 변화도 유지되지 않는다.

엄마가 직장으로 돌아갔을 때 요구되는 중요한 변형은 엄마와 아이 사이의 산만한 경계선(……)에서 명확한 경계선(– – – –)으로의 변형이다. 이것은 결국 아버지가 아이와 가까워지는 것을 허용하고 고무시킨다. 모든 자연적인 현상처럼 가족은 공백을 싫어한다.

✳ ✳ ✳

일터로 돌아가는 엄마의 편의를 도모하기 위해 가족의 경계선을 재배열하는 가족은 아래와 같다.

보다시피, 양쪽 부모와 그들의 직업 사이에 경계선의 변화가 있어야 한다. 아버지는 일에 투자하는 시간을 줄일 필요가 있고 반대로 어머니는 일에 좀 더 많은 시간을 투자해야 한다. 양쪽 부모 편에서의 이러한 수정들은 부모 각자와 아이의 관계가 상호보완적으로 변화해야 한다는 것을 의미한다. 즉 아버지는 아이와 더 많은 시간을 가지고, 반대로 어머니는 아이와 시간을 덜 가지게 되는 것이다. 마음속으로 기억해야 하는 것은 이런 변화가 서로 연관되어 있다는 것이다.

✳ ✳ ✳

가족치료사는 주로 어머니들을 내담자로 만났기 때문에 억지로 끌려온 아버지에 대해서는 질문을 많이 하지 않는다. 이런 태도는 아버지는 '일하기 때문에' 상담에 참여하지 않을 것이라는 사실을 받아들이기 때문이다. 가족치료사가 성차별적인 가족의 일원으로서 문제에 해답을 찾기 위해서는 비자발적 아버지의 변명을 받아들이지 않고, 아버지도 적극적으로 치료에 참여할 것을 권유해야 한다.

치료사가 아버지에게 자녀들과 적극적으로 참여할 것을 요구하는 경우에는 아버지가 일보다 가족을 우선하는 데 치러야 하는 대가를 분명히 알고 있어야 한다. 아버지에게 자녀들의 삶에 좀 더 적극적으로 참여하게 되면 직업과 외부세계에 관한 희생을 치러야 하는 것도 분명하게 알려줘야 한다. 밀착된 어머니/유리된 아버지와의 변화는 단순히 남성의 자존감 희생을 요구하는 것이 아니다. 남성들이 친밀감을 표현하는 것을 배우고, 자녀들의 삶에 더 관여하고, 미래의 좋은 삶을 기대할 수 있는 것을 배우게 해야 한다. 그러나 처음에는 이러한 변화를 위해서는 아버지가 아이들의 삶에 적극적으로 관여해야 한다는 사실을 먼저 알려줘야 한다.

## 부모가 함께 양육하기

너무나 많은 남자가 아직도 아이들을 돌보는 것은 아내의 일이라고 생각한다. 대다수의 남자는 일에서 벗어나 집안일에 좀 더 신경 쓰는 것이 어렵다. 우리 사회가 구조적으로 그렇게 되어 있기 때문이다. 직장 일이 너무 많아서 아버지들이 집에서 아이들과 좀 더 많은 시간을 보내는 것이 어렵다. 하지만 일단 아이가 있으면, 아버지들도 아내들처럼 직장의 목표를 조절하는 방법을 찾도록 노력해야 한다. 만약 두 부모가 직장을 가지고 있으면, 그 둘은 자녀 양육에 대한 부담을 공유해야 한다.

공동양육의 이점들은 다음과 같다. (1) 여자를 일과 단독 양육의 압박으로부터 자유롭게 해준다. (2) 남자와 여자 사이의 동등한 관계를 누릴 여유를 갖게 해준다. (3) 아버지를 자녀에게 더 다가갈 수 있게 한다. (4) 아이가 부모 모두로부터 양육받을 기회를 얻음으로써, 전적으로 양육에 참여한 부모와 융합되고 양육에 참여하지 않은 부모와는 거리감을 경험하지 않아도 된다. (5) 역할모델로서의 성

역할 고정관념을 갖지 않게 해준다. (6) 예를 들어 아내와 남편의 산후휴가, 직업에서의 남녀 차이 없앰, 동등한 임금 지급, 그리고 아이 양육에 남녀 공동 참여 등과 같이 정치적, 경제적 그리고 사회적인 구조를 바꾸는 데에 압력을 가할 수 있다.

그러나 자녀 양육과 가사분담을 하려는 부부조차 어려움을 겪게 된다. "엄마가 알아서 해."에서 방향이 틀어진 것이다. 아버지가 어떻게 결정을 하든, 마지막 결정은 엄마의 결정을 따라야 한다. 병원 진찰, 빨래, 방과 후 활동 등 모든 활동은 엄마가 결정하는 데 따라야 한다.

이러한 관점은 가족을 벗어나 외부세계에서도 마찬가지이다. 어느 날 아침, 내가 집에서 글을 쓰고 있을 때, 유아원 선생님이 아내를 찾는 전화가 왔다. 그래서 애들 엄마는 직장에 나갔다. 내가 아버지인데 무슨 용건이냐고 묻자 선생님은 직장에 있는 부인과 통화가 가능하겠느냐고 부인과의 통화를 원했다. 도움이 필요하면 내가 돕겠다고 말했다. 그러자 겨우 아들 폴이 아파서 화장실에서 토했다고 했다. 그리고 또 부인의 직장 번호를 알려달라고 했다. 그래서 내가 가겠다고 하니까 그러냐고 하는 시원찮은 대답을 들었다.

## 최선의 의도

샤론과 스튜어트는 농등한 부모가 되기 위해 노력했지만, 그러한 좋은 의도가 있음에도 불구하고, 그들은 점점 자신들에게 익숙한 역할로 나누어졌다. 스튜어트는 금요일 오후에 집에 일찍 들어와서 제이슨과 헤더를 데리고 밖으로 나가기 시작했다. 한 주는 숲속을 걸었고, 그다음 주엔 축구공 던지는 법을 가르쳤다. 주중의 저녁 시간에는 샤론이 보통 아이들에게 하라고 시켰던 식탁의 접시를 치우는 것이나, 숙제하는 것 등을 자신이 지도하며 아이들을 돌보는 데 더 노력했다.

어느 날 저녁 식사 후, 스튜어트가 제이슨에게 더러워진 양말을 거실 바닥에서 주워 그의 방에 가져다 놓으라고 말하자, 제이슨은 "아빠는 점점 엄마처럼 되어 간다고요!'라고 고함쳤다.

스튜어트는 격노했다. "당장 양말을 들고 네 방으로 올라가. 그리고 다시는 그런 말투로 내게 말하지 마!"

스튜어트는 무엇이 제이슨을 그렇게 행동하게 했는지를 생각했다. 내가 권위를 잃고 있는 것은 아닌가?

아이들이 엄마와 갈등이 있을 때는 갈등의 이유가 명백한 데 비하여, 보통 아버지와 아이들의 관계는 부드럽다. 아버지는 어쩌다 한 번 화를 내는 이상적인 인물이다. 그래서 아버지들이 아이들을 더 잘 훈련한다. 그들은 아이들이 난리를 쳐서 집을 부술 만큼 자주 집에 있지도 않는다.

아빠가 아이들과 함께하는 금요일 오후 외출은 스튜어트의 직장 일로 취소되는 일이 점점 많아졌다. 자녀 양육과 직장 일을 동시에 잘하는 것은 정말 힘든 일이다. 아주 소수의 남자만이 그것을 해낸다.

이렇게 저렇게 두 사람은 꾸려나갔다. 스튜어트는 설거지하고, 잔디를 깎고, 저녁 식사의 메뉴를 결정하는 적도 있었다. 그리고 아이들과 해야 할 것이라고 느끼는 일을 했다. 샤론은 샤론대로 해야 할 일을 했다(소아과를 간다든가, 치과를 방문하는 일들을. 그리고는 그곳에 있는 아버지들 숫자를 세곤 하였다).

※ ※ ※

샤론의 삶은 두 아이로 인해 소진되었다. 마치 혼자 애를 키우는 것처럼 힘들었다. 많은 것을 혼자서 해야 했고, 남편은 거의 하는 일이 없었다. 이렇게 하는 게 맞는 걸까?

어떤 날은 축구 연습, 수영, 일요 성경학교, 피아노 개인지도, 스케이트 파티 등 아이들을 여기저기 태워다주는 운전사 노릇을 하는 것이 자기 일의 전부인 것처럼 느껴졌다. 왜 모든 일이 그렇게 엉망이 되었을까? 어쩌다 스튜어트가 운전할 때 그는 고맙다는 말을 막연히 기대했다. 남편들은 때때로 곤경에 빠졌을 때 도와주기는 하지만 서로 집안일을 나눈다는 생각은 하지 않는다.

그녀가 35세가 되었을 즈음에, 샤론은 애들을 위해 자신이 하는 모든 것에 익숙해졌다. 그들, 즉 제이슨, 헤더, 스튜어트가 그녀를 잘 단련시켰다. 그녀는 헤더를 토미의 집에 놀도록 데려다주고 나서는 제이슨을 마을 반대편에 있는 스카우트에 데려다주어야 했을 때 화가 날만도 했지만, 남편에게 부탁할 생각은 거의 하지 않았고, 이러한 운전하는 모든 일이 정말로 필요한 것인가에 대해서도 한번도 의문을 가져본 적이 없었다.

샤론은 아이들의 요구를 거절했을 때 심한 죄책감을 느꼈다. 한번은 샤론이 제이슨을 위대한 이스케이프라는 놀이동산으로 데려다줄 기분이 내키지 않았기 때문에 제이슨과 크게 다투었다. 조금 있다가 제이슨은 놀러 나갔고 놀이동산에 관한 것은 완전히 잊어버렸지만, 샤론은 "다른 애들은 모두 간단 말이야."라고 한 아들의 비난이 머리에서 계속 맴돌았다.

샤론이 억지로 가족 활동에 남편을 끌어들이는 데 성공했을 때, 그 결과는 엇갈렸다. 때때로 그는 잘 받아들이고 즐거워하기까지 했다. 그러나 그렇다고 모든 것이 잘될 것이라고 믿어서는 안 된다.

이런 적도 있었다. 금요일 저녁 샤론은 애들과 레스토랑에서 남편을 만나기로 했다. 퇴근 후 술 한 잔은 남편이 좋아하는 일과 중 하나다. 제이슨은 약간 들떠 있어서, 뭘 먹을지 정하지 못하고 있었다. 그래서 샤론은 남편에게 약간의 주의를 환기하였다. 그것뿐이었다! "애들이 엉망이야, 왜 아이들을 집에 두고 나오지 않았어? 아이들이 옆에서 떠드니까 우리는 이야기도 제대로 못 하잖아." 그것으로 즐거운 저녁 시간은 끝이 났다. 그들은 멋진 레스토랑에서 음식을 앞에 두고 침묵하며 주눅 들어 앉아 있었다. 샤론은 남편이 가장 언짢은 기분을 비싼 곳으로 외출했을 때 사용하려고 모아놓는 것이 아니냐고 생각할 때도 있었다.

✳ ✳ ✳

샤론의 상대역인 방관하는 아버지는 낯익은 역할이었다. 그 역할은 너무 익숙해서 다음과 같은 전형적인 모습을 떠올리게 한다. 그것은 성취하는 데만 집착하여, 의무감에 의해서 하는 경우를 빼고는, 친밀감 형성이나 가족에 대해서 신경을 쓰지 않는 무심한 남자의 모습이다. 많은 고정관념과 마찬가지로, 이러한 고정관념도 진실보다 훨씬 더 간단하고 새롭지 못하다. 일단 고정관념을 갖게 되면 자신의 문제와 관련된 불행한 상호작용이 무엇인지 알고자 하기보다는 상대방을 고집스럽고 이기적인 사람으로 단정 짓는다.

그렇지만 그런 아버지들의 실제 모습은 다소 더 복잡하다. 가족들 안에 발생하는 대부분 문제처럼 아버지의 무심함은 세 가지 수준, 즉 1인$^{monadic}$ 그의 성격, 2인$^{dyadic}$ 부부의 상호작용, 3인$^{triadic}$ 그녀와 자녀의 결속 그리고 남편의 무심한 삶을 견고하게 해주는 일과 남편의 결속이 그것이다.

❋  ❋  ❋

스튜어트는 자립적이다. 의도적으로 고독을 선택하지 않았다. 누가 그러겠는가? 어머니가 보여준 삶으로부터 배웠고, 그리고 그 방식대로 살았다.

대학의 기숙사 생활에서도 잡담이나 소란스러운 사교활동들을 피했다. 왜 모든 게 이렇게 소란스러워야 하지? 게다가 그는 시간이 없었다. 그는 중대한 목적을 성취하기 위한 계획들을 위한 일과 공부로 계속 바빴으며, 그러면서 내면의 불안과 근심은 숨겼다.

그렇지만 샤론의 태도는 달랐다. 그녀는 음악이나 미술 같은 예술적인 일들에 항상 관심을 가졌다. 많은 이유로 결혼했지만, 남편은 아마도 그 어떤 것보다도 고독감으로부터 도망치고 싶었다. 남편은 그가 필요할 때 샤론이 항상 그 곁에 있을 것으로 생각했다.

샤론은 항상 그 곁에 있기는 했지만, 그가 원하던 방식으로 항상 옆에 있지는 않았다. 샤론이 자신만의 생각이 있고 종종 그와 대립하는 문제를 가진, 그로부터 분리된 하나의 인간이라는 고통스러운 발견은 그를 낙담하게 했고 체념하게 했다.

스튜어트는 샤론이 애들과 지나치게 시간을 많이 보낸다고 생각했다. 자신이 너무 독립적이어서 샤론이 애들에게 의지한다고 직관적으로 느꼈다. 몇 년 전에는 아이들 때문에 그를 혼자 두는 것이 반가웠지만, 지금은 다르다. 지금 스튜어트와 샤론은 나이가 더 들었고 침착해졌고 융통성이 더 많이 생긴 것이다. 아이들이 항상 방해하지 않는다면 아마 그들은 더 가까워질 수 있을 것이다. 그녀는 아이들이 원할 땐 언제나 아이들이 부부 사이를 방해하게끔 내버려 두었고, 아이들 없이 두 사람만 외출하는 것을 싫어했으며, 주말에도 항상 아이들의 외부 활동이 걸려 있었기 때문에 단둘이 어떤 일을 함께하는 것은 불가능했다.

스튜어트는 그렇게 바쁘게 일하려고 의도적으로 계획한 것은 아니었지만, 항상 일로 바빴다. 그는 헤더와 제이슨을 사랑했지만, 일과 후 아이들을 위해 남겨진 시간은 거의 없었다. 샤론은 그것을 이해하는 것 같지 않았다. 이해하려고 노력하지도 않았고, 오히려 애들에게 더 다가갔고 그들의 요구에 더 신경을 썼다.

스튜어트가 왜 일에 그렇게 몰두하면서 외부와 차단하려는가? 그는 생활이 구조화되지 않고, 매일 똑같이 반복되는 가족생활이 불안하였다. 그는 독신일 때도 이렇게 살았다. 그는 필요하다고 느낄 때만 사람들과 만나고 그렇지 않을 때는 홀로 있기를 원했다. 사람들은 왜 그가 자신을 다른 사람들로부터 소외시키는지 잘 알지 못했다. 그러나 그가 소외시키는 것이 아니었다. 단지 스튜어트는 그런 사람이었다. 독신으로 지낼 때도 늘 그랬다. 그는 만나고 싶은 사람과 만나고 싶을 때 만났다. 그러나 이러한 시절의 패턴이 결혼생활에서는 유지될 수 없다.

많은 일 중독자들처럼, 스튜어트도 가족생활의 흐름을 따라가기엔 너무 일에 빠져 있었다. 일 때문에 쉽지 않았다. 매일 시간과 에너지를 소진했기 때문에 매일 매일의 가족사, 기분, 짜증 나는 일들이 그에게 영향을 주지는 않았다. 그는 젊음을 성취하고 자신의 이상을 실현하기 위해 일에 매달렸다.

그는 자신이 어떻게 느끼는지는 알고 있었지만, 샤론에 대해서는 어떨까? 샤론과 관련해서는 그도 파악하지 못한 어떤 부분이 있었다. 샤론에 대한 엄청난 사랑의 감정을 느끼던 적이 있었다. 특히 샤론이 옆에서 모든 것을 망치지 않을 때 그런 감정을 느꼈다. 그렇지만 대부분은 너무 요구가 많았고, 지나치게 의존적이었으며, 함께하는 것을 너무도 바란다고 생각했다.

＊　＊　＊

두 사람은 상대방의 마음을 이해하는 데 도움이 될 수 있다. 샤론이 남편과 함께하고 싶은 마음, 그리고 남편의 혼자 있고 싶은 마음을 서로 이해할 수만 있다면, 분노를 극복하고 서로 변화시키고자 하는 충동을 누그러뜨리는 법을 배우기 시작할 수 있다.

인간의 문제들이 1인, 2인, 3인의 세 가지 수준에서 만들어지고 유지됨을 기억하라. 샤론으로부터의 감정적 거리는 스튜어트의 성격, 그 부부의 상호작용 형태, 그리고 그녀와 아이들, 스튜어트와 일들과 같은 기타 관계들과 관련되어 있다. 샤론이 스튜어트에게 가까이 가길 원했다면—만일 그녀가 그런 결과를 바랐다면—그녀는 감정적으로 행동하지 말았어야 했다. 그를 끌어당기려고 하지 않았어야 했다. 먼저 그들의 관계 패턴을 살펴볼 필요가 있었다. 먼저 패턴을 이해해야 하며, 변화는 그다음의 문제이다. 우리가 보듯, 고통을 겪은 다음에야 내가 변해야 상대방도 변한다는 사실을 고통스럽게 깨달은 후에 두 사람이 해방될 수 있었다.

## 쫓는 자와 쫓기는 자

쫓는 자는 무시당한다는 기분을 느끼며, 쫓기는 자는 답답함을 느낀다. 자신이 무시당한다고 느낄수록 쫓는 자들은 그들 배우자에게 가까워지라고 압력을 가한다. 뜻대로 일이 안 되면, 그들은 상대가 이기적이라고 비난한다. 그들에게 압력을 가할수록 그들은 더 움츠러든다. 멀리 떨어져서 보면 이 부부들은 하나가 결코 다른 하나를 따라잡지 못하는 놀이동산의 두 마리 회전목마를 닮았다.

＊　＊　＊

샤론은 몇 년을 스튜어트가 아이들과 같이 있게 하려고 노력했다. 처음에는 그가 아버지로서 책임을 다하며 즐겁게 도와줄 거라고 생각했다. 문제는 스튜어트가 생각하는 아버지 역할, 책임과 즐거운 활동이라는 것이 샤론이 생각하는 것과 맞지 않는다는 것이었다. 그는 아이들을 그렇게 많은 과외 활동에 등록시키고 이리저리 데리고 다녀야 한다고 생각하지 않았다. 그리고 샤론이 생각해낸 박물관, 콘서트, 아트 화랑 관람은 그가 즐거운 외출이라고 생각하는 것과는 거리가 있었다.

샤론은 열심히 노력했다. 남편에게 가족과 함께할 것을 상냥하게 부탁하기도 하고, 아이들을 시켜 아버지에게 부탁하도록 해보기도 했다. 그런데도 아무것도 효과가 없자, 화가 나서 그에게 소리 질렀다. 이런 불행한 폭발만이 그의 관심을 끌었다. 그런 후 며칠 동안은 가족들과 시간을 좀 더 함께하려고 노력하곤 했지만, 그리고 나선 자기 평소의 모습인 가족으로부터 유리된 자신으로 되돌아가곤 했다. 그녀의 편에서 보면, 샤론은 할 수 있는 모든 방법을 다 동원한 것이었다. 그러나 그녀의 다양한 방법들이 사실은 하나의 주제를 가지고 있다는 것을 주목할 필요가 있다. 즉, 스튜어트를 바꿔서 가족 일에 좀 더 참여적으로 만드는 것이 그녀의 유일한 관심사였다.

스튜어트는 이러한 상호보완 패턴에서 다른 절반 부분의 역할을 했다. 그들이 처음 결혼했을 때 그는 샤론에게서 오는 굉장한 압력을 느꼈다. 그것은 마치 그녀 자신의 빈 부분을 그로 인하여 채우려고 그들을 집어삼키는 것 같았다. 어쩔 수 없이 그는 지속적인 교감을 원하는 그녀의 요구에 자신이 짓눌리는 것을 느꼈다. 집안의 평안을 위한 압력 같은 것을 느낀 것이다.

그녀는 자신의 삶이 없는 것 같았다. "왜 나 혼자서 가야 하지. 우리는 결혼했는데 말이야." 그녀는 그가 배구 경기를 하는 것에 이의를 제기했다. "나를 위한 시간은 절대 낼 수 없으면서 어떻게 배구할 시간은 있는 거죠?" 그녀는 그의 친구들을 비난했고 언제나 그가 무엇을 하고 있는지 알고 싶어 했다. 그러면서 "당신은 내게는 아무 말도 하지 않아!"라고 말했으며, 그러면 그는 항상 양보했다.

그는 비참하고, 상처 입고, 공격당한 기분이 들었다. 속으로는 분노를 느꼈지만, 그는 그러한 분노를 내면에 깊이 감추고 있었다. 그래서 그는 배구를 중지했고 우연히도 샤론이 부인과도 친한 한두 친구들을 빼고는 친구들 대부분을 포기했다. 간단히 말해, 그는 재미있게 시간을 보내는 일을 그만둔 것이다. 이것은 마음에서 재미있게 즐기는 것과의 갈등이 아니라, 샤론의 잘못 때문에 그만두었다.

아이들이 태어나면서 많은 것들이 바뀌었다. 그녀가 애들에게 몰두할수록 자신의 요구는 줄었다. 몇 년간 그들의 생활은 안정된 패턴으로 전개됐다. 샤론과 제이슨, 그리고 헤더는 모든 것을 함께 하지만, 스튜어트는 일로 바빴다. 가끔가다 한 번씩 그들 네 명은 영화를 보러 가거나 아니면 샤론의 주장으로 좀 더 자주 모두 함께 박물관이나 콘서트에 갔다. 스튜어트가 너무 싫어하는 이런 행사에 그들과 함께하자는 그녀의 주장은 오히려 그가 그런 활동을 더욱 싫어하게 만들었다. 그는 가족의 일에서 자신만 빠졌으며, 그가 좋아하는 일들을 가족에게 같이 하자고 제안하지도 못하면서, 가족의 일에 좀 더 참여하지 않은 것에 대한 죄책감도 느꼈다. 가끔가다 그는 가족 모두 가까운 데로 여행 갈 계획을 세우기도 했다. 그가 그런 기분이 든 것은 그가 며칠간 가족들을 전혀 못 본 기간들, 예를 들어 스튜어트가 출장을 가고 샤론은 아이들을 처가에 데려갔을 때였다. 그러나 막상 같이 여행을 가면, 대부분 시간을 죄수 같은 느낌으로 지냈다. 그냥 내버려 둘까 함께 할까를 망설이는 것에서 도망치고 싶은 마음이 자꾸 올라왔다.

✳ ✳ ✳

우리는 나이가 들어야 상대방의 행동이 변하지 않아도 마음이 편할 수 있다. 우리가 다른 사람들 때문에 마음이 편하지 않은 것은 사람들이 내가 원하는 행동을 하지 않기 때문이다. 우리는 다른 사람이 변하기를 바라는 기대를 내려놓을 때 마음이 편해진다. 그래야 상대방의 어떤 행동에도 놀라거나 화를 내지 않게 된다. 사실 다른 사람들뿐만 아니라 나 자신도 변화하지 못하지 않는가?

샤론은 자신과 스튜어트가 묶여 있던 쫓는 자와 쫓기는 자의 패턴을 발견하였는데, 그러한 발견이 한꺼번에 이루어진 것이 아니라 어떤 단계를 밟으면서 이루어졌다. 첫 번째의 진정한 변화는 그녀가 남편을 포기했을 때 일어났다. 그녀는 그가 어떤 사람인지를 알아내려고 하는 것을 그만두었고, 그가 읽도록 일부러 책에 밑줄을 그어놓는 것을 하지 않았으며, 자기 자신을 찾기 시작했다. 한 남자에게 집중하기보다는 자기 자신에게 관심을 돌림으로써 샤론은 자기 자신에 대해 건강한 관심을 발달시켰으며, 자신의 인생에 대해서도 더 책임감을 느꼈고, 남편을 통제하고 싶은 생각도 약해졌다. 그녀가 필요로 하는 사람으로 그를 만들고자 하기보다는 그 자신이 한 남자로서의 자기 자신을 발견하도록 놔두었다. 다시 말해 그녀는 그를 변화시키는 것을 그만두고 자신의 아이들과 친구들로 자신을 채웠다.

\* \* \*

아무도 그를 추적하지 않자 스튜어트는 달리기를 멈췄다. 그는 마치 그 자신이 항상 발전할 필요가 있었던 것처럼 자기 향상에 관심을 기울여왔다. 그래서 그는 참가자들을 삶으로부터 좀 더 자기를 드러내도록 도와주는, 인기 있는 참만남 집단encounter-group '최선을 위하여'에 가기로 했다. 샤론 자신은 남편이 가길 원하지 않지만, 그 프로그램이 그에게 도움이 되길 바랐다.

놀라움과 자발성에 따른 효과를 경험하게 하려고 그를 참여토록 한 친구들은 그 프로그램에서 어떤 것을 하는지 정확하게 말하지 않았지만, 그곳이 상당히 통제하는 곳이라는 것은 알려주었다. 예를 들어 2주 동안 주말에 진행되며 제작진이 허락할 때만 화장실에 가거나 식사를 할 수 있다는 정도만 알려주었다. 약속된 주말이 왔을 때, 스튜어트는 금요일 오후 뉴욕으로 가는 기차를 탔고 가장 싼호텔에 들어갔다. 고작 몇 시간 때문에 좋은 방을 얻을 필요가 없었기 때문이었다. 그는 차이나타운에 가서 친구와 저녁을 먹었지만, 다음 날에 대한 염려 때문에 그다지 즐겁지는 않았다.

훈련장에 도착했을 때, 그가 처음 마주친 것은 믿을 수 없는 연대(조직)였다.

모든 것이 조직적이었다. 그는 자기 이름표를 찾았고 보조원에게 시계를 맡겼다 (참가자들은 자신의 시간표대로 생활하는 것이 금지되었기 때문이었다). 그리고 강당에 앉았다. 처음으로 그는 걱정이 되었다. 200개의 나무 의자가 작은 방에 가득 차 있었고 스튜어트는 그가 2주 동안 대규모의 낯선 그룹과 올가미에 걸려 있단 걸 갑자기 알아챘다. 그는 사람들을 좋아했지만, 한편으로는 사람들과 거리 두기를 좋아했다. 그리고 그가 가고 싶을 때는 떠나버렸다. 그는 자주 사람들로부터 떠나고 싶은 생각이 들었다.

바로 그때쯤 한 보조원이 방 앞에 성큼 와서 규칙들을 읽었다. 군대 같았다. 이것은 하지 마라. 저것도 하지 마라. 스튜어트는 지루했고 화가 났다. 그는 이미 이런 규칙들을 알고 있었다. 그러나 그러한 규칙들에 대해 전혀 모르는 사람들도 분명히 있었다. 그래서 수십 명이 규칙들에 관해 묻고, 항의하고, 도전하려고 일어섰다.

"그러나 만약 내가 화장실을 가야 할 땐 어떻게 합니까?" 누군가 물었다. '멍청하긴.' 스튜어트는 생각했다. '네가 가고 싶으면, 당연히 가야지.'

방 건너 누군가 일어나 물었다. "젠장, 말도 안 돼! 아무도 언제 앉고 언제 서는지 나에게 명령하지 못한다고. 이런 말도 안 되는 규칙들은 필요 없어!"

이러저러한 질문과 논쟁이 끝나자 지도자는 마치 "이게 바로 그런 거다. 받아들이든지 떠나든지"라고 말하듯이 규율을 다시 반복했다. 그러나 실랑이는 계속되었다. 강당 안 모든 이가 마치 자신들이 특별하다는 것을 알리기 위해 나서고 있으며, 규칙을 바꿀 수 있는 어떤 방법을 찾으려고 노력하는 것 같았다.

스튜어트는 점점 화났다. '왜 이 사람들은 그냥 앉아서 입 닫고 하라는 대로 하지 못할까?' 그러나 그들은 가만히 있지 않았다. 점점 더 많은 사람이 이건 좋고 저건 싫다고 자신의 의사를 표현했으며, 자신들이 왜 시키는 대로 해야 하는지, 그리고 그렇게 마음대로는 안 될 것이라고 이야기했다. 그때 그에게 이런 생각이 스쳤다. '이 사람들이 바로 나구나! 그들과 내가 다른 점은 그들은 그들이 느끼는 것을 말하려고 한다는 것이다.'

그런 다음 훈련 담당관이 들어와 이러한 훈련 규율들을, 종종 불공평하고 제멋대로 삶에 연관시킴으로 일어난 일들의 의미에 관해 이야기했다. 그 말을 들으면서 스튜어트는 노란 신호일 때 더 속력을 내서 운전하는 것부터 샤론이 좀 더 독립적인 사람이 되길 원하는 것까지, 그의 삶이 얼마나 많은 규칙과 싸우는 데 바쳐져 왔는지에 생각이 미쳤다. 삶이 마음대로 되지 않는다고 짜증내고 하소연하기보다 그들을 있는 그대로 받아들이고 세상이 흘러가는 데로 받아들인다면 삶이 얼마나 더 쉬울 것인가.

프로그램 내용을 따르는 것이 모두가 다 효과적이지는 않았다. 어떤 것은 흥미롭고, 어떤 것은 화나고, 또 어떤 것은 따분할 뿐이었다. 그렇지만 특별한 경험의 순간들도 있었다. 가장 기억에 남는 경험 중의 하나는 둘째 토요일 밤늦게 한 경험이었다. 훈련관은 참가자들이 그들의 내적 공포에 직면해야 하는 훈련을 소개했다. 일반적으로, 사람들은 그들의 내적 공포에 접근하지조차 않는다. 내적 공포를 직면하기를 원하는 사람은 거의 없다. 그러나 프로그램의 기간이 길어지고 일상적인 가족에서 멀어지자 평소에 가지고 있던 여러 겹의 방어층들이 얇아졌다.

처음 그 연습을 시작했을 때, 스튜어트는 많은 기대를 하지 않았다. 게다가 그것은 연습일 뿐이다. 수면 유도의 형태로 시작하는 세밀한 준비 단계를 따르면서 참가자들은 생생한 환상으로 빠져들었다. 그들은 어두운 도시 통로 안을 걸어가서 지독하게 폭력적인 범죄에 맞서야 하는 상상을 해야 했다. 방이 완전히 어두웠고 주위 사람들이 소리를 질렀기 때문에 효과는 배가 되었다. 그리곤 뭔가 일어났다. 제길! 범죄 대신 스튜어트는 샤론과 아이들이 그를 향해 오는 것을 보았다. 그들은 그에게 팔을 뻗고 있었다. 그는 그들이 자기를 사랑한다는 것을 알 수 있었다. 그러나 그는 정신이 잃을까 두려웠다. 그는 소리를 질렀고 그들을 막으려 했다. 그러나 여전히 가족들의 얼굴이 계속 보였다. 그 즉시 그는 자신이 겁에 질려 있다는 것을 알았다. 스튜어트는 소리를 계속 질렀지만, 얼굴에 눈물이 흘렀고 고통스러운 울음이 나왔다. 그는 우는 것을 멈출 수 없었다. 그들은 '나를 사랑해…. 그들이 원하는 것은 나에게 사랑을 받는 것이야…. 그리고 나는 계속 도망치고 있어.

스튜어트는 그날 밤 집단 상담을 마치고 잠을 자려 했으나 잠이 오지 않았다. 샤론과 아이들의 사랑스러운 얼굴이 눈앞에 떠오르고, 그들의 눈에 자기를 사랑하는 눈길을 느낄 수 있었다. 스튜어트는 자기의 사랑만을 원하는 식구들에 대해 혼란스러운 감정을 느꼈다. 스튜어트는 자기를 사랑하는 이들에게 왜 자기를 빨아먹고 어둡고 컴컴한 뒷길로 끌어가는 듯한 감정을 느끼는가.

스튜어트는 2주간의 훈련과정이 끝난 뒤 샤론과 아이들로부터 도망가려는 마음을 접고 집으로 돌아왔다. 이제 스튜어트는 가족이 자기를 사랑하고 자기와 같이 있기를 원하는 것이 전부라는 사실을 깨닫기 시작하였다. 이제 자기의 마음을 접고 가족과 잘 지내려고 마음먹었다. 그러나 조금씩 과거의 내향적인 자기 모습으로 되돌아가고 있었다.

## 자기 패배 사이클

행복하지 않은 사람들은 다른 사람들이 자기를 그렇게 만들었다고 생각한다. "그 교수가 나를 무시했어.", "크리스가 전화를 한 번도 안 해.", "내가 아이들과 함께 무언가를 같이 하자고 하면 남편은 언제나 말을 안 들어." 이때 심리치료사는 "그럴 때 어떻게 하십니까?"라고 묻는 대신에 "어떻게 느끼십니까?"라고 묻는다면 새로운 이해로 이끌어간다. 이렇게 되면 점차 새로운 관계를 형성할 수 있다.

"그것에 관해 어떻게 하셨나요?"라는 질문은 모든 가족 문제와 관련해 일어나고 있는 상호작용의 순환 고리를 알아내고자 하는 질문이다. 누가 무엇을, 언제, 어디에서, 그리고 어떻게 했는지를 알아내는 것이다. 내가 첫 번째 치료회기에서 내담자들에게 그들 자신이 원하는 것을 얻어내기 위해 지금까지 어떤 방법을 썼는지를 물어보면 대부분 내담자는 "모든 것을 해 보았어요."라고 즉각적으로 대답한다. 그러한 대답은 자기방어적인 것으로 모든 것이 상대방의 잘못이라는 것이다. 이렇게 이야기하는 것은 거트루드 스테인의 장미Gertrude Stein's rose에서와 같이 자신이 계속해서 노력하고 또 노력했다고 말하는 것이다. 그렇지만 사실 지금까지 내담자가 해결하려고 시도한 모든 방법이 문제를 악화시켰다.

한번은 어느 토크쇼 방송에서 어떤 부인이 남편 문제로 조언을 해 달라고 전화를 했다. 그 부인은 남편이 42세인데 성적인 욕구를 잃어가고 있다고 말했다. 처음 몇 년 동안은 자신보다 남편이 성생활에서 더 적극적이었지만 이제는 양상이 바뀌어서 그는 점점 더 성관계를 갖는 데 흥미를 잃어가고 있다는 것이었다. 나는 그 부인에게 낭만적인 관계를 원한다면 자신이 좀 더 낭만적인 방법으로 행동하는 것이 필요하다고 했으나, 내가 의미하는 것을 좀 더 자세하게 설명하기도 전에 그 부인은 내 말에 끼어들어서는 "물론 그것도 시도했던 방법이에요."라고 말했다.

\* \* \*

자기 패배적인 순환체계를 깨기 위해서 두 단계로 나누어 시도할 수 있다. 첫 번째 단계는 순환체계의 인과관계를 분석하는 것이고, 두 번째 단계는 강화시키는 것이다.

멀리 떨어져 나가려는 남편은 그의 부인의 잔소리(원인) 때문에 자신이 멀리하는 것(결과)이라고 확신하고 있다. 또한 부인도 그가 멀리하기 때문에 자신이 잔소리하는 것이라고 말한다. 가족체계적 관점에서 문제를 보면 그들 행동의 순환 고리를 발견할 수 있다. 즉, 그녀가 잔소리하면 할수록 그는 더욱 멀어질 것이고, 그가 멀어질수록 그녀의 잔소리는 더욱 심해진다는 것이다. 그런데 그러한 순환 고리를 시작한 사람은 과연 정말로 누구일까? 누가 시작했는가 하는 것은 문제가 되지 않는다. 한번 시작된 순환 고리는 두 사람 모두에게 영향을 미치는 것이고 두 사람 중 누구도 먼저 그 순환 고리를 깰 수 있다.

어떤 반응들이 계속 반복되어 나타나는가는 그러한 반응의 결과에 달려 있다.

즉 그러한 반응이 있고 난 뒤에 어떤 일이 일어났는가 하는 것이다. 반응 이후에 어떠한 긍정적인 강화가 생기면, 그러한 반응은 점차로 없어지게 되는 것이 아닐까? 그렇다면 강화의 원리는 간단하다. 우리가 순환 고리의 패턴을 본다면 간단하게 강화의 원리를 적용할 수 있을 것이다.

우리의 말이 어떤 의미를 담고 있든지 간에 상호작용은 부정적인 방향 혹은 긍정적인 방향의 두 가지 중 하나로 기능한다. "당신은 집안일을 전혀 돕지 않는군요."라고 남편에게 소리를 지르는 것은 부정적인 반응으로 전혀 효과가 없는 반응이다.

가족구성원들이 바람직하지 않은 행동을 강화한다는 것은 좀 말이 안 되는 설명이라고 생각될 것이다. 왜 그럴까? 예를 들어 부모가 자신의 나쁜 성질을 아이에게 물려주려고 하지는 않기 때문이다. 또한, 남편이 떠나는 것이 자신에게 커다란 고통을 의미하는데 남편을 멀리 쫓아내려고 할 부인은 아무도 없을 것이다. 여기에 대한 대답은 복잡하지 않다. 사람들은 자기도 모르게 자신을 힘들게 하는 바로 그 반응을 일으키도록 상대에게 행동한다는 아주 간단한 사실이다.

표면적으로 볼 때, 거리를 두는 남편과의 관계는 부인에게는 부정적인 경험이며, 어떤 것이 결핍된 관계로 보일 수 있다. 그렇지만 그러한 관계도 상당한 부분이 서로의 특징을 포함하고 있는 관계라고 할 수 있다. 그를 원하고, 그에 관해 생각하고, 그가 옆에 없어서 불행한 자신을 생각하는 등, 모든 시간과 에너지를 그에게 초점을 맞추는 것이다. 그 나쁜 관계가 그녀의 의식을 점령하고 마치 중독에 걸린 것처럼 그녀의 모든 것을 지배한다(사람들이 자신에게 기분 좋은 느낌을 가져다주는 것에만 중독이 된다고 말한 사람이 대체 누굴까?). 그러한 관계는 그녀 인생의 다른 면에 대해 생각하거나 다른 것에 관심을 기울이지 않게 함으로써 인생의 다른 것에서 경험할 수 있는 고통을 줄여주기 때문에 중독성을 띠게 된다. 그녀는 마치 마약을 함으로써 자신이 가진 고통, 공허감, 두려움, 분노 등을 피하는 것처럼, 그에게 집착하는 것이다. 고통이 클수록 그것에 대한 매력도 없어진다. 그녀는 나중에는 자신이 누구이며 자신이 진정으로 원하는 것이 무엇인지도 잊겠지만, 그녀가 남편에 대해 기대를 채우지 못하면 모든 잘못은 남편에게 있게 되며 그녀는 자신이 어떤 사람이며 진정으로 원하는 것이 무엇인지를 알 필요가 없어진다. 자신으로부터의 회피 방법으로 남편에게 집착한 것이다.

※ ※ ※

스튜어트와 가까워지기를 열망했지만, 샤론은 진정한 친밀감에 대해서는 잘 몰랐다. 그녀는 상당히 가깝게 행동하는 가족에서 자라기는 했지만, 그들 사이의 진정한 친밀감은 거의 없었다. 그녀의 부모님을 항상 같이 묶어 둔 것은 의무감, 책임, 사회적으로 기능하는 것, 가족의 전통, 그리고 습관들이었다. 그들은 이 모든 것을 확실하게 하려고 모든 것을 함께했지만 '모든 것'이라는 것이 자신들의 마음을 서로에게 여는 것을 포함하지는 않았다. 그녀는 빨리 이런 분위기에서 빠져나가길 바랐다. 스튜어트가 그녀에게 그렇게 매력적으로 보였던 것도 그가 조용하고 좀 더 신중해 보이며 요구가 적은 사람처럼 보였기 때문이었다. 그렇지만 그들이 결혼한 후 그녀는 자동으로 자신이 익숙한 가정환경을 다시 만들고 있었다. 우리는 우리의 유산을 버리려고 몇 년을 힘들게 투쟁하지만, 결과적으로 그러한 유산에서 자유로워질 수는 없다.

※ ※ ※

쫓아가는 사람이 더 많이 쫓아가는 행동(혐오통제)을 하면 상대방이 거리를 더 두게 만든다. 이미 설명했듯이, 거리를 두려는 사람이 압력을 느끼면 느낄수록 불안을 더 많이 느끼고 더 거리를 두려고 한다. 절대 거리를 두려는 사람을 쫓아가려 하지 마라. 어떤 행동들은 상황을 더 악화시킨다. 내가 뭔가를 얻으려면 그 사람을 비판하지 말아야 한다. 가까워지기를 바라는 사람에게 잔소리하는 것은 마치 차가 고장이 났다고 발로 차는 것과 같다.

불행한 부부는 문제를 해결하는 데 잔소리, 울기, 멀리하기, 위협하기 등의 혐오통제 행동을 사용하려 한다. 이들은 긍정적인 다른 방법을 거의 생각해내지 못한다. 그렇게 하다 보면 부부는 서로를 점점 부정적으로 느끼게 된다. 만일 어떤 사람이 당신이 무언가 하려 하는데 그만하라고 소리를 지른다면 아마도 화가 날 것이다. 상대방이 원하는 것을 이해하기는 하지만 그가 원하는 것을 해주고 싶은 마음이 들지 않을 것이다. 이렇게 말하면 여러분은 내가 말하고자 하는 요점을 알 수 있을 것이다. 이미 여러분은 여러분이 싫어하는, 바로 그 행동을 하는 배우자를 생각해낼 수 있을 것이다. 사람은 자기가 하는 행동이 혐오감을 불러일으킨다는 사실을 깨닫기가 어렵다. 사람들은 이성적인 판단보다는 감정적으로 행동하기 때문이다.

결론은 상대방을 계속 쫓아갈 때보다 오히려 하던 행동을 그칠 때 자기가 원하는 것을 얻을 수 있다. 야구선수가 긴장을 풀고 볼을 던질 때 더 잘 날아가는 것처럼, 원하는 것을 편안하게 추구할 때 상대방과 더 가까워질 수 있다. 따라서 상대방과 가까워지려면 상대방이 그들의 속도대로 다가올 수 있도록 여유 있게 기다릴 수 있어야 한다.

✻  ✻  ✻

타인과 거리를 두는 사람은 변화를 원하지만 쉽게 변화하지 못할 수 있다. 어쩌면 그들은 혼자 있기를 바라는지도 모른다. 그렇다 하더라도 자기만의 시간을 충분히 가지면서도 다른 사람들과 자발적으로 조금씩 같이 있다 보면 변화할 수 있다(작은 변화가 큰 차이를 만든다). 그런 사람은 다른 사람과 있을 때 불평과 비판으로 싫은 감정을 드러낼 때도 있겠지만 그것은 변화 과정의 일부라고 보아야 한다. 상대방이 불평하면서 원하지 않는다면 상대방은 원하지 않는 것이다. 그렇다 하더라도 약간의 압력은 가할 수 있다. 내가 추천하는 것은 어떻게 하던 상호작용의 패턴을 바꾸어야 한다는 것이다. 회피하지 않고 투덜거리는 행동을 접촉을 시도하는 행동으로 바꾸도록 방향을 틀어야 한다. 이렇게 하는 데는 시간이 걸리지만, 결과적으로 상대방을 비난하는 것이 줄어들고, 서로 좋아하는 것을 하다 보면 같이 함께 하는 것이 그리 나쁜 것만은 아니라는 사실을 깨닫게 된다.

어떤 내담자들은 친근한 관계를 원하는 사람은 어떤 사람인지 혹은 거리를 두려는 사람은 어떤 사람인지 궁금해한다. 어떤 사람들은 비슷한 방식으로 타인과 관계를 맺고, 어떤 사람은 다양한 방식으로 타인과 관계를 맺는다. 모든 인간관계는 고정적인 모습으로 맺는 것이 아니다. 즉, 관계를 맺는 방식은 고정적인 것이 아니라 역동적이기 때문에 우리는 다른 사람들과 다양한 관계를 유연하게 맺을 수 있다.

사람들은 흔히 "하지만 내가 느끼는 것을 어떻게 변화시킬 수 있느냐?"라고 질문한다. 이것은 질문이라기보다 자기의 생각을 선언하는 말처럼 들린다. 만일에 정직한 대답을 원한다면 사람들은 생각하면서 관계를 맺기보다 자동적인 방식으로 관계를 맺는다는 사실을 알 수 있을 것이다. 따라서 관계 패턴을 변화시키고 싶다면 상대방의 변화를 기대하기보다 자신의 관계방식을 바꾸는 것이 옳다는 것을 알게 될 것이다. 그것은 나의 행동은 두 사람의 상호작용의 일부이기 때문에 내가 다르게 행동하면 상대방도 바꿀 수밖에 없기 때문이다. 만일에 당신이 쫓아가는 사람이라면 뒤로 물러서 보라. 그리고 친구와 더 많은 시간을 가져보라. 혹은 당신이 거리를 두는 사람이라면 접촉을 먼저 시도해보라. 그리고 무엇이 일어나는지 보라. 아마도 당신은 자신의 패턴을 변화할 수 있는 능력이 있다는 것을 알아챌 수 있을 것이다.

마시막으로, 어떤 사람들은 "맞는 말 같기는 한데요. 저도 좀 간격을 두려고 시도해 보았지만, 효과가 없던데요."라고 말하는 사람이 있다. 거리감을 계획하는 것과 반사적인 반응의 형태로 거리감을 두는 것과는 큰 차이가 있다. 당신이 화가 났을 때 거리를 둔다면 당신의 배우자도 그것을 알고 당신의 그런 행동 때문에 압박을 받게 된다. 거리를 두고자 계획하는 것은 다르다. 별 문제가 없을 때 상대방과의 거리를 어느 정도 두면 상대방은 거리가 생긴 것에 대해 책임감을 느끼며 그 거리를 보충하려고 노력할 필요가 없는 것이다. 그는 당신이 주위에 없음을 아쉬워하게 되는 것이다.

또 다른 하나는, 만약 당신이 쫓아가는 사람이라면 뒤로 좀 멈추어서 당신에게 다가오는 상대의 어떤 행동이라도 받아들일 준비를 하는 것이다. 어떤 때는 상대가 당신이 거리를 두는 것에 대해 당신에게 화를 낼 수도 있다. 쫓아가는 역할을 하는 사람들은 상대방이 자신에게 감정을 좀 더 많이 표현해 주었으면 좋겠다고 말하지만, 사실 그들이 진짜로 원하는 것은 긍정적인 감정만을 의미하는 것이다. 상대방이 당신에게로 가까이 와서 두 사람의 관계에 좀 더 많이 들어오기를 원한다면 상대방이 오랫동안 회피해왔던 불평을 말하는 것을 듣는 것부터 시작해야 할 수도 있다.

마지막으로 내가 하고 싶은 이야기는 한 번에 한 가지나 혹은 두 가지 정도의 변화를 시도하고 그것에 집중하라는 것이다. 한꺼번에 너무 많은 것을 빨리 변화시키려고 한다면 그들은 하나씩 변화할 때마다 이전의 변화를 하나씩 취소해 나갈 것이다.

# 가족구성원들 사이의 불화

"**제**일 마지막에 타는 애는 바보!" 스튜어트가 소리치고는 주차장을 가로질러 차를 출발시켰다. 그러자 제이슨은 열심히 차를 따라 뛰었고 헤더도 열심히 뛰어서 차 쪽으로 왔다. 스튜어트가 차의 브레이크를 잡았지만, 헤더는 차를 따라 오느라 숨이 턱에 닿아 있었다.

스튜어트가 아이들이 차를 잡을 수 있을 정도로 차를 천천히 몰자 제이슨이 얼른 차에 올라타고는 승리의 미소를 지었다.

곧바로 제이슨은 손바닥으로 차 위를 치고는 바로 앞에 있는 헤더에게 "네가 이겼지!, 그러면 누가 바볼까?" 하고 승리의 기쁨에 차서 소리를 질렀다.

헤더는 기운이 없이 축 늘어져서는 "알아, 그렇지만 오빠가 먼저 출발했잖아."라고 말했다.

"그래서 어쨌단 말이야, 이 멍청이야!"라고 제이슨이 말을 받았다.

"애들아, 그냥 장난친 것 가지고 그만해라."라며 스튜어트가 아이들을 말렸다.

집에 돌아왔을 때 샤론은 아이들이 왜 그렇게 화가 난 것이냐고 물었다.

"헤더 때문이에요, 다 큰 게, 어린아이처럼 삐지고… 주차장에서 달리기 시합을 했는데 자기가 져놓고는 저러고 있는 거예요."라고 제이슨이 이야기하자, 헤더는 "오빠가 정정당당하게 한 것이 아니잖아. 자기가 먼저 출발해 놓고는⋯ 나를 놀리기까지 했어요."라며 울먹였다.

"정말이니? 제이슨, 네가 동생을 놀렸니?"

"아니요, 헤더가 아기 짓을 하는 거예요."

바로 그 순간 헤더가 눈물을 쏟기 시작했다.

"제이슨, 동생에게 사과해라, 지금 당장."

"싫어요, 왜 쟤는 항상 저렇게 아기 짓만 하는 거예요? 그리고 엄마는 항상 헤더 편만 들고⋯"

샤론은 화가 나서 "나는 누구 편도 들지 않아. 네가 계속 동생을 못살게 굴잖아. 왜 너희는 잘 지내지 못하는 거니? 너는 점점 이기적이고 버릇이 없어지는구나. 나는 그런 꼴은 못 본다."라고 말했다.

스튜어트는 샤론이 제이슨에게 소리 지르며 화를 내는 모습을 불만이 가득 찬 눈초리로 보고 있었다. 그는 이 상황을 그만두게 하고 싶었지만 어떻게 개입을 해야 할지 그 방법을 몰랐다. 그런데 놀랍게도 제이슨이 샤론에게 같이 소리를 지르며 대들고 있다.

"엄마는 **불공평해요**. 단 한 번도 내 말은 듣지 않아요."

"그만하고 네 방으로 올라가지 못하겠니?"

제이슨은 쿵쾅거리며 이 층으로 올라가서는 문을 쾅 하고 닫았다.

"엄마가 내려오라고 할 때까지 꼼짝 말고 네 방에 있어."라며 샤론은 제이슨의 뒤통수에 대고 말했다.

스튜어트는 실망했다. 샤론은 아이들의 싸움을 진정시킨다면서 오히려 더 나쁘게 만들고 있다. 그의 생각은 '아이들이 그냥 알아서 처리하게 놔두지.'였다. 그렇지만 평소와 마찬가지로 그는 아무 말도 하지 않았다.

만약 아이들이 부모의 싸우는 모습을 보고 싸움하는 것을 배운다고 한다면 제이슨과 헤더는 그런 기회가 거의 없었다. 샤론이 스튜어트에게 분노를 폭발하려고 해도 스튜어트는 적어도 공개적으로 샤론과 맞서 싸우지는 않았다.

한 30분쯤 지난 후 스튜어트가 2층에 올라가 보니 놀랍게도 헤더가 제이슨의 방에 있었다. 둘은 바닥에 앉아서 중국식 장기를 가지고 놀고 있었는데 그 모습이 인형처럼 귀여웠다.

'대체 어떻게 된 일이지?' 스튜어트는 깜짝 놀랐다. 그들은 조금 전에는 죽일 것처럼 싸우다가 이제는 둘이서 행복하게 같이 놀고 있는 것이 아닌가. 아마도 그것이 문제였을 수도 있다. 그들은 많은 시간을 같이 지냈던 것이다.

그렇지만 스튜어트는 자신이 아이들을 경쟁시키고 있다는 사실은 알지 못했다. 그는 아이들을 비교했으며("제이슨 너는 왜 동생처럼 좀 깨끗하게 굴지 못하니?"), 서로를 대립하는 상황에 놓고("제이슨 네가 저녁준비를 도와줘서 아빠는 정말 좋다. 내가 아는 누구보다 훨씬 더 도움이 되는구나."), 모든 것을 경쟁을 시켰다("제일 늦게 오는 사람은 바보 같은 아이야!").

그 원인이 누구한테 있든지 간에 스튜어트와 샤론은 아이들 때문에 힘들었다. 적어도 하루에 한 번은 제이슨과 헤더는 심하게 싸웠다. 그 아이들이 어떤 일을 벌일지 예측할 방법도 없고 또 그들을 통제할 방법도 없는 것 같았다. 그저 할 수 있는 일이라고는 둘을 떼어 놓는 것이었는데, 그래도 금방 둘이 붙어서 서로 이름을 부르며 싸우고 울고 하였다. 저녁을 먹거나 영화를 보러 외출하는 날이면 어김없이 둘이서 전쟁을 했다. 그래서 이제는 아이들이 싸워대는 통에 가족 모두 함께 어떤 일을 한다는 것 사제에 흥미를 잃게 되었다.

## 형제간의 경쟁의식

형제간의 경쟁의식은 가족 안에서 너무 흔히 일어나는 일이어서 그러한 경쟁의식이 정서적인 문제를 갖는다는 것에 대해서는 의식하지 못하고 있다. "아이들이 싸운다고? 걱정하지 말아요. 아이들은 원래 싸우면서 커요." 친구들과 조부모들은 '형제간의 경쟁'은 그저 웃어넘긴다. 사람들은 그저 평범한 일처럼 여긴다. 마치 자동차 사고와도 같다.

남매간에 싸움을 많이 하는 이유는 무엇일까? 이 질문은 아주 익숙한 질문이며 이에 대한 부모의 대답 역시 아주 익숙하다. 아이들은 서로 질투를 하므로 싸운다는 것이다. 아이들은 모두 부모가 자신만을 사랑해주었으면 하고 바라고 있지만, 부모는 여러 가지 일로 아이들에게 집중할 시간이 점점 줄어들고 자연스럽게 아이들은 부모의 관심을 끌기 위해 싸움을 하게 된다는 것이다.

형제간의 경쟁 관계의 씨앗은 병원에서 동생이 태어나서 모든 관심을 받을 때부터 시작된다. 이때 큰 아이가 보이는 퇴행 현상은 어린 아기와 같은 행동을 하거나 부모의 관심을 더 받으려고 일부러 어떤 행동을 하는 것으로 나타난다.

대부분 부모는 다음과 같은 일화를 하나쯤은 가지고 있다.

"우리 엄마가 항상 하는 이야기가 있는데요. 내 여동생이 아기였던 어느 오후의 일이에요. 그날 여동생은 잠을 자고 있었고 집은 이상하리만큼 조용했죠. 엄마가 아기방에 들어갔을 때 마침내 13개월 된 남자 동생이 아기 침대로 기어 올라가서는 고무로 만든 장난감 도끼로 잠자고 있던 아기의 머리를 내리치려고 하던 참이었어요. 엄마는 달려들어서 아들을 안고는 프랜이 이제 막 태어난 아기이기 때문에 장난감 도끼로 아이의 머리를 치는 행동을 하면 안 된다고 설명했어요. 내 남동생은 엄마를 올려보고는 말하기를 '저도 방금 혼자 버려진 아이인데요.'라고 말했다는 겁니다."

새로 태어난 아기가 극도의 질투심을 자극하는 것은 당연한 일이다. 먼저 태어난 형제의 인생을 완전히 뒤바꿔 놓은 것이다. 어느 날 갑자기 엄마의 제 1순위가 바뀌어 버린 것이다. 동생이 태어나기를 학수고대하던 아이도 동생이 태어나고 나면 왠지 속은 느낌이 들게 된다. 어린 아기는 같이 놀지도 못하고 말도 못하고 약간 귀찮은 대상이다. 아이들이 부모에게 아기를 다시 없애버릴 수 없냐고 물어볼 때 아이들은 장난으로 그런 이야기를 하는 것이 아니다.

형제간의 경쟁의식은 구약성서에서도 몇 번 언급된 내용이다. 아버지의 축복을 받고 유산을 물려받고 싶어서 야곱은 의도적으로 에서에게 거부하기 힘든 조건을 내걸고 그를 속였다. 야곱은 나중에 자기 아들인 요셉이 형들의 시샘을 받아서 불의의 사고를 당한 것처럼 하여 아들을 잃게 되는 것을 경험한다. 그리고 그중의 백미는 카인이 질투심에 불타서 자신의 동생인 아벨을 죽이는 것이다. 이러한 일련의 이야기들이 전하는 메시지는 분명하다. 형제간의 경쟁의식은 죄를 낳는다는 것이며, 또한 형제간에는 경쟁의식이 깔려 있을 수밖에 없다는 것이다.

이러한 비참한 경고가 있음에도 불구하고 형제간의 싸움이 지닌 가치를 잊어버리기 쉽다. 형제간의 경쟁은 자연스러운 것이며, 그것은 동물의 왕국에서도 나타나는 현상이다. 원숭이들이나 고양이들 혹은 강아지들 아니면 당신의 아이들 사이에서도 잽싸고 빠른 쪽이 원하는 것을 먼저 잡는다. 서로 투쟁하면서 아이들은 이 세상에서 자신의 자리를 잡아가는 것을 배우게 된다. 그런데 동물들이 놀이로서 싸움할 때 서로에게 보내는 신호는 그다지 심각하지 않다. 아이들에게서도 마찬가지인데 부모들은 아이들의 싸움을 심각하게 본다.

친구 사이에서건 아니면 형제 사이에서건 지배적인 위치를 차지하고자 하는 시도를 하는 과정에서 아이들은 거칠어지고 탄력성도 가지게 된다. 그리고 강아지나 고양이처럼 아이들도 어느 정도 안전선 안에서 싸움을 한다는 것을 발견할 것이다. 특히 아무도 끼어들 사람이 주위에 없거나 누구의 잘못이라고 선언해줄 사람이 없으면 아이들은 알아서 싸움을 조절한다. 싸우면서 아이들은 어떻게 주장을 하고 권리를 보호하며 또한 누가 끼어들지만 않는다면, 결국 어떻게 타협을 하는지도 자연스럽게 배운다.

그렇지만 이러한 것은 부모의 반응에 따라 많이 좌우된다. 부모가 형제들 간의 경쟁의식을 적절하게 다루어야 남매들 사이의 관계, 또 부모와의 관계도 결정 짓는다.

✱ ✱ ✱

실비아 화이트라는 중년 부인이 우울증으로 나를 만나러 온 적이 있었다. 그녀는 헌신적인 아내와 엄마로서 항상 다른 사람의 요구를 들어줄 준비가 되어 있었다. 이제 그녀는 50세가 되었으며 아이들은 다 자랐는데, 스스로는 공허함을 느꼈다. 그녀는 왜 자기가 스스로 즐기는 것이 그렇게 어려우며, 그녀 표현으로는 "다른 사람에게 집착하는지 모르겠다."고 했다. 19살과 21살의 딸들이 독립해서 살고 있지만, 그녀는 끊임없이 그들의 장을 봐주고 세탁까지 해주고 있다.

다른 많은 내담자와 마찬가지로 그녀도 자신의 상황을 개선하기 위해 어떤 것이 필요한지 알기 위해 치료를 받으러 온 내담자였다. 그녀에게 필요한 것은 때에 따라서는 '싫어'라고 말하는 것을 배우는 것이었다. 그녀는 치료회기를 지금 현재 누가 무엇을 해주기를 바라고 있는지 그리고 그녀가 왜 거절해서는 안 되는지를 말하는 일종의 자기변호의 기회로 삼고 있었다. 문제는 그녀의 습관을 바꿀 수가 없다는 데 있었다. 자신에게 필요한 것이 무엇인지를 알았지만, 그녀의 습관은 어렸을 때부터 그녀의 몸에 배어 있었고 그러한 습관을 바꾸는 것은 어려운 일이었다.

실비아는 딸 셋 중의 막내였다. 4살이 되었을 때 아버지가 세 번이나 심장발작을 일으켰으며 그 후 10년 동안 병상에서 보냈다. 그래서 가족의 분위기 자체가 환자가 있는 집안의 전형적인 분위기였으며 어머니는 아버지에게 나쁜 영향이 있을까 봐 아이들에게 항상 시끄러운 소리를 내지 말고 싸우지 말고 아버지를 화나게 하는 일은 하지 말라고 주의를 시켰다. 이런 환경에서 성장한 아이들은 말썽부리면 안 된다는 규칙을 절대로 잊지 못한다. 적어도 실비아에게는 그렇게 영향을 미쳤다. 그렇지만 실비아의 언니들에게는 어머니의 말씀이 그렇게 영향을 미치지 않았다. 그들은 지속해서 시끄러운 소리를 냈으며, 자기 일에 관심이 있었고 서로 싸워댔다. 간단히 말해, 언니들은 어린아이처럼 행동한 것이었다.

만성적인 질병을 앓고 있는 남편으로부터 정서적인 단절을 경험한 실비아의 어머니는 '착한 딸'로부터 마음의 안식을 찾고 동정을 받고 싶어 했다. 어머니는 실비아 언니들의 생각 없는 행동에 대해 실비아에게 불평하며 실비아에게 집안일을 도와줄 것을 바랐다. 실비아는 엄마 말에 따라서 어린 신데렐라 역할을 했다―매사에 사랑과 의무라는 짐을 지고 제대로 하지 못했을 때 위협을 당하고 처벌을 받는 역할을 한 것이다.

✳ ✳ ✳

또 다른 내담자는 대학원에 들어갔을 때 심하게 불안을 느끼게 되어 나를 찾아온 경우였다. 대학에서 성적을 잘 받았음에도 불구하고 히데키는 자신의 분수에 맞지 않은 선택을 한 것 같아 두려워하고 있었다. 그의 생각에는 자기가 주제를 모르고 너무 많은 것을 가지려고 한 사기꾼이며 곧 정체가 드러나리라고 생각하였다. 그가 수업시간에 발표하도록 지적을 당할 때마다 그는 공황발작의 증세를 나타냈다.

히데키가 대학원 생활을 이야기하는 것 중에 나의 관심을 끈 것은 그가 지나치게 자신과 동료 학생들을 비교한다는 점이었다. 그는 동료들이 자신보다 아는 것이 훨씬 많으므로 그들과 경쟁할 수도 없고 사회적으로 어울릴 수도 없다고 생각했다. 그의 이러한 감정의 뿌리를 알아내는 것은 어려운 일이 아니었다.

히데키는 3형제 중 막내였다. 그는 각각 2살과 4살이 많은 형이었는데 그들은 상당히 경쟁적인 성격이었다. 형들은 히데키가 도움이 필요한 어린 동생이 아니라 자신들의 맞수로 생각하고 대했으며, 히데키가 어렸기 때문에 그는 형들의 상대가 되지 못했다. 히데키의 어머니는 항상 피곤하고 여기저기가 아픈 상태였기 때문에 어린 아들을 보호하고 지원해주는 어머니로서 역할을 잘 하지 못했다. 사실 히데키는 어머니의 중재가 필요했다기보다는 어머니가 자신을 감정적으로 알아주고 지지해주는 것이 필요했다. 관심을 받지 못했던 히데키는 아버지에게 구원을 요청했지만, 아버지도 지원을 해주지 않은 것은 마찬가지였다.

히데키의 아버지는 거칠고 공격적인 사람으로 이 세상은 정글이며 거칠게 대결하는 사람만이 살아남는다고 믿는 사업가였다. 그는 아들들에게 여러 가지 운동을 가르쳤으며 이기는 사람만이 최선이라고 가르쳤다. 히데키는 이길 수가 없었다. 아버지의 사랑은 조건적인 것이었으며, 그 조건은 두 형을 이기는 조건이었고 그것은 히데키에게는 불가능한 조건이었다. 자연스럽게 히데키는 자라면서 자신이 부적절한 사람이라고 생각하며 성장을 했고 어떤 심각한 도전에 처하게 되면 항상 지게 되어 있었다.

\* \* \*

많은 부모는 자녀들의 싸움에 예측 가능한 반응을 한다. 그러한 반응은 부모 자신의 공격성에 대한 두려움(자녀들이 공격적이 될까 봐)과 부모로서의 의무감(자녀들을 제대로 못 키우면 어떡하나 하는 불안)에 근거한 반응이다. 부모의 반응은 작은 싸움에 대해 말로 야단을 치다가 결국은 아이들을 위협하는 것으로 끝나기 때문에 아이들이 자기들끼리 싸움을 끝낼 기회를 주지 못한다.

부모가 의도가 있거나 없거나 간에 자녀들끼리 경쟁하게 만들면 (때로는 은연중에) 결국은 자녀들은 불같은 경쟁심과 분노를 느끼면서 상황이 마무리된다.

따라서 부모는 동생에게 형과 똑같이 행동하라고 하지 말아야 하고, 큰 아이보고 동생을 이기라고 하지 말아야 한다. 모든 아이는 나이, 크기, 능력에 따라 다르다. 따라서 모든 아이를 자기만의 특징을 지닌 아이로 대해야 한다. 그러나 모든 부모가 항상 이런 사실을 깨닫지 못한다.

때때로 부모들은 장난스럽게 한 아이를 다른 아이들과 비교하면서 놀리기도 한다. "빌리야, 누나보다 빨리 수영할 수 있지?" "누가 가장 큰 눈사람을 만들 수 있지?" 때때로 부모는 자녀들을 어려운 곤경에 처하게 하고, 곤경에서 누가 빨리 빠져나오는지를 경쟁시키는 경기에 참여시키거나, 누가 더 청소를 빨리하는가, 누가 더 높은 학교 성적을 올리는가, 누가 더 사람들이 모였을 때 예의 바르게 행동하는가, 혹은 모범생 친구와 사귀는가 등을 비교 판단한다. 자주 부모는 비밀스럽게 이런 경쟁을 시킨다. "너한테만 말하는데, 절대로 형(동생)한테 말하지 않기로 약속하자." 이런 행동을 좀 더 깊이 생각해봤다면 부모들이 이런 행동을 하지 않을 것이다. 문제는 부모가 별생각 없이 이런 행동을 한다는 데 있다.

비교가 가족의 삶을 경연대회로 만든다. 긍정적 표현을 하면서 비교하는 것도 다른 형제를 막연하지만 다른 사람을 이겨야 한다는 마음을 갖게 한다. 부적절한 비교 ("너도 네 동생처럼 엄마에게 도움을 주면 좋을 텐데.")는 최고가 되지 못하면 매우 부족한 사람이 될 것이다. 또한 '좋은' 형제 관계에 분노하고, 평생 타인과 자기를 항상 비교하면서 살게 된다.

✲　✲　✲

부모들이 형제간의 질투심을 키우는 잘못된 양육방식은 자녀들에게 다른 역할을 떠맡기는 데서부터 시작된다. 만일에 한 아이에게는 '귀여운 아기'라고 하고 다른 아이한테는 '다 큰 아이'라고 한다면, 큰 아이는 동생을 질투할 수밖에 없다. 큰 아이는 자기가 동생보다 크다는 느낌보다는 부모가 동생한테 보내는 사랑의 눈길을 부러워하게 된다.

부모가 자녀에게 어떤 역할을 배정하면 그들의 성장은 비틀어지게 한다. 어떤 긍정적인 역할이든 한 역할에만 매이다 보면 다른 역할은 못 하게 되기 때문이다. 부모가 자녀에게 ('공부 잘 하는 딸', '유명한 운동선수', '신중한 아이') 특정한 타이틀을 붙이면 부모는 자신의 기대나 불안을 자녀에게 투사하는 것이다. 이런 태도는 자녀의 발달을 제한하는 것뿐만 아니라 자녀를 부모가 원하는 방향으로 아이들을 밀어붙이거나 혹은 자녀들을 갈라놓는다. 만일에 한 아이를 '깔끔한', 다른 아이를 '게으르고 지저분한'으로, 한 아이는 '못된(제멋대로)', 다른 아이는 '착한(말 잘 듣는)'이라고 나누게 되면 한 아이는 다른 아이의 역할을 보완하는 역할을 하게 된다.

내가 자랄 때 형은 항상 '큰 형'이었고, 나는 '아기'이었다. 나는 항상 불평등한 대접을 받았다고 믿었다. 형은 어떤 경연대회에서 이긴 적이 없었다. 그러나 형은 나보다 먼저 태어났기 때문에 먼저 수영을 배운 것뿐이었다. 내가 형보다 더 잘 할 때는 "아이고 어떻게 아기가 이겼을까?"라는 말을 들었다. 형은 항상 머리 좋은 공부 잘하는 아이였고, 나는 단지 운동을 잘하는 아이였다. 사실 형도 나만큼 운동을 잘했고, 나 또한 형만큼 똑똑했다고 믿는다. 이러한 이미지는 발견되는 것이 아니라, 부여된 것이다. 이렇게 되면 결과가 반드시 따른다. 나는 운동을 지나치게 많이 하게 되었고 언제나 뛰어난 스타 운동선수가 되려고 노력하였으나 결코 그렇게 되지 못했다. 형은 어떤 운동 팀에도 참여하려 하지 않았다. 나의 경우는 머리 쓰는 영역에 속하지 않았다고 믿었기 때문에 학교 성적도 좋았고, SAT 성적도 좋았음에도 불구하고 마지막 순간까지 아이비리그 대학교에는 입학원서조차 제출하지 못했다.

나의 이야기를 들으면서 여러분도 가족에서 어떤 역할을 했는지 기억해낼 수 있을 것이다. 그리고 부모가 어떻게 그런 역할을 맡게 했는지도 기억하게 될 것이다. 이런 작업은 여러분이 성장 과정에서 가족 내에서 무슨 경험을 했는지를 보게 해준다.

✳ ✳ ✳

가족치료사의 기능 중의 하나는 가능성을 제한하는 것에 도전하는 것이다. 자기를 고정된 역할을 강조하면서 그 역할에만 매이게 하고 다른 역할은 무시하는 것에 도전해야 한다. 예를 들어, 딸을 '고집스러운'이라고 부모가 규정짓는다면 부모는 딸이 부모의 말을 잘 들을 때는 무시하고 지나치게 부모와 싸우는 것에만 초점을 맞추는 것이다. 또 아들을 "공부 못하는" 아이라고 규정짓는다면 아들도 자신에게 공부 잘 할 것을 기대하지 못할 것이다.

정체성이 형제간의 비교로부터 형성된다면 아이들을 조그만 박스에 넣는 것과 같다. 결과적으로, 능력은 위축되고, 아이의 인간성마저 훼손된다. 가족들이 어떤 방식이든 자기들을 경직된 틀로 표현하면, 가족치료사는 그들이 틀렸다고 이야기해야 한다. "아닙니다. 여러분이 깨닫고 있는 것보다 훨씬 복합적입니다."

가족들이 서로를 설명할 때 긍정적인 측면을 강조해야 한다. 특히 개발하지 못한 가능성도 찾아보는 것 또한 매우 중요하다.

# 밀착 : 구성원들이 분리되지 못한 채 한 덩어리가 되다

형제간의 경쟁심을 다루는 데 있어 부모들이 하는 가장 큰 실수는 아이들의 삶을 너무 많이 통제하는 것이다. 즉, 밀착이 문제이다.

가족은 서로를 지나치게 참견하는 것을 막기 위한 경계선을 가진 하위체계를 기초로 세워진다는 것을 기억하기 바란다. 각 하위체계 사이의 경계선이 명확하지 않으면 가족이라는 단위의 구성원들은 서로 교환적으로 기능하는 방법을 배울 수가 없다. 세대 간의 분명한 경계선이 없다면 부모의 지나친 참여가 오히려 자녀에게는 해가 된다. 만약 모든 사람이 동등하다면, 어떤 상황에서 책임자는 필요 없게 된다. 자녀들은 반드시 부모를 존경하도록 가르쳐야 하지만, 부모도 역시 자녀를 존중해주어야 한다. 자녀들이 서로 잘 지내는 것을 가르치기 위해 애를 쓰는 부모들은 아이들이 스스로 잘 지내는 것을 배울 기회를 빼앗기도 한다.

우리가 부모 노릇을 시작할 때는 그다지 아는 것이 없지만 자녀를 키우는 과정에서 시행착오를 통해 많은 것을 배우게 된다. 이미 알고 있듯이 시행착오를 통해 배우는 것은 강화를 통해 그 원리가 작동한다. 여러 번 시험을 한 후 효과 있는 방법을 선택하고 그렇지 않은 방법을 버리는 과정을 겪는다. 이러한 방법은 흰 쥐가 실험실의 미로를 통과하는 것과 같은 이치이다. 그들은 여러 번의 시도 끝에 결국 치즈를 찾아간다. 한쪽 길로 가서 치즈가 없으면, 그 쥐는 이번에는 다른 길을 따라가 본다. 여기에서 인간과 쥐의 차이점은 인간은 쥐보디 훨씬 복잡한 두뇌 구조로 되어 있다는 것이다. 그러므로 우리는 아무런 효과가 없어도 한 가지 방법을 몇 년 동안이나 시도해 본다. 아마도 다음번에는 효과가 있을 것이라는 희망을 품고 말이다.

가족 안에서 우리는 가끔 실수한 것을 가지고 칭찬을 받을 때가 있다. 다음의 예는 아주 익숙한 가족 상황이다. 아이에게 엄격하게 대하는 엄마가 슈퍼마켓의 계산대에 서 있을 때 어린 아들이 사탕을 하나 가지고 왔다. 엄마는 아이에게 금방 저녁 시간이니까 사탕은 안 된다고 했고 아이는 징징거리기 시작했다. 엄마는 화가 나서 "네가 징징거린다고 해서 내가 네 말을 들어줄 것으로 생각한다면 그건 네가 잘 모르고 그러는 거야, 어림없어!"라고 말하고, 이 말에 아이는 더 신경질적으로 소리를 지르며 큰 소리로 운다. 마침내 당황하고 창피함을 느낀 엄마는 "알았어, 당장 울음을 멈추면 과자 하나 사줄게."라고 말하면서 항복을 하고 만다.

분명히 이 엄마는 아이의 나쁜 성질을 강화하는 것이다. 또한 여기서 중요하게 주목할 것은 이 엄마는 자신이 항복하는 것이 평화를 가져온다고 생각한다. 행동주의자들은 이것을 상보적인 강화라고 부르는데 이것은 바람직하지 않은 행동의 악순환을 유지하는 주요한 방법의 하나이다.

많은 사람이 욱하는 성질이 있는 사람에게 항복하는 것은 좋지 않은 일이라는 것을 알고 있으므로 나는 일부러 욱하는 성질의 예를 들어 상보적인 강화의 개념을 소개하였다. 형제간에 싸움할 때도 모든 것이 분명히 드러나지 않는다. 특히 융합된 부모는 너무 많은 개입을 한다. 불행하게도 이러한 개입이 싸움을 더 강화한다. 때때로 부모들이 문제에 개입함으로써 그 문제를 해결하기는커녕 오히려 싸움을 부추긴다. 다음은 전형적인 예이다.

공휴일 저녁 식사를 위해 식구들이 다 모였는데 아이들이 식탁에서 자리싸움을 시작한다. "내가 아빠 옆자리에 앉을 거야.", "아니야, 내가 앉을 거야.", "아니야, 나야!" 이 경우 엄마가 개입해서는 "너희들 그렇게 싸우려면 모두 네 방으로 올라가."라고 말한다. 아이들의 싸움은 가라앉지만, 나중에 다시 시작한다. 그들은 항상 그런 식이었다.

이러면 부모가 취해야 할 태도는 아이들의 논쟁에서 물러나 있는 것이다. 즉, 아이들이 스스로 정리하도록 놔두는 것이다.

✳ ✳ ✳

형제자매 하위 체계의 경계선을 존중하기 위해서는 서로의 관계가 어떤 관계이고 부모와 각각의 자녀가 어떤 관계인지를 분명하게 해주는 것이 도움이 된다. 몇 시에 잠자리에 드는지, 누가 먼저 잠자리에 드는지, 부모가 거실에서 독서를 할 때 아이들이 옆에서 소리 지르며 싸우는 것을 허용할지 등이 부모가 아이들에게 알려줘야 할 사항이다. 누가 누구의 이름을 부르는지, 놀이터에서 무엇을 하고 놀지, 이번에는 자동차의 앞자리에 누가 탈지, 그리고 잘 알려진 싸움 거리인 '누가 먼저 시작했는지' 이러한 것들은 아이들이 해결해야 할 문제들이다. 부모들은 간섭해서는 안 된다. 아이들이 서로 협상하는 것을 배우도록 놔둬야 한다.

형제자매 집단은 어떻게 사용되는가에 따라 아이들의 학습장이 될 수 있고 그렇지 않을 수도 있다. 어떤 아이들은 과도하게 간섭하는 심판관 때문에 싸움하는 방법만을 배우기도 한다.

"무슨 말을 하는지는 알겠는데요. 아이들이 소리 지르고 악을 쓰고 나쁜 말을 하면 어떻게 하지요?"라는 질문이 나올 수 있다. 아이들은 당연히 그렇게 행동한다. 그런데 만약 아이들이 부모가 간섭하리라는 것을 알면 자기들이 어떤 행동을 하든지 결국 자신들은 안전하게 남게 되리라는 것을 안다. 아이들이 부모의 간섭에 의존하게 되면, 그들은 벌을 받지 않으면서도 열을 내면서 싸우는 것을 배우게 된다. 아이들은 엄마나 아빠가 개입할 것을 알고 있기 때문에 자신들은 아무런 책임도 지지 않게 되리라는 것을 안다.

아이들이 싸우고는 부모에게 이르려고 왔을 때 부모는 아이들에게 자기 일은 자신들이 알아서 해결할 능력이 있다고 믿는다고 말하고는 그 자리를 뜨는 것이 가장 좋은 방법이다.

"엄마, 엄마, 타미가 내 방에 와서는 내 손전등을 가지고 나를 놀렸어요."

"내가 언제 그랬어. 그건 내 손전등이야. 네 것은 지하실에 있잖아."

"봤죠? 엄마. 빨리 내 것 돌려주라고 해요. 엄마."

"내가 보기에는 너희 둘이서 충분히 이 문제를 해결할 수 있을 것 같은데. 나는 저녁 준비를 마쳐야 하니까 너희들이 알아서 해라."

이럴 때 부모의 치명적인 실수는 '누가 먼저 시작했는지'를 가리는 것이다. 누가 먼저 시작했는지를 가리는 것은 거의 불가능하기 때문이다. 언제 그것이 시작되었지? 제시가 C. J.를 "닭대가리"라고 불렀을 때였을까 아니면 C. J.가 제시의 방에 무단으로 들어갔을 때였을까? 부모의 또 다른 실수는 아이들 모두에게 책임을 부여하는 게 아니라 한 아이에게만 책임을 부여하는 것이다. 부모가 누가 싸움을 시작했는지를 알 경우라도, 이것이 문제의 요점은 아니다. 부모가 개입하려면 모든 아이를 다 야단쳐야 한다. 그렇게 해야 아이들은 자신들이 모두 한배를 탄 사람들이며 함께 협조해야 하는 사람들이라는 것을 알게 된다.

✳ ✳ ✳

자녀를 사랑하고 모든 것이 제대로 돌아가기를 원하는 마음 때문에 부모는 여러 가지 방법으로 자녀의 인생에 간섭하고자 하는 유혹을 받으며 실제로 종종 부모의 책임과 자녀들의 일 사이의 경계선을 넘나드는 경우가 있다. 그렇지만 부모-자녀 사이의 밀착이 발생하면 부모들은 자신의 행동을 자제할 필요가 있다.

그러나 여기서 한 가지 주의할 점이 있다. 밀착의 문제를 이야기하면서 내가 심리적인 분석에서 엄마한테 모든 문제를 뒤집어씌운 것 같이 보일 수 있다. 그렇지만 밀착은 어머니만의 전유물은 아니다. 그것은 가족의 패턴인 것이다. 어머니들이 통제하고 침범하려고 자녀들의 삶에 깊게 관여하는 것은 아니다. 아버지들이 자녀들에게 덜 참여할수록, 어머니들이 더 지나치게 관여하게 된다.

## 유리 : 구성원들이 모래알처럼 흩어지다

스튜어트는 헤더의 손을 꼭 잡고 모두 똑같은 게임 쇼를 방송하고 있는 컬러 TV의 진열대가 있는 곳을 지나서 자전거를 파는 곳으로 걸어갔다. 그는 시어스 백화점에 오랜만에 와서는 백화점의 규모가 커진 것과 진열품들이 최첨단의 상품들과 유행에 맞는 옷들로 바뀐 것을 보고는 세월의 흐름을 느끼고 있었다. 그들이 자전거 상점에 들어갔을 때도 그가 예상한 것보다 많은 종류의 자전거들이 있었다. 그리고 가격도 놀라웠다. 스튜어트는 100달러면 좋은 자전거를 사줄 수 있다고 생각했지만, 자전거의 가격은 100달러부터 시작해서 그 이상으로 올라가고 있었다.

헤더에게는 처음으로 사주는 자전거였다. 헤더가 이제는 제이슨으로부터 물려받아서 쓰던 자전거를 타기에는 많이 자라서 스튜어트는 딸에게 뭔가 특별한 선물을 해주고 싶었다.

"오늘은 아주 특별한 날이야. 너도 이제는 많이 자라서 엄마와 나는 네가 참 자랑스럽단다. 이제 너도 네 자전거를 가질 때가 됐어."라고 헤더에게 기분이 좋아서 말하고는 스튜어트 자신도 기분이 좋았다.

헤더도 기분이 좋았지만, 겉으로 표현하지는 않았다. 이러한 특별한 대접에 대한 보답으로 헤더는 평소에 아버지가 가르쳐준 대로 행동하고 있었다. 여러 종류의 자전거를 살펴본 후 스튜어트는 헤더에게 어떤 것을 가장 갖고 싶으냐고 물었고 헤더는 아무거나 좋다고 말했지만, 스튜어트는 헤더가 옅은 자주색과 하얀 색으로 된 자전거에서 눈을 떼지 못하는 것을 알고 있었다. 스튜어트는 그와 비슷한 것을 전에 본 기억이 났다. 헤더의 친구인 BJ가 그런 것을 가지고 있었는데 그녀의 것은 빨간색이었고 이것보다 약간 작은 것이었다. BJ의 아버지는 마린 미들랜드 은행의 부은행장이었다. 헤더가 마음에 두고 있는 자전거는 발판과 손잡이, 그리고 브레이크가 있는 것이었으며 떼었다 붙였다 하는 하얀색의 바구니도 있었고 가격은 249달러로 스튜어트가 예상한 것보다 훨씬 비싼 것이었다.

"너 정말 저 자전거를 좋아하는구나."

"네, 그렇지만 다른 자전거들도 다 좋아요. 아빠."

스튜어트는 이 귀여운 딸에게 팔을 돌려서 꼭 안아주면서 "아빠는 너를 정말 사랑한단다. 헤더야."라고 말하고는 판매원을 돌아보며 "저것을 주세요."라면서 옅은 자주색과 하얀색의 자전거를 가리켰다.

"아빠 정말 감사합니다! 너무 너무 감사합니다!"

판매원은 스튜어트 차 트렁크에 자전거를 넣는 것을 도와주었다. 스튜어트는 차에 타자 헤더에게 저녁을 어디서 먹고 싶은지 물어보았다. 이것이 바로 스튜어트가 헤더와 시간을 보낼 때 선호하는 방법이었다.

헤더는 아무 데서나 먹어도 된다고 말하면서 중국 식당도 좋다고 하였다. 헤더는 아버지가 중국 식당을 좋아하는 것을 알고 그렇게 말한 것이다.

"애야 우리 저녁 먹으러 가는 대신에 집에 가서 자전거를 탈까? 저녁은 아빠가 피자집에 전화해서 배달시켜 먹고."

"아니에요, 아빠. 아빠랑 저녁 먹으러 가고 싶어요."

'황금용'이라는 중국식당으로 가던 도중에 스튜어트는 "우리 그냥 집에 가자, 집에 가서 자전거를 먼저 타는 것이 좋을 것 같아."

"아빠 말이 맞아요, 저도 그럴 것 같아요."라고 헤더도 들떠서 말했다.

스튜어트의 집에서는 다른 식구에게 물을 마시겠냐고 물으면 괜찮다고 사양하는 말을 세 번 정도 해야 하고, 정말로 괜찮다고 생각하면 그때 고맙다고 하면서 물을 받아 마신다.

집에 돌아와 스튜어트의 트렁크에서 자전거를 꺼내자마자 헤더는 자전거를 타고 길을 따라 내려가 BJ를 찾으러 갔다. 스튜어트는 딸이 페달을 밟아가는 것을 보며 딸이 좋아하는 모습에 기분이 좋았고 딸에게 그런 기쁨을 주었다는 것도 기분이 좋았다.

한 30분쯤 후에 제이슨이 화가 잔뜩 나서 들어와서는 "저 멍청한 아이 같으니라고, 헤더는 참."이라고 소리쳤으며 두 발자국쯤 뒤에 헤더가 울고 서 있었다. "아빠 제이슨이 내 자전거는 차고에 넣지 못하게 해요."

스튜어트는 아이들이 싸우는 것에 별로 신경을 쓰지 않았지만(샤론이 허락하지도 않았지만), 왜 아이들이 그들의 싸움에 그를 끌어들이는 것일까?

"헤더가 내 자리를 차지했어요. 나는 항상 아빠 차와 엄마 차 사이에 내 자전거를 놓는데 헤더가 그 자리를 빼앗았어요."

"차고에 다른 자리도 없고, 또 네가 그 자리를 산 것도 아니잖아."

스튜어트는 이런 소리들을 더 듣고 싶지 않았다. 아이들이 자신들의 싸움을 아직도 부모가 정리해주기를 바란다는 사실에 화가 났다. 그는 그들 사이에 끼어들 의사도 없었으며 그들의 말을 듣고 싶지도 않았다. "미안하지만 너희 둘이서 알아서 해결할 일 같다. 자 이제 나가서 알아서 해라."라고 말하고는 아이들을 내보냈다.

제이슨과 헤더는 아버지가 자신이 관여할 일이 아니라고 이야기하는 의미를 알았기 때문에 그 방에서 나왔다. 그들은 아무것도 의논하지 않았다. 사실 의논할 일도 없었다. 그냥 그렇게 끝났다. 차고에는 자전거 두 대가 들어갈 만한 공간이 있었다. 그렇지만 그들의 불화는 끝난 게 아니었다.

그들이 어떤 감정을 느꼈을까? 스튜어트는 전혀 눈치채지 못했다. 그는 그들의 감정에 대해 생각해보지도 않았다. 중요한 것은 아이들이 자신의 문제를 해결하기 위해 다른 사람에게 의존하지 말고 자기 일은 독립적으로 알아서 해결하는 것을 배우는 것으로 생각했다. 그것이 스튜어트의 의도였다.

제이슨은 헤더가 항상 자신의 무엇인가에 끼어드는 것이 싫었다. 헤더가 제이슨의 방에 기어 올 수 있을 때쯤부터 항상 제이슨에게 방해가 됐다. 그렇지만 그는 아무런 조치도 취할 수 없었다. 엄마와 아빠는 항상 헤더 편이었고 그에게 동생과 모든 것을 나누라고 하였다.

헤더는 제이슨이 BJ 앞에서 자신을 아기라고 부른 것에 화가 났다. 그는 항상 그녀를 우스갯거리로 만든다. 헤더는 제이슨의 자전거를 치워달라는 부탁을 하러 아버지에게 간 것이 아니었다. 그 정도는 자신이 할 수 있었다. 문제는 자신을 못살게 구는 방법을 알고 있으며 친구 앞에서 자신을 울게 만드는 방법을 알고 있는 오빠와 함께 있을 때 자신이 이제는 아기가 아니라는 것을 행동으로 증명하기가 어려웠기 때문이다.

두 아이 모두 자기 방으로 들어가서 문을 '쾅' 하고 닫았다. 두 아이는 다른 공간에서 같은 감정을 느끼며 있었다. 그들은 모두 화가 났고 절망감을 느꼈으며 둘 다 공감을 받지 못했다고 생각했고 이해받지 못했다고 생각했다. 헤더는 책을 집어 들고는 자신이 이해받지 못했다는 것을 잊으려고 했으며 제이슨은 머리 위까지 이불을 뒤집어쓰고는 모든 것을 한 번 더 되새겨보고 자신이 이해받지 못한 것에 대해 머리끝까지 화가 났다.

＊　＊　＊

부모와 형제자매 체계 사이의 명확한 경계선은 자녀들이 분쟁을 조절할 수 있을 정도의 거리감을 유지하는 것을 의미한다. 경계선이 약하면 아이들이 힘들 때 스스로 상황을 해결하지 못하고 부모가 개입해서야 해결하는 것을 말한다.

자전거 때문에 제이슨과 헤더가 싸운 뒤에 자기들의 방으로 뛰어 올라갔을 때 그들이 느낀 감정은 무엇이었을까? 스튜어트는 몰랐으며, 사실 아이들 자신도 잘 몰랐다.

우리가 감정에 대해 잘 알고 있는 것처럼 말을 하기는 하지만 감정이라는 것이 처음부터 그렇게 분명한 것은 아니다. 아주 어린 아이들의 감정은 미숙하고 모호하다. 아이들이 조금 크면 자신들이 기쁜지 아니면 고통을 느끼는지 정도의 감정을 안다. 감정을 아는 것은 시간이 필요한 것이며 부모는 아이들이 화가 났을 때와 기분이 나쁠 때, 흥미로움을 느낄 때와 약간 긴장할 때, 두려움과 죄책감 등의 감정을 분별하는 것을 이해해줌으로써 아이들의 감정 발달을 도울 수 있다. 어른이 되어서도 이러한 감정을 잘 구별하지 못하는 사람이 있다. 어떤 여자는 공격을 받으면 기분이 나빠지는 것만 느끼며, 어떤 남자는 공격을 받을 때 그 상처를 분노로 즉시 바꾸어 표현한다.

부모가 자녀들에게 감정을 가르치지는 않는다. 부모는 자녀를 이해하고 있다는 것을 보여주고, 자녀의 이야기를 들어주어 자녀들이 자신의 감정을 발견하도록 도울 수 있다. 이렇게 해주면 아이들은 '나쁜' 감정일지라도 그것이 자연스러운 감정이라는 것을 알게 되면서 혼란스러운 감정을 정확하게 깨달으면서 감정 분화를 할 수 있다. 공감이 가능한 부모가 아이의 상처를 이해해주는 것은 아이의 불행한 감정을 이해해주는 것이다. 이러한 공감을 받지 못하면 아이들은 서로에게 불만과 질투심을 느끼고, 부정적 감정은 점점 더 커진다.

아이들이 서로 싸울 때, 부모들은 그 싸움에서 물러서 있어야 한다. 그러나 아이 중 한 명이 부모에게 울면서 와서 불평하면 그 아이의 말을 공감하면서 들어주면서 아이의 마음을 이해하고 있다는 것을 아이가 알게 해줘야 한다. 부모가 싸움 자체를 말리는 역할을 하지 않아도 된다는 것을 알면, 울고 있는 아이의 마음을 읽어주기가 쉽다.

부모들은 아이들이 형제에게 가지고 있는 불편한 감정을 알아차려야 한다. 다시 말해 공감이 중요하다는 것이다. 감정과 행동을 분리하라. 행동은 아이들의 문제니까 아이들에게 남겨두고, 그들의 감정을 이해하도록 노력해야 한다. 아이들이 부모가 자기들의 감정을 이해하고 또한 그러한 감정을 받아들이고 있다는 것을 알게 해야 한다. "언니가 그렇게 행동하는 것을 싫어하는구나!", "어떤 때는 언니가 사라져 버렸으면 하고 생각하는구나.", "오빠는 네가 어떻게 하면 화를 내는지 알고 있으면서도 괴롭히는구나."

## 형제애와 자매애

"언젠가 우리 아이들이 친구처럼 지낼 날이 왔으면 좋겠어요." 이 말은 간절히 바라는 마음과 유감의 마음에서 나온 말이다.

사회적 지위, 일, 야망에 에너지를 쏟다가 마지막에 돌아가는 곳은 가족이다. 우리는 형제자매들의 다정함을 그리워하게 된다. 나이가 들수록 형제자매들은 서로를 찾게 된다. 이들은 서로의 자녀들도 돌봐주고 아이 키우는 물품(아기침대 등)도 서로 물려주고 아이 키우는 방법도 알려준다. 서로 좀 더 가까워지고 서로를 위해주게 된다. 그리고 함께 만나면 현재를 나누기도 하지만 또 과거의 이야기도 나누면서 즐거운 시간을 갖기도 한다. 서로 오해로 남아 있는 부분들이 있으면 서로 화해하고 서로 다정하게 지내려고 노력한다. 이때 형제자매들의 연결 정도는 과거 성장 과정의 경험으로 인해 달라진다.

✤ ✤ ✤

샤론의 실수는 스튜어트와는 정반대였다. 많은 사람이 그러하듯이 샤론도 친밀감과 조화를 이루는 것을 혼동하였다. 부모는 가족은 평화롭고도 재미있어야 한다는 믿음 때문에 아이들이 싸우면 쓸데없는 긴장을 한다. 아이들이 소리 지르고 싸우면 그들이 서로 사랑하고 필요로 하는지를 모른다. 아이들은 서로가 너무 가까워지는 것을 막기 위해 혹은 서로에게 얼마나 의존하고 있는지를 확인하기 위해 싸우기도 하고, 또는 자신들이 서로 다른 인격체라는 것을 알리기 위해 싸우기도 하고, 그냥 화가 나서 싸우기도 한다. 서로에게 화를 내서는 안 되는 관계는 서로 상대에게 닿지 않고 춤을 추거나 서로 접촉이 없이 나선형의 모양을 이루려고 하는 것과 같다.

싸우는 것도 친밀감의 한 부분이다. 형제자매들은 서로 잘 협조하며 '사이좋게' 놀며 서로 질투를 하거나 화를 내는 일이 없고 서로에게 이러한 감정을 느끼지도 않아야 한다는 편협한 관점이 오히려 자녀들 사이의 친밀감을 없애버린다. 서로 갈등이 없는 가족관계는 서로에 대한 열정이 없는 관계이다.

자녀들에게 갈등이 없는 것처럼 행동하라고 가르치는 것은 진실한 감정을 감추라고 가르치는 것이며, 자녀에게 감정의 한 부분이 잘린 상태에서 살아가는 어른들의 조심스럽고 긴장된 인간관계를 할 수 있도록 준비시키는 것과 같다. 자녀들의 싸움을 가로막는 것은 미래의 갈등을 회피할 것을 가르치며, 지속하는 관계의 어려움을 경험하게 하고, 불화를 해결하는 것을 경험하지 못하게 하는 것이다.

형제 관계는 평생을 가며 좋았다가 나빴다 하는 관계이며 그 관계 속에는 긴장 또한 있다. 그런데 형제들은 자신들의 관계보다 다른 사람과의 관계를 우위에 놓는 경우가 많다. 또한 우리의 배우자는 사랑하는 사람들과 형제자매들이 사이가 나쁘면 그들과의 관계를 끊는 경우가 많다. 그래서 우리가 20대나 30대일 때는 형제자매의 관계는 뒷전에 있다. 그러다가 가족의 위기와 같은 위기 상황이 일어나면 가족은 다시 모이게 된다. 그렇지만 여기서도 그들이 얼마나 가까이 모이게 되는지는 그들의 배우자에 달려 있다.

부모가 형제애를 돈독하게 만들기 위해서 할 수 있는 최선의 역할은 방해하지 말고 가만히 놔두어야 한다는 것이다. 자녀들이 알아서 형제자매 관계를 만들어가도록 놔두어야 한다. "사이좋게 놀아야지."라고 다그치지 말고 자녀들이 함께 놀도록 참견하지도 말라. 그들이 같이 놀고 싶으면 같이 놀고 싸울 일이 있으면 싸우게 놔두는 것이 중요하다.

# 외도 : 순수성의 상실

**폭**풍은 그쳤지만 바람이 나뭇가지를 스칠 때 눈가루가 땅으로 떨어지는 것을 보면 지난밤의 폭풍이 아직 끝나지 않은 것처럼 보였다.

스튜어트와 샤론은 거실에 앉아 **뉴욕타임스**를 읽고 있었다. 스튜어트는 새로 나온 책 중에서 읽을 만한 것이 있나 보려고 신간을 소개하는 난을 훑어보고 있었지만, 마음속으로는 자신이 읽어야만 하는 책의 후기들이 소개되지 않기를 바랐다. 샤론은 여행 난을 훑어보고 있었다.

샤론은 신문을 내려놓고 창가로 갔다. 그리고는 밖의 눈 풍경을 보면서 서 있었다. 스튜어트는 샤론으로부터 10피트 정도의 거리에 있었지만, 왠지 멀리 있는 것처럼 느껴졌다. 뭐라고 딱 집어 표현할 수 없었지만, 그 둘 사이에는 적막감이 너무 커서 마치 큰 소리가 들리는 것 같았다. 스튜어트는 그 소리를 들을 수 있었다. 그것은 무겁고 탁한 소리였다.

샤론이 스튜어트의 외도를 아직 용서하지 않았다는 것을 증명할 만한 것은 아무것도 없었지만, 그는 샤론이 정말 용서했는지 몰랐고 샤론도 아무 말하지 않았으며, 그가 물어보지도 않았다.

그렇지만 영화나 TV 프로그램에서 외도를 다루는 장면이 나오기만 하면 분위기가 싸늘해지는 것은 분명히 느낄 수 있었다. 그의 옆에 앉아 있던 샤론도 같은 것을 느꼈을까? 분명히 그녀도 싸늘함을 느꼈을 것이다.

외도의 후유증은 이혼과 같다. 그들은 전리품들을 나눈다. 샤론은 수치심과 배신감, 그리고 자신에 대한 불신을 경험했다. 샤론은 자신에게는 아무런 잘못이 없다고 자신을 위로하려고 했지만 앞으로 어떻게 해야 할지 혼란스러웠다. 스튜어트는 죄책감, 수치심을 경험했고 또한 이제껏 가져보지 못했던 황홀한 성관계의 추억도 가지고 있다.

그들은 함께 생활하고 있었지만 이제 그들 사이에는 어떤 벽 같은 게 있다. 그전에도 서로 대화를 많이 하는 부부는 아니었지만 적어도 함께 대화할 수는 있었다. 그러나 이제는 대화조차 할 수 없게 되었다. 샤론은 스튜어트보다 늦게 잠자리에 들기 시작했고 남편보다 늦게 일어났다. 그를 피하고 싶었다면 왜 떠나지 않은 것일까? 아직 사랑이 있어서일까? 아니면 어떤 필요 때문일까?

스튜어트는 자신의 외도 그 자체를 아예 생각하지 않으려고 노력했다 — 그는 외도라는 단어 자체를 싫어했지만 그렇다고 다른 적절한 단어가 있는 것도 아니었다. 그에게 너무 고통스러운 기억이기 때문이었다. 그는 가끔 '내가 지금에야 깨달은 것을 그때도 알았더라면 절대 그런 일을 하지는 않았을 텐데.'라고 생각했다. 그리고는 자주는 아니지만 '그렇지만 그 믿을 수 없을 만큼의 열정은 다 어쩌고 그게 뭐 잘못이야.'라는 마음이 들기도 한다. 그의 이러한 회상은 "사랑을 하고 잃는 것이 사랑을 한 번도 해보지 않는 것보다 낫다."고 하는 오래된 속담을 생각나게 한다.

＊　＊　＊

6개월 전까지만 해도 스튜어트는 자신이 외도하리라는 생각은 꿈에도 하지 못했다. 그래서 동료들이 여학생들에 관해 이야기했을 때 당혹스러웠다. 그들은 대학원생이나 심지어 학부 여학생에 대해서까지 스튜어트는 듣기만 해도 민망한 이야기들을 하고 있었다. 이 아이는 엉덩이가 예쁘다는 등 저 아이는 가슴이 어떠하다는 등 그런 이야기를 하는 것이었다.

언젠가는 콜슨스 뉴스 앤 버라이어티라는 음식점에서 점심을 먹고 학교로 돌아가는 도중 피트와 돈이 펜트하우스 잡지를 열더니 "스튜어트, 이 그림 좀 봐."라고 말해 그림을 본 순간 스튜어트는 자신이 창피함을 느꼈다. '이들은 어떻게 저런 그림을 공공장소에서 보는 걸까? 아마 그들은 그림 속의 여자들을 보면서 자신만큼 속이 니글거리지는 않는가 보지?'라고 생각했다.

어느 늦은 봄 스튜어트는 새로운 비서를 고용하였다. 그녀의 이름은 안젤라, 그다지 예쁜 얼굴은 아니었다. 콧등은 약간 굽었고 키는 충분히 커서 자신감이 있어 보였다. 그렇지만 몸매는 늘씬하였고 자신도 그 점을 잘 알고 있는 것 같았다. 그녀는 이전에는 시내의 변호사 사무실에서 일했으며 지금은 분위기가 완전히 다른 직장인데도 여전히 세련되게 옷을 입고 다녔다. 옷은 번쩍이는 색깔의 몸에 꼭 맞는 원피스나 날씬해 보이는 치마에 실크 블라우스를 입었고 사무실의 다른 직원들에 비교해 화장도 좀 더 진하게 하는 편이었다.

피트와 돈은 새로 온 비서에 관해 관심을 가지고 "어떻게 그녀가 이 직업을 갖게 되었을까?"라며 말하기 시작했지만, 스튜어트는 안젤라가 그들과 비교해 지나치게 화려하다고 생각했다. 물론 그에게 어울리는 여자는 아니었지만, 그녀에게서 눈을 뗄 수가 없었다.

스튜어트는 새로 온 비서에게 매력을 느끼기는 했지만, 항상 거리를 유지했다. 시험문제를 타이핑하거나 학생의 서류를 찾아달라는 부탁할 일이 있을 때도 그는 짧고 형식적으로 말을 건넸을 뿐이었다. 그는 겉으로 보기에 약간 무관심해 보일 정도였다. 그렇지만 사실은 그는 그녀의 성적 매력에 푹 빠져 있었다. 그녀가 일한 지 한 한 달 정도 지난 다음에 모든 것이 바뀌었다.

어느 월요일 아침 스튜어트는 안젤라가 우울해 보였다. 그녀는 책상에서 뭔가 바쁘게 일을 하는 것 같았지만 평소에 비교하면 일의 진행이 잘 안 되는 것 같았으며 무엇보다도 그녀의 얼굴에서 미소가 사라졌다. 스튜어트는 그녀가 어떤 일에 마음을 쓰고 있다는 것을 알았지만 무슨 일로 그러는지 물어보지는 않았다.

다음 날도 마찬가지였다. 안젤라는 비참해하는 얼굴을 하고 있었다. 마침내 오후 늦게 스튜어트는 그녀의 책상으로 가서는 무슨 일이 있느냐고 물었다. "아무것도 아니에요. 그냥 감기에 좀 걸린 것 같아요."라고 그녀는 대답했다.

그다음 날은 수요일이었으며 그날 스튜어트는 대학원 학생들에게 '현대 미국 소설' 강좌를 가르치느라 늦게까지 사무실에 있었다. 그는 이 수업을 가르치면서 사울 벨로우는 물론이고 앤 타일러, 토니 모리슨, 그리고 그가 가장 좋아하는 필립 로스까지 자신이 좋아하는 작가들의 글을 다시 읽을 수 있으므로 이 수업을 좋아했다. 물론 그가 그 수업을 좋아하기는 했지만, 수업이 너무 늦게 끝나는 점은 마음에 들지 않았다.

점심시간에 스튜어트는 문을 잠그고 참치 샌드위치를 먹으면서 딕 프란시스의 소설을 읽고 있었다. 막 재미있는 부분을 읽으려는 순간 문을 노크하는 소리가 들렸다.

"들어와요."라고 가능한 한 예의 바른 목소리로 말했다.

문이 열리고 안젤라가 들어오면서 "시간 좀 내주실 수 있어요?"라고 말했다.

"물론이죠, 자 여기 앉아요."라고 그가 말했다.

안젤라가 잠시 스튜어트의 눈을 들여다보다가 곧바로 아래를 내려다보았다. 스튜어트는 그녀가 가까이 있다는 사실에 흥분되었지만, 자신의 감정을 누르려고 노력했다.

"선생님을 방해하고 싶지는 않지만 다른 사람한테는 이야기할 사람이 없어서요. 선생님은 이곳의 다른 사람들하고는 다르신 것 같기도 하고… 저에게 무슨 일이 있냐고 물어보신 것도 선생님이 처음이고요… 사실은 제 남자 친구하고 헤어졌어요…. 그런데 저는 대체 왜 그런 일이 일어났는지 그 이유를 도저히 모르겠고요…. 그는 자기가 심각한 관계는 별로 좋아하지 않는다고 말하기는 했지만 우리는 거의 1년 정도 동거를 하고 있었어요. 그렇다고 내가 그와 결혼하자고 한 것도 아니고요…. 저는 정말 어떻게 해야 할지 모르겠어요." 이 말을 하고 안젤라는 조용히 울기 시작했다.

"그것 참 안 됐군요."라고 스튜어트는 말했다. 이제는 그녀의 매력 때문에 압도당하는 기분이 아니었다. 그녀는 이제 매력적인 여인이 아니라 상처받은 어린 소녀같이 보였다.

스튜어트는 안젤라가 어떻게 그 남자 친구를 만났고, 처음에는 그 남자와 만나지 않으려 했지만 결국 어떻게 만나게 되었고, 그리고 점차 서로에게 진심이라고 생각을 하게 되었으며 이제 그는 떠나버렸고 자기만 혼자 남아 있는지에 관한 이야기를 다 들어주었다.

스튜어트는 그녀가 안 됐다고 생각했고 그녀를 버린 남자에 대해 화가 났다. 스튜어트는 그 남자가 다른 여자를 만난 것이고 그것을 사실대로 말할 만큼 솔직한 남자도 아니었을 것이라고 상상했다. 그렇지 않으면 왜 집을 나간단 말인가? 그렇지만 이 이야기를 안젤라에게 하지는 않았다.

몇 분이 지나자 안젤라는 눈물을 그치고 코를 풀었다. "미안해요. 나도 모르게 선생님을 귀찮게 했네요, 선생님이 바쁘신 걸 뻔히 알면서…."

"무슨 소리를, 나한테 자신의 이야기를 하고 싶다니 나로서도 반가운 일이고, 언제라도 또 이야기하고 싶은 것이 있으면 이야기해도 돼."

"고맙습니다. 살라자르 박사님."

"그냥 스튜어트라고 불러요."라고 스튜어트는 말했다.

"알았어요. 스튜어트, 내 이야기를 들어주어서 고마워요."

안젤라가 일어나서 나길 때 스튜어트는 일어나서 배웅을 해주었다. 그러면서 다시 한 번 안젤라가 참으로 매력적인 여자라는 것을 느꼈다. 그녀는 인사를 하고 나갔으며 스튜어트는 자신의 감정을 다시 한번 돌아보았다. 이제 그녀가 둘 사이의 어색함을 깨뜨렸으며 그는 그녀를 좀 더 편하게 대할 수 있다. 물론 그녀는 매력적이었지만 주위에 다른 사람이 있는 것도 아니었다.

이제 안젤라와 스튜어트는 친구 사이가 되었다. 그러한 관계는 스튜어트가 안젤라에게 학교에서 같이 커피를 마시자고 하면서 시작되었으며 한두 번 그녀를 점심에 초대하는 것으로 발전되었다. 그들의 대화는 그녀의 남자 친구와의 일에 관한 것이었고, 그녀는 그와 다시 합치기를 원하고 있지만 잘 안 되는 것 같았다. 스튜어트는 자신의 학생들에게 대하는 것처럼 친절한 삼촌의 역할을 하는 것에 편안함을 느꼈다.

갑자기 기온이 오른 어느 금요일 오후 스튜어트는 안젤라에게 "우리 그냥 어디에 잠깐 들릴까?"라고 말했으며 그들은 시내에 들어가 힐튼에 있는 술집으로 갔다. 스튜어트는 처음에는 허튼짓하는 어린애 같은 생각이 들어 긴장되었지만, 진토닉을 몇 잔 마시고 나자 기분이 느긋해졌다. 안젤라는 그에게 어떻게 해서 영어과 교수가 되었는지 물었고 스튜어트는 자신이 얼마나 책 읽기를 좋아했으며 사실 작가가 되고 싶었지만, 작가의 재능을 못 가진 것 같아서 지금처럼 대학에서 가르치는 일을 하기로 작정했다고 말했다. 그렇게 말을 하면서 스튜어트는 자신이 아무 거리낌 없이 개방하는 것을 발견했으며 그런 경험은 정말 오랜만이었다.

안젤라는 진심으로 관심을 보이는 것 같은 태도로 적절한 질문들만 골라 했다. 스튜어트는 이런저런 이야기들을 주절거렸다. 그는 자기가 어제 안젤라에게 무슨 이야기를 했는지 기억하지 못했다.

안젤라가 화장실에 간 사이 스튜어트는 바를 둘러보았다. 그곳은 그에게는 친숙하지 않은 환경이었다. 그 방 안은 서로 친해지기 위해 열심히 노력하는 잘 차려입은 젊은 남녀들로 붐볐다. 그들은 서로 상대방을 잡아먹으려는 먹이사슬을 보여주는 것 같았다. 그러자 스튜어트는 불편함을 느끼기 시작했다. 그는 이곳에 어울리지 않았다. 시계를 보았을 때 시간이 많이 늦어 있었다. 샤론에게 일이 있었다며 45분 내로 집에 도착할 것이라는 전화를 할 때 가슴이 쿵쾅거렸다.

"스튜어트 무슨 나쁜 일이라도 있어요?"

'그녀가 쿵쾅거리는 소리를 듣기라도 한 걸까?'라고 생각하며 "아니야 아무것도. 그런데 왜 그런 질문을 해?"

"글쎄 그냥 당신 목소리가 좀 이상해서."

"피곤해서 그럴 거야."

"집에 오면 시원하게 마실 것을 준비할게요. 그리고 같이 저녁 먹어요."

스튜어트는 안젤라를 그녀의 차가 주차해 있는 학교로 데려다주고는 집으로 갔다. 집에 들어서자 그는 안도감을 느꼈다.

✳ ✳ ✳

그 일이 있고 난 뒤 스튜어트는 안젤라를 피했다. 자신이 무슨 짓을 할지 자신의 감정을 믿을 수가 없었다. 그는 완벽하게 친절한 투로 아침 인사를 했지만 다시는 그녀와 식사를 한다거나 술을 마시러 나가는 일을 해서는 안 될 것 같았다. 그 대신 그는 모든 에너지를 스콧 피츠제럴드에 관한 저술에 쏟아 부었다. 이전에 열정적으로 한 절반 정도를 끝마쳤을 때 딱 막혀서 더 진도가 나가지 않았었다. 이제 그는 쓸 말이 많아져서 다시 그 작업을 할 수가 있었다.

한 달쯤 후 화요일 오후에 돈의 학생 중 하나가 박사 논문의 구두시험을 잘 통과한 것을 기념하여 영어과에서 단체로 간단한 파티를 했다. 스튜어트는 이런 행사를 싫어했다. 교수들이 마치 교회의 목사들처럼 둥그렇게 서 있으면 학생들은 신앙심 깊은 교구민처럼 여기저기 둘러서서 교수의 말을 한마디라도 더 들으려고 안간힘을 쓴다. 물론 그러다가 행운을 낚는 학생도 있었지만. 스튜어트는 늦게 가서 일찍 자리를 떴다. 와인을 두 잔 정도 마시고 잠깐 대화를 나눈 후 방으로 돌아와서 집필을 계속했다.

그런데 오늘은 자리를 뜨려는 순간 안젤라가 말을 걸었다. "벌써 자리를 뜨시는 거는 아니지요?"

"아니, 지금 떠나는 참인데. 가서 할 일이 많아서."

"참 안 됐네요. 같이 있고 싶었는데."

그날 오후 스튜어트는 집필에 온통 신경을 쓰고 있어서 시간이 얼마나 되었는지 몰랐다. 시각은 6시 45분이었으며 모두 집으로 돌아간 시간이었다. 그가 일을 마치려 할 때 문에서 누군가 노크를 했다. 그가 대답하기도 전에 안젤라가 들어오고 있었으며 손에는 와인을 들고 진한 향수 냄새가 났다. 그녀는 노란색 실크 블라우스와 검은색 가죽 치마를 입고 있었으며 저돌적으로 보였다. 스튜어트의 심장이 빨리 뛰기 시작했으며 숨을 쉬기가 힘들었다. 두 사람은 잠시 망설이는 듯했지만 숨을 쉬는 것도 힘들게 느껴지는 듯했다.

"살라자르 박사님, 아니 스튜어트 당신과 함께 자고 싶어요."

스튜어트는 숨을 쉴 수가 없었고 생각을 할 수도 없었지만, 순간적으로 원론적인 대답을 했다.

"안젤라 그 말은 정말 유혹적인데, 그렇지만 나는…. 아주 행복하게…. 결혼생활을 잘하는 사람이거든."

"상관없어요. 저하고는 관계없는 일이에요."

"그렇지 않아. 그럴 수가 없다고."

안젤라는 울기 시작했고 스튜어트의 마음은 방망이질 치기 시작했다. 그녀는 왜 하필이면 그에게 마음을 빼앗긴 것일까? 그는 그녀를 달래기 시작했다. 사실 그녀를 안아주고 싶었다. 그는 조심스럽게 그의 팔로 그녀의 어깨를 감쌌다. "제발 울지 마."

그녀는 그의 팔 안으로 들어오며 그에게 몸을 붙여왔다. 스튜어트는 이제 거의 이성을 잃었다. 단지 자신도 그녀를 많이 원하고 있었다는 사실만 알고 있었다. 그는 손을 앞쪽으로 가져와 그녀의 블라우스 쪽으로 가져왔으며 그녀는 속옷을 입고 있지 않았다. 그녀는 자신이 블라우스의 단추를 벗겼지만, 블라우스는 벗지 않았다.

스튜어트는 마치 10대 청소년같이 흥분했다. 여전히 자신이 그만 여기서 멈추어야 한다는 것을 알고는 있었고 그래서 잠깐 멈추고는 "여기서 그만두어야 해."라고 말했다.

안젤라는 블라우스가 벗겨진 채 어깨에 걸려 있는 상태로 눈을 감고 입을 약간 벌리고 입술은 젖은 채로 그 자리에 서 있었다. 그녀는 숨을 몰아쉬고 있었다. 스튜어트는 그 모습에 심하게 흔들렸으며 자제력을 잃었다. 그녀로부터 도망을 갈 수가 없었다. 안젤라는 자신이 치마를 들어 올리고는 스튜어트에게 접근했고 스튜어트가 두 손으로 뒤에서 그녀를 잡고 자기 쪽으로 잡아당기자 신음을 냈다.

스튜어트는 거기에서 멈출 수도 없었고 그렇다고 그 자세로 계속 진행할 수도 없었다. 어찌할 바를 모르고 있자 안젤라가 대신 결정을 해주고 행동으로 옮겼다.

그들의 관계가 끝났을 때 안젤라는 자신의 치마를 천천히 내리고 블라우스의 단추를 잠갔다. "이제 가봐야겠어요.", "알았어." 그것이 그들이 나눈 대화 전부였다.

스튜어트는 그날 밤 잠을 못 잤다. 위가 너무 아파서 몸을 구부리고 잠을 자야만 했다. 뱃속에서 마치 뭔가 살아있는 것에 불이 붙은 것처럼 꿈틀거리면서 타 들어 가는 것 같았다. 누워서 잠이 들려고, 아무 생각도 하지 않으려고 했지만, 그의 마음이 그를 가만 놔두지 않았다. '매독이나 헤르페스가 걸렸으면 어떻게 하지? 어떻게 샤론에게 이야기하지?' 그는 무슨 방법을 찾아야만 했다.

그는 아침 일찍 일어나 사무실에 가자마자 문을 잠그고 웨이즈 박사에게 전화를 걸었다. 벨이 두 번 울리자 그는 수화기를 놓고 말았다. '안전한 방법을 찾아봐야겠어.'라고 생각하고는 전화번호부의 의사 목록을 살펴보았다. 전화를 받는 곳의 간호사에게 자신이 성병에 걸린 것 같은데 가능한 한 빨리 피 검사를 받고 싶다고 했다. 그곳에서는 그날 오후에 시간이 있다고 했다. 튜브에 꽤 많은 양의 검붉은 색의 피를 뽑고 나서 간호사는 다음 날 전화를 해주겠다고 했다.

그날 밤도 스튜어트는 제대로 잠을 못 잤다. 다음 날, 의사의 사무실에서 전화가 왔을 때 스튜어트는 안도의 숨을 쉬었다. 그가 바보같이 걱정한 것이었고 너무 마음 약하게 행동했다. 그는 운이 좋았고 이제 또 한 번의 기회가 주어졌다. 이제 남은 일은 다시는 그런 일이 없도록 하는 것이었다.

안젤라는 그 주 내내 일하러 나오지 않았다. 그녀는 시내의 다른 곳에 일자리를 알아보러 간다고 하는 것 같았는데 스튜어트는 정확히 알지는 못했다. 다음 주 월요일에 안젤라는 다시 일하러 나왔으며 스튜어트는 그녀에게 할 말이 있다면서 오후에 커피 한잔하자고 했다.

시간이 되자 스튜어트는 너무 긴장해서 앉아서 이야기할 수 없을 것 같아 둘이서 잠시 걷기로 했다. 그들이 공개된 대학 교정을 아주 천천히 걷고 있었지만 스튜어트의 심장은 너무 뛰어서 숨을 제대로 쉴 수가 없을 정도였다. 그는 안젤라에게 자신이 절대 해서는 안 될 실수를 했으며 그것에 대해 미안하게 생각하고 다시는 그런 일이 없을 것이라고 말했다.

안젤라는 가만히 있었지만 약간 긴장을 하는 것 같았다. 그녀는 자기도 무슨 말인지 이해한다며 다시 법률 계통의 비서 일을 찾아보고 있다고 말했다. 그쪽 일은 재미는 별로 없지만, 보수는 좋았다. 나머지 2주 동안 스튜어트는 안젤라를 피했다. 그러자 안젤라는 가버렸다. 그리고 끝이 났다.

## 말할 것인가 아니면 침묵할 것인가, 그것이 문제다

멩켄H.L Mencken이 이야기했듯이 "아주 많이 풀기 복잡한 문제에도 의외로 간단한 해결 방법이 있다. 그런데 그 해답은 보통 틀린 답이다."

많은 사람이 이러한 복잡한 문제와 관련해 나보다 먼저 해결책을 가지고 있는 것 같다. 그들은 외도했을 때 절대로 이야기하면 안 된다는 것을 이미 알고 있다. 성 문제에 관한 쉬어 하이트Shere Hite의 보고서[1]에 의하면 많은 남성과 여성들이 물론 배우자의 반응을 두려워해서 그러는 것도 있지만, 자신들의 외도를 비밀로 하고 배우자의 감정을 상하게 하지 않는 것이 더 현명하고 예의 바른 행동이라고 느낀다고 했다. 또 다른 사람들은 그 사실을 공개해야 한다고 확신하는 사람들도 있었다. 프랭크 피트먼Frank Pittman이라는 유명한 가족치료사는 외도를 공개하지 않으면 두 사람의 관계를 좀먹는 비밀스러운 독약의 원인이 된다고 말했다.[2]

어떤 말이 맞는 말인지는 모르겠지만 말을 하든지 그렇지 않든지 간에 그 일의 영향은 무시할 수 없다.

결혼과 충성을 선택하고 외도를 그만둘 것을 결심한 배우자는 괜히 자백해서

---

[1] Shere Hite, *Woman and Love*. New York: Knopf, 1987, p. 409.
[2] Frank Pittman, *Turning Points: Treating Families in Transition and Crisis*. New York: Norton, 1987.

배우자를 힘들게 할 필요가 없으며 그런 위험을 감당할 필요가 없다고 느낄 것이다. 배신을 당한 배우자가 화가 나서 이혼을 요구할지도 모르기 때문에 위험한 것이고 자기의 잘못으로 다른 사람까지 슬픔을 느끼게 하므로 필요 없는 일이다.

외도하는 것은 자신의 성관계에 대해 거짓말을 하는 것이다. 아무 말 하지 않고 있을 것을 선택하는 것은 자신이 문제를 해결하리라는 것을 의미한다. 그것은 침묵과 억압에 한 표를 던지는 것이다.

자백하는 것은 두 사람의 관계가 얼마나 견고한지를 시험하는 것이다. 그것은 애초에 외도할 수 있도록 만든 두 사람 사이의 거리를 가깝게 할 기회를 만듦으로써 결국 두 사람을 가깝게 할 기회가 될 수도 있다. 이러한 위기를 회피하려고 하는 사람들은 서로의 거리를 지속시키며 결국 배우자 사이에 죄책감과 비밀이라는 벽을 더욱 두껍게 만든다. 영원히 비밀을 가지고 있는 것은 두 사람이 영원한 벽을 가지고 있는 것이며 두 사람의 관계에서 친밀감과 정직에 한계를 두는 것이 된다. 그것은 결국 미래에 또 다른 거짓말을 낳게 하는 거짓말이 된다.

자신의 외도를 자백하는 것이 감정의 불가마에 불을 지르는 것과 같다는 것은 명백한 사실이다. 그렇지만 이러한 직면을 통해 두 사람의 관계에 존재하고 있는 문제를 겉으로 드러냄으로써 두 사람의 유대감을 강하게 만들 수도 있다.

많은 사람에게 있어 외도를 고백할 것인가의 문제는 저절로 해결된다. 죄책감과 갈등 때문에 힘들어서 어쨌든 길을 찾게 되기 때문이다. 어떤 때는 우연히 사실이 밝혀지기도 하지만(완전범죄는 어려우니까), 이 경우 당사자가 비밀로 간직하기가 너무 힘들어서 저절로 흘려진 것이 아니라면 어쩌면 그렇게 아무 생각 없이 흘릴 수 있을까 싶게 어이없이 우연히 밝혀진다. 또 아주 조심성 있게 행동하는 사람이 어이없이 실수한, 아주 기가 막힌 예도 있다.

물론 다른 사람이 전화를 받았을 때 끊어버리는 경우도 있고, 아내에게 세탁소에 가져다주라고 준 옷의 주머니에 연애편지를 넣고 있었던 경우도 있다. 정신이 없어서일까? 아내들이 남편 양복 주머니에서 20달러짜리 지폐를 발견하는 예도 많다. 어떤 간 큰 남자는 옷장 서랍 위에 연애편지를 놓았다가 들키기도 한다.

그렇지만 세탁기에서 연애편지가 나올 확률은 높지 않다.

일단 들켰을 때 어떤 사람은 정말 그럴듯한 핑계를 댄다. 내가 재미있게 생각하는 핑계는 사업가가 사업차 다른 도시에 있을 때 친구 집에 머물렀다는 핑계이다. 그는 친구 집의 목욕탕에 있었고 그때 갑자기 친구의 여자 친구의 친구가 들어왔고 자신의 음경을 잡고는 구강성교를 했다는 것이다.

✳  ✳  ✳

스튜어트는 샤론에게 사실대로 말을 하려고 했지만 어떻게 말을 시작해야 할지를 몰랐다. 어렸을 때 절벽 끝에 서 있었던 때와 같은 느낌이었다. 그때 친구들은 절벽에서 뛰어내렸지만, 그는 뛰어내리기도 무서웠고 그렇다고 돌아서 후퇴하는 것도 무서웠다. 이제 성인인 스튜어트가 자신의 진실을 밝히는 것은 그 어린 소년이 절벽에서 뛰어내려서 자신의 용기를 증명하는 것보다 더 위험하지는 않은 일이다.

그런 상태로 여러 주가 지나가자 스튜어트의 불안도 점차 감소했다. 여전히 죄책감을 느끼기는 했지만, 그 강도는 덜했다. 물론 자신이 한 일에 대해 부끄러움을 느끼고 있기는 했다. 그렇지만 스튜어트와 같은 위치에 있는 사람 중에 얼마나 많은 사람이 그와 다르게 행동할 것인가? 어쨌든 스튜어트는 적절하게 행동했다.

스튜어트는 안젤라가 전화하리라고 전혀 기대하지 않았다. 그는 다시는 그녀를 볼 생각을 안 했지만, 전화 속에서 그녀의 목소리가 들리자 몸에 전율이 느껴졌다. "선생님을 꼭 만나야 해요. 중요하게 할 말이 있어요."라고 그녀는 말했으며 그는 물론 싫다고 대답했다. "선생님께 꼭 할 말이 있어서 그래요." 스튜어트는 혼란스러웠다. 그는 이 여자에 대해 완전히 잊고 싶었다. 그렇지만 왠지 그녀의 목소리 톤은 그를 불안하게 하는 부분이 있었다. 그래서 그는 그녀가 원하는 대로 해주기로 했다. 그녀는 일이 끝나고 난 후 술 한 잔을 같이 하자고 했다. "그건 안 되겠는데."라고 말하고는 그 대신 시내에서 점심을 같이 먹기로 했다. "시간이 별로 없으니까 맥도날드 햄버거 가게에서 만나기로 하지."라고 스튜어트가 약속을 정했다.

스튜어트는 일찍 도착해서 음식을 먼저 주문하고는 의자에 앉아서 기다렸다.

안젤라는 제시간에 도착했으며 보기에 전보다 돈을 더 잘 버는 것처럼 보였다. 그녀는 비싸 보이는 진한 밤색의 울 정장을 입고 있었으며 안에는 검은색의 새틴 블라우스를 입고 있어서 멋있어 보였다.

스튜어트는 자신의 밀크셰이크를 약간 마셨지만, 긴장감 때문에 음식을 먹을 수조차 없었다. 그녀가 그의 눈길을 살피더니 따뜻하면서도 활기 있는 미소를 지어 보였다. 그는 그녀가 무슨 말을 하기를 기다렸고 그녀는 그가 질문을 해주기를 기다렸다.

"나한테 할 말이 있다는 게 뭐였소?"

그녀는 목소리가 약간 떨리며 "당신을 다시 만나고 싶었어요. 당신을 사랑하는 것 같아요."라고 말했다.

"그건 말도 안 돼. 나는 당신을 잘 알지도 못하는데."

"그런 말 하지 마세요. 내가 당신을 잘 알고 당신은 정말 멋진 사람이에요. 당신이 결혼한 것은 나와 상관 없어요. 그냥 당신을 다시 만나고 싶을 뿐이에요." 그녀가 말하는 동안 목소리가 약간 커져서 스튜어트는 더 불편해졌다.

스튜어트는 귀가 멍하고 눈에 보일 정도로 몸이 떨렸다. "어디 좀 조용한 데 가서 이야기하지."라고 말했나.

그들은 안젤라의 아파트에 갔으며 스튜어트는 그곳에 가자 막연하게 그들이 그냥 이야기하는 것 이상의 무엇인가를 할 것 같은 생각이 들었다. 그렇지만 구체적으로 어떤 행동이 떠오른 것은 아니고 그냥 시간을 보낼 것 같다는 생각을 했다.

이번에도 지난번과 같았으며, 이번에는 한 번의 멈춤도 없이 일사천리로 진행되었다. 그들이 일을 마치자 안젤라는 목욕탕에 가야겠다고 하더니 돌아올 때는 빨간색 새틴 팬티만을 걸치고 왔다. 이제 스튜어트는 집에 갈 준비를 하고 있었다.

"뭐 좀 마실 것 좀 드려요?" 안젤라가 물었다.

스튜어트도 목이 말라 펩시콜라를 한 잔 달라고 했다. 그가 콜라를 마시고 있는데 안젤라가 그에게 살짝 다가와서 앉더니 귀에 대고는 "선생님이 특별히 좋아하는 다른 방법이라도 있어요?"라고 속삭였다.

스튜어트 자신도 깜짝 놀란 것은 이제까지 그가 어떤 말을 듣고 그렇게 흥분한 적이 없었다는 것이다. 마음속에서 즉시 포르노 영화 속의 스트립쇼를 하는 장면이 생각났다. 스튜어트는 아직 한 번도 그렇게 에로틱하고 음탕한 것을 본적이 없었고, 또 안젤라에게 그런 말을 하지도 않았다. 그냥 "옷을 입지 않은 모양을 보고 싶은데."라고만 말하면서도 자신이 너무 심하다고 생각했다. 그의 말은 다음 기회를 기약하는 것을 의미하는 것이었다.

그리고 그다음 기회도 역시 있었다. 스튜어트는 안젤라를 대할 때 부드럽게 대하지 않고 자신의 욕구에 따라 행동했다. 그녀는 그에게 전혀 중요한 의미를 지닌 사람이 아니었다. 그냥 자신이 받을 만한 대우를 받는 평범한 한 인간, 그냥 조금만 이해해주고 존중해주면 되는 그런 존재였다. 그렇지만 스튜어트가 의식적으로 그런 것은 아니었다. 만약 그렇게 생각했다면 그녀에게 그렇게 욕정을 느끼도록 자기 자신을 허락하지 않았을 것이다.

그는 어렸을 때 자신의 집의 침대에서 느꼈던 억압된 욕정을 안젤라를 통해 발산하고 싶었다. 그렇지만 샤론은 "온종일 일을 하고 저녁 때는 당신과 애들 치다꺼리를 하고 난 지금, 내가 당신과 성관계를 하고 싶을 것 같아요?"라고 회피했다.

스튜어트는 샤론의 그런 태도에 상처를 받았고 화도 났다. '제기랄 지옥이나 가라지.'라고 생각했다. 그래서 자신의 외도를 상처받은 부분을 치유하는 정정당당한 행동이라고 자위했다.

샤론에 대한 스튜어트의 분노가 그의 외도를 몇 주쯤 미루는 것에 대한 변명은 되었지만, 그도 언젠가는 끝내야 한다는 것을 알고 있었다. 이번에 안젤라에게 그만 끝낼 것을 이야기할 때는 그도 전보다 더 확고한 태도로 말했다. 그의 마음속에서도 그리고 그의 목소리에서도 그 단호함은 배어 있었다. 그녀는 이성을 잃고 그를 사랑한다고 말하며 울더니 그를 나쁜 놈이라고 욕했다. 스튜어트는 이번에는 완강했으며 그들의 관계는 끝났다.

그날 밤 11시에 전화가 와서 샤론이 받았는데 아무런 말없이 전화가 끊어졌다. 스튜어트는 긴장하였지만, 그날 밤에는 전화가 더 오지 않았고 그것이 안젤라에게서 온 마지막 연락이었다. 한 달쯤 후에 그는 비서들이 하는 이야기를 듣고 안젤라가 중서부 지방으로 돌아갔다는 것을 알았다.

다음 날 저녁 스튜어트와 샤론은 거실에 앉아서 '애니 홀'이라는 TV 프로그램을 보고 있었다. 그는 가족의 단순한 일상사를 깨는 잘못을 저질렀고, 상당히 위험하였지만 어쨌든 가정은 안전하게 지켜졌다. 편안한 일상으로 돌아와 스튜어트는 다시 안정감을 느꼈다. 다이안 키튼이 우디 앨런에게 전화해서 목욕탕에 있는 거미를 잡아달라고 했다. 그녀는 거미를 무서워했으며 앨런이 그녀를 보호할 기회를 주려고 그에게 전화했다. 그리고는 광고가 나왔고 샤론은 그에게 "당신 바람 피워요?"라고 물었다.

스튜어트는 얼어붙는 것 같았다. 그는 그렇다고 말할 수도, 그렇다고 아니라고 말할 수도 없었다. 잠깐 망설인 뒤에 그렇게 됐다고 말했다. 샤론은 신경질적이 되어 울고불고 화를 내었다.

## 지옥의 시작

우리는 스튜어트가 직면을 얼마나 두려워하는가를 보아왔다. 그는 샤론이 화를 내며 반응하는 처음 몇 분 동안은 그저 말할 수 없을 정도로 불안했다. 그는 거짓말로 둘러대려고 했지만 소용없었다. 그래서 그는 포기했다. 그는 적나라하게 모든 것을 쥐어짜서 다 이야기했다. 그는 샤론에게 거의 모든 것을 다 이야기했다. 그리고 아이들을 잃을까 봐 두려웠다.

당신이 어떤 부분을 담당해서 일해야 할 순간이 있다. 자동차가 얼음길에서 빠른 속도로 미끄러져 내려가다가 충돌을 거의 면하여 부드러운 제방에 박힐 수도 있다. 아니면 폭풍 속에서 작은 배에 몸을 싣고 있을 때 배가 곧 전복되리라는 것을 본능적으로 안다. 그런데 갑자기 폭풍이 가라앉으면 이제 물에 가라앉지 않으리라는 것도 알게 된다. 스튜어트는 샤론에게 일어난 일을 이야기하고는 그 일은 이미 지난 일임을 확인시켜주고 눈물을 흘리며 용서를 빌었다.

샤론은 마치 상처받은 짐승처럼 몰아치며 으르렁거리고 날카롭게 비명을 지르며 무슨 일이 있었으며 그 일이 어떻게 시작이 되었고 왜 그 일이 시작되었는지에 대한 해명을 요구했다. 그녀가 수그러들지 않으면 결혼은 끝장이 날 판이었다. 스튜어트가 더는 못 참겠다 싶어서 그녀에게 원하면 이혼하자고 말했다. "아니요, 나는 이혼은 하지 않아요."라고 말했으며 그 순간 스튜어트는 자신이 물속에서 빠져 죽지는 않으리라는 것을 알았다.

그 후 며칠 동안 폭풍은 점차 가라앉았다. 샤론과 스튜어트 모두 자신들의 관계에서 정말 끔찍한 일이 있었다는 것을 매 순간 느끼며 살고 있었지만 결혼생활은 계속되리라는 사실을 알고 있었다. 그리고 두 사람 중 누구도 말은 안 했지만 마치 두 사람 모두 너무도 끔찍한 경험을 한 것처럼 느꼈다. 다시 말해 두 사람 모두 위기의식을 느꼈으며 둘이서 같이 역경을 헤쳐 나가고 있었다. 스튜어트는 이러한 감정을 느끼는 것을 당연하게 생각했다. 자신의 잘못이었으며 부인의 비참함도 함께 경험하는 것이 당연하다고 생각하였다. 그러면서도 한편으로는 자신의 죄책감을 비밀스럽게 간직하고 있을 필요가 없다는 면에서 안도감을 느끼기도 했다. 그 일이 밝혀진 저녁은 정말 끔찍하게 싫은 저녁으로 기억되었다. 결국, 그녀는 자신의 감정을 더 담아두지 못하고 스튜어트를 몰아댔다.

샤론은 스튜어트가 자신에게 한 행동과 관련된 감정을 접어두려고 노력했으며 며칠간은 그렇게 하기도 했다. 그렇지만 슬픔에 빠져 미칠 것 같은 느낌이 들 정도로 비참함과 상처가 물밀 듯이 밀려오곤 했다. 거기에는 사랑의 감정은 전혀 없었다. 그녀의 마음은 분노와 슬픔으로 찢어졌다. 희망과 행복을 밀쳐내고는 끔찍하고 볼쌍사나운 감정이 올라오는 것이었다.

그런데 남편이 다른 여자와 잠자리를 한 것을 어떻게 알았을까? 샤론은 스튜어트가 무슨 짓을 하고 있었는지 알았지만, 마음으로 그 사실을 인정하고 싶지가 않았다. 그녀는 자기가 힘든 것이 더 낫지 남편이 다른 여자 앞에서 발가벗고 있다는 상상을 하면서 가만히 있는 것이 더 어려웠다.

✳   ✳   ✳

연구자들은 미국의 부부들이 40세에 이르면 남편의 30~60%가 외도를 하고, 20~50%의 부인이 외도한다는 연구결과를 내놓고 있다.[3] 만약 부부 중 한 사람만이 외도한다고 가정한다면 셋 중의 두 가정이 외도에 노출되어 있다.

인터넷이 등장하면서 잘못된 성관계가 많이 생겨나고 있다. 인터넷 성관계는 연결 가능성, 활용 가능성, 익명성으로 인해 활성화되고 있다. 한 설문조사에 의하면 미국 성인의 75%가 인터넷 채팅을 하고, 인터넷 사용자의 20%가 어떤 형태이든지 성적 행위를 경험했다.[4] 이렇게 외도의 숫자가 많이 보고되는데도 많은 사람이 자신에게는 그런 일이 일어나지 않을 것이라고 믿는다. 일부일처제를 당연히 생각하며 그것이 정상적이라고 생각한다.

부부 관계가 불안정하게 되는 근본적인 이유는 남성과 여성의 성향에 차이가 있다고 보는 사람들이 있다. 그렇다면 동성애자들의 문제는 어떻게 설명할 것인가?

많은 연구가 혼외의 성적 접촉은 게이 부부[5]에서 더 많이 발생할 뿐만 아니라

---

[3] S. P. Glass & T. L. Wright. "Justification for Extramarital Relationships: The Association between Attitudes, Behaviors, and Gender." *Journal of Sex Research, 29* (1992): 361-387.

[4] K. Hertlein, J. Wetchler, & F. Piercy. "Infidelity: An Overview." *Handbook of the Clinical Treatment of Infidelity,* edited by F. Piercy, K. Hertlein, & J. Wetchler. New York: Haworth Press, 2005.

[5] P. Blumstein, & P. Schwartz. *American Couples: Money, Work, Sex.* New York: William Morrow, 1983. G. Weinberg, & C. Williams. *Male Homosexuals: Their Problems and Adaptations.* New York: Penguin, 1975.

더 많이 당연한 일로 수용된다고 보고하고 있다.[6] 에이즈가 게이 커뮤니티를 휩쓸고 간 이후로 70년대식의 제한을 받지 않은 성적 자유는 수그러들었다. 좀 더 최근의 에이즈 관련 연구들은 그들이 관계를 지속하는 기간 중 적어도 한 번 정도의 실수는 있지만, 전체적으로 게이 부부의 남자들이 일부일처제를 전보다 더 많이 유지하고 있다고 보고한다.[7]

성적인 부정행위가 게이 남자들의 관계를 위협한다고 볼 수는 없으므로 가족 치료사들도 그들이 일부일처제를 시행하고 있는지를 물어보지도 않은 상태에서 그러한 결과를 추측해서는 안 된다. 어떤 게이 문제 전문가들은 이성 부부의 관계와는 다르게 게이 부부 사이에서는 성적으로 배타적이지 않은 것이 받아들여질 수도 있다고 믿는다.[8] 그렇지만 게이 부부가 일부일처제를 원한다면 외도를 하는 것은 이성 부부와 마찬가지로 똑같이 파괴적인 영향을 끼칠 것이다.

여성 동성애자들의 성행동에 관한 연구가 많지 않기 때문에 여기에서 비교할 만한 데이터를 제시하는 것은 불가능하지만, 여성 동성애자 부부가 그들의 성적인 관계에서의 비배타적인 면에 대한 발생률과 그러한 것을 문제 삼지 않는 면에서 남성 동성애자 부부와 같으리라 추측하는 것은 정확하지 않을 수 있다.

\* \* \*

외도의 결과는 부부들이 경험할 수 있는 가장 괴롭고 고통스러운 위기이다. 가족 전체가 흔들리고 가족구조가 배신의 충격으로 손상된다.

지금의 위기를 견디기 위해 어떤 일을 해야 할 것인가? 그냥 그런대로 지내는

---

[6] D. McWhirter, & A. Mattison. *The Male Couple: How Relationships Develop*. Englewood Cliffs, NJ: Prentice-Hall, 1984. J. Bailey, S. Gaulin, Y. Agye, & B. A. Gladue. "Effects of Gender and Sexual Orientation on Evolutionarily Relevant Aspects of Human Mating Psychology." *Journal of Personality and Social Psychology, 66* (1994): 1081-1093.

[7] R. Berger. "Men Together: Understanding the Gay Couple." *Journal of Homosexuality, 19* (3) (1990): 31-49.

[8] M. Bettinger. "A Family Systems Approach to Working with Sexually Open Gay Male Couples." *Handbook of the Clinical Treatment of Infidelity*, edited by F. Piercy, K. Hertlein, & J. Wetchler. New York: Haworth Press, 2005.

것이다. 비밀이 누설되고 나면 배우자 사이와 각각의 배우자 모두가 세상에서 경험하는 지옥에 떨어지게 된다. 그렇지만 다음의 사실을 알기를 바란다. 외도는 흔하게 벌어지는 문제이고 또한 점차 해결될 수 있는 문제라는 것이다. 그러나 죄책감, 외도에 대한 변명과 잘못 대우받고 분노하는 희생자들이 있으며 그들은 여러 차례에 걸쳐 끔찍한 감정적 격돌을 하게 된다. 심하게는 살인이나 자살, 가출 등을 생각하는 것은 당연하다.

그렇다 하더라도 즉각적으로 어떤 행동을 취할 필요는 없으며 폭풍이 가라앉을 때까지 기다리는 것이 더 낫다.

✳ ✳ ✳

이 어려운 시기에 스튜어트와 샤론은 단지 이러한 격동의 시기를 지나기 위해서가 아니라 그러한 시련을 건설적인 기회로 삼기 위해 가족치료사를 찾을 수도 있었다.

분노의 감정은 너무나 참기 힘든 것이어서 가족체계를 흔들며 예전의 패턴들을 바꾸고 새로운 패턴을 만들어낼 수도 있다. 외도로 흔들리는 결혼도 다시 새로운 결속을 다질 수 있다. 다시 말해 애초에 외도가 일어나게 했던 두 사람의 거리가 다시 좁혀질 수도 있다는 것이다. 그렇지만 그러기 위해서는 두 가지의 매우 어려운 일이 먼저 이루어져야 한다. 그 하나는 부부가 자신들의 감정에 관해 이야기할 수 있어야 하고, 다른 하나는 그늘의 관계 변화를 협상할 수 있어야 한다.

스튜어트와 샤론은 일반 사람들이 할 수 있는 모든 실수를 다 했다. 샤론은 자신의 상처를 안으로 삭이는 것을 하지 못해서 자신의 분노를 모두 스튜어트에게 보여주었다. 지나친 비난은 과도하게 처벌받는다는 기분을 느끼게 하고 미래의 다른 외도를 조장하기도 하며, 그렇지 않으면 부부의 분열을 더욱 조장한다.

샤론은 스튜어트에게 자신이 얼마나 비참하게 느끼는지를 말하려고 노력했으며, 그는 샤론의 말을 들어주려고 노력했다. 그는 정말로 진심을 담아 샤론의 감정을 받아주려고 해도 샤론은 너무 지나치게 몰아쳤다. 그러면 그는 불현듯 미안한 감정을 거두어들이고 채찍으로 맞은 개처럼 모멸감을 느끼면서 돌아서게 되었다.

그녀의 말을 듣고 말 속에 숨어 있는 상처를 느끼는 대신에 스튜어트는 문초를 당해 기분이 나쁜 것만 느끼는 것이다. 그래서 그는 자신이 무슨 불만이어서 외도를 하게 되었는지 이야기하고는 그들의 관계에서 변화가 필요한 부분을 이야기하는 다음 단계를 시도하려고 생각조차 하지 않았다. 그는 관계의 변화에 관해서는 생각조차 할 수 없었다.

이 고통스러운 시기에 공감이라는 것은 참으로 훌륭한 역할을 한다. 샤론과 스튜어트 모두 상대방이 어떤 감정을 느끼리라는 것은 상상도 해보지 않았다. 자신들의 고통이 너무 엄청나서 거기에 푹 빠져 있었다. 그들의 마음에는 상대를 이해할 수 있는 여유가 전혀 없었다.

## "왜, 왜, 왜?"

외도에 관한 질문 중 가장 비생산적인 질문이 바로 "왜 그랬냐?"이다. 배신을 당한 배우자는 끊임없이 '대체 무슨 일이 있었냐?', '언제부터였느냐?', '어디서였느냐?', '얼마나 자주였느냐?'와 같은 이유를 묻는다. 그들은 자신이 모르는 것이나 앞으로도 알지 못하는 어떤 일이 일어날까 봐 불안하여 집요하게 질문을 한다. 이런 게임은 끝이 없는 게임이다.

비밀이 밝혀지면 바람을 피운 배우자는 분명하고 정직하게 말해야 한다. 이 순간에 거짓말을 하는 것은 있을 수 없는 일이다. 배신당한 배우자가 자세한 내용을 하나하나 알아내야만 한다고 주위 사람들은 충고한다. 이렇게 질문을 하는 목적은 의심을 잠재우고 불안과 혼란을 가라앉히기 위한 것이다. 그러나 끝도 없는 질문을 하기보다는 자신의 힘든 감정을 솔직하고 직접 이야기하는 것이 더 낫다. 쓸데없는 부분에 대한 가혹한 질문은 바람을 피운 배우자가 중죄인이 된 듯한 기분을 느끼게 하고 반 정도만 진실을 이야기하고 나머지는 다시 거짓말을 하도록 만들 수도 있다.

이 시점에서 필요한 것은 자세한 사실이 아니라 상처를 표현하는 방법을 찾는 것이다. 이때 경험하는 상처는 죽음 같은 상실이다. 순결함의 상실, 진실의 상실이다. 이러한 상실을 다루는 방식은 애도를 다루는 방법과 같다. 고통과 분노와 같은 감정을 느끼고, 상처에 대한 애도를 하는 것이다.

죄 없이 상처를 받은 배우자는 상처받고 배신당한 감정을 옆으로 놓아두기가 힘들다. 여기에서 자신의 감정을 억압하는 것은 효과가 없다. 외도와 관련되어 떠오르는 끔찍한 장면, 끔찍한 감정, 이 모든 것을 느끼고 직면해야 한다. 이러한 과정은 부부 치료에서 이루어질 수 있다. 그렇지만 그런 경험에 너무 많이 노출되는 것은 좋지 않다. 죄책감을 느끼는 배우자는 이런 감정들에 대해 들을 수 있는 수용한계가 높지 않기 때문에 자신도 모르게 방어적으로 된다. 그래서 배신을 당한 배우자는 남편이 아닌 다른 사람에게 이런 감정을 풀어놓을 수 있어야 한다.

배신감을 느끼는 것에 더하여 거짓말을 들었던 배우자는 또 다른 상처를 입게 되는데, 이 상처는 자존감의 손상으로 이어진다. '내가 무언가를 잘못했겠지!'

어떤 사람들은 이런 생각을 하는 것 자체가 싫어서 이런 질문은 아예 하지 않는다. 배신을 당한 배우자는 상대 배우자에게 거부당한 느낌, 내가 뭔가 부족하다는 느낌이 가장 견디기 어려운 부분이다.

깊은 차원에서 보면 우리는 모두 불안정하지만, 그 사실을 잊으려고 노력한다. 그러다가 배우자가 외도를 하게 되면 상대방뿐만 아니라 내 자신이 부족해서 일이 이렇게 됐다고 자신을 비난한다. 그렇지만 배우자가 외도하는 것이 정말 나에게 어떤 잘못이 있어서일까? 가족치료사로서 나는 그렇게 느끼는 사람들에게 다음과 같은 질문을 하곤 한다. "남편을 선택한 사람은 누구입니까?", "당신을 정말로 잘 알고 있는 사람을 한 줄로 세워서 물어본다면, 그들도 당신이 사랑받을 자격이 없다고 이야기할까요?", "만약 그들이 이 사건을 알게 되면 당신한테 문제가 있어서 일어난 일이라고 말할까요?"

* * *

또 다른 방식의 질문을 할 수 있다. 외도를 재확인하기보다 왜 외도가 발생했는지에 대해 정직한 탐색을 하는 것이다.

만일에 외도가 발생했다면 무언가 잘못된 것이 있을 것이다. 안 그렇겠는가? 부부 사이에 부족한 무엇이 있었겠지! 아무 문제도 없었는데 외도가 왜 발생했을까? 이상적인 결혼생활이 아니었다는 것이 외도를 합리화할 수 있을까? 외도한 사람을 배신이라고 낙인찍을 수 있을까?

가족치료사로서 나는 과거보다는 미래에 더 관심이 있다. 외도의 동기를 찾는 것보다 이러한 문제가 다시는 발생하지 않기 위한 예방책을 탐색하는 것이 더 중요하다. 때로는 외도한 배우자가 더 약한 사람일지 모른다. 행복하지 않지만 정직하게 표현하지 못하는 사람이다. 외도는 마치 통제적이고 착취적인 부모를 배우자에게 투사하고 반항하는 것과 같다.

외도는 세 가지의 산물이다. 기회, 욕망의 강도, 방어의 힘. 부부 사이에 충족시키지 못한 기대의 확대, 그리고 삶의 다른 영역에서의 불만에 근거한다. 물론 어떤 사람은 방만한 기준 때문에 외도를 흔히 저지르지만 이런 경우는 실제 그리 흔하지 않다. 오히려 드라마 같은 픽션에서나 만날 수 있다. 대부분의 경우는, 갑자기 유혹에 끌려 저지르게 된다.

외도의 원인과 그 후에 발생한 상황 이야기보다 실제 외도는 매우 복잡한 양상을 띠고 있다. 하룻밤 외도, 만성적인 외도, 열정적인 연애, 에로틱한 외도, 충동적인 외도, 열린 결혼 관계, 동성애적 관계를 포함한 이성애적 결혼, 대체로 순진한 사람의 외도 등.

외도의 동기는 분노, 좌절, 반항, 무료함, 질투, 복수, 호기심, 수용받고 싶은 마음, 그리고 당연히 성적 욕구이다. 사람은 배우자로부터 성적인 욕구와 정서적 요구가 채워지기를 바란다. 그러나 살다 보면 실망을 많이 하게 된다. 영혼이 부딪치고, 황홀한 사랑은 배우자가 젊은 나이에, 실망하기 전에 죽을 때만 영원하다. 현실의 삶에서는 로맨틱한 사랑은 사라지는데 사람들은 이 사실을 받아들이기 힘들어한다.

스튜어트가 안젤라를 만났을 때가 외도를 할 최적의 시기이었다. 샤론과 스튜어트 모두 마음이 멀어져 있는 상태였다. 스튜어트는 샤론과의 성관계가 부족한 것에 대해 좌절감을 느끼고 있었다. 게다가 자신만의 좌절감, 직장에서의 불안 등이 겹쳐서 힘들 때였다. 결국 지미 카터처럼 마음속에 여자를 탐하고 있었지만 행동하지 않고 있었다. 그런데 스튜어트는 여자가 먼저 다가왔을 때 "아니요."라고 말해본 경험이 없었다.

"이브가 그를 유혹했다고?" 물론이다. 물론 여자가 유혹했다. 그러나 스튜어트 자신도 스스로 자신이 유혹당하도록 자신을 내주었을 뿐만 아니라 자기가 괜찮은 남성이라고 인정받고 싶은 마음도 있었다. 부부의 유대감이 어떤 상태였느냐는 외도가 일어났느냐가 아니라 외도 후에 어떤 일이 발생하였느냐에 따라 결정된다. 외도는 두 사람 사이의 가장 중요한 애착 관계를 깨트리는 신뢰에 대한 배신이다. 외도가 제한적이면 깨어진 관계를 회복시킬 수 있다. 외도를 저지른 자가 외도 행위에 대한 책임을 지고 배우자에게 관심과 돌봄을 충분히 보여주고, 피해자 배우자가 과거의 애착관계의 경험에 근거하여 외도한 배우자의 사랑을 보여주는 다양한 태도를 받아주게 된다.[9] 그러나 두 사람의 관계가 지나치게 위협을 당하고 있거나, 과거의 애착관계가 안정적이지 못했다면 두 사람이 외도를 극복하는 데 문제가 있을 수 있다.

성적 욕구로 시작된 스튜어트의 외도는 샤론에 대한 적대감에 의해 더 타올랐다. 대부분의 외도는 여러 이유가 있겠지만 배우자에 대한 분노로 인해 유지된다.

쉬어 하이트는 **여성과 사랑**이라는 책에서 외도하는 여성의 주요 이유도 비슷한 동기라고 지적하였다. 하이트에 의하면 외도하는 여성들도 남편과의 관계에서 친밀감을 형성하지 못했을 때 정서적으로 남편으로부터 소외감을 느끼게 되면

---

[9] S. Johnson. *Emotional Couples Therapy for Trauma Survivors: Strengthening Attachment Bonds.* New York: Guilford Press, 2002.

서 다른 남성의 품을 그리워하게 된다고 말했다.

하이트는 '외도는 새로운 사랑과 삶을 살고 싶은 마음'을 갖게 한다고 결론을 지었다. 다르게 표현하자면, 외도는 행복하지 않은 사람이 외부의 도움으로 결혼생활을 유지하게 해주는 '불충분한 결혼생활의 버팀목'[10]이라고 설명하였다.

나는 외도를 하는 몇몇 부인을 치료한 경험이 있는데 이들도 모두 비슷한 동기를 말하고 있었다. 그들은 결혼생활이 지겹고 진절머리가 난다고 느꼈다. 외도는 삶의 활기를 되찾게 해주고 자기의 존재를 감사하게 여기는 사람이 있다는 기쁨을 주었다. 이것이 바로 시어 하이트가 이야기하고자 한 외도의 동기이다. 그녀는 여성들의 욕구가 우리 사회의 결혼생활에서는 충족할 수 없기 때문에 여성의 외도를 이해할 수 있다고 했다. 그럴 수도 있다. 그러나 내가 치료한 사례들에서는 그들의 문제가 어디 있는지를 찾기란 쉽지 않았다.

문제가 어디에 있는가? 두 사람의 관계에 있는가 아니면 한 개인한테 있는가? 내가 치료했던 외도의 문제를 가지고 있었던 모든 부인은 30대와 40대 초반에 외도를 시작하였다. 그들은 모두 자신들의 삶이 불행하다고 말했다. 그들은 다람쥐 쳇바퀴 도는 생활을 하고 있었으며 자기 자신을 찾아가는 과정에 있다고 했다. 잠자고 있던 미술적 소질을 발견한 사람도 있었고 운동을 통해 새로운 인생을 찾은 사람들도 있었다. 이제 자기를 부인하는 고달프고 단조로운 일상에서 벗어나는 시기가 되었던 것이며 모든 여성이 자신의 사랑을 만났다고 했다. 그 남자들은 미술 선생님이거나 글쓰기 코치, 가라테 강사이거나 혹은 그들이 새로 하기 시작한 활동들에서 만난 사람들이었다. 그리고 외도하는 배우자들이 그렇듯이 그들은 자신의 배우자와는 반대되는 성향의 사람들이었다. 더 좋은 조건의 사람이라는 것이 아니라 남편들과는 다른 사람들이라는 것이다. 애인들이 새로운 삶의 한 부분인 것만은 분명했지만, 그들이 새로운 삶을 추구하게 된 원인이었을까? 아니면 새로운 삶에 영향을 미친 사람이었을까?

---

[10] Hite, *Women and Love*, p. 409.

대부분의 외도는 부분적으로 자기 자신에 대한 자각의 결과이다. 외도에 쏟아붓는 바로 그 에너지는 그들의 정체된 결혼생활에 활기를 주는 데 사용할 수도 있었을 것이다.

외도는 배우자의 성적인 욕구를 되살아나게 하고 잠자고 있던 갈등을 표면으로 나타나게 하는 위기를 만들어내면서 정체된 부부관계를 다시 살아나게 할 수도 있다. 반면에 외도는 나쁜 부부관계를 지속시키거나 혹은 좋았던 관계를 파괴할 가능성도 역시 있다. 외도는 여전히 이혼의 가장 큰 이유로 받아들여진다.

시어 하이트 책 속의 결혼한 여성들의 불행한 삶의 모양은 외로움과 정서적인 거리를 다시 생각하게 한다는 점에서 가치가 있기는 하지만, 부부의 관계는 두 사람 사이의 관계이며, 두 사람 모두 그들 사이의 문제에 있어 어떠한 역할을 했다는 점을 간과하였다. 또한 그 책 중에서 외도하는 부인이 자신의 애인에 대한 감정과 남편에 대한 감정을 비교한 부분도 재미있었다. 사랑에 빠진 여성은 사랑에 빠진 남성과 마찬가지로 제정신이 아니게 된다.

새로 생긴 애인과 오랫동안 같이 살아온 배우자를 비교하는 짓은 미친 짓이다. 하이트의 연구에서 한 여성이 옷이 다림질되어 있지 않은 것에 대해 애인이 신경을 쓰지 않는 것을 자랑하는 부분은 정말 재미있었다. 그게 뭐 어쨌다는 건가? 대부분 사람이 결혼하기 전에 자신의 애인에 대해서는 그와 똑같은 열정을 가지고 있었다. 꼭 비교해야 한다면 결혼 전에 서로에게 느꼈던 그때의 감정을 비교하는 것이 옳다고 생각한다.

## 외도 그 이후

외도하는 배우자는 자신의 사그라진 자존감을 일으키거나 성욕을 해결하고, 직장에서의 패배감을 만회하거나 아니면 새로운 사랑을 찾거나 혹은 그냥 사람들을 돌보는 것이 지겨워서 외도하는 것인지도 모른다. 가족치료사로서 이러한 문제를 가진 부부들이 다음 단계로 이동하게 하려고 하는 질문은 "두 사람의 관계속에서 이러한 불만들을 다뤄볼 수는 없을까요?"이다. 이러한 질문을 하는 이유는 우리가 부부니까 부부로서 갖는 책임감과 어떤 시도가 있어야 한다는 것이 아니라 동반자 관계를 강조하는 것이 부부들의 생활을 더욱 풍부하게 하는 가장 좋은 방법이라는 것이 자주 증명되었기 때문이다.

일단 외도가 끝나면 배우자와의 친밀감 형성이 문제가 된다. 증상들을 점검하고, 그다음 단계로 두 사람이 친밀감을 향상하기 위해 함께 노력할 방법을 찾도록 하는 것이 좋다.

가족체계적 관점에서 보면 외도는 부부간의 유리된 관계가 그 원인이자 영향요인이다. 부부간의 유리된 관계는 외도의 가능성을 높인다. 그렇지만 외도는 부부가 더욱 서로 멀어지도록 한다. 또 유리의 정도가 외도의 결과에 영향을 미친다.

대부분 부부의 관계는 시작할 때는 서로 헌신하고, 사랑하고, 친밀하다.[11]

남편 ⋮ 아내

너무나도 사이가 좋았던 부부라도 시간이 지나면서 긴장과 갈등이 그들의 관계 사이에 들어온다.

남편 〜〜〜 아내

이러한 긴장을 해소하고자 하는 노력에도 불구하고 많은 부부가 점점 더 멀리 떨어지게 되고 갈등의 고통을 회피하고자 하는 한 방법으로 그들 사이의 경계선을 더욱 경직되게 만든다. 두 사람 모두 서로에게서 멀리 떨어져 나가거나 혹은 한 사람은 도망치고 다른 사람은 그 사람을 쫓아가는 관계를 형성하게 된다.

---

[11] 함께 살기로 한 두 사람이 반드시 남자, 여자가 아닐 수 있지만, 본문의 도식을 표시하면서 부부를 남편(H)과 아내(W)로 표시하였다.

←남편 │ 아내→　　←남편 ← 아내

이러한 관계가 계속되면 경계선은 더욱 경직되고, 견고해진다. 두 사람은 경쟁적인 관계를 형성한다. 특히 아이들이 있는 경우 한쪽 부모나 혹은 두 부모와 아이들의 관계는 산만한 관계가 되고, 한쪽 부모나 혹은 양부모 모두와 외부 사이의 경계선도 또한 산만해진다.

일 ⋮ 남편 │ 아내 ⋮ 아이들　또는　아이들 ⋮ 남편 │ 아내 ⋮ 친구들
일

이러한 외부에 대한 관심 중의 하나가 외도를 하는 것이다.

외도 상대 ⋮ 남편 │ 아내 또는 남편 │ 아내 ⋮ 외도 상대

이러한 관점에서 보면 우선 부부 사이의 경계선을 다시 설정해야 하고, 그러고 나서 친밀한 관계를 형성하게 한다.

←──── 외도 상대　（ 남편 │ 아내 ）　（ 남편→←아내 ）

첫 번째 해야 할 작업은 상처에 대한 작업이다. 외도를 끝내야 부부관계가 살아남는다. 외도한 배우자가 관계를 정리할 것이라고 해놓고 실천을 하지 않으면 부부관계는 "누가 거짓말을 하고, 누가 제정신이 아닌가?"라는 질문을 두고 맴맴 돌게 된다. 가장 용서하기 힘든 것은 관계를 끝내겠다고 해 놓고도 계속 외도를 하는 배우자이다. 배신을 당한 배우자는 이중으로 상처를 받게 된다. 외도한 배우자가 진정으로 관계를 끝내기를 원하지 않는다면 부부는 별거에 들어가는 것이 현명할 수 있다. 부부가 별거하는 동안에 외도의 묘미가 없어져 외도관계

가 끝나는 일이 많다. 그렇지만 불행하게도 그때는 부부가 다시 합치기에는 너무 늦다.

별거가 좋은 생각일까? 그럴 수도 있다. 나는 현재 외도가 진행 중인 부부이거나 별거 중인 부부는 치료하지 않는다. 상대에 대한 충분한 헌신의 마음이 없거나 다른 사람한테 정신이 팔린 사람에게는 부부관계 향상을 위한 치료가 도움이 되지 않는다고 생각하기 때문이다. 그렇지만 지금은 그 생각도 점차 변하고 있다.

부부체계의 경계선을 강화하기 위해서는 두 사람이 서로에 대한 약속을 지키겠다는 서약, 즉 헌신이 필요하다. '헌신'은 흔한 말처럼 들리긴 하지만 부부체계의 경계선을 강화시키기 위해서는 필수적인 요소이다. 외도 이후에는 그 어느 때보다도 더 중요하고, 더 하기 힘들다. 헌신이야말로 같이 있고자 하는 마음이 있는지 확신이 없을 때 두 사람을 밀착시키는 역할을 한다.

헌신은 부부체계의 경계선을 강화하는 역할을 한다. 경계선, 즉 헌신은 부부가 곤경에 처했을 때 관계를 보호해준다. 헌신이 불충분하면 서로에게 가하는 압력이 적어지고, 곤경이 닥치면 다시 해체될 가능성을 낮춰주지 못한다.

주의사항 : 유리된 부부관계를 친밀한 관계로 만들려면 숨겨진 갈등을 표면으로 끌어내어 해결해야 한다. 부부는 이유 없이 거리를 두지 않는다. 이유는 불협화음이고, 이런 문제는 드러내야 거리가 가까워질 수 있다.

경직된 경계선을 깨고 가까워지기 위해서는 말하고 듣기가 필요하다. 부부 모두 속상한 것을 이야기하고 불만을 해결하고 타협할 수 있을 때 가까워질 수 있다.

대부분의 사람들은 좀더 안정적이고 만족스러운 관계를 맺기 위해서는 성장하면서 겪었던 문제들을 해결해야 한다는 것을 본능적으로 알고 있다. 그러나 사람들은 과거의 문제를 되풀이한다. 특히 변화를 위한 요구를 표현하기보다 비난하고, 비판을 당하면 철회하는 의사소통이 문제이다.

의사소통에는 말하기와 듣기가 있다. 그러나 말하면서 듣기는 어렵다. 부부들의 의사소통을 보면 서로 돌아가면서 말을 하거나 아니면 말하기의 차례를 동등하게 가져야 하는데 경쟁하듯이 두 사람이 모두 말하기만을 하는 것을 볼 수 있다. 주고받는 식의 의사소통은 같이 볼 영화를 정하거나 혹은 음식점 결정과 같은 비교적 간단한 문제에는 통한다. 그렇지만 감정적인 문제가 포함되는 주제에 대해서는 이런 방법으로는 의사소통이 제대로 되지 않는다.

우선 서로 말하기와 듣기의 순서를 지키는 것이 중요하다. 부부상담을 할 때 나는 한 번에 한 사람하고만 대화하면서 두 사람에게 똑같이 말할 기회를 주는 식으로 상담을 진행한다.

의사소통이 관계를 개선하는 데 중요한 방법이지만 이것만으로는 두 사람의 마음에 있는 말을 다하도록 하는 데 충분하지 않다. 외도로 인한 상처를 치유하기 위해서는 외도를 한 배우자가 용서를 구하고, 사과를 먼저 해야 한다. 용서는 배신과 분노의 감정이 없다는 것을 의미하지 않는다. 벌을 주는 대신 용서하기를 선택하는 것이다.[12] 치료사가 상처 입은 배우자가 공격적이지 않으면서 분노의 감정을 외도한 배우자에게 표현하게 하는 것도 포함한다. 외도를 한 사람이 수치심을 지나치게 느끼게 혼을 내면 오히려 자신들의 행동이 잘못되었다고 느끼기보다는 방어적이 되면서 화를 낸다.

이 과정은 잘못했다고 사과하는 것으로 시작될 수 있다. 구차한 변명은 빼고 상대방에게 상처를 준 것에 대한 사과가 있어야 한다. 브라이언(내담자)의 사례가 제시하듯이 자기가 무엇을 잘못했는지 인정하는 것에서 시작할 수 있다.[13] 이렇게 인정할 때에는 정직해야 하고, 변명하지 말아야 하고, 진지한 후회가 보여야 한다. 외도 내용이 얼마나 자세하게 나와야 하는지는 말하기 힘들지만 이러한 정보는 나중에 나오게 된다.

외도한 배우자는 외도가 상대방의 마음에 얼마나 깊은 상처를 주었는지를 인정

---

[12] T. Hargrave. *Families and Forgiveness: Healing the Wounds in the Intergenerational Family.* New York: Brunner/Mazel, 1994.

[13] B. Case. "Healing the Wounds of Infidelity through the Healing Power of Apology and Forgiveness." *Handbook of the Clinical Treatment of Infidelity,* edited by F. Piercy, K. Hertlein, & J. Wetchler. New York: Haworth Press, 2005.

하는 것이 중요하다. 배우자가 외도한 배우자에게 물어볼 때 회피하거나 배우자가 느끼는 분노와 배신의 감정에 방어적이어서는 안 된다. 가족치료사는 이 과정에서 외도한 배우자가 지나치게 수치심을 느끼지 않게 과정을 이끌어야 한다. 그러나 상처 입은 배우자의 고통을 충분히 이해하면서 이 과정을 이끌어가야 한다.

그리고 마지막으로 치료사는 부부마다 친밀감의 거리가 있다는 사실을 알아야 한다. 부부들이 다 같은 수준의 친밀감을 바라는 것은 아니다. 특히 외도 후 서로의 관계를 다시 강화하는 것도 중요하지만 결혼생활에서 경험한 실망과 불만들, 또 희망과 기대도 나눌 필요가 있다. 그러나 가족치료사는 처음부터 개방과 친밀감을 가질 것을 강조하지 말아야 한다. 친밀감의 수준은 서로가 부담되지 않을 정도로 시작해서 편안하게 느끼는 수준까지가 적절하다.

✳ ✳ ✳

서로 토론할 주제를 드러내고 그것에 관해 이야기하면서 갈등을 해결하는 것이 두 사람 사이의 경직된 경계선을 개방하는 데 가장 중요한 방법이다. 그렇지만 어떤 부부의 경우는 해결되지 않은 갈등을 다 해결했다고 생각한 후에도 찌꺼기가 남아 있는 때도 있다. 시간이 지나면서 이러한 찌꺼기는 마치 돌처럼 단단해진다. 처음에는 해결 가능한 것이었는데 나중에는 건드릴 수조차 없이 깨트리기 힘든 문제가 된다.

따라서 두 사람이 과거에 사용했던 방식이 아니라 새로운 방식으로 에너지를 회복해야 한다. 따라서 가족치료사는 이 시점에서 배우자에 대해 다시 관심과 흥미를 느낄 가능성을 찾을 수 있어야 한다. 상대방의 관심을 끌기 위해서는 나 자신이 흥미를 느끼게 해주는 사람이 되어야 한다. 동시에 배우자에게 관심, 사랑, 배려 등을 표현해야 한다.

부부들이 함께 시간을 보내는 방법을 찾아내는 것도 상당히 중요하다. 그런데 이것도 노력이 많이 필요하다. 그저 좋은 의도를 가졌다는 것만으로 예전의 나쁜 습관들이 저절로 없어지는 것은 아니기 때문이다. 부부들에게 같이하고 싶은 일을 열 가지 정도 리스트로 작성한 후에 이들 항목에 있는 것들을 마지막으로 해 본 것이 언제였는지를 적게 한다. 아마도 부부들은 자신들이 적은 것을 보고 충격을 받을 것이다.

부부들에게 서로의 리스트를 바꿔보게 하고 목록에 있는 것을 실천할 시간을 같이 정하게 하는 것이 적절한 시작의 방법이다. 그리고는 서로의 흥미에 대해서 나누게 한다. 한 배우자는 캠핑이나 자전거 타기, 걷기, 뛰기, 수영하기 등과 같은 집 밖에서 하는 활동을 좋아하며, 다른 배우자는 영화 감상, 외식하기, 음악회 참석하기나 춤추러 가기 등을 좋아할 수도 있다. 이런 경우, 어떤 활동은 각자 하고 또 어떤 활동은 가족이 함께하면서 균형을 이룰 수 있다. 관계가 안정된 부부는 활동의 균형도 안정적이다.

✳ ✳ ✳

시간이 지나고 일상생활을 지속하면서 스튜어트와 샤론은 스튜어트의 외도를 극복했다.

그들의 결혼은 살아남았다. 스튜어트는 두 사람 사이에 성관계가 별로 없었다는 사실을 깨닫게 되었다. 두 사람의 관계가 회복되자 스튜어트는 샤론에게 성관계를 더 요구하였다. 그러나 그는 정서적 친밀감을 갖기 위해서 성관계를 원하였다기보다 육체적 성관계에 더 관심이 있었다. 그는 자신의 욕구를 제대로 표현하지 못하고 스스로 통제할 수 없을 때까지 욕구를 누르다가 한계에 다다르면 공격적으로 표현하였다.

처음에 그는 조바심을 내며 샤론을 주시하면서 성적으로 접근해도 될 만한 신호를 찾았다. 과거에는 그런 식이 통했었다. 성관계를 하지 못하고 한 달이 지났고, 스튜어트는 점점 좌절하고 불안해져 갔다. 그는 잘못 파악하고 상황을 나쁘게 만들고 싶지 않았기 때문에 자기가 먼저 어떤 시도를 하지 않고 기다렸다. 그는 샤론을 포옹하지도 않았고 손을 잡지도 않았으며 키스도 하지 않았다. 그는 자기 자신의 욕구를 억제하고 있었는데 그 모습은 상대방에 대해 차갑고 관심도 없는 사람같이 보이게 하였다.

　그러다가 어느 날 밤 둘 사이의 긴장감이 약간 녹는 것 같은 기미가 나타났다. 한 식당에서 촛불 아래에서 와인을 곁들인 식사를 한 후 샤론은 스튜어트에게 영화를 보러 가겠냐고 물었다. 깜짝 놀란 스튜어트는 얼른 그러자고 했다. 어두운 곳에서 스크린에 지나가는 아름다운 인생의 일면들을 보면서 스튜어트는 샤론이 자기한테 기대오면서 그의 손을 잡는 것을 느꼈다.

　나중에 그들이 침대에 들었을 때, 샤론은 스튜어트 옆에 붙어서 웅크리고 누웠으며 스튜어트는 어찌해야 할 바를 몰라 몸이 뻣뻣해졌다. 몇 분 동안 가만히 있었다. 그런데 그때 스튜어트는 강한 욕정을 느껴 강하게 밀어붙였다.

　샤론은 당황했다. 그녀도 물론 냉전을 끝내고 싶기는 했지만, 자신을 완전히 개방하기까지는 시간이 좀 더 필요했다. 스튜어트는 그녀의 신호를 잘못 이해하고 밀어붙였다. 그녀는 자신의 마음과 상관없이 스튜어트가 하는 대로 놔두었다. 지금 그를 거절하는 것은 상처만 더할 것이기 때문이었다.

　결과는 그들의 결혼 첫날밤 상황의 반복이었다. 그날은 시간이 아주 늦었으며 둘 다 많이 피곤했었다. 말할 것도 없이 스튜어트는 결혼식의 마감, 성관계까지 하고자 하였고 그것은 좋은 아이디어가 아니었다. 샤론은 스튜어트가 하는 대로 놔두기는 했지만, 그것은 바로 자신이 원하지 않는 성관계를 억지로 해야 하는 것의 시작이었고 스튜어트에 대한 열정이 사라지는 시작이었다. 그날 밤은 분명히 그들의 결혼식 날 밤이었고 그녀는 성관계를 하기는 했지만, 관계가 만족스럽지는 않았다. 그때 마지못해 따른 것도 실수였고 오늘 다시 그녀는 실수했다.

　그녀는 자신이 무엇엔가 이용된 느낌이 들었고 스튜어트와의 성관계에 흥미도 없어졌다. 그 이후 가끔 성관계는 했지만, 또다시 스튜어트는 샤론을 회피하기 시작했다. 죄책감과 분노 때문에 스튜어트는 부부관계 자체와 성관계 모두에서 거리를 두었다. 얼마 안 되어서 샤론은 다시 정서적으로 버림받은 느낌을 받았으며, 또다시 스튜어트를 쫓아가고 공격하는 방식으로 대하기 시작했다. 스튜어트는 이제 죽은 듯이 지낼 생각도 없었고 또 그렇다고 샤론의 이야기를 들어줄 수 있게 된 것도 아니었다. 그는 되받아서 싸우기 시작했다.

이제 두 사람 간의 언쟁은 며칠마다 일어나는 일상사가 되었다. 그들은 수많은 것들에 대해 소리 지르며 싸웠다. 제이슨과 헤더는 부모가 하는 모든 이야기를 들었고 두 사람 모두의 방식을 싫어했다. 제이슨은 화가 났고 헤더는 무서웠다.

# 이혼, 재혼 그리고 양부모 역할

어느 늦은 밤 헤더는 부모가 싸우는 소리에 잠이 깨었다. 그들은 소리를 지르며 으르렁거렸다. 그녀는 부모님의 싸우는 소리를 듣지 않으려고 이불을 머리까지 뒤집어쓰고 베개로 귀를 막았다. 그래서 무슨 말을 하는지는 몰랐지만 시끄러운 싸움 소리는 계속 들렸다. 그 싸움은 영원히 계속될 것 같았다. 마침내 문을 쾅 닫는 소리와 함께 소리치는 것도 멈췄다. 그리고는 어머니가 우는 소리만이 들렸다. 어쩌면 부모가 이혼하실지도 모르겠다고 헤더는 생각했다. 친구들 부모님도 이혼한 사람들이 많았다.

✳ ✳ ✳

어떤 사람들이 이혼할 것이라는 이야기를 들으면 우리는 "뭐 별로 놀랄 일도 아닌데."라고 별것 아닌 듯이 이야기하기도 하고, 어떤 때는 "그들이 말이야? 정말?"이라며 놀라기도 한다.

내 친구 중 한 명은 한 번도 부인에 대해 불평을 한 적도 없었고 자신의 결혼생활에 관해 이야기한 적도 없었다. 내가 유일하게 그들에 대해 알고 있었던 것은 그들이 거의 함께 시간을 보내지는 않는다는 것이다. 그들이 얼마나 행복한 결혼 생활을 하는지, 아니면 만족해하는지 전혀 알 길이 없다.

또 다른 부부는 항상 싸운다. 그들과 저녁 식사를 하는 날이면 어김없이 서로 비난하고 약점을 잡는 모습을 보게 된다. 그들은 그런 식으로 20년이나 같이 살고 있다. 아마도 그들은 다른 사람이 있을 때, 즉 구경꾼이 있을 때만 싸움을 하는 그런 부부일지도 모른다. 여기에서의 진실은 당사자만이 그들의 관계가 정말로 어떤 관계인지 안다는 것이다.

✳ ✳ ✳

그들은 위스콘신대학교에서 만났다. 에드는 1학년이었고, 캐슬린은 물리치료사가 되려고 공부하고 있었다. 녹색 눈을 가진 캐슬린은 잘생기고 건장한 청년이 자신을 쳐다보고 있을 때, 커피를 마시며 그 청년을 흘끗 쳐다보았다. 그녀는 눈을 다른 데로 돌렸지만, 그가 다가와서 말을 걸었다. 그렇게 해서 그들은 만남을 시작했다.

그는 그녀가 기운차고 활력이 있다고 보았다. "그녀는 정말 아일랜드의 소녀처럼 보였으며, 나는 그런 그녀의 모습에 편안함을 느꼈어요. 우리 둘 다 급진적인 정치적 견해를 가졌지만, 개인적으로는 모두 보수적인 경향의 사람들이었습니다."

캐슬린은 에드가 총명한 사람이라고 생각했다. 또한, 그는 감성적이고 그녀가 이전에 만난 어떤 남자들보다도 더 부드러웠다. 그러나 그에게는 강한 면도 있었다. "그는 자기 확신이 있어 보였어요. 내가 부끄럼을 타는 편이기 때문에 에드의 그런 면을 좋아했던 것 같아요."

그들의 약혼 기간은 강한 폭풍에 휩싸인 것 같았다. 에드는 "우리는 때때로 즐겁게 지내기도 했지만, 파티나 댄스와 같은 큰 사건이 있을 때는 꼭 문제가 있었습니다. 내가 다른 여자한테 관심을 보이기만 하면 그녀는 자신이 거절당하고 버려진다는 느낌을 받았으며 모든 것을 망쳐놓았어요."라고 말했다.

한번은 친구들과 단체로 스키를 타러 갔는데 캐슬린은 에드가 룸메이트인 여자 친구와 바람을 피우고 있다고 생각하고 자기 방으로 들어가서 캠프파이어를 할 때도 나오지 않고 틀어박혀 있었다. 그녀는 남편이 자신에게 충분히 관심을 보이지 않고 있다고 생각했으며, 남편은 부인이 다 큰 아이처럼 군다고 생각했다. 두 사람은 아주 심하게 싸웠다. 에드는 "우리가 서로 안 맞는다는 것을 그때 알았어야만 했습니다."라고 말했다.

많은 불행한 결혼생활을 하는 사람들은 데이트할 때 경험했던 갈등에 주의를 기울였어야 했다는 것을 나중에야 안다. 그렇지만 그 당시에는 서로에 대한 열망으로 많은 의심스러운 부분들을 간과했다.

때로는 아주 멋진 시간을 보냈던 기억도 있다. 에드는 시카고에 있는 팔머 하우스에서의 댄스파티를 멋진 추억으로 기억한다. 캐슬린은 그린 베이에 있는 친척을 방문하던 중이었고 그때 굉장한 눈보라가 쳤다. "나는 주말 계획은 다 끝났다고 생각했는데 그녀는 아버지의 픽업 트럭을 몰고 그 눈길을 왔던 거예요. 그녀는 정말 멋있었습니다. 그녀는 검은색의 어깨끈 없는 드레스를 입고 있었는데 앤 마거릿과 정말 똑같았어요."

내가 에드에게 언제 그녀와 결혼하려고 결심했느냐고 묻자 주저 없이 "나는 항상 결혼하길 원했고 내 가족을 갖기를 원했습니다. 그것은 결심하고 말고 할 문제가 아니었습니다. 그저 언제 하느냐 하는 것이 문제였지요."라고 대답했다.

가을에 캐슬린이 에드를 방문했을 때도 싸웠다. 이제는 에드도 싸움이 지겨웠다. 그녀가 떠났을 때 그는 '정말 귀찮았는데 드디어 떨어져 나갔네.'라고 생각했다. 그들 누구도 전화하거나 편지를 쓰지도 않았다. 그러고 나서 밸런타인데이에 캐슬린은 에드에게 모자가 달린 빨간색의 목욕 가운을 선물했으며 그것이 그의 마음을 열었다. 너무도 외로웠던 차에 에드는 캐슬린을 보러 달려갔고 그들은 다시 시작했다.

"우리는 결혼에 대해서 이야기했지만 어디에 살아야 하는 것이 큰 문제였어요. 그렇지만 결혼 계획을 짜느라 그러한 문제들은 뒤로 미루어졌어요."라고 캐슬린이 회상했다.

결혼식은 많은 사람이 모여 성대하게 치러졌고, 두 사람 모두 행복했다. 그러나 결혼식에서도 이상한 순간이 있었다. 에드는 베스트맨(결혼식의 신랑 들러리)과 함께 신혼여행 갈 준비를 하느라 호텔의 위층에 올라가 있었다. 멀리 떨어진 곳에 있는 나무를 보자 눈가에 눈물이 약간 젖어왔다. 왜 그랬을까? 그도 그 이유는 몰랐다. 그는 행복하면서도 동시에 슬픔을 느꼈다. "어이 신랑, 너 금방 울 것 같아."라고 베스트맨이 말하자 그들 둘은 마주 보고 웃었다.

결혼식 후 2달 만에 캐슬린은 임신을 했다. 어느 때가 아이를 갖기에 가장 좋은 시기일까? 그것에 대한 정답이 있다고 생각하지는 않지만, 결혼 후 두 달은 조금 이른 것 같다. 부부가 두 사람 간의 관계를 다지기 전에 또 다른 적응이 필요한데, 이른 임신은 또 다른 불화를 의미했다.

에드는 아이가 태어나자마자 아이에게 푹 빠졌다. "그때는 아버지를 분만실로 들어오지 못하게 하는 시절이었어요. 간호사실로 가서 그곳에 있는 아이들을 보았고, 간호사가 안고 있는 아이 가운데 얼굴 가득히 웃고 있는 귀여운 작은 분홍색 얼굴의 아이를 보았죠. 그 아이의 위에는 '오브리언, 여자'라는 표시가 있었어요. 그 아이가 바로 내 아이였던 것입니다."

그해는 잘 지냈다. 그들은 시카고로 여행을 가기도 하고, 그 지역의 대학에서 하는 연극을 보러 가기도 하고, 매 주말을 바쁘게 지냈으며 친척들과도 가깝게 지냈다. "우리는 우리의 관계에 흥밋거리도 더하고 또 다른 사람들과의 관계도 넓혀나갔죠."라고 캐슬린이 말했다.

주위 사람들과 견고한 경계선을 세웠다고 해서 에드와 캐슬린이 강한 유대를 형성했을 거라고 가정할 수 있을까? 꼭 그렇다고 할 수는 없지만, 경계선을 세우지 않았다면 유대의 강화가 더 형성되지 못할 수도 있었을 것이다.

결혼생활 중 지독히 끔찍한 싸움을 한 다음에 오히려 후련함마저 느꼈다. "우리는 너무 정신없이 살아서 우리 관계에 대해서는 생각하지 않았어요."라고 캐슬린이 말했지만, 에드는 그러한 시간을 충만하며 행복했던 시기로 기억하고 있었다. 그렇지만 그의 기억은 대부분 아이와 관련된 것이었다.

그다음의 불화는 에드가 대학원에 진학하기로 되어 있는 뉴헤이븐으로 이사 가는 것 때문이었다. 캐슬린보다 에드와 관련해 불화가 생길 일이 더 많아졌다.

에드는 20대 후반이었고 일류 대학의 긴장된 분위기를 즐겼으며 주위에 흥미로운 사람들도 많이 있었다. 그는 "여기에서의 내 생활은 최상의 조건이었다."라고 말했다. 그러나 캐슬린은 소외감을 느꼈다. 그녀는 '애드의 부인'이라고 취급받는 것이 싫었으며, 결혼생활은 '나쁨' 정도에서 '최악'으로 변했다. 캐슬린은 우울증에 빠졌고 심리 상담을 받기 시작했다. 심리상담사는 에드도 상담에 참여하기를 권했지만, 그는 거절했다. "삶이 불행하다고 생각하는 사람은 캐슬린이니까 캐슬린만 제대로 치료를 받으면 된다."고 말했다. 이 일은 최악의 싸움으로 번졌으며 결국 그녀는 가출을 생각하기 시작했다.

에드는 기가 막혔다. 그는 자기 일과 관련해 경력을 쌓는 동안 아내의 존재를 당연한 것으로 여겼지만 그녀를 잃는다는 것은 생각할 수도 없는 일이었다.

그가 얼마나 그들의 관계에 대해 무지했었는지, 그리고 두 사람 모두 둘의 관계에서 서로 얻는 것이 얼마나 없었는지를 고려한다면 이러한 그의 반응은 의아한 것이었다. 아마도 에드에게 있어서 결혼이란 가족을 가지게 되고, 가족을 가진다는 것이 온전한 사람이 되는 길이라고 믿었을 수 있다. 그가 두려워했던 것은 캐슬린을 잃는 것이 아니라 결혼 관계를 잃는 것이었다.

✳   ✳   ✳

결혼과 이혼에 대한 추상적인 이미지가 구체적이고 즉각적인 것으로 되는 곳은 바로 가족치료사의 사무실인 경우가 종종 있다. 관계를 좋게 만들기 위한 어떤 시도를 한 뒤에야 분명하게 드러나는 것이기는 하지만, 어떤 사람은 이미 어느 정도 포기한 상태에 있다. 그러나 자신들이 감당하기에는 너무도 어려운 문제에 부닥쳤을 때 사람들은 보통 안내자를 찾는 것이다. 결정하기 어려울 때 누군가 도움을 줄 수 있는 사람을 찾는 것은 현명한 선택이다.

단순히 충고를 해주는 사람과 가족치료사의 차이는 가족치료사는 문제를 옆으로 밀어두지 않고 다 끌어낸다는 것이다. 그리고 이러한 과정은 내담자가 배우자가 자신을 얼마나 부당하게 취급하였는지에 대해 이야기하는 것으로 시작된다. 불행한 결혼을 청산하고 싶은 문제같이 매우 강력한 주제가 나오면 치료사는 먼저 감정을 내려놓을 수 있도록 돕는다.

사람들이 "제가 어떻게 해야 하나요?"라고 물을 때 "저도 잘 모릅니다. 스스로 답을 찾으셔야 할 것 같아요."라고 대답하기는 쉽다. 그러나 가족치료사가 자신의 편견을 자각하지 못하면 중립적 입장에 서기 쉽지 않다. 자신은 편견이 없는 척하면 결국 어둠 속에서 치료를 진행하는 것과 같다.

주의를 기울여야 할 또 다른 경우는 내담자의 투사적 동일시이다. 나 자신도 부끄러운 일이기는 하지만, 나의 내담자 중 한 부인이 혼외관계를 맺은 다음에 나에게 조언을 구한 일이 있었다. 그녀는 우울해했으며 죄책감에 사로잡혀 있었다. "나는 수치스럽고 구역질 나는 사람이에요."라고 내게 말했다. 그녀는 차츰 회복되기 시작했다. 몇 번의 치료회기를 마친 후에 나는 "당신은 이제까지 아무도 외도를 한 사람이 없다고 생각합니까?"라고 질문했다. 이 말은 지금까지의 치료회기에서 내가 한 말을 정리한 말이었는데 그녀는 다르게 받아들였다. 그녀는 자신이 사랑을 느끼면 언제든지 그 사랑을 시작할 수 있다는 허락으로 받아들였다. 그녀는 남편을 떠나 자신이 사랑한다고 믿는 남자에게로 갔으며 그들은 약 6개월 행복하게 살다가 결국 미혼모로 남았다.

나는 치료사가 나쁜 의도 없이 진실을 말하는 것이었다고 이야기하는 것은 의미가 없다고 생각한다. 나의 말은 내가 이전에 생각해보지도 않았고 경험해보지도 못한 상황에 대한 나의 태도를 분명히 전달하는 결과가 되어버렸다.

관계가 너무 나빠져서 최후의 결정을 남겨놓고 있을 때는 치료사의 능력과 관계없이 그들은 이혼한다. 그리고 이혼을 한 다음 나중에야 실수했다고 느끼는 사람들도 많다. 이혼이라고 하는 것을 연습해본 사람은 많지 않기 때문이다.

에드가 치료에 오지 않았기 때문에 두 사람이 어떻게 하면 결혼 관계를 개선할 수 있는가에 대해서보다는 주로 그녀 자신이 행복해지는 방법에 관해서 이야기하였다. 내담자의 결혼에 대해 직접 반대 견해를 취하는 치료사는 거의 없지만, 부부 중 한 사람만 상담을 오면 그 사람의 고통이 확대될 위험성이 있다. 치료사는 "정직하게 말씀하시고 자기 자신에 대해서도 진실만을 말하시길 바랍니다."라고 말을 하게 된다.

캐슬린이 집을 나갈 것이라고 위협했기 때문에 에드는 속으로 이혼의 가능성에 대해 직면해야 했다. 이혼한다고 생각했을 때 에드는 자기 자신에 대해 만족을 느끼지 못하고 있었기 때문에 자신이 항상 사용해왔던 대처방식인 자신의 힘을 키우기 시작했다. 그는 자신을 강하게 만들기 위해 체육관에서 운동을 시작했다.

그러자 그에게 변화가 생겼다. 자신이 집을 나가고 싶어진 것이다. 그렇지만 그는 어떻게 캐슬린에게 그 이야기를 꺼내야 할지 몰라서 고민하다가 마침내 약간 이상하게 돌려서 말했다. 그녀는 그 말을 듣고 울었으며 어떻게 하는 것이 옳은 것인지 혼란스러워졌다. 마침내 그녀는 아마도 애드의 말이 모두 맞을지도 모른다고 생각했으며, 에드는 그 말을 듣고 상당히 실망했다. 그가 원하는 것은 그의 말에 따르는 것이었다.

바로 그 주, 캐슬린은 둘째 아이를 임신한 것을 알았다. 그 이야기를 에드에게 했을 때 그는 무척 좋아했다. 그런 모습이 오히려 캐슬린을 실망하게 했다. 그녀는 사실 둘째 아이를 원하지 않았으며 게다가 그가 원하는 것은 캐슬린이 아니라 아이일 뿐이라는 것이 너무도 분명하게 보여주었다.

캐슬린은 임신 3개월에 유산을 했다. 의사는 어차피 이 아이는 유산될 아이였다고 말했다.

또 한 번 그들은 문제를 회피하게 되었다. 에드는 대학원을 졸업하였고 위스콘신주의 매디슨주도 정부에서 운영하는 직장에서 일할 계획을 하고 있었다. 새

집과 이사에 관한 이야기들이 그들을 다시 묶어주었다. 어떤 부부는 아이들, 직장, 친구, 정치에 관한 것 등에 관해 이야기할 것이 많다. 그러나 또 다른 부부들은 이런 이야기들을 하다 보면 싸우게 되는 사람들도 있다. 서로 반사적으로 반응하지 않으면서 이야기할 수 있는 주제의 숫자가 관계의 강도를 나타낸다. 캐슬린과 에드는 집과 가구에 관한 일만 논쟁을 하지 않고 이야기할 수 있었다.

잠시 그들은 만족한 생활을 했지만 얼마 안 가서 예전과 같은 일들이 일어나기 시작했다. 에드는 직장에서 매우 피곤했으며 캐슬린은 집을 떠나겠다는 이야기를 점점 더 자주 하게 되었다. 그녀는 집안에 갇혀 집안일과 아이를 돌보는 일만 하는 것에 대해 불평을 했으며, 만족할 만한 직장을 찾기도 쉽지 않았다. 그녀는 결혼이 자신을 뒤처지게 했다고 후회하고 있었다.

캐슬린이 먼저 변호사를 찾아갔으며 그리고 나서 둘이서 함께 변호사를 찾았다. "당신도 변호사를 고용하시지요."라고 캐슬린의 변호사가 말했다.

처음에 그들은 캐슬린이 전문가로서의 입지를 다지고 미래를 향해 나가기 위해서 캐슬린이 집에서 나갈 것에 동의하였다. 그렇지만 캐슬린은 마음을 바꿨으며 그런 상태로 2년을 지냈다. 그 2년 동안은 적대감과 냉담으로 얼룩진 세월이었다.

그리고 에드가 아일랜드에서 한 달 동안 할 일이 있었다. 그들은 사이가 나빴기 때문에 캐슬린이 따라갈 이유가 없었다. 에드는 자신만의 자유를 즐길 수 있었다. 이제야 그는 생각할 수 있었다. 가족 안에 있을 때는 생각할 여유가 없다. 특히 그렇게 욕구와 갈등으로 뒤범벅된 속에서는 더욱 그렇다.

아일랜드에서 그는 광활한 대지와 사랑에 빠졌으며 자신의 결혼에 관해서도 좀 더 객관적으로 생각할 수 있었다. 집으로 돌아와서 그는 변호사를 만나고 이혼을 청구했다. 캐슬린은 이제 12살인 메건에게 이야기를 하려고 했지만, 에드는 "이혼 조정이 다 끝날 때까지 좀 기다리자." 가능한 한 오랫동안 아이에게 이야기하지 말 것을 원했다 마침내 그도 말하는 것에 동의하였다. 물론 메건도 그동안의 모든 긴장을 다 알고 있었지만, 부모님이 실제로 갈라서리라고 생각한 적은 한 번도 없었다.

에드가 할 말을 찾느라고 더듬거리는 동안 메건은 그에게 등을 돌리고 조용히 앉아서 자신의 곰 인형이 어디 있는지 찾았다. 그는 울지 않으려고 애를 썼지만 아이는 그냥 "언제?"라는 말 한마디만 하고는 그 이야기를 더 하고 싶지 않다고 말하고 나서 아래층에 내려가서 만화를 보았다.

법정에서 이혼 판결을 받는 데 몇 달이나 걸렸다. 그 과정은 정말 지겹도록 천천히 진행되었다.

재판 장면은 지독했다. 그들은 서로 증오에 섞인 말들을 이야기해야 했고, 사실보다 더 나빴던 것처럼 거짓말까지 섞어서 했다.

판사는 아주 보수적인 천주교 신자였다. 그는 메건을 자신의 방으로 불러서 "누구와 함께 살고 싶니?"라고 물었다. 그것보다 더 아이에게 상처가 되는 질문이 있을까? 메건은 아무하고도 살고 싶지 않으며 단지 현재의 자기 집에서 살고 싶다고 대답했다.

판사는 캐슬린과 에드에게 "당신들은 창피한 줄 알아야 합니다. 당신의 아이는 정말 훌륭한 아이입니다. 당신들의 차이점을 극복하기 위해 다시 한 번 노력해 볼 의향은 없습니까?"라고 물었다. 그것은 정말 멍청하고 어이없는 말이었지만 사실 캐슬린과 에드도 같은 생각을 하고 있었다. "모든 것을 고려해본 후 두 사람의 공동 양육을 허락합니다. 하지만 메건은 아버지와 함께 집에서 살아야 합니다."라고 판결하였다.

에드느 안도감을 느꼈으며 캐슬린도 기분이 괜찮았다. 그날 밤 메간은 계단의 맨 위에 서서 엄마가 짐을 싸서 나가는 것을 보고 서 있었다. 엄마가 집을 나가서 집안이 온통 텅 빈 것처럼 느껴졌다.

❊　❊　❊

이혼은 죽음과 같다. 많은 것을 잃으며 갑작스러운 변화를 경험하고 자신의 인생을 다시 돌아본다. 그렇지만 죽음과는 달리 이혼은 자신의 인생이 실패했다는 느낌을 동반한다. 배우자의 죽음은 상당한 상실감을 가져오지만, 겉으로 보기에도 분명한 선을 그어주며 분명히 이제는 모두 끝났다는 것을 알게 한다. 배우자의 죽음이 나에게 어떤 치명적인 오명을 남기지는 않는다. 이혼은 법률 문서에 의해 집행되며 그 과정에서 실제로 거의 모든 사람이 피를 흘리게 된다.

## 전환기를 맞은 가족들

불행하게도 이혼이 가족관계를 끝낸다고 생각하는 일반적인 생각은 상황을 더 나쁘게 만들 뿐이다. 이혼은 가족관계를 끝내는 것이 아니라 단지 전환 과정일 뿐이다.

남편과 아내, 그리고 아이들에게 있어 이혼은 손실이자 하나의 해방이다. 가족에게 있어 그것은 예전의 패턴으로부터 새로운 패턴으로의 전환이다. 가족체계는 하나의 체계가 시들해지면 또 다른 새로운 체계를 발달시키게 되어 있다.

이혼에서의 문제는 결혼 체계와 부모로서의 체계 사이에 거리를 희미하게 하는 데 있다. '에드'와 '전 배우자'라는 것은 결혼 관계를 의미하는 것이지 부모의 지위가 변함을 의미하지는 않는다. 이혼한 배우자 사이의 경계선이 각각의 배우자의 개별화를 촉진해야 하는 것은 분명한 사실이지만, 자녀와 부모의 경계선은 서로 개방된 접촉을 가질 수 있어야 하며, 부모의 이혼으로 인한 새로운 관계는 좀 더 복잡한 경계선 설정의 필요성을 제기한다.

다시 말해 이혼으로의 전환은 분리와 재구조화라고 하는 두 가지 과정이 실제로 필요하다.

## 별거

별거로 가는 과정에서 대부분의 사람들은 두 사람이 도저히 함께 해결할 수 없을 것 같아 보이는 그런 시기를 지난다. 두 사람의 감정은 나빠질 대로 나빠져 있기 때문이다. 또한 두 사람의 주위 사람들까지도 혼란을 경험한다. 그들이 어떤 감정을 느끼는 것이 맞는지, 상대방이 의도하는 것은 무엇인지, 또 어떻게 반응을 해야 하는지, 그리고 이러한 모든 일의 끝이 대체 어디인지, 이 모든 것에 대해 혼란스러운 경험을 하게 된다.

별거를 3단계로 나누어서 생각하면 도움이 될 수도 있다. 별거를 결정하는 단계, 신체적으로 별거를 단행하는 단계, 별거 후의 가족을 공고히 하기 위해 가족을 재조직하는 단계이다.

별거의 결정은 주로 한 사람이 주도적으로 결정하게 된다. 적어도 겉에서 보기에는 그렇다.

✳ ✳ ✳

글렌다는 24살의 대학원 학생이었으며 모든 면에서 남편보다 앞서는 사람이었다. 그들은 겉으로 보기에도 잘 맞지 않는 부부였다. 잭은 잘생겼고 마음은 좋은 사람이었지만 교육수준이 낮고, 그의 주된 관심사는 좋은 집과 행복한 가족을 갖는 것이었다. 글렌다는 창의적이고 지적인 사람으로 그녀의 재능과 열정은 잭이 속한 하류층 계급의 이웃들이 사는 곳에서 곧 멀리 벗어나게 했다. 그들이 결혼한 지 2년이 채 안 되어서 글렌다는 크게 성장해서 제자리에 있는 남편에 대해 만족하지 않았지만, 왠지 그런 불만을 직접 남편에게 말할 수는 없었다. 글렌다의 집에 초대받아서 저녁을 먹는다는 것은 잘 차려진 음식을 먹는다는 의미도 있었지만, 집주인의 인쟁을 듣는 것도 의미했다. 잭의 내용 없는 대화가 나쁜 것인지 아니면 심하게 말을 딱 끊는 글렌다의 태도가 나쁜 것인지, 어느 편이 더 나쁜지는 분명하지 않았다.

그 당시 나는 글렌다에게 좀 더 동정적이었다. 잭은 정말 재미가 없었다. 그녀는 외로웠고 남편에게 무시당한다고 느꼈으며 시간이 지나자 자신의 분노를 남편에게 퍼부었다. 그녀는 일주일에 2, 3일은 밤늦게까지 밖에 있었으며, 다른 사람들 앞에서 잭에게 무안을 주었고, 남편과 둘이 있을 때 이런저런 불평을 하면서 그를 경멸했다. 글렌다의 계산된 의도적 학대가 있은 지 약 6개월 후에 잭은 이혼하자고 말했다. 친구들은 두 사람이 깨지는 것 자체에 놀라지 않았지만 "잭이 그런 결정을 했다."는 것에는 놀랐다.

✳　✳　✳

미첼은 37세에 중년기 위기를 경험했다. 자신의 불행이 결혼생활 때문이라고 생각했다. 그들이 치료하러 왔을 때 그는 부인이 변화할 것을 요구했다. 그는 야외활동을 하고 배도 타러 가고, 테니스도 치는 등 인생을 즐기기를 원했으며, 게다가 부인 오드리가 이 모든 활동을 같이하기를 원했다.

오드리는 둘이 시간을 좀 더 같이 보내고 남편이 원하는 활동들을 좀 더 같이 많이 할 것에 동의했다. 미첼은 아직도 그가 행복한지 확신이 서지 않았으며, 오드리가 그가 원하는 만큼 자기에게 모든 것을 표현하지 않는다고 느꼈다.

오드리는 미첼이 불행하게 느끼는 것에 동정심이 일기도 했지만 모든 책임을 자신에게 돌리는 것에 화가 났다. 그렇지만 지금은 그녀의 이러한 불만을 이야기할 때가 아니라고 생각했다.

제대로 해결되는 일이 없는 것처럼 느껴지자, 미첼은 새로운 방법을 찾아 시도하기 시작했다. 그는 자기 생각을 도와줄 사람으로 가족치료사를 찾았다. 자신이 생각하는 것과 치료사에게 문의한 결과 그는 행복해지기를 원하며 아내와 함께 살기를 원한다는 것을 알았다. 그는 아내에게 이 말을 하고, 자신이 그녀에게 원하는 요구사항, 즉 그들의 결혼생활을 좀 더 만족스럽게 만들기 위해 그녀가 변화해야 할 사항들을 그녀에게 일러주었다.

처음에 오드리는 별거가 그녀의 책임이라고 생각했다. 그녀가 남편을 행복하게 하는 데 실패한 것이다. 그 이후 그녀는 그것이 사실이 아니라는 것을 깨달았다. 그들은 한 번도 진정으로 행복한 적이 없었다. 오드리도 결혼생활을 계속 유지하고 싶은 마음은 있었지만, 남편이 모든 책임을 자신에게만 돌리고 있다는 것을 깨달았다. 그녀는 한쪽 사람만 모든 변화를 해야 하는 그런 관계는 원하지 않았기 때문에 남편에게, "싫어요, 만약에 당신이 지금 요구하는 것이 정말로 당신이 원하는 것이라면 나는 하지 않겠어요." 한 주 후 그들은 별거에 들어갔다. 누가 누구를 떠난 것일까?

✳  ✳  ✳

부부관계가 깨지는 것은 한 사람이 결정하면서부터 시작된다. 한 사람이 상처를 안으로 쌓아두고 그러한 상처가 어떻게 할 수 있을지에 대해 고민을 한다. 자신 안에 그러한 불만을 담아둔 불행한 감정을 느끼는 배우자는 불만을 토로하기 시작한다. 침묵이 머리 쓰는 노력을 하지 않는 것도 되지만, 배우자가 문제를 이해하고 어떤 반응을 보일 기회를 차단한다.

어떤 지점에서, 좀 더 불만을 느끼는 배우자가 변화를 위한 희망을 포기하고 그들의 관계가 회복될 수 없다고 보기 시작한다. 그렇게 되면 상대방의 좋았던 점이 오히려 부정적인 것으로 확대된다. 좀 더 행복해 보이는 관계나 외도에 대한 환상, 혹은 독신생활의 자유와 같은 좀 더 좋아 보이는 대안들을 생각하게 됨에 따라 불만족은 더욱 커진다(독신생활의 즐거움은 특히 결혼한 사람들에게 분명히 매력 있는 부분이다). 불만족이 커질수록 관계가 불안해지고 삼각관계를 형성하려 한다.

결혼생활의 문제로 나를 찾아왔던 한 젊은 부부가 기억난다. 그들에게 무엇이 문제냐고 묻자 남자는 자신이 다른 사람과 사랑에 빠졌으며 아내에게서 떠나려고 한다고 말했다. 그는 농담하는 게 아니있다. 그는 실제로 일어나서 그 자리를 떠났다! 그는 결혼생활에서의 문제가 아니라 별거라는 문제를 가지고 있었다. 그는 아내를 내 손에 넘김으로써 그 문제를 해결하고 그 문제에 대해서 손을 씻을 수 있었다.

어떤 부부가 별거를 결정한 다음 실제로 그 결정을 실행으로 옮길 때 변호사를 만나서 이야기하는 것이 좋다. 그렇지만 변호사는 그들이 가진 문제와 관련된 역할을 하는 것이지 문제의 해결을 위해 어떤 역할을 하는 사람은 아니다. 체계적으로 말하자면, 부부들과 변호사 사이에는 명확한 경계선이 있어야 한다는 것이다(양쪽 편의 두 변호사 모두를 의미함). 결혼문제 전문변호사를 알아볼 필요가 있다. 그렇지만 당신이 피로 범벅이 된 혈투를 원하는 것이 아니라면 육식동물이라는 별명이 붙은 변호사는 피하는 것이 좋을 것이다.

\* \* \*

배우자가 되어간다는 것은 두 사람이 그들의 생활을 하나의 단위로 재구조화(재조직)하는 과정을 의미한다. 부부라는 것은 친구가 초대할 때도 두 사람이 같이 가고, 세금 계산도 같이하며, 둘이서 재산도 같이 모으고, 우편물도 두 사람의 주소로 오게 되는 이 모든 것을 함께하는 것을 의미한다. 별거는 이 모든 과정의 반대를 의미하는 것으로, 부부였던 두 사람이 서로의 재산과 정체감을 분리함으로써 점차 개개의 인간으로 자기 자신을 재정의하는 것을 의미한다.

별거하기 전에는 어떤 일에 대해 그다지 즐겁지는 않은 그런 일상적인 일들을 예측할 수는 있었지만, 부부의 해체는 이러한 모든 일상적인 일들도 파괴한다.

별거하는 부부들은 이제는 자신들이 맡았던 역할이 없어졌기 때문에 무엇을 해야 할지를 모르게 된다. 또한 별거 후에는 다음과 같은 문제들이 생길 수 있다. 별거하게 되면 회사의 크리스마스 파티에는 혼자 갈 것인가? 또 학교에서 부모님 회의가 있으면 헤어져 사는 배우자에게 알릴 것인가? 친구들이 당신이 별거하는 것을 알게 되면 그들이 저녁 식사에 당신들 부부를 모두 초대해야 할 것인가, 아니면 두 사람 중 한 사람만 초대하거나 혹은 아예 두 사람 모두 초대하지 않을 것인가?

어떤 남자는 가족이 이혼을 이해하고 받아들여준다는 사실에 깜짝 놀랐으며, 오히려 친구들이 이혼에 대해 비판적으로 받아들인다는 사실에 더 놀라는 경험을 했다.

별거하는 사람들이 비통하게 "이제야 누가 나의 진정한 친구인지를 알겠어."라고 말하는 것을 들은 적이 많다. 진정한 친구도 아마 당신이 별거 중인 배우자만큼이나 혼란스러워 할 것이다. 별거하는 사람은 친구들에게 자신의 심정을 이

야기하고 친구들로부터 어떤 지원을 받고 싶은지를 솔직하게 이야기하는 것이
필요하다.

✻　✻　✻

별거하기로 하면 가족구조의 변화도 필요하다. 한 사람의 부모가 집을 나가게
되면, 부부 하위체계, 부모 하위체계, 그리고 부모와 자녀의 관계 하위체계 등의
세 가지의 하위체계가 갑자기 변형된다. 이 시기에 가장 기능적인 구조는 문제해
결의 단위로서의 부모 하위체계는 유지하는 반면 부부 사이의 경계선이 명확한
구조를 구성하는 것이다.

남편이 아내를 떠났을 때 가족 내에서 어떤 일이 일어날 것인지를 상상해
보자.[1]

남편　　　부인　　　　　　남편　╱　부인

아버지　　엄마　　　➝　　아버지　　엄마
-----------　　　　　　-----------
아이들　　　　　　　　　　　아이들

남편과 아버지, 아내와 어머니가 위의 도표처럼 관계를 정리한 사람이기보다
는 이 도표에서 보여주는 관계에 적응하려고 노력하는 사람들이다.

건강한 부부는 파트너로서의 부부와 부모로서의 부부 역할 사이에 경계선이
분명하다. 실패하는 결혼생활에서는 부부로서의 관계가 끝나면서 부모 역할에
만 초점이 맞추어지면서 경계선이 사라지게 된다. 이러한 경계선이 애매해지면
부부로서의 관계가 어디에서 끝나는지 부모의 역할이 어디에서부터 시작하는지
모르게 된다. 따라서 경계선을 분명하게 해야 한다.

재결합(실제이든 희망 사항이든 간에)의 가능성이 있다면 가족의 체계를 재조

---

[1] 다시 한 번 분리 과정에서 '남편'과 '아내'의 관계를 예를 들었다. 그러나 당연히 남편과 아내의 관
계만을 칭하는 것은 아니다.

직하는 것은 시험해본다는 데 의의가 있다. 별거는 이혼보다는 유연한 경계선을 형성해야 한다. 남편이 떠나면 그 가족은 반드시 재적응해야 하지만, 그가 돌아온다면 이러한 변화들은 일단 보류된다. 남편이 가족 일에 그다지 관여를 하지 않았던 사람이라면 그가 집에 다시 들어오면 오히려 소외되면서 남아 있는 식구들끼리 단단히 결합될 수 있다. 재결합하지 않고 별거 후에 이혼하게 된다면, 가족 내의 구조적인 변화가 안정된다. 별거는 구조를 파괴하는 것이고, 이혼은 구조를 다시 만드는 것이다.

## 재구조화하기

이혼 후 부부는 지나간 시간은 흘려보내고 새로운 생활을 준비할 필요가 있다. 여기에는 심리적인 준비와 가족체계 재구성이 포함된다. 정서적으로 이혼을 받아들이는 데는 대개 1년 정도의 애도기간이 필요하다. 이런 경험은 겪어보지 않은 사람은 도저히 이해하기 힘든 과정이다. 가족치료사는 아직 앞으로 겪어야 할 미래를 제시하면서 내담자의 기분을 맞추려 하거나 혹은 지금 경험하는 슬픈 감정을 절대 느끼지 말라고 해서는 안 된다. 내담자에게 필요한 것은 내담자가 현재 경험하는 감정을 공감해주는 것이다.[2] 애도는 치유의 과정이므로 없애려고 하지 말라.

배우자의 상실을 사실로 받아들이고 나서야 비탄에서 빠져나오기 시작한다. 나는 그들의 관계가 이미 끝났다는 것을 받아들일 수가 없어서 비탄의 세월을 더 오랫동안 경험하는 사람들을 많이 보았다.

한 배우자가 실현 가능성이 있는 것이 아니지만 재결합을 할 수도 있다는 생각을 한다면 두 사람이 함께 참여할 수 있는 어떤 활동을 계획해 보는 것도 좋다.

---

[2] 상대방이 경험하는 감정을 공감해준다는 말을 설명하기가 쉽지 않다. 많은 사람들은 될 수 있는 한 그들이 어떤 행동을 하는 동안 지속적으로 부정적 감정을 느끼지 말아야 한다고 생각한다. 그러나 자기수용(자기 감정 수용)을 하지 못하면 애도 과정에 걸림돌이 된다.

또한 배우자를 떠나고 싶지만(배우자의 슬픔과 분노를 보는 것이 두려워서) 직접 자기 의사를 표현하는 것이 불편한 사람은 아마도 치료사의 사무실에서만 좀 더 솔직해질 수 있을 것이다.

이혼 후에는 아픈 마음과 상대에 대한 비난을 다 그만두어야 한다. 자신의 비참한 심경의 원인을 알고 싶어 하는 사람에게 유용한 방법은 그들의 가족에서 다른 사람에게 상처를 주는 역할을 한 사람이 누구였는지를 물어보는 것이다. 다시 말해, 비참함이라는 느낌 자체가 그 사람에게 각인된 것이라는 것을 알게 하고, 그것이 그 사람에게 각인된 것은 사실이지만 부분적으로는 희생자처럼 느끼는 분위기가 가족의 유산처럼 가족 안에 내재해 있다는 것을 깨달을 수 있도록 도우라는 것이다.

그들의 힘을 소진하게 했던 참담함을 포기하고 나면 공허감과 상실감을 더 느끼게 된다. 자신의 근원이 없어졌다는 것은 참기 힘든 느낌이다. 이러한 감정들이 예전의 의존성으로부터 부부가 해체되면서 경험하는 과정의 한 부분이며, 자기 자신의 모습을 다시 찾아가는 과정이라는 것을 깨닫게 되면 이 과정을 지나기가 좀 더 쉬울 것이다. 이혼이 이전의 질서를 파괴하는 것이기는 하지만, 또 한편으로는 진정한 자기를 찾아가는 희망적인 것일 수도 있다.

✳  ✳  ✳

이혼한 후의 가족을 재구조화된 체계로 보는 것은 경계선을 분명히 하는 것과 가족 하위체계가 명확하고 분리된 역할을 확립하는 것의 중요성을 깨닫게 한다. 부모와 아이들 각자가 하나의 하위체계를 형성한다. 집은 따로 떨어져서 2개가 되지만 가족체계는 하나의 가족체계로 움직인다. 양육권이 어떻게 설정되어 있는가와 상관없이, 양쪽 부모님과의 안정되고 예측할 수 있는 조정과 접촉 가능성은 아동의 복지를 위해 변하지 않는 두 가지 기본적인 요소이다.

요즈음 공동 양육이 인기가 있는 방법이기는 하지만 한 부모가 아이의 감독권을 가지는 것이 아직도 일반적인 방법이다. 양육권을 가지고 있는 부모와 아이는

'한부모 가족'이라고 불리지만 이것은 완전히 정확한 것은 아니다.

다음의 그림에서 이러한 가족 단위의 구조를 살펴보자.

양육권을 가진 부 혹은 모
- - - - - - - - - - - - - - -
아이들

이 도표는 아래에 보이는 핵가족의 그림만큼이나 불완전하다.

어머니
- - - - - - -
아이들

이 그림에서 아버지는 분명히 빠져 있다. 아버지가 아이 양육을 같이하거나 혹은 그렇지 않건 간에 이 그림에서 그는 분명히 빠져 있는 것이다. 만약에 아버지가 양육에 참여하지 않았던 경우라면 그가 좀 더 부인이나 아이들과 관련된 일에 참여하도록 할 필요가 있다.

한부모 가족은 가족의 재구조화가 필요하다. 즉 부모와 자녀 사이의 명확한 경계선이 있어야 한다는 것과 부모는 아이가 가족관계 이외에 외부에서 가지는 관계, 즉 친구들, 가족, 직장 혹은 이성 친구들과의 관계까지 그 관심 범위를 넓혀야 한다는 것이다.

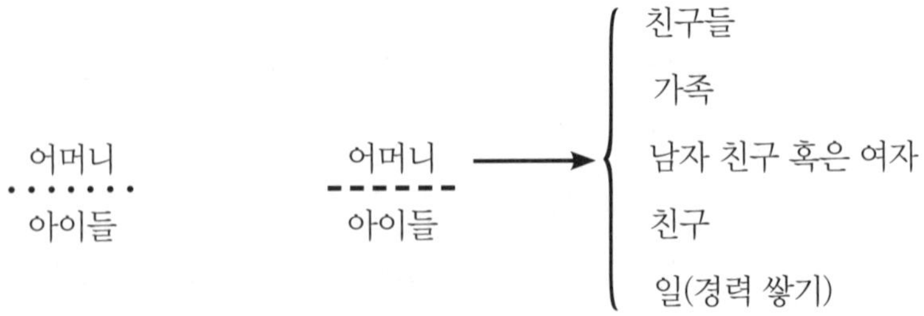

따로 사는 부모(보통 아버지)와의 접촉 기회 상실은 아이가 부모의 이혼에 적응하는 문제와 관련이 있으며, 또한 아이와의 접촉 기회 상실은 아버지들의 문제와 관련이 있다. 아이를 혼자서 키우는 어머니는 아무런 도움 없이 아이를 키우는 부담감과 관련된 호소를 많이 한다. 이러한 문제를 줄이거나 아니면 최소화하기 위해서는 이혼한 부모들이 부모의 역할을 하는 것만이라도 합의를 봐서 어떤 방식으로라도 같이 참여하는 노력을 해야 한다.

이혼 후의 부모로서의 하위체계는 제한된 동반자 관계를 의미한다. 따라서 두 사람 간에 명확한 경계선을 두는 것이 가장 좋은 방법이다. 어떤 사람들은 "우리가 친구로 남을 수는 없을까요?"라고 묻는다. 서로에게 친절하게 대하는 것은 나쁠 것이 없지만 서로 관계가 분명하지 않게 엉켜 있는 것은 또 다른 문제이다. 밀착은 다음 두 가지 중 하나의 유형에 속한다. 두 사람이 속으로 친밀감을 가지고 있는 경우이거나 계속 싸움을 하는 경우이다.

이혼한 후에도 부모가 계속 싸우면 나이가 든 자녀는 부모 두 사람 모두로부터 거리를 두고, 어린 자녀는 두 사람 중 한 사람에게 달라붙는다. 그렇지만 아이들이 원하는 것은 양쪽 부모 모두와 편한 관계를 갖는 것이다. 한쪽 부모가 다른 부모를 비난하게 되면 아이들은 부모에 대한 충성심과 관련된 갈등을 일으키는 게 된다.

아이에게 허용적이면 아이들이 가사 일과 관련해 자기가 편한 방식으로 행동하는 버릇을 기워줄 수 있어서 이혼한 부모가 아이 교육에서 특별히 신경을 써야 하는 부분이다. 당신 자신이 외롭고 혼란스러울 때 특히, 당신의 문제로 아이에게 의지하고 있을 때 부모로서의 권위를 갖추기는 힘들다. 집안일과 관련된 규칙과 역할이 분명하게 제시되어 있으면 아이들도 자신의 편의에 따라 시간이나 임무를 조정할 수 있다. 그런데 어떤 부모는 자녀를 항복시키기 위해 이미 일어난 일을 가지고 아이들로 하여금 죄의식을 느끼게 하거나 혹은 아이들이 "아빠는 우리가 원하는 것은 무엇이든지 TV에서 보게 했는데요."라고 말하면 엄마가 일장훈시를 한다. 부모 간의 좌우대칭을 이루는 것보다는 명확하게 규칙과 규율을 제시하는 것이 아이들의 적응에는 중요하다.

양육권이 없는 쪽의 부모는 자신은 방문자라고 생각하기 때문에 아이들을 만났을 때 아이들을 즐겁게 해주어야 한다는 부담감을 느끼는 경향이 있다(삼촌 같은 아버지의 이미지). 아버지는 롤러스케이팅을 하거나 영화를 보러 가거나 맛있는 저녁밥을 사주는 것과 같이 특별한 일을 계획할 수도 있지만, 아이와 의미 있는 대화를 하는 것이 중요하다. 아버지에게는 의미 있는 대화를 '질적인 시간'이라는 말로 해야 할 것을 했다고 자신을 달랠 수는 있겠지만 아이들에게는 아버지가 아이들과 함께 있어주는 것이 가장 의미가 있다.

죄책감과 거리감은 양육권을 가지지 않은 부모가 아이에 대한 자신의 권위를 의심하게 하는 요인이다. 그래서 어떤 사람은 아이를 만나면 설교하는 것을 좋아한다. 아이들을 전보다 자주 만나지 못하기 때문에 아이들을 교육할 기회가 적어서 아이들을 만났을 때 인생에 관한 충고를 모두 해야 한다고 생각하기 때문이다. 양육권을 가지지 않은 부모는 아이들이 자신들을 평생 미워할까 봐 불안해하고 걱정한다. 그래서 그들은 다음 예에서 볼 수 있듯이 과민하게 과잉 반응한다.

✻ ✻ ✻

배리는 이혼한 지 2년이 되었고 지넷과 함께 살고 있다. 격주마다 그는 245마일을 운전해 가서 아이들을 데려와 자신의 아파트에서 주말을 함께 보낸다. 배리와 지넷 모두 아이들이 어떻게 생각할지가 마음에 걸렸으며 실제로 아이들이 불안정하다는 느낌을 받기도 했다. 어느 토요일 저녁 지넷은 8살 먹은 말키에게 이제 목욕할 시간이라고 말했다. 말키가 괜히 다른 데로 신경을 돌리자 말키의 반응과는 상관없이 그녀는 단호하게 목욕하고 잘 시간이라고 다시 한 번 말했다. 그러자 말키는 위층으로 달려 올라가서는 울었다. 배리가 밀키 방으로 따라 올라갔고 아이의 문제를 듣고는 아이를 달래주고 "걱정하지 마, 엄마와 나는 너를 사랑한단다."라고 말해주었다(사랑한다는 게 대체 무엇일까?). 지넷은 아래층에서 배리가 말키에게 이야기하는 것을 들었을 때, 자신이 따돌림을 당하고 있다는 느낌을 받았다. 그래서 그녀는 위층으로 올라가 그 사건에 관련해서 지루하고 긴, 전혀 필요 없는 설명을 하였다.

이 이야기를 듣고 나는 세 사람 모두가 안됐다는 생각을 했다. 그들은 모두 불안해하고 있었다. 내가 만약 그와 비슷한 상황에 부닥친다면, 아이들은 단지 아이답게 대해주는 것을 잊지 말아야 한다(아이들이 불만이 있으면 말로 표현하도록 하지만 그들에게 어른 말을 듣는 것도 가르쳐야 함). 그리고 내가 아이들에게 완고하게 이야기한다고 해서 아이들이 부모를 사랑하지 않는 것은 아니라는 것을 반드시 이야기해줄 것이다.

❋　❋　❋

이혼율이 증가하는 것이 결혼의 환멸을 나타내는 것이라는 증거는 거의 없다. 이혼한 성인의 80%가 3년 이내에 재혼하거나 새로운 가능성에 열려 있지만 풀기 어려운 인생의 문제를 동시에 가지고 있다.

## 재혼으로 인한 혼합가족

새로운 규칙과 전통을 세우면서 새로운 가족구조를 만들려 하기 전에 과거의 가족으로부터의 해결되지 않은 문제를 반드시 먼저 해결해야 한다. 새롭게 형성된 계부모 가족은 가족원의 사망이나 이혼과 같은 일종의 상실 결과 태어난 가족이다. 그들의 이전 가족은 파괴되었으며 학교와 친구들도 이제는 남이 되었다. 이렇게 되면 자녀는 상처를 입었으며 분노를 간직하고 있다. 그들은 이제 자신들의 생활을 안전하게 보장받고 싶어 하며 자신이 경험한 상실에 마음 놓고 슬퍼하는 시간을 가지고 싶어 한다.

이혼 가정의 아이들은 여러 가지 끔찍한 상상을 한다. 그들은 부모님들이 더는 서로를 사랑하지 않는 모습을 보았는데, 그것은 마치 발 밑의 땅이 꺼지는 것과 같은 끔찍한 경험이다. 아이들에게 있어 최악의 경험은 부모님이 헤어지는 모습을 보는 것이 아니라 자기들이 버려질지도 모른다는 두려움이다.

재혼하는 부부들이 가장 중요하게 기억해야 할 것은 새로운 가족구조를 만들어야 한다는 것이다. 아이들은 버림받지 않을 것이라는 안전감을 느끼고 싶어 하며 자신의 앞날에 어떤 일이 일어나게 될지를 알고 싶어 한다. 아이들은 다음 주나 추수감사절 그리고 크리스마스나 여름방학 동안을 자신들이 어디에서 보내게 될 것인지를 미리 알고 싶어 한다는 것이다.

새로운 가족구조를 발달시키고 그것을 계속 유지하기 위해서는 아이들의 부모가 하나의 팀으로서 함께 노력하는 것이 중요하다. 그렇지 않으면 그들은 아이들이나 새로운 배우자와 삼각관계를 형성하게 된다. 새로 들어온 배우자는 보통 얼마나 많은 정서적 에너지를 '전 배우자'와 관련된 일에 소모하고 있는지 알고 있다―지금 두 사람의 관계가 튼튼하지 못하면 전 배우자와의 나쁜 경험을 떠올리게 되고, 그때의 해결되지 않은 부정적 감정들이 현재 부부의 미래에 영향을 끼친다.

아이들은 이혼한 후 한쪽 배우자가 이혼한 상대방에 대해 "너희 아빠는 말이야…", "너희 엄마는 말이야…"와 같은 표현을 사용하는 것을 싫어한다. 아이들에게 그들은 여전히 '엄마', '아빠'인 것이다. 그러면서 낯선 사람인 계부모에 대해서는 엄마나 아빠라고 부르라고 하는 것은 아이들 편에서 보면 불공평한 일인 것이다. 그냥 이름을 부르게 하는 것이 더 쉬울 수도 있다. 아이들이 계부모를 만나자마자 사랑하지 않는다고 해서 처벌을 해서는 안 된다. 계부모와 아이들이 서로 사랑하게 되리라는 것이 대체 어디에 쓰여 있단 말인가?

### "당신은 내 엄마가 아니에요!"

계부모는 진짜 부모가 아니라고 아이들이 불평하는데, 사실 아이들의 말이 맞는 얘기다. 아이를 낳은 부모가 이들을 기르는 것이 가장 효과적인 것은 분명하다. 생물학적인 부모가 도덕적으로 아이들을 훈련할 수 있는 권위를 가진 유일한 사람인 것이다. 계부모는 부모 역할의 보조자로서 아이 양육에 참여하기를 시작해야 하며 전체적인 양육을 담당하기에는 시간이 필요하다.

계부모의 역할을 돕는 것은 다음 두 방향으로 진행되어야 한다. 친부모가 기본적으로 양육에 대한 책임을 지지만, 전 부모는 아이들에게 계부 혹은 계모를 존중할 것을 가르쳐야 한다.

내가 다루었던 어떤 가족에서는, 아버지가 전 부인에게서 낳았던 두 아이의 훈육을 전적으로 담당하고 있던 가족이었다. 그 가족은 아이들이 계모에게 버릇이 없고 계모를 존중하지 않는 것이 문제가 되어 치료 장면에 온 경우였다. 자신이 아이들을 훈육시킬 기회를 얻지 못한 계모는 자신의 역할에 대해 혼란스러워했다. 여기에 대한 내 충고는 간단했다. 아버지가 아이들에게 "이 사람은 내 아내다. 그러므로 너희들은 이 분에게 존경심을 가지고 대해야 한다. 그렇지 않으면 나에게 그 이유에 대해 말해야 할 것이야."라고 말하도록 제안했으며 이 방법은 효과가 있었다.

어떤 사람과 새로운 관계를 발전시키기 위해서는 그 사람과의 관계에 개인적인 시간을 투자해야 한다. 그렇다고 강요하는 것은 현명한 방법은 아니다. 특히 어린 아이의 경우 예를 들면 계부모와 상점까지 같이 걸어가기, 영화 보러 가기, 함께 게임을 하기 등과 같이 짧고 일상적인 시간을 같이 보내는 것으로 시작해야 한다. 아이들의 관점에서 보아야 한다. 당신의 부모가 다른 사람과 사랑에 빠졌다고 가정해보자. 당신은 갑자기 부모의 시간과 애정을 낯선 사람과 경쟁해야 한다. 그러면 당신은 어떤 감정을 느낄까?

## "이번에는 반드시 성공해야 한다."

한 번 '실패한' 경험을 가진 부모는 두 번째는 반드시 행복한 가정을 꾸려야만 한다는 상당한 압박을 느낀다. 그런데 불행하게도 새로운 부부들이 자신만의 시간을 가질 필요가 있으므로 아이들과 관련된 문제에 신경 쓰는 것을 잊어버리는 일도 발생한다.

※　※　※

내가 치료한 한 경우는 남편이 두 번의 이혼을 경험한 부부였다. 그는 이혼이 아이들에게 끼칠 부정적 영향의 가능성에 너무 죄책감을 느낀 나머지 아이들의 요구에 지나치게 민감하게 반응했다. 이혼 후 첫 번째 결혼한 아내도 아이들이 민감하다는 것을 알아챘으며 그들이 자신을 받아들이기 위해 열심히 노력했다. 두 사람은 아이들이 너무 걱정되어 자신들의 모든 활동을 아이들과 함께하였다. 그렇게 하면서 두 사람의 관계는 억지로 짜 맞추어진 모습으로 함께 하게 되었다. 아이들은 자신만의 시간을 갖지 못했으며 부부도 자신들만의 시간을 갖지 못했다. 치료를 통해 경계선이 설정되기 전에는 분노가 폭발할 위험한 상태였다. 이러한 자기 충족적 예언은 아이들의 마음의 상처를 파괴적으로 드러내는 또 다른 방법이다.

아이들이 가족이 깨졌을 때 상처를 입는 것은 사실이지만, 새롭게 시작한 가족생활이 편안해지려 하면 부부가 일단 강한 연대를 형성해야 한다.

※　※　※

샤론과 스튜어트는 이혼하지 않았다. 물론 이혼에 대해 생각해보기는 했지만, 그 무엇인가가 그들을 결혼 상태에 머무르게 하였다.

# 성, 마약 그리고 로큰롤 :
# 반항적인 10대

시간이란 참으로 우스운 것 같다. 비 오는 날 밤 공항에서 연착되는 비행기를 기다리고 있다면 단 30분이라도 아마 영원한 시간인 것처럼 느껴질 것이다. 그렇지만 우리도 모르는 사이에 벌써 생일을 맞게 된다. 어느 날 갑자기 자신이 18살이 아니라 30 혹은 40살이나 됐다는 사실을 발견할 때, 우리는 대체 지나간 시간이 다 어디로 날아갔는지 의아해하기도 한다.

\* \* \*

샤론은 제이슨이 벌써 16살이 되었다는 것을 도저히 믿을 수가 없었다. 바로 얼마 전에 그는 장난기가 그득한 어린 개구쟁이였는데 어느새 부쩍 커버린 청소년이 되어 있었다. 마치 하룻밤 사이에 예쁜 아들이 어느새 얼굴에 수염이 나고 귀엽고 통통하던 몸은 근육으로 단단해져 있는 것이다. 물론 헤더도 변했다. 발랄하면서도 마른 체형의 어린 소녀는 몸의 곡선이 드러나는 변덕스러운 10대로 변했다.

헤더는 여전히 많은 시간을 엄마와 함께 보내고 있었다. 그들은 같이 쇼핑을 하고, 어떤 때는 서로 옷을 바꿔 입기도 했다. 샤론은 자신과 딸이 '가장 좋은 친구'라고 농담처럼 이야기하기를 좋아했다. 그렇지만 헤더는 자주 자기도 모르게 자기만의 세상으로 빠져들었다. 아버지처럼 관계에서 도망가는 특징을 그대로 닮은 것이다.

제이슨에게 일어난 변화는 더 극적이었다. 그는 고집이 센 어린 소년에서 반항적인 젊은이로 성장했다. 그는 옷 입는 것, 집안일을 돕는 것, 통행금지, 음주, 학교 숙제, 성적 등 모든 일에서 샤론과 부딪혔다. 샤론은 너무 지쳐서 이제는 더 싸우고 싶지도 않았다. 그렇지만 자신이 조금 고삐를 늦추면 제이슨이 청소년기에 빠지기 쉬운 유혹에 빠지거나 어른들의 위험한 짓을 흉내 내지 않을까 하여 고삐를 늦추지도 못했다.

아이들이 어렸을 때는 아이들에게 충분히 사생활을 보장해줄 만큼 집이 넓게 느껴졌지만, 이제 샤론은 집안을 모두 아이들이 차지해 버려서 자신을 위한 공간은 전혀 없다고 느꼈다. 4명의 가족은 서로의 영역을 보장해주기에는 너무 북적거리는 복잡한 도시에 사는 고양이들 같았다. 서로 난장판으로 싸우고 으르렁거리면서 도무지 안정될 기미는 보이지 않았다.

제이슨이 13살이 되었을 무렵에는 샤론은 제이슨을 위해 싫어도 꼭 참고 해주는 어떤 것도 제이슨을 만족시키지 못한다는 것을 알게 되었다. 그는 먹는 것에도 까다롭게 굴었으며 샤론이 어떤 것을 먹으라고 하면 그 음식이 자신에게 맞지 않는다고 까탈을 부렸다.

사실 음식이 문제는 아니었다. 제이슨은 엄마와의 관계에서 이제껏 있었던 규칙들에 대해 반기를 드는 것이었다. 그는 점점 더 독립적이며 반항하게 되었다. 그렇지만 샤론은 여전히 제이슨이 자신이 먹으라고 권하는 음식을 먹기를 기대했다. 샤론은 그의 반항하는 태도에 화를 내기도 하고 불안해하기도 했는데 그런 태도는 제이슨을 양육하는 데 도움이 되지 않았다. 샤론이 제이슨에게 적절한 저녁 식사를 먹이려고 하면 할수록 제이슨은 자신의 주장이 옳다는 것을 확인시키기 위해 더욱 반대쪽으로 나갔다. 제이슨의 입장은 엄마와의 관계가 좀 더 공평한 관계가 되어야만 한다고 생각했고, 샤론의 입장은 제이슨이 이제는 다 컸다는 것은 알지만 여전히 엄마의 말을 잘 들어야 하는 아이였다.

부모는 자녀를 키우면서 이러한 과정을 모두 경험한다. 다만 이러한 관계의 모습은 부모의 성격과 경향, 자녀들의 기질과 성향, 형제간의 관계, 부모가 자녀들을 대하는 태도, 자녀의 친구들의 영향, 부모 사이의 관계 등에 따라 다양한 모습으로 나타난다. 그 외 다른 이유는 없다.

스튜어트의 외도와 그 후에 부부 사이의 친밀감을 다시 회복하고자 했던 노력이 실패한 후, 스튜어트는 가족으로부터 더 멀리 떨어졌고 샤론은 아이들에 대한 고삐를 더 단단하게 조였다. 헤더는 그러한 상황에 적응했고 제이슨은 반란을 일으켰다. 그는 자라면서 점점 강하게 분노를 표출하였고, 샤론은 아들의 반항과 무모한 행동들에 두려움까지 느꼈다. 어떤 날은 새벽 한두 시까지 집에 들어오지 않았으며 한번은 새벽녘까지 집에 들어오지 않은 적도 있었다. 샤론과 스튜어트는 아이를 협박하고, 용돈을 주지 않고, 집안에서 일거리를 더 주는 등 온갖 방법을 다 동원하여도 전혀 효과가 없었다. 게다가 샤론은 그러한 처벌을 하는 것이 잘하는 방법인지에 대해서도 확신이 서지 않았다. 그녀는 제이슨에게 분명히 문제가 있다고 생각했다.

그는 수시로 행동을 바꿨다. 한번은 샤론의 지갑에서 10달러를 훔치고는 샤론이 닦달하자 거짓말을 했으며, 또 다른 날은 엄마를 다정하게 안으며, 자신의 단점만 꼬집지 말고 좀 더 따뜻한 엄마처럼 자기를 대해주었으면 좋겠다고 이야기했다. 샤론은 이제 제이슨이 방으로 걸어 들어올 때 어떤 식으로 대해야 할지 혼란스러웠다.

＊　＊　＊

사람은 좋든지 싫든지 간에 자신의 감정 상태, 소망, 그리고 두려움 때문에 힘든 시간을 갖게 마련이다. 우리가 소위 발달과정에서 겪는 '정체감 위기'는 자신에 대한 탐색으로, 새로 무엇인가를 만들고자 하는 노력이 아니라 내면의 고뇌

들, 목적, 소망, 그리고 이상들 사이의 조화와 통합을 이루고자 하는 노력이 드러날 것이다.

✳  ✳  ✳

부모는 정체성을 추구하는 사춘기 자녀들이 보여주는 혼란스러운 상태를 인내하고, 감사하게 여기고, 부모가 이해하기 힘든 열정까지도 존중해주어야 한다. 14살짜리가 대학 진학보다는 해병대에 지원하겠다고 하거나 록스타가 되겠다고 할 때 이들의 목표는 결정된 것이 아니라 자신들의 정체성에 대한 실험이라는 것을 알아야 한다.

성격에는 다양한 측면이 있다. 치료에서는 이런 특징을 유용하게 사용할 수도 있다.[1] 10대는 헤어진 남자친구가 되돌아오는 환상, 엄마를 증오하는 감정 등 마음이 복잡해서 감정을 묻는다든가 하면 대답을 잘하지 못한다. 이럴 때 무엇을 좋아하느냐 등의 질문보다는 만일에 너의 '부분part'이 무엇을 원하느냐는 식으로 질문하는 것이 유용하다. 이것은 속임수가 아니다. 우리 내면에서 서로 싸우고 있는 목소리를 인정하는 것이다.

✳  ✳  ✳

헤더도 자신이 바라는 모습을 찾고 성장하려는 성장통을 경험하였고, 부모는 어떤 생각을 하는지 궁금하기도 했지만, 말로 표현하지는 않았다. 제이슨이 거칠게 자신의 정체성을 찾고자 부모와 싸울 때 헤더는 전혀 내색하지 않고 조용하게 있었다.

사람들은 종종 한 가족에서 나온 형제가 어찌 그리 다를 수 있냐고 의아스러워한다. 여기서 주목할 사실은 형제들이 똑같은 가족 환경 속에서 태어나는 것이 아니라는 것이다. 제이슨의 아버지는 일에만 열중하고 어머니는 아기에게 자신

---

[1] R. Schwartz. *Internal Family Systems Therapy*. New York: Guilford Press, 1995 참조(Schwartz는 사티어의 '부분들의 잔치' 기법을 차용하여 내면가족체계 치료라는 치료기법을 만들었다. ─ 역자 주)

의 모든 것을 바치는 결혼 초기의 부부 사이에서 태어났다. 그의 부모는 많은 시간과 노력을 투자해야 하는 아기 돌보기와 관련된 환경에 준비가 되어 있지 않았으며, 그 결과로 부부 사이를 갈라놓았다. 헤더는 모든 면에서 부모가 좀 더 준비가 된 환경에서 태어났다. 헤더의 엄마는 이제 가능한 한 모든 것을 아이한테 바치려고 하지 않았고, 헤더의 아버지도 아이 양육과 관련된 모든 일을 부인에게만 일임해서는 안 된다는 것을 깨닫고 전보다 더 많이 도움을 주었다.

거기에다 두 아이의 기질도 달랐다. 제이슨은 까다로운 편이었고 헤더는 조용한 편이었다. 가족생활이 양극으로 나뉘어지듯이 아이들의 작은 성격 차이도 이 아이는 이렇고, 저 아이는 저렇다는 식으로 나누어진다.

처음으로 아이가 태어나면 부모는 그 아이의 특징을 나타내는 이름을 붙여준다. 제이슨은 에너지 넘치고 강력한 힘을 가진 '활동적인' 아이였다. 그래서 제이슨이 자신의 이미지에 맞지 않는 행동을 하면 그답지 않은 행동이라며 받아들여지지 않았다. 이런 식으로 아이에게 '나는 원래 이런 애야.'라는 확신을 심어주며 강한 성격을 형성하게 된다.

샤론은 공격적이고 외향적인 아들이 좋았지만, 헤더는 여자이기 때문에 제이슨보다 요구가 적고 다소곳해야 한다고 생각했다. 샤론은 자신의 딸이 아들과 같이 또 다른 위협적인 존재로 자신의 인생을 힘들게 하는 것을 원하지 않았으며, 제이슨처럼 말썽 많고 버릇없는 아이로 크기를 바라지도 않았다. 스튜어트는 활발한 아들과 사랑스러운 딸을 가진 것에 만족했다. 제이슨은 철모르고 뛰는 강아지 같았고 헤더는 귀여운 고양이 같았다.

물론 아이들도 서로의 다른 점에 대해서 잘 알고 있다. 제이슨은 헤더의 부드럽고 따뜻한 태도를 질투해서 아예 헤더를 별 생각 없이 좋은 게 좋은 것이라고 행동하는 것이라고 단정 짓고는 자신은 오히려 더 거칠게 행동하는 것으로 튀려고 했다. 그렇지만 동생이 엄마와 꼭 붙어 지내는 것을 보고는 자신이 독립적으로 되고자 하는 욕구가 잘못된 것인가 하는 생각도 들었다. 반면에 어린 동생인 헤더는 제이슨이 자라면서 점점 행동이 거칠어지자 혼자서 귀여움을 독차지하며 자랐다.

형제 순위가 위인 형제가 하는 행동은 동생의 행동을 결정짓는 도덕적인 잣대가 된다. 오빠인 제이슨이 부모님과 싸우는 모습에 질린 헤더는 자신은 항상 착하게 행동할 것이라고 마음속으로 결심했다. 그렇게 헤더는 싸우고 싶은 마음을 다스리기는 했어도 결과적으로 타인에 무관심하고 다른 사람의 일에 상관하지 않는 성격이 되었다. 어렸을 때는 수동적 아이라고 이름 붙여졌고, 나이가 들면서 그 이름이 자신을 가두는 교도소가 되었다.

청소년기는 잠자고 있는 자신의 잠재력을 발견하고 실현하기 위해 가족의 편협한 관점을 교정할 수 있는 시기이지만, 이렇게 되려면 자녀들도 직면하기 어려운 현실에 충분히 노출되어 스스로 탐험하는 자세가 있어야 한다. 그렇지만 헤더는 여전히 집에 가까이 있었다.

헤더는 부모가 상처 입고 실망하는 것을 원하지 않았기 때문에 자신의 문제를 털어놓지 않곤 했다. 헤더는 부모가 원하는 아이가 되려고 하였지만 아무리 노력해도 부모의 기대를 다 충족시킬 수는 없었다. 오히려 자신이 부족한 인간이라고 느꼈다. 스튜어트는 헤더의 성적이 B와 C가 있는 성적표를 가지고 와도 항상 헤더가 사실은 똑똑한 아이라고 하고, 샤론도 헤더가 인기가 많은 아이라고 항상 말했지만 헤더는 부모의 말이 사실이 아니라고 믿었다. 스튜어트와 샤론이 헤더에게 실망했을 때 헤더는 귀신같이 그런 부모의 마음을 눈치챘다.

제이슨의 탈선에 지칠 대로 지친 스튜어트와 샤론은 헤더의 행동은 당연하게 생각했다. 헤더는 한 번도 문제를 일으킨 적이 없었기 때문에 모든 것이 괜찮은 것처럼 보였다. 11살 정도부터 헤더는 점차 부모의 반경에서 벗어나 자신의 세계 속으로 빠져들었으며, 14살이 될 무렵에는 부모도 헤더에 대해 잘 모르게 되었다.

부모가 싸우는 모습을 볼 때면 헤더는 '저들이 내 진짜 부모님일 리가 없어.'라고 생각했다. 사실은 자신이 뭔가 실수로 이 집에 태어났다고 생각했다. 아버지는 맞장구치며 소리를 내는 일은 거의 없었다. 엄마가 항상 소리를 질렀고 아버지는 그저 가만히 자리에 앉아 있을 뿐이었다. 아버지는 자신과 오빠에게는 소리를 지르곤 했지만, 엄마에게는 그러지 않았다. 가끔 가다 한 번씩 자제력을 잃기는 했지만.

엄마는 항상 이런저런 일로 그에게 끊임없이 잔소리를 했고, 아버지가 자제력을 잃으면 엄마가 울면서 뛰쳐나갈 때까지 엄마에게 소리를 질렀다. 이럴 때면 헤더는 자신에게 불똥이 튈까 봐 두려웠다. 그렇지만 부모는 헤더를 아예 무시했다.

이런 일이 있으면 헤더는 방에 가서 문을 잠그곤 했다. 자기 방이 특별한 장소이며 안전지대이기 때문에 자신의 방에서 안도감을 느꼈다. 그녀는 고양이 샐리를 데리고 자기 방으로 갔다. 샐리는 헤더가 어렸을 때부터 키운 고양이로 이제는 많이 늙었으며, 이 고양이도 헤더의 가족을 무시했다. 샐리는 밤이면 쥐 사냥을 나가 다른 고양이들이 자신의 구역에 침범하지 않도록 신경을 쓰고 낮 동안에는 조용히 누워 있는다. 만약 고양이가 한 시간 안에 몸을 두 번 움직이면 그것은 큰 사건이었다. 샐리는 가족이 함께 키우는 고양이었지만 헤더는 다르게 생각하고 있었다. 헤더는 샐리가 자기 고양이라고 생각했다. 자신만큼 고양이를 사랑해 주는 사람은 없었기 때문이었다.

헤더는 침대에 누워 고양이를 배 위에 올려놓고 아주 부드럽게 털을 쓰다듬었다. 그렇게 해주지 않으면 고양이는 방해받지 않고 편안하게 잘 자리를 찾아 달아날 것이다. 헤더는 혼자 외롭게 있고 싶지 않았다.

✻　✻　✻

제이슨과 부모님의 사이는 점점 더 나빠졌다. 부모에게 화가 더 날수록 더 성, 마약, 로큰롤 등에서 더 많은 위로를 찾고자 했다.

부모는 자녀들이 이러한 것들에 얼마나 빠져 있는지를 잘 모른다. 심증만 가지고 있다. 이러한 심증 때문에 갈등을 일으키기도 한다. 사실 자녀들은 은근히 부모가 이런 사실을 발견해주기를 바라기도 한다.

나는 제이슨의 문제에 대해 양쪽의 이야기를 모두 들었다. 부모가 보기에 제이슨은 반항적이고 자기 패배적인 아이였다. 그들에게 있어 제이슨은 자신들의 '절대 규칙'을 거스르는 아이였다. 그들은 제이슨이 마약을 할까 염려하였으나 실제 증거는 없었다. 그들은 또한 제이슨의 학교에서의 태도도 마음에 걸렸다. 그런데 부모도 제이슨을 통제하는 방법으로 어떤 것이 최선인지 잘 몰랐기 때문에 제이슨에게 효과적으로 대응할 수 없었다. 제이슨의 말에 의하면 자신은 다른 아이들이 하는 행동을 따라 할 뿐이라고 주장하였다.

샤론이 사건이라고 말하는 것들은 그녀가 제이슨에 대해 발견한 것과 제이슨이 그녀에게 반항한 것들을 모아 놓은 것들이었다. 한번은 샤론이 제이슨의 옷장에서 낡아빠진 플레이보이, 펜트하우스, 허슬러 등과 같은 도색잡지를 발견하였으며 그녀는 제이슨이 외설적인 것에 빠질까 봐 걱정되었지만, 스튜어트는 그녀만큼 걱정하지는 않았다. 그는 그저 자라면서 지나가는 과정일 뿐이니 걱정할 것 없다고 말했지만, 샤론은 화가 났다. 그녀는 자기 아들이 그의 인생과 그녀의 인생을 모두 망치고 있다고 생각했다. 그녀는 제이슨에게 방으로 올라오라고 소리쳤으며, 제이슨은 방으로 올라와 엄마의 손에 들려져 있는 것을 보고는 창피하면서도 화가 났다. 그렇지만 샤론은 머리끝까지 화가 나 있어서 그런 제이슨의 표정을 보지 못했다. 그녀는 욕을 해대며 혹독하게 야단을 쳤다. 제이슨은 그냥 서 있을 수가 없어서 집을 뛰쳐나갔다.

그날 밤 제이슨은 저녁 때까지 집으로 돌아오지 않았으며 전화도 하지 않았다. 그가 새벽 두 시에 집에 왔을 때 샤론은 제이슨이 술을 마신 것처럼 보인다고 생각했다. "너 술 마셨구나."라며 자신이 느끼는 것보다 더 확신에 찬 목소리로 말했다.

"그래서 어쩌라고요?"라고 제이슨이 대답했다.

이러한 태도는 새로운 것이었다. 만약 제이슨이 아니라고 부인을 해도 나쁜 일이지만 이런 반응은 좀 달랐다. "그래서 어쩌라고요?"는 거짓말을 하는 것보다 더 나쁜 것이었다. 그런 대답은 부모로서의 권위를 완전히 깔아뭉개는 태도였다. 어찌할 수가 없다는 것을 느끼자 샤론은 분노로 가슴이 탁 막혔다. "네 방으로 올라가."라고 화난 목소리로 말하면서도 두려움을 느꼈다.

## 끔찍하고 어색한 나이

10대 자녀를 기르는 것은 지옥을 가는 것만큼이나 끔찍하다. 자녀가 13살이 되기 약간 전부터 부모는 자녀에게 어떤 변화가 나타나는 것을 눈치챈다. 아이들은 빈정거리기 시작하고, 말대답하고, 겉모습도 전보다 훨씬 어른스러워 보이며 위협적으로 느껴진다.

나 자신도 비슷한 경험이 있다. 딸이 12살이 되자 태도가 변했는데 받아들이기 힘들었다. 한번은 머리빗을 찾는데 나는 "잘 모르겠는데, 여기는 없는 것 같아."라고 말했다. 그러자 그녀는 완전히 낯선 목소리로 "대체 어디 있는 거야!"라고 소리쳐서 나는 대답할 말을 잃었다. 그 아이의 말하는 톤이 나를 깜짝 놀라게 했다.

이와 같은 무시하고, 불량스러운 태도가 청소년기에 나타나는 전형적인 태도이며 부모들은 이러한 태도에 대해 비판적으로 반응한다.

여기에서 부모들이 놓친 것은 부모-자녀 관계의 순환성이다. 그들은 착하고 귀여운 자신들의 아이들이 냉소적이고 자신의 고집만 부리는 청소년으로 변하는 모습을 보지만, 그런 태도 뒤에는 아이들의 자율성이 자라고 있다는 사실을 받아들이지 못한다. 아이들은 성장하려는 욕구를 그렇게 고집으로 표현한다.

부모들은 가족체계의 특징을 간과하기 때문에 부모와 자녀 간의 상호보완적인 면을 과소평가한다. 청소년과 부모가 개별적 존재이기는 하지만 동시에 가족체계의 한 부분이다. 한쪽에서는 가족의 안정성을 지키려고 하고, 또 다른 한쪽에서는 가족의 규칙을 벗어나 자율성을 지키려고 서로 밀고 당기며 경쟁한다.

사춘기 자녀는 한 가족의 구성원인 동시에 또한 가족과는 분리된 한 개인이다. 자녀는 성장하면서 가족 외의 관계와 다양하게 연결되어 있다. 다음의 그림은 제이슨이 청소년기에 들어갈 무렵의 살라자르 가족을 설명해준다. 마찬가지

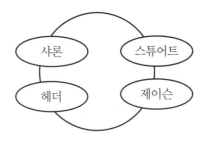

로 어떤 가족구성원들은 가족 외의 다른 사람들보다는 가족원들과 더 많이 접촉한다.

이 그림이 보여주고 있는 것은 가족구성원이 생각하는 것을 보여준다. 이 가족은 변하지 않는 정적인 가족이었다. 샤론과 스튜어트처럼, 아래의 그림은 가족체계가 항상 유동적이라는 사실을 간과한다. 여기에서 이제 제이슨은 나가버리려고 한다.

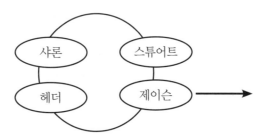

제이슨은 자율성을 추구하고, 부모는 가족의 안정성을 추구한다. 청소년들은 가족의 통제에서 벗어나려 한다. 부모들은 가족의 응집력을 유지하기 위해 그들이 지키고자 하는 가족규칙을 강요하려고 노력한다. 부모나 자녀 모두 삶의 전환점에 서 있다. 부모들은 전환기가 서서히 진행되기를 바라고, 청소년기의 자녀들은 전환의 속도가 빠르게 진행되기를 바라기 때문에 양쪽 간의 갈등은 필연적으로 일어난다.

✽　✽　✽

한번은 16살 된 딸아이의 비행이 문제라고 찾아온 가족이 있었다. 이 비행이 라는 것이 실은 웃음이 나올 만큼 별것이 아니었다. 딸아이가 가끔 통행금지 시 간을 30분 정도 어기고, 자신의 방을 청소하지 않고, 부모에게 화가 나면 문을 쾅 닫고 집을 나간다는 것이었다.

이 가족은 아이들이 7명이 있었는데 3명의 16살 이하의 자녀는 부모와 매우 가까웠으며 복종적인 아이들이었다. 4명의 나이 든 아이들은 이미 집을 떠난 나 이였고 그들은 이제 부모와 아무 대화도 나누지 않았다.

집을 떠난 아이 중 가장 어린 자녀(19살)는 최근에 엄마한테 쫓겨났는데, 그 이유는 교회에서 만난 남자아이와 결혼하였기 때문이었다. 엄마는 그 남자아이 를 좋아하고 결혼 승낙도 했지만, 약혼한 지 3개월 만에 결혼하는 것은 너무 이 르다고 생각했다. 어머니의 반대에도 그녀의 딸은 결혼할 뜻을 굽히지 않았다. 그녀는 6월의 신부가 되고 싶었다. 두 모녀는 서로의 주장을 굽히지 않았고, 이 전의 세 자녀가 집을 나갈 때와 똑같은 상황으로 마침내 "내 말을 듣지 않을 거 면 이 집에서 나가."라고 엄마가 말하는 것으로 상황이 종료되었다.

이 사례가 너무 극단적이라는 생각이 들 수도 있지만 이러한 과정은 보편적으 로 진행되는 과정이다. 이렇게 되면 유연성이 없는 가족구조는 깨지게 되어 있다.

＊　＊　＊

청소년이 있는 가족은 힘든 시기를 겪게 되지만 이 과정이 그렇게 적대적이고 상처를 주는 과정이 될 필요는 없다. 청소년 자녀는 가족에게 세상의 새로운 정 보와 변화를 가져다주는 통로이다. 청소년기의 자녀는 부모가 신세대적 사고를 할 수 있도록 새로운 정보를 가져다주고 같이 호흡하려 한다. 그렇지만 그들이 가져오는 새로운 아이디어는 정리가 덜 된 것이다.

청소년들은 부모의 신념에 도전하며, 위선적인 행동을 따지고, 오랜 기간 유 지되어 온 편견을 우습게 여기면서 전면적으로 부모 기성세대에 비판적이다. 이 러한 도전을 자녀와 부모의 성장과 연관해서 좋은 의미로 받아들이고 다행이라는 생각을 하는 것이 가능한데도 불구하고 부모들이 자녀들의 변화에 위협을 느끼고 같이 싸운다. 이러한 싸움은 갈등을 고조시키고, 조정이 힘들어지면서 자녀들이 집을 떠날 즈음에는 관계가 산산조각이 나 있다.

부모들은 청소년기 자녀의 표현에 두 가지 방식으로 반응한다. 첫째 반응은 자녀들의 태도에 불평하고, 질투심을 느끼고, 때로는 경쟁적으로 싸운다. 두 번째 반응은 자녀들이 자율적이 되고, 활기차고 확신에 찬 모습에 기쁨을 느끼고, 자신에 대해 자랑스럽게 느낀다. 안정적인 부모는 자녀들이 자기 확신을 키워가는 과정에서 투쟁의 대상이 되리라는 것을 이미 알고 인내와 존중의 태도로 자녀를 대한다.

화가 난 청소년 자녀가 자신들이 왜 늦게까지 숙제를 반드시 해야 하는 이유를 말해달라고 공격할 때 지혜로운 부모는 자녀가 그렇게 말하는 의도를 묻고, 그들의 말을 들어줄 것이다. 자녀가 말하고자 하는 요점을 들은 후에 부모의 규칙이 적절한지에 대해 생각해본다. 규칙을 반드시 수정해야 할 이유는 없지만 단지 규칙이기 때문에 지키라고 고지식하게 주장하지는 않는다. 자녀들이 자신들의 삶에 관한 것들을 스스로 결정할 수 있을 만큼 성장했는지 판단 여부는 잠시 밀어두고, 부모는 공감적 태도로 자녀들과 대화할 수 있어야 한다. 권위적인 태도("내가 네 아버지니까, 그것이 바로 이유다!")에서 체계적인 역할을 하는 위치("나는 네가 밤에 나가 있으면 걱정이 되어서 그런 거야. 왜 그러니, 너의 생각은 어떤 건데?")로 바뀌는 것이다. 결정된 사항이 청소년 자녀의 마음에 들지 않을 수도 있지만 적어도 논리적으로 이치에 맞아야 한다.

성숙하고 자존감이 높은 부모는 자녀들이 성숙해 가는 과정을 기뻐하고 자랑스럽게 여긴다. 이들의 반응은 깊이가 있고, 자연스럽게 진행되며, 삶 전반에 걸쳐 폭넓게 나타난다. 이런 부모들은 각자 자기충족적이면서 동시에 응집력 있는 부부이다. 이런 부모의 자녀는 운이 좋다. 이렇게 안정적이고, 부부결속이 잘 되는 부모는 자녀 발달과정의 전환기를 불안해하고 자녀들과 갈등을 일으키기보다는 오히려 자녀의 변화를 반기고 축하한다.

이렇게 충분하게 좋은 분위기에서 청소년기를 보내는 자녀는 과연 어떤 경험을 할까? 아무리 이런 환경이라 하더라도 청소년기는 누구에게나 격동과 혼돈의 시기이다. 그러나 수용적인 가족 분위기 속에서 격려를 받은 청소년은 운이 좋게도 격동기를 가족 내에서 시험적으로 시도해보는 기회를 가질 수 있다. 이들은 가족의 한 구성원으로서의 정체감과 동시에 개인의 정체감을 동시에 성취할 수 있다. 제이슨도 살라자르 가족의 일원으로서 가족이라는 구조에서 벗어나지 못하면서 자신의 개체성과 의미를 발견해 나가야 한다.

✳ ✳ ✳

부모는 다음의 잘못된 두 방향으로 갈 수 있다. 한 방향은 자녀가 너무 일찍 쉽게 독립함으로써 가족의 지원을 너무 일찍 박탈당하게 하는 것이고, 다른 한 방향은 지나치게 오랫동안 자녀를 통제하기 때문에 자녀가 지나치게 반항하는 방향으로 나아가게 하는 것이다. 바람직한 방향은 자녀에게 명확한 경계선을 설정해줘서 자녀들이 자신의 경험을 탐험할 여지를 주기도 하지만 가족의 지원과 안내를 받을 수도 있게 해야 한다.

여기에서 주의해야 할 점이 있다. (1) 부모의 통제는 집안에서만 가능하다는 것을 잊지 말라. 자녀들이 집 밖으로 나가서 하는 행동을 부모가 통제할 수 없다는 것을 알고 쓸데없이 부모의 권위만 손상시키는 행동은 하지 말라. (2) 통제의 균형을 맞추려는 시도를 할 때 자녀들에게 과도한 스트레스를 주지 않아야 한다. 통제 욕구가 지나친 부모의 자녀들은 대부분 수동-공격적이고, 자기 할 일을 제대로 하지 않고, 마약 혹은 중독적 행위에 빠지게 된다.

스트레스가 많은 환경에서 성장하게 되면 스트레스를 낮추기보다는 실질적으로 스트레스를 더 느끼면서 해결하려 한다. 예를 들어 헤더처럼 조용한 아이는 TV 시청이나 연애소설 읽기, 망상을 꿈꾸기 등과 같은 수동적이면서 목표 없이 이런 행동을 하는 것으로 긴장에서 탈출하려 한다. 반면에 제이슨처럼 활동적인 아이는 음주, 파티, 늦게 귀가하는 것 등과 같은 행동을 통해서 스트레스에서 벗어나고자 한다.

아이들이 집에 들어오지 않을 때 바깥에서 어떤 행동을 할까? 부모들이 알고 싶어 하는 질문이다. 그래서 아이들에게 물어보면 아이들은 그저 누구누구네 집에 갔다는 등 시큰둥하게 말한다.

댄스파티나 록 콘서트와 같은 특별한 기획 행사에 아이들끼리 같이 가기도 하지만 대부분은 친구들끼리 그냥 만나서 같이 놀거나 혹은 쇼핑센터에서 돌아다니거나 스낵을 사 먹거나 영화를 보기도 한다. 어떤 아이들은 상점 절도나 마약, 성 경험 등 어른들의 권위에 대항하고자 하는 유혹에 빠지거나, 그런 행동을 하도록 압력을 느끼기도 한다. 그들은 후미진 통로나 주차장에서 이런 행동을 하거나, 아니면 쇼핑센터를 떠나 자기네들끼리만 있을 수 있는 공간을 찾기도 한다. 이런 경우 그들의 관계는 단기적이며 서로에게 묶여 있지 않기 때문에 결과적으로 불특정 다수와의 성관계로 인해 성 상대 숫자가 많아진다.

개인차가 많아서 청소년의 성적 행동을 일반화하기는 어렵다. 지난 10여 년 동안 고등학교 학생들의 성행위는 1996년의 53%에서 2005년에 47%로 감소하였다. 10대의 데이트도 연애보다는 친구들과 유희 같은 성행위를 하거나 성매매의 모습으로 변했다. 자존감이 낮고 또래로부터 수용받고 싶은 10대들이 특히 강제적으로 성행위에 잘 끌려든다.

첫 성교를 하는 평균 나이는 남자 16.9세, 여자 17.4세이다.[2] 남성의 반 이상 (55%), 여성의 반(54%)이 15~19세 사이에 이성과 구강성교를 한 경험이 있다고 보고하고 있다. 대략, 10명 중의 한 사람(11%)의 남녀가 15~19세 사이에 이성과의 성 경험 중 항문성교를 한 경험이 있고 3%의 남성이 15~19세 사이에 동성남성과 항문성교를 경험한다.[3] 젊은 사람들의 반 이상이 25세에 성병에 걸렸다.[4]

제이슨의 경우를 보듯이 10대들은 성행위를 짝을 지어 실험한다. 그리고 성행

[2] Alan Guttmacher Institute. *In Their Own Right*. Online, 2002.

[3] W. Mosher. "Sexual Behavior and Selected Health Measures: 2002." *Advance Data*, No. 363 (2005).

[4] American Social Health Association. State of the Nation 2005: *Challenges Facing STD Prevention Among Youth*. Online 2005.

위와 마찬가지로 권위에 도전하기 위해, 호기심을 채우기 위해, 그리고 좋은 기분을 느끼기 위해 마약도 한다.

아이들이 마약을 하는 나이는 정해져 있지 않아도 마약을 하는 것과 관련된 압력은 고등학교 정도부터 받는다. 기분이 나빠지면 주위의 누군가에게 잠시만이라도 기분 좋게 할 것이 뭐 없냐고 한다. 아이들이 마약을 하는 중요한 이유는 기분 전환이다. 즉 스트레스로 인한 좌절감을 잊어버리고 마음껏 기분 좋은 상상의 나래를 펴게 되는 전환을 원한다. 기분이 좋아지고 싶은 동기에 따라 맥주부터 코카인에 이르는 다양한 선택을 한다. 그렇지만 아이들의 선택은 결과적으로 자신들 주위 환경에 영향을 받는다.

어떤 아이들은 부모의 허락을 받고 맥주를 마시는 경험을 하기도 한다. (많은 부모가 '만약 네가 술의 유혹을 이길 수 없다면, 즐겨라'라고 하는 말을 믿는다). 그러나 내면에 분노가 가득 차 있고, 멘토가 없는 제이슨과 같은 아이는 남성성을 증명하기 위해 정기적으로 과음을 하고 난교파티를 하는 모임에 스스로 참여한다(여자아이들도 술을 마시기는 하지만 여자아이들이 자기과시를 위해 술을 마시는 경우는 남자아이들보다 적다). 날씨가 따뜻한 날 아이들은 숲속으로 들어가고, 추운 날에는 어른이 집을 비운 친구의 집으로 찾아가기도 하고, 가까운 곳에 대학교가 있으면 기숙사로 가기도 한다. 그들은 맥주 통을 따면 그것이 다 없어질 때까지 마시는 놀이를 한다. 제이슨은 대학 기숙사에 가서 잘 모르는 학부 학생들과 함께 둘러앉아 맥주를 마시고 TV를 보면서 '행운의 맥주 마시기'라는 게임을 하곤 했다. 게임을 하고, 게임에 지는 사람은 맥주를 숨 쉬지 않고 꿀꺽꿀꺽 삼키는 게임이다. 고등학교 아이들 사이에서 인기 있는 또 다른 방법은 '사랑의 보트(구토를 의미함)'라는 게임으로 아이들은 '사랑의 보트'라는 TV 드라마에 나오는 배역을 하나씩 선정한다. 그리고 드라마에서 자신의 배역이 나올 때마다 맥주를 마신다. 이 게임의 목적은 누가 제일 나중까지 토하지 않고 버티느냐 하는 것이다.

공식적인 마약 반대 운동이 잘 진행되고 있기는 하지만("그냥 '싫어'라고 말씀하시오." "D.A.R.E."), 마약은 여전히 전통과 권위에 대항하는 방법으로 여겨진다. 요즘의 아이들은 전보다 마약의 위험성에 대해 더 잘 알고 있기는 하지만 자신들은 절대 마약에 중독되지 않을 것이라는 잘못된 믿음을 가지고 있다. 마약을 하는 것은 스스로 두려운 상황에 들어가는 지름길이다.

1990년대에 고등학교 학생들 사이에 많이 사용하던 불법 마약이 정점을 찍고 줄어들기 시작하였다. 그렇지만, 2006년에는 15.7%의 8학년 학생들이 통상 마리화나를 피우고, 31.8%의 10학년 학생들, 그리고 42.3%의 12학년 학생들이 마리화나를 규칙적으로 피운다. 흡입 마약이 두 번째로 인기 있는 약물이다. 16.1%의 8학년이 이 약물을 사용하였다. 12%의 고 3 학생들이 코카인(8.5) 혹은 크랙 코카인(3.5)을 피우고, 1.4%가 헤로인을 사용하였다. MDMA(엑스타시)는 약간 줄어들고 고 3의 6.5%는 약물을 규칙적으로 사용하였다.[5]

70년대에 유행하던 잘 알려진 환각제 사용이 다시 증가하고 있다. 12학년의 학생 8.3%가 환각제를 사용했다. 환각제는 현실의 규칙과 압력으로부터 도망가게 해주는 기능을 한다. 이들이 받는 학업과 사회적인 외부적 압력과 자기의심, 권위에 대한 도전, 정체성 혼란, 사춘기의 의미 추구 등의 내적 압력에서 벗어나게 해준다.

고등학생 중 3분의 2는 가끔 술을 마시고, 2분의 1은 담배를 피우고, 15.2%는 전자담배를 피운다. 고 3 학생 중 2.7%가 신진대사촉진 호르몬제를 사용하나 전반적으로는 줄어들었다. 필로폰의 일종인 메스암페타민 흥분제는 가장 위험한 약물인데 주로 농촌 지역의 학생들이 사용하고 있다. 사용 학생 중 고 3 학생의 4.4%가 남용하고 있는 것으로 밝혀졌다.

---

[5] L. Johnston, P. O'Malley, J. Bachman, & J. Schulenberg. *Monitering the Future National Results on Adolescent Drug Use: Overview of the Key Findings*, 2006. NIH Publication no. 07-6202. Bethesda, MD: National Institue of Drug Abuse, 2007.

## "부모가 자녀를 얼마나 걱정해야 하나요?"

부모들이 10대 자녀에 대해 걱정하기 시작할 때에는 자녀들의 심리적 손상이 지속적이고, 예측할 수 있으며, 손상의 징후들이 여기저기서 나타날 때이다. 이러한 증상은 거의 3개월 이상 지속되며, 뭔가 불편함을 느끼고 있다는 것이 드러난다. 모든 일에 흥미가 없어지며, 부모님과 사이가 나빠지고, 학교 성적이 떨어지며 외로움을 느끼고 고립된다. 가족 이외에 친한 친구가 한 명도 없으면 아이가 어떤 문제를 가지고 있다고 보면 된다. 또 다른 분명한 징후는 아이가 미래에 대한 아무런 꿈이나 계획이 없는 경우이다. 지속적인 두통, 위통이나 혹은 수면장애 등과 같은 신체적인 징후들이 비교적 지속적이면 주의할 필요가 있다. 어떤 때는 겉으로 봐서는 아무런 문제가 없는 것 같은 경우에도 내면적으로는 황폐함을 경험하고 있을 수도 있다. 이러한 아이들은 계속 스트레스를 느끼거나 아니면 심적으로 편안함을 느낄 수 있는 외부적인 것에 의존하게 된다. 폭식, 음주, 담배, 마약, 카페인 등에 의존한다.

최근에는 자해가 폭식증, 거식증과 함께 사춘기 청소년의 불행감을 드러내는 사인으로 증가하고 있다. 처음에는 이해하기 힘들지만, 자신들의 팔과 다리에 상처를 내거나 불로 지지는 행동은 이들이 내면에서 경험하고 있는 고통을 줄여주는 기능을 한다. 자해하는 아이들이 혼자서 자신에게 상처를 입히는 행위는 그러한 경험의 마지막 단계에서 행한다. 그러므로 자해를 하는 아이들과 관련해서는 가해자, 희생자, 그리고 그런 일이 있고 난 뒤 그 아이를 돌보아주는 사람 등의 학대 관계에서 발생할 수 있는 모든 상황을 탐색해야 한다.

어떤 부모들은 자신들과 자녀 사이의 경계선을 세우는 데만 지나치게 관심을 가진다. 어떤 부모들은 자신이 겪고 있는 중년기 문제에만 신경을 쓴다. 아이들을 돌볼 시간이 많지 않은 부모들은 아이들에게 정보를 주기 위해 '의사소통'을 하는 데만 신경을 쓴다. 이런 경우 아이들은 부모들이 듣고 싶어 하는 말을 한 다음에는 자기 마음대로 뭐든지 할 수 있다는 것을 배운다.

✴ ✴ ✴

사춘기 소녀들의 정서적 고통은 잘 드러나지 않는데 우울증보다 사춘기 시기에 보이는 전형적인 반항이라고 여기기 때문이다.

소녀들은 사춘기에 들어서면서 IQ가 갑자기 떨어지고 수학과 과학 점수가 떨어진다. 이런 현상은 사춘기 소녀들의 회복력과 긍정적 신념을 사라지게 하고, 호기심을 잃고, 모험심이 사라지게 된다. 게다가 사회성이 떨어지고, 외부 권위에 복종하고, 자기비판이 커지고, 우울감에 빠지고, 비밀스러워지고, 모순으로 가득 차게 된다.

약한 우울감의 증상으로는 불안하고, 무력하고, 퉁명스럽고, 화를 잘 내고, 분노하고, 지나치게 자거나 혹은 안 자거나, 자기혐오, 두통과 고통, 자기 방에서 혼자 울기 등으로 정상적인 사춘기 청소년이 보이는 분노의 모습이다. 이러한 증상의 위험도는 기간과 강도에 의해 결정된다.

사춘기 소녀의 심리적 회복력과 고통을 줄여주기 위해서는 자신의 마음을 나눌 수 있는 성인이 필요하다. 우울한 소녀들은 부모나 치료사와는 자기 삶의 문제들을 솔직하게 다 이야기하지 않는다. 그들은 부모나 치료사의 기대에 맞추지 못할 거라는 두려움이 있다. 그래서 "요새 학교생활은 어떠니?"라고 묻기보다 "카페에 놀러 가면 누구랑 앉니?"라고 묻는다. "어떤 음악을 듣니?", "친구들과 비슷한 옷을 입니?" 등 삶의 변화에 대한 압력에 대해 묻는다. 그리고 그들의 활동에 대해서도 묻는다. 소녀들이 신체적 변화를 겪을 때 정기적으로 신체적 활동을 하는 것이 좋다.

그리고 걱정하는 것이 무엇인지 묻는다. 너의 걱정은 1에서 10 중 어느 쯤에 있니? 그런 걱정에 대해 무슨 행동을 하니? 여러분은 이런 소녀에게 무엇을 할 수 있는가? 누가 도움을 줄 것인가?

부모들은 사춘기 자녀에게 어느 정도의 자유를 허락할지 잘 모른다. 사실 부모가 자녀에게 적절한 수준으로 개입하는 것을 알기가 쉽지 않다. 연구자들은 부

모가 의사소통을 통해 자녀가 우울 증상을 경험하는지를 확인하는 것이 중요하다고 말했다.[6]

✳   ✳   ✳

세퀸 부인은 15살 된 아들 릭이 무단 결석 때문에 가정법원 판사로부터 보호관찰 처분을 받은 후 나에게 아들을 데리고 왔다. 이러한 종류의 비행은 일반적인 유형으로 강제적으로 아이가 학교에 출석하게 하고 그 과정을 모니터하는 것으로 해결된다. (그렇게 하지 못하면 퇴교를 당한다). 이런 경우, 문제를 해결하기 위해 관심을 두어야 할 곳은 학교와 부모와의 관계이다. 부모가 아이에 대한 훈육을 효과적으로 하기 위해 학교와 잘 협조해야 하는 것은 물론이다. 학교가 아닌 다른 기관일 경우에는 그 기관과 공동의 노력을 해야 한다. 두 번째 살펴보아야 할 부분은 부모와 자녀 간의 경계선의 문제이다. 경계선이 경직되면 부모는 자녀들이 무슨 행동을 하고 다니는지를 모르게 되며, 경계선이 약하면 부모는 자녀에게 규칙을 강제할 만큼의 통제력을 가지지 못하게 된다.

세퀸 부인은 너무 바빠서 학교와 연락을 취할 시간이 없었다. 아들의 문제는 개선하기 쉬운 문제였지만 그녀는 아들을 훈육하고 감독할 시간도 없었다. 이론적으로 보면 릭 문제는 쉬운 문제이지만 그동안 릭이 기쁨을 느끼기 위해 어떤 행동을 하고 있었는지를 알고는 깜짝 놀랐다.

세퀸 부인이 그렇게 매사에 불분명한 사람인 이유는 금방 드러났다. 남편은 릭이 세 살이었을 때 집을 나갔으며 그 후 그녀는 술을 마시기 시작했다. 음주 습관은 점점 나빠져 마침내 알코올 재활치료센터로 가게 되었다. 그녀가 음주에 대한 통제력을 회복하고 난 후에는 직장도 갖고 릭도 유아원에 보냈다. 릭은 아주 착한 아이였고 독립적이며 엄마를 기쁘게 하려고 노력하는 아이였기 때문에 훈

---

[6] D. Logan, & C. King. "Parental Identification of Depression and Mental Health Service Use Among Depressed Adolescents." *Journal of the American Academy of Child and Adolescent Psychiatry, 41* (2002):296-304.

육이 거의 필요 없는 아이였다. 그것이 바로 아이가 원하던 것이었다. 세권 부인은 아들이 자기 일을 알아서 하게 내버려 두었다. 이런 태도는 아이가 커서 이제는 어른들의 기대와는 반대되는 행동을 결정할 정도의 나이가 될 때까지는 문제가 되지 않았다. 릭의 경우는 그것이 다른 아이들보다 일찍 시작된 것이었다.

릭이 7학년이 되어 중학교에 올라갔을 때 그는 새로운 변화에 적응하는 데 어려움을 겪었으며 특히 숙제가 많은 것을 힘들어했다. 비슷한 시기에 세권 부인은 자녀 양육 보조금을 받지 못하기 시작했으며 우울증에 빠지게 되었다. 릭이 학교를 빼먹고 밖에서 많은 시간을 보내기 시작할 바로 그 무렵, 그녀는 아이의 행동에 적절히 대응하지 못할 정도로 무기력해져 있었다.

릭의 비행은 통제할 수 있는 수준을 넘었다. 그는 밤새도록 집에 들어오지 않았으며 점점 더 학교를 빼먹었다. 성적은 계속 떨어졌다. 마침내 학교의 교장은 그가 문제가 있다고 결정을 내리고 어떤 행동을 취할 것을 결정했다. 불행하게도 이 시기쯤에 상황은 더 나빠졌다. 과다하게 일을 많이 하고 있고, 기분까지 울적한 엄마가 벌써 3년 동안이나 나름대로 생활을 해온 아이에 대한 통제를 시작할 수 있도록 어떻게 도울 수 있을까?

규칙을 정하고 그 규칙을 지키도록 하는 간단한 해결책이 이 경우에는 거의 불가능한 일이 되었다. 한번 잃어버린 통제력을 다시 회복하는 데는 상당한 노력이 필요한 일이다. 만약에 당신이 아이에 대한 부모로서의 권위를 잃고, 그 아이가 10대 청소년이라면 경찰이나 법정과 같은 외부의 중재 없이 통제력을 다시 찾는 것은 불가능하다고 봐야 한다. 그러한 외부의 개입이 있다 해도 쉬운 일은 아니다. 세권 부인은 이제까지 릭에 대해 제대로 책임을 져 본 적이 한 번도 없다. 결국, 릭은 학교를 중퇴하고 직장을 잡았다. 그녀는 아들이 학교를 그만두는 것을 막을 수 없다는 것을 알고는 그의 계획을 수긍하는 쪽으로 마음먹고 아들과의 관계를 지속시키고자 하였다. 그녀는 언젠가는 그가 학교로 돌아가기를 바라는 희망을 마음속으로 가지고 있었으며 그것이 아들을 위해 최선을 다하는 것이었다. 그녀가 좀 더 일찍 정신을 차리지 못한 것은 엄마로서 참으로 부끄러운 일이다.

* * *

　현명한 부모는 10대 아이들이 따를 수 있는 규칙을 정하고 그들이 그 규칙을 따르도록 한다. 한번 규칙이 정해지면 그것을 명시하고 그 이유를 분명하게 설명하는 것이 최선이다. "10시 30분 전까지는 집으로 돌아오기를 바란다. 그 시간이 지나면 너희들이 걱정되고 또한 엄마도 내일 출근하기 위해서 자야 한다." 아이들이 복종할 것을 기대하지만 또한 아이들이 불평하는 것도 참아야 한다. 복종한다는 것은 부모가 책임을 맡은 가족의 위계질서를 받아들인다는 의미이며, 불평한다는 것은 그저 자신들의 감정을 표현하는 방법을 의미한다. 아이들의 불평에 과잉반응하지 말라.

　부모들은 그들이 통제할 수 있는 경계선을 인정할 수 있어야 한다. 그들은 귀가 시간을 포함해서 아이들의 집안에서의 행동에 관련해서는 규칙을 정하고 강요할 수 있지만, 집 밖에서의 행동까지 억지로 시킬 수는 없다. 따라서 집 밖에서의 행동까지 통제하려고 하지 말아야 한다. 자신들이 강요할 수 없는 규칙까지 세우는 것은 자신의 권위의 범위를 넘어서는 일이다.

　그리고 아이들도 규칙에 대해 타협할 권리가 있다는 것을 기억하라. 이제 훈육에 관한 사항도 설명이 되어야 하고 행동 지침도 부모와 자녀 사이에 합의가 되어야 한다. 아이가 6세일 때는 부모는 조건 없는 대장이다. 10세일 때는 훈육에 관해서 설명을 해주기 시작할 나이이다. 13세가 되면 규칙도 자녀와 합의를 하지만 부모가 최종 결정권을 갖는다. 자녀가 18세가 되면 부모가 자녀와 규칙과 문제들에 대해 같이 의논할 수 있게 자녀들 곁에 있어 줄 필요가 있다. 그리고 자녀들이 자신들의 행동을 최종적으로 결정할 나이라는 것을 알아야 한다. 부모는 가능한 한 융통성이 있어야 한다. 이 시기에 부모가 저지르는 가장 큰 실수는 10대 청소년 자녀가 실험적으로 해보는 경험을 가족에 대한 투쟁으로 확대 변질시키는 것이다.

* * *

부모는 10대 자녀와의 싸움에서 이길 수가 없다. 부모들이 자녀가 해서는 절대 안 되는 행동들—음주, 담배나 마리화나 그 외 마약류 사용하기, 성적 문란행위, 불량아들과 어울리기 등—을 10대 청소년들은 부모가 뭐라고 하든 실험해보려고 한다. 사실 이런 상황은 우리가 생각하는 것보다 더 복잡하다.

부모가 지나치게 통제하지 않거나 벌을 주지 않아도 부모의 가치관을 포함한 모든 삶의 방식을 내면화하여 어떤 형태로든지 10대 청소년들 안에 자리 잡고 있다. 이들은 등 뒤에서 누군가 감시하고 있다고 느끼지 않거나 이래라저래라 명령하지 않을 때 무엇이 옳은지 그른지에 대해 스스로 생각해보려 한다.

✳ ✳ ✳

한 부모는 이렇게 물었다. "네, 그렇지만, 자녀의 삶이 어떻게 되어가고 있는지를 알아야 언제 보호해야 하는지, 어느 정도 자율성과 사적 영역을 존중해주어야 하는지 알 수 있지 않겠어요? 부모로서 무엇이 괜찮고 무엇이 그렇지 않은지를 아이에게 어떻게 이야기해야 할지 모르겠어요."

좋은 질문이기는 하지만 가족치료사는 설명할 수는 있어도 처방을 내려서는 안 된다. 아직 자녀를 통제하면서 긴장하고 있는 부모에게는 처방이 오히려 자녀들을 반항하게 만든다고 이야기해줄 수 있다. 10대들은 부모에게 혼날 것 같은 행동은 부모에게 숨기려고 한다. 그러면서 자신들의 행동을 스스로 결정해야 한다고 부모에게 말한다.

그러면 부모들은 위험한 행동을 하지 않도록 자녀들을 보호하기 위해서 어디서 정보를 얻을 수 있을까? 부모들은 그들이 어디에 가는지, 누구와 어울리는지, 무엇을 하려고 하는지, 언제 집에 들어온 것인지를 물어볼 수 있다. 이러한 질문들은 부모가 자녀에게 관심이 있고 돌보려는 마음이 있다는 것을 알려주기 때문에 이런 질문을 하는 것만으로 충분하다. 부모가 10대 자녀의 행동을 통제할 방법은 없다.

부모들은 10대 자녀들을 감시할 수 없는 행동들을 감시하려고 하거나, 그리고 집안의 잡다한 심부름이나 해야 할 일들에 대해 잔소리하면서 자신들의 권위를 쓸모없이 낭비한다. 부모는 자녀와 이런 논쟁을 하기보다 부모의 권위 그 자체로 영향을 끼치는 편이 훨씬 낫다. 부모는 자녀들의 행동은 통제하지 못해도 부모의 권위 그 자체가 자녀의 결정에는 영향을 줄 수 있다.

10대 자녀들은 부모가 어린아이 다루듯이 통제하는 것을 원하지 않는다. 그들이 원하는 것은 부모의 승인이다. 따라서 이들에게 통제나 벌을 가하는 것보다 승인을 해주고 안 해주고가 더 큰 영향을 끼친다. 10대 자녀들이 규칙을 지키지 않을 때, 행동과 말이 마음에 안 들 때 부모의 입장을 분명하게 언어로 직면시키는 것이 가장 효과적이다. 그렇다고 말로 위협을 하거나 설교를 하거나 해서는 안 된다. 부모가 "나는 너의 행동이 마음에 안 든다."라고 말하면 논쟁하기가 힘들기 때문이다.

10대 자녀들이 이런 규칙을 어길 때, 부모가 아래와 같이 반응하면 논쟁을 줄일 수 있다.

1. 규칙을 지키지 않았다는 사실을 명확하게 말한다.
2. 이러한 행동은 인정할 수 없다고 강하게 강조한다.
3. 규칙은 그대로 유지하고, 부모의 생각을 재표명한다.

"어젯밤에 통금시간을 어기고 늦게 들어왔더라. 그런 행동은 받아들일 수 없다. 너는 앞으로 반드시 10시 반까지는 들어와야 한다."

"10시 반은 너무 일러요. 공평하지 않아요! 내 친구 아무도 그러지 않아요. 부모님이 나를 그렇게 만들 수는 없어요"

"그래. 내가 너를 그렇게 억지로 하게 할 수 없지. 그러나 그 시간에 들어와야 한다.

"상관없어요."

그러나 아이들은 신경을 쓴다. 10시 반의 통금시간 규칙은 유지되고, 그들이 집을 나갈 때마다 신경이 쓰이기 마련이다.

부모의 말을 거부하고 싶지만, 아이들이 부모의 말에 복종하지 않겠다고 말하는 것처럼 위험을 무릅쓰지 않는다.

부모의 명령을 거절하고 싶지만 그렇게 지킴으로써 잃을 것은 없다.

## 그 끔찍한 10대

부모가 자녀의 품행에 문제가 있다고 생각될 때 일반적으로 두 가지 실수를 한다. 그들은 자율적으로 되고자 하는 노력을 고집이 세고 제멋대로인 것과 혼동하며, 또한 부모 자녀 관계가 점점 벌어지는 것을 간과한다.

대부분의 10대들은 자신의 의지가 확고한 것이지 반대를 위한 반대를 하는 것이 아니다. 그들은 독립성과 자기 확신을 성취하기 위해 투쟁하며, 또한 그러한 것을 성취하는 것이 얼마나 어려운지를 경험한다. 그들이 얼마나 그 투쟁을 계속하고 그들의 행동이 얼마나 극단적으로 되는가 하는 것은 부모가 통제의 끈을 놓지 않으려고 얼마나 끈질기게 버티는가에 달려 있다.

자신의 침대를 정리하는 문제를 가지고 부모와 싸우다 부모의 통제를 이기지 못한 한 소년은 귀걸이를 하거나 아니면 머리카락을 뾰족하게 만드는 것으로 불만을 표현할 방법을 찾기도 한다. 그가 부모와의 싸움에서 이기지 못하면 더욱 말을 듣지 않거나(저녁에 집에 돌아오지 않으려 하거나 실제로 부모와 몸싸움을 하는) 혹은 몰래 비행을 저지르는(몰래 술을 마시거나 상점에서 물건을 절도하거나 마약을 하는) 방법을 사용하기도 한다.

부모들은 자녀와의 상호작용에서 양쪽을 다 살펴보아야 한다. 그들은 아직 10대들의 '이치에 맞지 않는' 행동만을 보고 자신들의 행동은 완벽하게 이치에 맞다고 생각한다. 이러한 근시안적인 견해는 일찍 시작된다.

어린 자녀들이 자의적으로 행동할 수 있는 능력을 성취하는 것은 곧바로 어른들과 새로운 관계를 설정하는 것을 의미한다. 유아기에는 뭔가 원하는 것이 있을 때 그저 우는 것 외에 그다지 할 수 있는 것이 없다. 그러나 걸음마를 하는 아이는 우연히 만지고 싶은 반짝반짝 빛나는 물체가 바로 엄마의 크리스탈 그릇이 될 수도 있고, 아버지가 "이리 와 보렴."이라고 말할 때 도망갈 수도 있다. 이런 경험은 아이에게는 정말 재미있는 경험이다. 아이들은 자신들의 자율성을 실험해 보고 싶어 하고 어른들은 아이들을 통제하고 행동규칙을 가르쳐야 한다는 의무감을 느낀다. 자율성에 대한 심리적인 발달과 어른들의 권위와 아이들의 관계 사이의 복잡하고도 밀접한 관련성은 이렇게 시작된다.

처음으로 진정한 자율성의 발달이 시작되는 것은 약 2세 무렵으로 아이가 어느 정도의 근육 발달을 이루고(이때 아이는 상당한 정도의 자발성과 통제력을 나타내고자 한다), 어른들은 아이를 '고집이 세고', '제멋대로고', '까다로운' 아이라고 묘사하기 시작한다. 그렇지만 이러한 것은 일반적인 묘사로 어른들의 편견이 만들어낸 것이다. 두 살 된 아이는 어른들의 권위에 도전하지는 않는다. 그들은 단순히 자신들이 원하는 것을 하는 것뿐이다. 이것은 부정적 사고를 표현하는 것이 아니라 자신들이 원하는 것을 분명히 표현하는 것이다.

아이들이 성장하면서 자기 뜻대로 하고자 하는 것이 점차 많아진다. 부모가 아이들이 가진 권리와 의지, 그리고 능력에 민감하다면 특별한 어려움 없이 진행될 수 있다. 그러나 이러한 발달과정의 상호작용에는 아이의 자율성 표현을 방해할 다양한 가능성이 존재한다.

부모가 고집스럽다거나 어리석기 때문이라고 단정 짓고 비난해서는 안 된다. 정확하게 말하자면 가족 역동 맥락에서 부모의 행동과 아이의 고집이나 행동을 연계시켜 이해해야 한다. 부모 자녀 간의 관계가 밀착되면 부모 자녀가 서로 경쟁하는 장이 되기도 한다. 부모가 권위적으로 통제하려 하거나 실제 통제적이면, 자녀는 불만이 있으면서도 앞에서 복종하며, 항복할 준비를 하고 있거나 혹은 반사적이 되거나 권위에 대해 분노하며 저항하기도 한다.

이러한 것은 살라자르 가족에서도 그 예를 볼 수 있다. 헤더의 복종과 제이슨의 반항이 그것이다.

# 살라자르 가족 치료과정에
# 대한 소고

**살**라자르 가족의 치료에 관한 이야기로 돌아가 그들의 문제를 해결하려는 과정을 되짚어 보자. 살라자르 가족은 가족구성원 각자가 자기 패배 행동 패턴에 매여 있어 마치 덫에 걸려 있는 것 같은 상황이었다.

첫 치료회기에서 우리는 샤론이 제이슨의 반항과 포르노 잡지 '중독'에 관해 불평하는 이야기를 들었다. 그녀가 너무도 공격적으로 이야기했기 때문에 샤론이 다른 사람을 지배하고자 하는 욕구가 큰 아무 생각 없는 악녀 같은 사람이라 추측했다. 사실은 그렇지가 않았다. 샤론은 악녀가 아니라 밀착되어서 분리가 이루어지지 않은 가족 패턴에 묶여서 잔소리 많은 혹은 불친절한 사람 정도의 인물이었다.

우리는 연약하고 다른 사람을 잘 믿는 샤론의 삶에 대해 많은 이야기를 나눴다. 그렇다고 샤론에게만 문제가 있다는 것은 아니다. 스튜어트도 많은 잘못을 하기는 했지만, 그로서도 최선을 다했다. 샤론이나 스튜어트 두 사람의 행동이 다 이해가 간다.

우리는 샤론과 스튜어트의 신혼생활이 점차 활력을 잃고 밋밋한 결혼 생활로 변하는 것을 보았다. 그들의 결혼 생활은 거의 죽은 것이나 마찬가지였다. 한때 그렇게도 서로를 사랑했던 두 사람은 슬픔을 속으로 간직한 채 분리된 삶을 살았으며 서로를 공격했다.

물론 내가 살라자르의 가족과의 두 번째 치료회기 당시 이 모든 사실을 알고 있지는 않았다. 내가 알고 있었던 것은 그들이 상처를 입었으나 가족치료에 참여하는 것을 불편하게 생각했다는 것이다. 이런 점에서 그들은 다른 가족들과 마찬가지였다. 그래서 나는 치료를 천천히 진행하기로 마음먹었고, 내가 그들의 불안을 이해한다는 것을 알게 하였으며, 아직 그들이 준비되지 않은 상태에서 문제에 직면하는 것은 되도록 피했다. 치료는 균형을 이루며 진행되어야 효과적이기 때문이다. 가족치료사는 내담자에게 공감하고, 이해하고, 개개인의 관점을 받아들이는 한편 가족을 구조화할 방법을 찾아내려는 노력을 동시에 해야 한다.

치료의 후기 단계에서는 "당신이 내게 이야기하는 것은 진실이 아닌 것 같군요. 너무 한쪽에 치우친 이야기를 하고 계시군요."와 같이 그들의 가능성을 확장하기 위해 그들이 정의하는 것에 대해 도전하는 말을 하였다.

두 번째 치료회기는 첫 번째와는 아주 다르게 진행되었다. 첫 번째 치료회기에서 공개적으로 갈등을 드러냈던 가족이었는데 이번 치료회기에서는 그러지 않았다. 샤론과 스튜어트는 첫 치료회기에서 서로를 공격한 것이 생각나 이번에는 서로 말을 하지 않는 것으로 승부를 거는 것 같았다. 이러한 갈등회피는 그들이 가진 분노의 강도를 나타내며 또한 그러한 갈등이 해결될지에 대한 회의를 나타내기도 한다. 제이슨조차도 반항하는 모습을 보이는 것이 안전한 방법은 아니라는 것을 깨달은 것 같았다(집에서는 서로의 논쟁이 불타오르면 모두 갈등을 회피했다).

두 번째 치료회기에서는 내가 첫 치료회기에서 보았던 가족의 구조적 패턴을 확인했다. 제이슨과 엄마는 융합되어 있었고 아버지는 분리되어 있었다. 다음의 그림으로 보면 알아보기 쉽다.

샤론                     스튜어트
· · · · · · · · · · ·    \
제이슨

   가족의 구조가 문제가 있어 보이지 않는 경우 그 구조를 변화시키는 것이 더욱 어렵다. 살라자르 가족의 경우, 나는 가족의 융통성을 높이려 했으나 가족구조의 경직성을 약화시키지 못했다.

   나의 계획은 제이슨과 그의 어머니를 분리하고 두 사람 사이의 경계선을 강화하려는 것이었다.

샤론
― ― ― ― ― ―
제이슨

   그렇지만 아무런 작업이 되어 있지 않은 상태에서 이 계획은 성취할 수 없다. 스튜어트를 제이슨과 샤론에게 좀 더 가깝게 옮겨 놓아야 했다.

샤론          스튜어트          샤론    ←    스튜어트
― ― ―      \              ― ― ―
제이슨         ↘           제이슨

   헤더는 너무 조용해서 가족의 구조에서 어떤 위치를 차지하고 있는지 궁금했는데, 그녀도 엄마와 밀착된 것 같았다.

   나는 세 번째 치료회기에서 제이슨과 엄마의 비생산적인 말다툼을 그만두게 하고, 남편과 아내 그리고 아들과 아버지 사이의 대화를 권장하기 위한 핑곗거리를 찾았다. 치료사로서 나의 목표가 있었고, 그들은 그들 나름대로의 목표가 있었다.

✳ ✳ ✳

   그들이 방으로 들어서자마자 어떤 일이 벌어지고 있다는 것을 알 수 있었다. 제이슨이 제일 먼저 들어왔다. 그는 평소와는 달리 조용히 들어와 내 책상과 가

장 가까이 있는 의자에 힘없이 앉았다. 그는 어머니를 보지 않으려고 했지만, 그녀는 제이슨이 눈을 피할 정도로 심하게 제이슨을 노려보아서 제이슨이 어머니의 눈길에 거의 압도당하는 것을 볼 수 있었다. 스튜어트도 기운이 없어 보였다. 그는 부인의 옆자리에 앉아서 손을 잡으려고 했지만, 그녀는 그를 쳐다보지도 않고 그의 손을 뿌리쳤다. 헤더는 아무런 감정을 표현하지 않는 유일한 가족구성원이었다. 평소와 마찬가지로 그녀는 책을 읽고 있었다.

내가 문을 닫고 의자에 앉자마자 샤론이 제이슨을 돌아보며 "선생님께 네가 무슨 짓을 했는지 네가 말할래?"라고 말했다.

제이슨은 아무 말 없이 그저 자신의 발을 쳐다보고 있었다.

샤론은 나를 향해 앉더니 "우리가 지난번에 여기서 나간 후, 그 더러운 잡지들을 방에서 치우고 다시는 보지 않겠다는 약속을 제이슨에게 받아냈어요. 제이슨은 그러겠다고 약속을 했고요. 나도 아들을 믿을 수 있다고 생각했죠. 그런데 어제 오후 우연히 저 아이의 옷장을 청소하다가 그 음란한 것으로 가득 찬 상자를 발견했어요. 이제 어떻게 해야 할지 모르겠어요. 이 아이는 정말 다루기 힘들어요. 그는 이제 병리적인 거짓말쟁이가 되었어요. 선생님이라면 아들이 그런 더러운 것을 집에 들여놓는 것을 허락하시겠어요?"라고 말했다.

내가 아무 말 하지 않자, 그녀는 "선생님이라면 어떻게 하시겠어요?"라며 다그쳤다.

"나도 잘 모르겠는데요?"라고 작은 소리로 말했다.

"글쎄 저는 그런 것을 참을 생각이 전혀 없거든요!"라고 말하고는 제이슨을 향해 돌아서서는 "그게 다가 아니라고요. 내가 제이슨에게 자기 멋대로 살려면 집을 나가서 살라고 했어요. 그가 어떻게 했는지 아세요? 나에게 소리치기 시작하더군요. 자기를 그만 귀찮게 하라고요. 그리고는 내게 입 닥치지 않으면 각오하라고요. 이 아이는 자신의 감정을 전혀 통제할 줄 몰라요. 대체 어떻게 생긴 아이인지 나도 모르겠어요."라고 말했다.

"내가 아래층 부엌으로 내려가자 그가 따라 내려와서는 완전히 제정신을 잃은 것처럼 소리를 지르는 거예요. 그때 스튜어트가 들어와서 아이에게 조용히 하고 저한테 사과하라고 하더군요. 제이슨은 아버지에게 지옥에나 가라고 말했고 그 말을 들은 스튜어트는 불같이 화를 냈죠. 그는 제이슨의 오른쪽 뺨을 때리고 그 둘은 바닥에서 서로 뒹굴며 싸웠어요. 나는 정말 믿을 수 없어요. 우리 집은 마치 미쳐 돌아가는 집 같았어요."

내가 그녀의 말을 끊으려 했지만, 그녀는 전혀 말을 중단할 의도가 없었다. 그 대신 제이슨을 다시 한 번 쏘아보았다. "너는 나나 네 아버지에게 **눈곱만큼의 존경심도 없구나.** 지금 당장 그 태도를 바꾸지 않으면 너는 집에서 쫓겨날 거야."

힘이 없어지기 시작한 제이슨은 어머니를 무시하려고 했다. 그는 분노의 눈빛으로 나를 쳐다보더니 얼굴을 창 쪽으로 돌렸다. 스튜어트도 보기에 짜증스러워 하는 것 같았지만 어떻게 해야 할지 모르는 것 같았다. 헤더는 계속 책을 읽는 척 했다.

이 가족은 다음과 같다. 아버지는 자녀 양육에 많이 참여하지 않고 있으며, 딸은 움츠러들어 있고, 아들은 비교적 정상적으로 이런저런 일들을 실험해보고, 어머니는 분노에 차 있다. 내가 첫 번째로 충격을 준 대상은 어머니였다. 아들에게 그렇게 심하게 대하지 말라고 말했다. 그렇지만 내가 그렇게 하면 어떤 압박을 느꼈을까?

가족치료사로서 자녀 훈육하기, 무시당한 배우자를 동정하기, 부모의 가혹한 훈육을 혼내기 등의 문제점을 해결하기 위한 어떤 행동을 하도록 하려면 치료사는 누가 그런 것을 할 것인지를 고려해야 한다. 이 경우에는 분명하다. 스튜어트는 아들을 부인으로부터 보호하려 하지 않을 것이다. 그는 부인의 분노를 감당하기를 원하지 않았다. 그는 부인과의 거리감을 만들기를 원하지 않거나 할 수 없었기 때문이다.

나는 스튜어트가 부인의 분노를 다룰 수 없다는 것을 알고 있어서 우선 모두를 진정시키고자 했다(가족의 위기를 진정시키는 것은 간단하고 쉬운 일이다. 정서적으로 고통을 받은 가족구성원의 이야기를 동정심을 가지고 들어주며 다른 사람들이 그 사람을 방해하지 못하도록 방패 역할을 하면 된다. 누구나 논쟁을 벌이지 않고 자신을 이해해줄 사람이 필요하다. 시끄러운 논쟁이 일상적인 사람은 다른 사람의 말을 듣거나 그들의 관심을 알려고 하지 않고 자기 자신의 관점만을 반복적으로 강도를 더해가며 주장하기 때문이다). 그들이 진정하고 난 다음에야 그들이 서로 이야기하게 할 수 있다. 나는 잠깐만 그 가족 안에서 중재자의 역할을 하기로 했다.

나는 잠깐 샤론에게 계속 이야기하도록 하면서 그녀의 마음의 고통을 공감해주었다. 그것은 어려운 일이 아니었다. 제이슨의 반항과 남편의 무심함으로 인해 받은 상처를 공감해주자마자 그녀의 분노는 녹기 시작했다. "그는 항상" "그는 한 번도"라고 말하던 것에서 "나는 그 아이 걱정이 정말 많이 돼요."와 "나는 그 아이에게 나쁜 일이 일어나지 않기를 바라요."라고 표현이 바뀌었다.

이제 스튜어트에게 부인과 이야기하도록 압박을 가할 차례였다. 그는 부인이 제이슨의 문제라고 생각하는 부분에 동의하지 않았지만, 부인의 의견에 반대의견을 내지 않음으로써 제이슨에 관한 모든 문제를 부인에게 맡겼다. 이 시점에서는 두 사람이 제이슨의 훈육에 대해 동의하게 하는 것이 아니라 심리적 거리를 가깝게 하려는 것이다.

"부인은 아들의 일로 걱정을 하고 있으며 당신으로부터 충분한 지원을 받지 못한다고 느낍니다." 이것은 아주 약한 수준의 직면이다. 나는 비협조적인 배우자를 활성화하기 위해 좀 더 압박을 가해야 한다고 생각했다. "내가 보기에 당신은 제이슨의 행동에 대해 좀 다른 의견을 가지고 있지만, 그것을 표현하기를 두려워하는 것처럼 보입니다. 부인과 다른 의견으로 인해 싸움으로 번지는 것을 피하고 싶어 하는 것 같습니다. 그러다 보면 부인은 남편이 없고, 아들은 아버지가 없는 가족이 됩니다. 제가 보기에는 아버님이 좀 더 적극적으로 식구들의 문제에 관여하셔야 할 것 같습니다. 그렇지 않으면 이 가족에서는 아무런 변화가 일어나지 않습니다. 그러면 상황은 좀 더 나빠질 것 같습니다."

이 말이 효과가 있었다. 스튜어트는 아내에게 몸을 돌리고는 그녀에게 걱정을 너무 많이 한다고 이야기했다. "제이슨은 사실 그렇게 나쁜 아이는 아니야. 그 아이가 숨을 좀 돌릴 수 있는 여유를 주지 그래?"

샤론은 남편의 말에 움찔했지만, 분노는 슬픔으로 인해 희석되었다. "내가 아이들 문제로 그렇게 걱정을 많이 하는 것처럼 보인다면 그게 대체 누구의 잘못이지요?"라고 말했다. "한 번도 아버지 역할을 하지 않고 또 남편 역할을 제대로 해본 적도 없는 사람이 대체 누구인데 그런 말을 해요? 나 혼자 모든 것을 감당해야 했단 말이에요."

그들은 설왕설래하였고 상당히 위험해 보였다. 그들은 서로 다른 방법으로 자신들의 모습을 보여주고 있었다. 샤론은 오래된 무기력감을 분노로 포장하고 있었고, 스튜어트도 자신의 분노가 두려워 뒤로 물러나 그 분노를 조절하고 있었다. 이제 내가 압박을 가하자 그들의 분노가 드러났다. 두 사람은 제이슨에 관해서 이야기하고, 두 사람의 관계에 관해서도 이야기하였다. 그들이 서로 이야기를 시작하자 각자의 상처가 올라왔다. 그는 부인의 비난이 그에게 얼마나 상처가 되었는지, 그가 가족 일에 좀 더 관심을 가지고 참여하기를 원했다면 왜 항상 자신의 잘못을 들추었는지를 이야기했다. 이에 대해 부인은 그의 관심을 끌기 위한 노력이 좌절됐을 때를 이야기했다. "몇 년 동안이나, 나는 당신이 나에게 조금이라도 관심을 보여 달라고 애걸했어요. 나에게 당신의 그 귀중한 시간을 좀 할애해 달라고요. 그렇지만 당신은 아니었어요. 항상 무언가를 읽거나 글을 쓰느라고 너무나 바빴어요. 내 생각에는 단지 나를 외면하기 위해 일에 그렇게 많은 시간을 투자한 것 같아요. 당신이 결혼했다는 사실을 당신이 인정하지 않는 것 같아요."

나는 사실 아이들 앞에서 이렇게까지 많은 부분이 이야기되는 것을 원치 않았지만, 치료 중에는 항상 언제 내담자의 말을 끊어야 할지가 어려운 문제이다. 샤론이 스튜어트가 지독한 남편이었다고 이야기한 바로 다음에 이야기를 끊는 것은 상호작용을 부정적인 면에서 강조하는 것이 될 수 있다.

그래서 나는 샤론에게 이런 이야기를 예전에도 남편에게 한 적이 있는지를 물었다. 그녀는 "이전에도 한 적이 있다."고 말했다.

"그렇지 않은 것 같은데요. 부인께서 그런 식으로 했다면 남편께서 당신의 이
야기를 들었다고 생각하지 않습니다. 남편께서는 어떤 사람이 주먹을 꽉 쥐듯이
자신의 귀를 꽉 막고 있었을걸요. 남편이 들은 것은 부인이 상처를 받고 외롭
다는 것은 아니라고 생각합니다. 왜냐하면, 부인께서 그런 감정을 내보이는 것
을 두려워하고 있었으니까요."라고 말하였다.

샤론은 처음에는 조심스럽게 울기 시작하더니 나중에는 점점 크게 울었다. 그
녀는 아무 말 없이 울기만 했다. 스튜어트는 그 모습을 보면서 뭔가 마음에 움직
임이 있지만 어떻게 할지 몰라 하면서 무기력하게 가만히 앉아 있었다. "두 분이
점점 멀어진 과정을 보고 있자니 내 마음도 아픕니다. 내 생각에는 부인은 남편
을 필요로 해요."라고 말해주었다. 이번에는 스튜어트가 샤론의 손을 잡았으며
샤론은 그 손을 뿌리치지 않았다. 그 치료는 거기에서 마쳤다.

❊ ❊ ❊

그다음 두 번의 치료회기 동안 나는 샤론과 스튜어트를 따로따로 만나 개인
상담을 했다. 그들의 관계의 발달과정에 관해 물어보았다. "당신 두 사람이 서로
에게 눈길이 갔을 때 어떤 생각을 했습니까?", "언제 사랑에 빠졌다는 것을 알았
습니까?", "당신은 결혼 생활에서 어떤 것을 기대했습니까?" 이러한 달콤하면서
도 씁쓸한 질문들이 많은 감정을 일으켰다.

이런 질문은 단지 감정만을 드러나게 하는 것이 아니라, 수면 위로 올라오지
않고 있던 문제들을 탐색하는 기회를 갖게 해준다. 그들 관계의 역사에 관해 질
문하는 것은 서로에게 가지고 있던 기대를 비난하지 않으면서 표현할 기회를 제
공한다. 자신이 말하지도 않은 기대대로 살아주지 않는다고 배우자를 비난하는
대신에 가족구성원들은 서로에 대한 기대와 그들의 희망 사항, 그리고 서로가 관
계가 나빠지기 전에 상대에게 어떻게 보이기를 원했는지 하는 것들을 이해하게
해준다.

샤론과 스튜어트는 그들의 약혼 기간에 대해 말해주었으며, 처음 아이를 키울 때의 부담감, 아기가 성장해 가던 모습 그리고 그들을 잘 키우는 것이 얼마나 어려웠는지 등에 관해 말해주었다. 그리고 두 사람 사이의 차이점들이 어떻게 점점 커졌는지도 말해주었다. 희망과 좌절, 그리고 실망 등이 꼬리에 꼬리를 물고 일어났다. 그리고 외도까지. 그들 간의 거리감은 그들의 관계를 야금야금 먹어 들어가 어떤 때는 자신들에게 어떤 특별한 의미가 남아 있는지조차 의심이 갔다. 이제는 제이슨 문제까지.

그들은 물론 이전에도 이런 이야기들을 서로 들었을 것이다. 정말 들었을까? 그들은 그러한 불평들과 함께 생활했지만 나는 그들에게 그러한 사실들을 재고해보면서 아주 다른 어떤 경험을 가지게 해주고 있었다. 심지어는 '그것에 관해 이야기하면서도' 다른 것을 경험하는 것이다. 나는 그들에게 상대방의 이야기를 들을 기회를 제공해준 것이다.

가족치료사가 하는 모든 설득은 '의사소통기술'을 훈련하는 것에서부터 분석적인 해석까지 서로에 대해 이해하고 가르치는 기술들이라고 할 수 있다. 그렇지만 내담자를 가르치고 그들에게 설교하는 것의 문제는 상담자의 메시지에 너무 치중하게 된다는 것이다. 상대방을 이해하도록 가르치는 제일 좋은 방법은 그것을 실제로 보여주는 것이다.

샤론과 스튜어트에게 있어 내가 다른 한 배우자와 이야기하는 것을 옆에서 듣고 있는 것은 마치 타인의 대화를 엿듣는 것과 같다. 또 자신이 그 말에 대해 대답을 할 필요가 없다는 사실에 안도하는 면이 있다. 그들은 각자 마음 가득한 상처와 실망, 몇 년 동안에 걸쳐 쌓아왔던 오해와 무시의 감정을 이야기한다. 그들이 상대 배우자가 아니라 내게 이야기하는 것이기 때문에 이러한 오래된 슬픔이 상대를 공격하는 의미가 아니라 자신이 이해받는다는 감정이 올라오는 것이다. 그들이 서로의 견해를 듣고 나면 이제는 서로에 대해 좀 더 명확한 이해를 한 상태에서 서로의 행동에 상호 영향을 끼쳤다는 것을 알기 시작한다.

샤론과 스튜어트는 서로 좀 더 가까이 다가갔지만 나는 그들에게 다른 치료사들이 하고 싶어 했을 작업은 하지 않았다. 그것은 다루기 어려운 아이를 가진 가족에서의 결혼 문제를 밝히는 것, 결혼이 진짜 문제라는 것을 알게 하는 것, 아이들의 문제는 부모의 관계가 개선되면 자연스럽게 해결되리라는 것을 예상하고 모든 시간을 어른들의 문제를 다루는 데 할애하는 것 등이었다.

샤론과 스튜어트는 그들 부부만의 문제가 아니었다. 그들도 한때는 대체로 조화를 잘 이루는 부부였다. 그들이 문제를 가지기는 했지만, 제이슨과 헤더라는 아이들 때문에 곁길로 나가지만 않았다면 그들은 문제를 잘 해결할 수 있었을지도 모른다. 두 사람의 가족에서 세 사람 혹은 더 많은 수의 가족으로 전환할 때 많은 사람이 걸려 넘어진다.

샤론과 스튜어트와의 치료회기는 어머니와 아들 사이의 문제를 남편과 아내 사이의 문제로 끌어오도록 도왔다. 어머니의 잔소리가 줄어들자 제이슨도 약간은 더 안정되었다.

제이슨과도 상담해야 했지만 그 전에 먼저 스튜어트를 샤론과 제이슨 사이로 밀어 넣음으로써 모자 사이의 거리를 두는 작업을 먼저 해야겠다고 생각했다. 그래서 샤론이 지금까지 부모 역할에서 과중한 임무를 떠맡고 있었기 때문에(논쟁할 여지도 없이) 너무 지쳐 있는 것 같다고 이야기했다. 사실 전문용어로 말하자면 샤론은 우울해하고 있었다(내가 즐겨 쓰는 말이다). 그리고 샤론이 우울해지도록 말을 하지 않았다. 그것은 효과가 있어서 샤론은 내 말을 듣고 고개를 끄덕였으며 스튜어트도 심각해 보였다.

"제이슨은 이미 통제 범위 밖의 행동을 하고 있습니다(그 사실을 숨길 필요가 없으므로 솔직하게 말했다). 그렇지만 제가 보기에는 샤론은 지금 휴식이 필요합니다. 아버님이 아이의 훈육에 좀 더 신경을 쓰셔야 할 때인 것 같습니다. 제이슨의 훈육과 관련된 부분에서 도움을 드리고 싶습니다."라고 말했다.

나는 그들 부자를 그다음의 몇 치료회기 동안 만났다. 그동안 제이슨의 행동의 변화가 필요한 부분들에 관한 이야기, 부자지간의 관계에 관한 이야기, 그리고 그 두 사람이 좀 더 시간을 같이 보내는 것과 관련된 이야기 등을 하였다. 과

열된 관계보다는 이들 부자처럼 휴면기에 있는 사람들을 다루기가 더 쉬우며, 이들 부자는 곧 서로 가까워지는 방향으로 발전하고 있었다. 두 사람이 함께 있는 것을 보는 것이 흥미로웠다. 그러나 나는 샤론을 너무 오랫동안 배제해서는 안 된다는 것을 알고 있었다. 자녀에게 지나치게 관여하는 부모를 자녀로부터 떼어 놓으려면 그들을 다른 무엇인가에 흥미를 갖게 해야 한다. 그렇지 않으면 스프링 같이 제자리에 돌아오게 된다. 나는 지금까지 가족이 좋아진 점을 되돌아보기 위해 가족구성원 전부와 함께 만날 것이다. 이때 제이슨 행동의 좋아진 점을 무시하지 않도록 조심할 것이다. 그리고 샤론보다 스튜어트가 더 잘한다고 말하지도 않을 것이다. 그리고 제이슨과 따로 만날 것이다. "자신의 행동에 대한 책임을 지기에 충분한 나이는 몇 살인가?"라고 물을 것이다.

나는 제이슨과 포르노 잡지, 마약, 학교생활, 여자친구 등의 많은 문제에 관해 이야기하고자 했으며 나는 그것이 10대들에게 무해하다고 생각했지만 그렇지 않았다. 그와 개인적으로 만나 치료하면서 나는 그와 어머니 사이의 경계선을 강하게 설정하는 것에 관해서도 이야기하고자 했다. 청소년기의 성은 사적인 경험이며 아이가 부모와 나눌 것이라고는 상상도 못하는 주제이다.

그렇지만 가족치료사의 입장에서는 그 이야기를 해야만 했다. 그렇다고 해서 10대 청소년과 마주 앉아서 "자 이제 네 문제에 관해 이야기해볼까?"라는 식으로 이야기를 시작하지는 않는다.

\* \* \*

고집스러운 청소년과 동맹을 맺을 수 있는 한 가지 방법은 그들이 원하는 것을 가질 수 있도록 도와주겠다고 미끼를 던지는 것이다. 그렇게 하는 것이 청소년 법정의 판사나 혹은 학교의 학생주임이 한다면 관대한 방법이 되는 것은 분명하다. 하지만 그러한 것이 일방적인 동의가 되도록 해서는 안 된다. 그 청소년에게 "네가 나에게 약속할 것이 하나 있는데, 만일 내가 너를 풀어준다면 다시는 나를 실망시키지 않을 것을 약속하겠니?"라고 약속을 받아내는 것이다.

저항하는 청소년과 동맹을 맺는 또 다른 방법은 그 청소년이 더 이상의 치료가 필요하지 않는다는 것을 그(혹은 그녀)의 부모님에게 확신시킬 수 있도록 함께 노력하는 것이다. 그것은 그들의 부모님의 간섭에서 그가 자유로워질 수 있도록 함께 노력하는 것을 의미한다. 나는 종종 이 젊은 청년들에게 부모님이 화가 나신 데는 무슨 이유가 있을 것이며, 내가 그들의 이야기를 듣고 나서 너를 도와줄 수 있다고 말한다.

✻ ✻ ✻

처음에 제이슨은 정말로 지독하게도 반응을 보이지 않았다. 그는 제시간에 나타났으며 치료회기 내내 힘들어했지만 말은 거의 하지 않았다. 그에게는 내가 그저 부모님의 연장선 같아 보였기 때문에 (상담료를 내는 사람은 부모가 아닌가) 자신을 나에게 노출하고 싶어 하지 않았다. 나에게 감정을 드러내는 것은 자신을 개방하는 것인데 그는 이미 자신이 위험에 노출되어 있다고 생각했기 때문에 자신을 더 이상의 위험에 노출하고 싶은 생각은 없었다. 그래서 나는 그가 어떤 이야기든 계속 이야기할 수 있을 정도의 질문을 하면서, 우리의 치료회기가 그저 질문과 대답의 치료회기가 되지 않는 수준에서 일단 그의 반응을 기다리기로 했다.

제이슨은 아주 안전한 주제에서 좀 덜 안전한 주제로 이야깃거리를 바꿔가며 나의 한계를 시험했다. 그는 학교에 관해 이야기했고 학교에서 받는 스트레스에 관해서도 약간 이야기했다. 그는 자신과 친구가 몰래 맥주를 마신 이야기와 늦은 밤 마약을 한 이야기를 해주었다. 그가 나에게 '행운의 맥주 마시기'와 '사랑의 보트'에 관한 이야기를 하면서 내가 어떤 표정 변화를 보이는지 주시하였다.

물론 그의 행동은 나에게 거슬리는 행동이었다. 나는 어린 청소년들이 정기적으로 필름이 끊길 정도로 술을 마시는 것이 해롭지 않고, 단지 즐기기 위해서 하는 행동이라고 생각하지만 그런 것을 겉으로 표현하지 않으려고 노력했다. 그의 지나치게 과도한 태도를 비판하기보다는 그가 자신의 행동이 자신의 건강을 해치는 일이라는 것을 스스로 발견해 내기를 기대하며 그러한 경험들에 대해 좀 더 자세히 물어보았다. 이런 경우 비난을 하면 그 아이는 내가 자신을 통제하려 한다고 생각하고 부모님에게 했듯이 나를 무시하게 될 것이다. 내가 그의 행동이 거슬리는 행동이라는 것을 표현하는 최선의 표현은 그의 친구 중에 그렇게 술을 마시는 것이 멋있는 행동이라고 생각할 정도로 어린아이 같은 친구가 있는지 물어보는 정도였다. 그것은 세련되지 못한 방법이었지만 나는 운이 좋았다. "네, 많은 아이가 술을 마시는 것을 멋있는 행동이라고 생각해요. 저는 그저 긴장을 풀려고 마시지만요."라고 제이슨이 대답했다.

잠시 후에 우리는 성 문제에 관해 이야기했다. 우리가 같이 그 이야기를 꺼낸 것이 아니라 사실은 내가 직접 성 문제를 끄집어냈다. 제이슨이 스스로 하게 했다면 아마 그 문제를 꺼내지 않았을 것이다. 나의 이런 질문은 지금까지 모든 것을 이해하고 들어주는 태도에서 무엇인가 알아내려고 하는 태도로 내 위치가 변해 있음을 나타내는 신호였다. 치료사의 가장 쉬운 역할은 내담자의 모든 것을 수용하고 공감하는 것이다. 이런 치료사의 태도가 일반적인 치료사의 모습이다 (치료사는 친구다. 단지 비싼 돈을 주어야 하는 우정이긴 하지만).

제이슨은 자신이 성관계를 시작한 지 오래되었다고 말했다. 최근에는 킴이라는 아이를 만나고 있으며 엄마를 화나게 하는 원인이라고 했다. 킴은 마리화나를 팔아서 학교에서 퇴학당했으며 현재는 조부모와 살고 있지만, 그분들은 킴의 행동을 잘 모른다고 했다. 샤론은 제이슨이 킴을 만나는 것을 금지하고 있으므로 그 둘은 현재 비밀리에 만나고 있다는 것이었다. 일주일에 한두 번 제이슨은 부모님이 잠들 때까지 기다렸다가 자기 방의 창문을 통해 밖으로 나가 지붕을 타고 정원으로 내려가서는 자전거를 타고 2마일을 달려가서는 지붕을 타고 창문을 통해 킴의 침실로 들어간다는 것이었다.

제이슨은 일상적인 삶에 지쳐 있었기 때문에 킴과의 주말을 보낼 계획 때문에 흥분해 있었다. 사실 그것을 제안한 것은 킴이었다. 킴은 어리고 매력적이었으며 제이슨보다 더 용감했다. "우리 주말에 어디 멀리 여행 가서 LSD를 해보는 게 어때?"라고 제안했으며 제이슨도 "물론 좋지."라고 말했으며 제이슨이 예약을 맡았다.

여행을 결정하고 나자 제이슨은 어머니를 속일 궁리를 이리저리 찾았다. 크리스마스 전 주에 그는 어머니에게 크리스마스 방학 후의 주말에 케빈의 집에 놀러 갈지도 모른다고 지나가는 말처럼 말을 해놓았다.

드디어 기다리던 날이 오자 그는 "엄마 나 주말 동안 케빈의 집에 가기로 한 거 기억하죠?"

"숙제는 없니?"

"화학 숙제가 조금 있는데요. 영화 보러 가기 전에 케빈과 함께하기로 했어요."

"좋은 시간 보내라."

제이슨은 케빈의 집에 걸어갔고 둘이서 킴을 만나러 갔다. 케빈은 시골에 있는 그들이 예전에 발견한 버려진 농장에 킴과 제이슨을 내려주고 갔다. 거리상 짧은 거리였지만 그들이 음식과 담요 등을 싼 짐을 들고 무릎까지 오는 눈을 헤치고 가야 했기 때문에 시간이 상당히 걸렸다. 제이슨이 농장의 문을 억지로 열고 안으로 들어갔다. 그는 약간 흥분되면서도 무서운 느낌도 들었다.

그들은 먼저 음식을 먹고 마약을 하기로 했다. 그래서 그들은 킴이 가지고 온 땅콩버터와 잼을 넣은 샌드위치와 과자를 먹었다. 그리고 나서 킴이 마리화나를 피우는 동안 제이슨은 사촌이 대학에서 올 때 가져온 마리화나를 넣어서 만든 과자를 조금 먹었다. 그는 자신의 폐에 연기를 넣거나 팔에 바늘을 찌르는 짓은 절대 하지 않을 것을 맹세했다.

마약을 할 때 기분은 환상적이었다. 그는 그냥 드러누워서 사람들이 왜 마약을 하는지를 생각해보았다. 이유는 간단했다. 바로 행복함을 느끼고 현실의 걱정으로부터 탈출하고 싶은 것이다. 그것이 뭐가 잘못됐단 말인가?

둘은 LSD 알약을 먹었다. 제이슨은 이전에 한 번 LSD를 먹어본 적이 있었는데 그때는 처음이라서 어떨지 몰라 반 알만 먹었었다. 이번에는 한 알을 먹으니

효과가 훨씬 강했다. 전등이 마치 색깔 풍선의 흔들거리는 튜브처럼 보였고 밖에 있는 하얀 눈은 색깔이 계속 변하는 변화무쌍한 층을 이루고 있는 것처럼 보였다. 파란색과 흰색, 분홍색과 흰색의 배열로 온 세상이 정말 멋있어 보였다.

제이슨은 자신이 '매드 맥스'라고 생각하기 시작했다. 그가 킴에게 그 말을 하자 그녀는 "와우, 난 정말 멜 깁슨을 좋아해."라고 말하며 그에게 키스하기 시작했다. 나머지 주말 내내 그렇게 지냈다.

제이슨은 상상 속에서 거짓말을 하는 아이였다. 이전에는 그가 말하는 것을 의심할 이유가 없었는데, 이제 그의 이야기는 사실과 허구를 분간하지 못할 정도로 섞어놓은 것이었다. 여자 친구들과 전화로 수다를 떨고 어머니가 그걸로 잔소리를 한 부분은 믿을 수 있었으며, 그가 '괜찮은' 여자아이에게 데이트를 신청하는 것을 어려워한다는 부분도 믿을 수 있었다. 그렇지만 그가 여자아이와 딴 짓했다는 횟수와 정도, 그리고 음란물과 관련성을 축소하는 것은 믿을 수 없는 부분이었다.

내가 그에게 아직도 방에 포르노 잡지를 가지고 있느냐고 묻자 그는 강하게 부인했다. 그의 내면에 있는 자기 정의감이 그를 무너뜨렸다. 사람들은 완강하게 부인함으로써 거짓말을 가장한다. 진실하다면 그렇게 화를 내면서 말할 필요가 없다. 그는 분명히 거짓말을 하고 있었는데, 그의 거짓말 때문에 나는 곤란하였다. 그에게 자신의 거짓말을 직면시키는 것은 그를 더 강하게 부인하는 결과를 낳을 것이며, 게다가 그것은 제이슨과 나를 해결하기 어려운 상황으로 몰고 가는 것이기도 하다. 그는 어른들을 감옥의 교도관으로 만드는 데 아주 능숙했으며 나는 내가 그 역할을 맡고 싶지는 않았다. 그렇지만 내가 그의 말을 진심으로 믿고 있는 것처럼 하면 그는 나를 바보로 볼 것이며, 결과적으로 우리 둘 사이의 정직성을 침식시키는 일이 될 것이다. 그래서 나는 "정말? 그거 대단한데."라고 말하면서 회의와 불신 사이에서 아슬아슬하게 줄 타는 기분으로 말했다.

제이슨은 나의 거의 알아챌 수 없을 만큼의 약한 도전에 주제를 바꾸는 것으로 반응했다. 그는 주제를 바꾸었지만, 그 과정에서 그는 자신의 성관계와 관련된 무용담은 실제가 아니라 상상 속의 것이었다고 말할 뻔했다.

그는 공상 과학에 많은 매력을 느끼고 있었고, 그런 이야기를 나에게 많이 하였다. 그는 미래의 세계에 대한 환상적 이야기에 몇 시간씩 빠져 있었다. 나는 이런 주제에 대해서는 아무것도 모르기 때문에 좋은 이야기 주제가 되었다. 나는 제이슨이 전문가가 되도록 허락하였다. 그는 로큰롤에 대해서도 나에게 많은 것을 가르쳐주었다. 그는 헤비메탈과 스피드 메탈, 그리고 하드록의 차이점을 이야기해주었다. 제이슨은 헤비메탈을 좋아하였다. 그는 그레이트풀 데드와 지미 헨드릭스 등 과거의 음악가들도 좋아했다. 제이슨은 그들을 실존적 인물로 느끼고 있었다.

이렇게 해서 우리는 서로를 존중하는 단계에 이르렀고 나는 제이슨에게 그가 어머니와 싸우는 것과 아버지의 가사일 참여 부재와의 관계에 관해 설명하기로 했다. 나는 여러 가지 동기를 가지고 제이슨에게 가족의 삼각관계를 설명했다. 나는 그가 엄마와의 전쟁 뒤에 숨겨져 있는 역동성을 이해하기를 바랐지만, 나는 그가 하찮은 것을 그냥 내려놓듯이 그렇게 정리하기를 바랐다. 최소한 나는 제이슨이 고등학교를 졸업할 때까지 만이라도 가족의 평화를 지속하기를 원했다.

나는 그의 엄마가 아버지와 싸우고 싶은 것을 대신해서 어떻게 제이슨과 싸움을 했는지 설명했다. 또한 그의 엄마가 매번 싸울 때마다 자신은 옳고 제이슨은 그르다는 것을 확인시키기 위해 어떻게 했는지를 설명했다. 그리고 그가 후퇴함으로써 더 많은 통제력과 더 많은 자유도 얻게 되리라는 것을 이해시켰다. 때때로 이것은 엄마를 회피하는 것으로 의미했지만 항상 엄마를 회피하는 것이 가능하지는 않기 때문에, 그것은 또한 "맞아요, 엄마 말이 맞아요."라고 말하는 것을 배우는 것을 의미하기도 한다.

제이슨은 가족 내의 삼각관계의 의미를 완전히 이해한 것 같았다. 그것은 그가 버림받은 자식이라는 생각을 덜 갖게 했다. 그것은 우리가 공모하여 함께 그의 부모님을 속이는 계획을 세우는 것 같았다. 그렇지만 그는 아직도 엄마와의 싸움을 멈출 수는 없는 것 같았다. 며칠 동안은 멋지게 행동할 수 있지만 그러고 나서는 그도 폭발했다. 그의 엄마는 그에게 전화 좀 그만하라고 말하면 그는 그런 엄마에게 소리를 치고 엄마를 무시하듯 엄마 이름을 부르고 아래층으로 내려오라고 해도 말을 듣지 않았다. 정말 멍청한 일들의 연속이었다. 나는 그가 계속 그런 행동을 한다는 것을 믿을 수 없었지만, 곰곰이 생각해 보니 그도 그럴 수밖에 없었을 것이라는 생각이 들었다.

왜 어떤 아이는 그렇게 자로 잰 듯이 정확하게 부모를 열 받게 하는 행동만 골라가면서 하는 걸까? 제이슨의 행동 중 어떤 것은 자기파괴적인 행동으로 보였지만 분명히 그의 행동은 의도적인 것이었으며 어떤 면에서는 그의 자아존중감과 관련이 있을 것이다. 그렇지만 어떻게 관련이 있을까?

나는 그의 불 같은 성미에 내가 반응할 필요는 없다고 생각했다. 어떤 이유에선지 적대감을 일으키는 것이 그의 기대를 충족시키는 것이었다. 그의 엄마는 계속 잔소리를 하였고 그는 엄마에게 소리를 질렀으며 그러한 행동은 폭발적인 행동으로 끝났다. 그것은 나방이 죽을 줄 알면서도 밝게 빛나는 쪽으로 날아올라가는 것과 같다고 생각하면 불쌍한 일이었다.

시간이 좀 지나고 나서 알았지만, 제이슨은 나에게도 반항하는 부분이 있었다. 그는 우리가 같이 의논한 것을 '잊어버리고' 또 어쩐 일인지 사과할 생각도 없어 보였다. 집에서는 상태가 더 나빴으며 나는 결국 화가 났다.

그는 다른 사람에게 하던 대로 나에게도 했다. 즉, 화를 돋우는 것이 그가 유일하게 할 수 있는 일이었으며 그는 그 일을 계속했다(물론 그런 대접이 내가 받아 마땅한 것은 아니었지만 나는 정직하게 말하면 그 자신을 위해 그를 조종하면서 그를 도우려고 노력했다).

물론 내가 화가 난 것은 사실이었지만 나는 내 감정을 억제했다. 나는 그가 느끼는 감정을 제대로 이해하기까지는 나 자신을 좋은 상태로 유지하려고 노력했다.

나는 그가 "잊어버렸다."고 말하는 것이 그가 공개적으로 할 수 없는 어떤 것을 성취하기 위해 사용하는 방식이라고 생각했다. 나는 그가 엄마와의 싸움을 그치지 않을 거라고 생각하고 있었으며 그의 반응은 나를 놀라게 했다.

그는 나에게 화가 나 있었다. 그는 나 스스로에 대해 알고 있는 그런 사람이 아닌 자신이 상상하는 그런 사람으로 알고 반응하고 있었다. 즉 자신을 통제하려고 만드는 그런 사람으로 생각한 것이다. "당신은 나에게 이것저것을 하라고 시켜요. 선생님도 엄마 편이에요!" 그가 엄마에게 사과하는 것을 잊어버리는 것은 나의 조종에 대한 거절이었다. 아무 말 없이 그는 자기 엄마에게 "나는 내가 아버지에게서 배운 대로 엄마에게 남자처럼 대하겠어요."라고 말한 것과 똑같은 방법으로 나에게 말하고 있었다.

이것이 우리 작업의 전환점이 되었다. 제이슨은 그의 엄마나 심지어는 그 자신도 그런 이야기를 하지는 않았지만, 지금 가족치료사인 나와의 관계에서도 자율성의 문제로 힘들어하고 있었다.

가족치료사는 이런 종류의 저항을 **전이**<sup>transference</sup>시키는 것에 이바지하는 일을 좋아한다. 전이는 과거의 해결되지 않은 감정 때문에 일어나는 갈등을 해결한다는 멋진 일과 관련된 개념이며 모든 문제의 해결이 내담자에게서 나오는 것이다. 제이슨은 마치 내가 그의 엄마인 것처럼 나에게 저항했다(불쌍한 아이야, 나는 네 엄마가 아니라 그저 네 엄마와 비슷하게 행동하는 것뿐이란다).

＊　＊　＊

부모는 자녀들이 실수할까 봐 걱정되어서 그리고 부모의 권리를 지키기 위해서 아이들과 전쟁을 치른다. 10대 자녀는 자신들이 하고 싶은 것을 할 수 있는 자유를 얻고 또 그들의 생각이 옳다고 생각하기 때문에 부모에 대항하여 싸운다. 이러한 투쟁의 주제는 자율성이다. 자율성은 자유와는 다른 개념이다. 자율성은 제약 없이 마음대로 행동하는 것이 아니라 스스로 생각을 할 수 있다는 것을 의미한다.

＊　＊　＊

자유를 원하는 것과 관련해 제이슨은 사실 자기 자신이 원하는 것에 대해서도 확실하지가 않았다. 그는 공격하고 동시에 두려움을 느꼈다. 그는 세상에 앞서 나가면서도 세상에 대해 움츠러들었다. 그는 자기의 자유로움에 두려움을 느꼈다. 우리 모두 이러한 갈등이 있으며 이는 절대로 해결되지 않는 문제이다.

그러나 제이슨은 부모, 특히 엄마와 자신의 갈등 때문에 싸움을 했다. 그는 자기 내면의 억제와 두려움을 표현하는 역할을 엄마에게 부여했으며, 엄마는 그 역할을 할 준비가 되어 있었다. 그것은 **닫힌 체계**<sup>closed system</sup>에서 일어나는 것이다. 엄마는 반드시 아들과 싸워야 하고 아들은 내면의 두려움을 가진 자신 때문이 아니라 엄마 때문에 반드시 싸워야만 했다. 그들 둘이 서로 밧줄에 묶여서 고통과 분노를 느끼며 서로를 감금하고 있는 것은 놀라운 것이지만 당연한 일이다.

내가 제이슨과 치료회기를 가짐으로써 그의 분노를 분출하고 그와 동맹을 이루게 하는 등 그를 진정시키는 역할을 했다. 아이만 따로 상담하는 것은 아이의 적응 기술을 재구조화하고 부모와 자녀 사이의 경계선을 강화하고 아이가 가족 밖의 다른 세상을 탐험하도록 자극하는 기회가 될 수 있다. 그것은 또한 그 아이를 더는 희생양으로 만들지 못하도록 희생양으로 만드는 과정을 그 시점에서 동결할 수 있다. 자녀하고만 만나자고 제안을 한다는 것은 부모는 변할 필요가 없다는 것을 말하는 것과 같다.

나는 통제 문제를 해결하려고 노력하다 보면 분화를 해야 한다는 과제의 중요성을 잊을지도 모른다는 걱정을 하게 되었다. 분화(개체성)는 자녀를 제멋대로 하게 내버려 둔다는 의미는 아니다. 나는 제이슨이 그의 아버지처럼 가짜 독립성을 형성하기를 바라지 않았기 때문에 가족으로부터 완전히 분리되는 것을 원하지 않았다. 스튜어트의 독립성은 건강한 독립성이 아니라 반사적 정서의 산물이기 때문이다. 그는 감정과 접촉하지 않을 때만 조용히 생각할 수 있었다. 문제가 발생하면 제이슨과 감정적으로 밀착되어버렸다. 그리고 나면 반대로 유리되어 각자 멀어졌다. 두 사람 모두 불안해지면 각자 독립적으로 생각하는 데 똑같은 문제를 가지고 있었다.

이제 전체 가족을 만날 시간이었다. 나는 분화와 경계선 설정의 두 가지 목표를 세워두었다. 부모와의 관계에서 독립적인 정체성을 구축해 나가는 것은 참으로 어려운 일이다. 나는 제이슨이 부모가 원하는 것에 대해 무의식적으로 반대하는 대신에 자신이 누구이며 그가 무슨 생각을 하는지를 스스로 발견하기를 원했다. 또한, 샤론과 스튜어트에게도 제이슨이 미숙한 아이라고 미리 무시하며 아이를 대하지 말고 아들을 대할 때 한계를 설정할 것을 희망했다. 부모들은 청소년 자녀에게 "우리가 믿는 것은 이런 것이며, 우리가 너에게 원하는 것은 이것이다."라고 당당하게 말하기를 두려워하지 말아야 한다. 10대 자녀들은 그들의 부모의 가치를 분별해서 받아들이거나 혹은 거절하거나 한다.

## 경계선을 변화시키기

자녀가 사춘기에 들어서면 가족 구조를 바꾸어야 한다. 부모는 자녀가 10대가 되면 독립성을 형성할 수 있도록 자유를 허락해야 한다. 사춘기 자녀는 형제간의 관계에서도 벗어나 그들의 나이에 적절한 자율성과 책임감을 형성하도록 도와주어야 한다. 부모-자녀의 관계에서 부모-젊은 성인의 전환기로 넘어갈 때는 명확한 경계선이 필요하다.

어머니    아버지     의 상태에서     어머니    아버지
- - - - - - - - - - - - -            - - - - - - - - - - - -
    자녀들                                      청소년     형제자매

이러한 변화는 누구 하나가 변해서 되는 것이 아니므로 부모 중 한 사람 혹은 두 사람 다 변화에 저항하기도 한다. 이것은 부모 관계의 변화도 요구하는 것이다. 배우자와 거리가 먼 상태에 있는 샤론과 같은 엄마는 청소년 자녀가 성장해서 자신의 품을 떠나보내려 할 때 힘들다. 그리고 우리가 보아왔던 것과 마찬가지로 유리된 쪽의 부모는 밀착된 쪽의 부모에 대항하여 무언의 연합을 이룬다.

이혼한 부부는 어려운 시기를 겪은 사람들이다. 양육권을 가진 부모는 아이의 자율성이 자라면서 세상을 탐험할 필요가 많아진다는 것을 좀 더 많이 자각할 기회가 있지만, 양육권을 갖지 않은 부모는 좀 더 엄격한 규율을 적용해야 한다고 주장할 것이다. 왜냐하면, 예전에는 그런 방법이 통했기 때문이다. 부모가 재혼하면 계부모의 의견이 더해져서 아이 양육과 관련한 갈등의 강도와 복잡함이 더 심해진다.

밀착된 부모가 자녀를 떠나보내는 데 어려움을 겪는 것이 관계를 지속시키는 능력과 관련된 것과 마찬가지로, 청소년 자녀도 경계선 설정을 위한 어려움을 경험한다. 즉, 둘이 모두 힘든 시기를 경험하는 것이다. 가족 안에서 자율성을 성취하는 것은 가족 밖에서 새로운 접촉을 만드는 것과 직접적인 관계가 있다.

세대 사이의 경계선은 청소년 자녀가 스스로 성장하기에 충분한 여유를 줄 정도로 분명하게 나뉘어야 하며 동시에 부모와 자녀 사이의 대화를 지속할 수 있을 정도의 여유를 가지는 것도 포함한다. 부모가 자녀에 대한 통제를 느슨하게 할 필요가 있지만, 그것이 자녀를 전혀 돌보지 않는다는 것을 의미하지는 않는다. 청소년 자녀도 아직 다 성장한 어른은 아니다. 그들은 여전히 확인받고 지지받을 것을 필요로 한다. 부모가 자신의 문제와 희망, 그리고 미래에 대한 야심에 귀 기울여 주기를 원하며 심지어는 말이 안 되는 계획도 들어주기를 원한다. 아이들은 자기의 정체성을 찾기 위해서 다양한 정체성 실험을 해본다. 그 과정 중에 별 희한한 아이디어를 만들어낸다. 어떤 아이는 관심 분야가 하도 넓어서 어떤 특정 분야에 더 많은 흥미를 보이지 않을 수도 있지만, 사실은 그의 부모가 가족의 가치에서 벗어난 것을 참고 받아줄 것인지를 시험해보는 방법으로 그런 태도를 보이는 것일 수 있다. 가족의 가치에서 벗어난 것을 허락해준다면, 어떤 특별한 선택에 대한 아이의 관심은 금방 없어질 수도 있다.

❊  ❊  ❊

자녀와의 갈등이 고조되어 있을 때 부모들은 당장 문제에 급급하여 이러한 토의의 내면에 내재되어 있는 주제를 종종 잃어버리게 된다. 청소년 자녀가 원하고 필요로 하는 것은 자신들을 좀 더 존중해 달라는 것이다. 불행하게도 모든 부모가 논쟁에서 자신들이 항상 이겨야만 한다고 생각하는 한 자녀들이 존중감을 느끼게 될 기회는 없어진다. 그렇게 되면 그들은 제이슨처럼 갈등의 강도를 높이거나 헤더처럼 자신을 감추고 포기해 버린다.

어떤 부모들은 자녀의 말이 옳다고 인정하는 것이 자신들은 틀렸다는 것을 의미하며 또한 자녀들이 이기는 것이 곧 자신들은 진다는 것을 의미한다고 잘못 생각하지만, 사실은 그 정반대이다.

가족구성원들이 가족 속에서 어떤 생활을 경험하는가 하는 것은 그들이 가족속에서 어떻게 행동하는가에 의해서만 결정되는 것이 아니라, 그들이 서로의 행동을 어떤 구조 속에 집어넣는가 하는 것에 의해서도 결정된다. 부모와 청소년자녀 사이에 생긴 적대적 관계는 양쪽이 상대에게 갖고 있는 왜곡된 그림을 확대시킨다. 그러므로 자녀의 행동을 전체적으로 평가하고는 자신의 청소년 자녀를 '책임감이 없는' 아이라고 보는 부모는 반대로 자녀의 편에서는 '별로 신경을 써주지 않는 부모'라고 보일 수 있다. 마찬가지로 자신의 자녀를 전체적으로 '게으르다'고 평가하는 부모는, 자녀의 입장에서는 '잔소리가 많고 요구가 많은' 부모로 여겨진다. 이렇게 상대방을 편협하게 표현하는 것은 개인이 가지고 있는 가능성을 줄이고 양극화시킨다.

이렇게 일반화를 시키는 관점을 없애기 위해 가족치료사가 할 수 있는 것은 무엇일까? '예외들'에 관해 물어보는 것이다. 즉 '무책임한' 자녀가 저녁 식사 준비를 자발적으로 돕는다거나 정말 정성 들여 학기 말 숙제를 낸 때와 마찬가지로 평소에 항상 있는 일이 아닌 일을 했던 때를 물어보는 것이다. 또한 '그다지 관심도 없는' 부모님이 자녀를 콘서트에 데려가거나 혹은 자녀의 숙제를 돕기 위해 밤늦게까지 같이 있어준 적이 있는지 물어보는 것이다.

사이버네틱 메타포는 가족구성원들이 역기능적 피드백 고리(서로 도움이 안되는 방식으로 행동하고 또 그 행동에 반사적으로 반응하는)에 매여 있다는 것을 보여준다. 이야기 메타포는 가족구성원들이 관계 내에서 서로 어떻게 반응하는 가를 보여줄 뿐만 아니라 해석하는 것도 보여준다. 그들의 이야기(책임감이 없음, 감시를 함)는 그들이 지각하는 것(느림, 야단침)에 영향을 미칠 뿐 아니라 그들이 지각한 것을 어떻게 해석하느냐 하는 것에도 영향을 미친다. 그들이 자녀의 나쁜 행동에만 초점을 맞추는 한 부모들은 자녀를 비난하고 비판하는 것에만 주로 관심을 가질 것이며, 부모가 자신들을 들볶기만 한다고 생각하는 한 자녀들은 반사적이고 반항적인 상태로 남아 있게 된다. 가족구성원들이 서로에게 반응하는 것은 상대로부터 똑같은 반응을 끌어내는 지름길이 되며, 문제 해결을 더 어렵게 만든다.

양쪽 세대 간의 차이가 고정된 상태로 양극화되고 또한 서로에게 비판적인 관념을 고수하는 한 그들은 모두 자신이 진정으로 원하는 것과 자신이 좋아하는 것에 관해 생각할 여유를 가질 수 없게 된다. 불행한 가족에서 가족구성원들은 다른 사람이 원하는 것을 알아차릴 여유가 없으며 또한 자기 자신이 원하는 것에 대해서도 제대로 생각해볼 시간이 없다.

✳  ✳  ✳

토요일 치료회기 이틀 전 어느 목요일에 스튜어트는 학교에서 특별히 힘든 일이 있었다. 그의 제자 중 실력이 가장 나쁜 학생의 박사학위 구술 논문심사가 있었는데, 스튜어트는 그의 동료들과 학장 앞에서 그저 그런 학생을 옹호하느라 진땀을 흘렸다. 구술심사가 끝난 후 서둘러서 집으로 가고 싶었다.

집에 가면 어떤 일이 그를 기다리고 있었을까? 저녁은 준비되어 있지 않았다. 헤더는 메리의 집에서 저녁을 먹고 올 것이며 샤론은 마을 회의에 참석하러 간다는 메모가 있을 뿐이었다. 제이슨은 소파에 퍼져 누워서 MTV(미국의 록음악 중심의 유선 텔레비전)를 보고 있었고, TV를 보면서 저녁을 먹고 남은 부스러기들이 그의 발 밑에 이리저리 흩어져 있었다. 그는 고양이 저녁도 주지 않았고, 쓰레기도 버리지 않았고, 학교 숙제는 시작도 하지 않았다. 스튜어트는 너무 피곤해서 그냥 그 자리에 서서 방을 쳐다보고 있었다.

　제이슨은 아버지가 자신을 쳐다보고 있는 눈초리를 느꼈지만 돌아보지 않았다. 제이슨도 아버지와 어떤 이야기를 하고 싶기는 했지만 방을 어지럽힌 것에 대한 잔소리를 듣고 싶지는 않다. 스튜어트는 제이슨이 대체 어떤 생각으로 살고 있는지 의문이 갔다. 그렇지만 스튜어트는 제이슨에게 아무것도 물어보지 않았고 제이슨도 아무런 말도 하지 않았다. 스튜어트는 그냥 그 자리에 서서 무거운 짐을 지고 있는 자신을 불쌍히 여기고 서 있었다. 또다시 자신의 기억에 불쌍한 자신의 모습을 더하는 순간이었다.

## 모두 함께 다시 한 번

살라자르 가족은 여전히 해결되지 않은 문제가 있었으며 나는 그들과 목적이 불분명한 장기적인 치료적 관계로 들어가는 것 같은 생각이 들었다. 샤론은 정서적으로 굶주렸던 걸까? 나는 샤론에게 정서적인 지지를 해주었다. 스튜어트가 가족으로부터 소외되었을까? 나는 그가 샤론의 비난에 맞서도록 도왔으며 그녀의 불평이 사실은 외로움 때문이었다는 것을 알도록 도왔다. 나는 그가 좀 더 강해지도록 도왔으며 두 사람의 관계가 좀 더 가까워지도록 도왔다. 그리고 두 사람이 분명하고 개방적으로 의사소통을 하도록 격려해주었다. 헤더는 수줍은 아이일까, 아니면 감상적인 아이일까? 나는 헤더에게 자신에 관한 확신을 심어주었으며 잘할 수 있다고 격려해주었다. 제이슨은 자신이 성인기로 접어드는 것을 회피하기 위해 엄마와 싸움을 계속하고 있었던 것일까? 나는 그가 자신의 관심과 재능을 발달시키도록 지지해주었다. 스튜어트와는 달리 나는 그가 원할 때 그의 옆에서 도움을 주었다. 샤론과는 달리 나는 그가 말하고 싶은 것이 있으면 언제든지 나에게 와서 하고 싶은 이야기를 하도록 해주었다. 나는 그들에게 마술처럼 힘을 돋아주는 영웅 역할을 하고 있었다. 그러면 나는 항상 함께 있으면서 차이점들을 해결해주고 상처받은 마음을 치유해주고 그들이 아무런 문제없이 생활하도록 도와줄 것이기 때문이다(이 말을 듣고 말이 안 되는 소리라고 생각하는 사람도 있을 것이다).

가족치료사를 그리스 신화의 피그말리온에 비유하였지만 사실 많은 가족치료사가 그와 같이 행동한다. 세대 간의 언어를 통역해줄 가족치료사가 있으면 모든 일이 잠잠해지고 논쟁은 진정되고 위기가 일어날 때마다 바로 해결이 되는데 누가 변화할 필요를 느끼겠는가?

살라자르 가족과 작업할 과제는 많지만 가장 먼저 해결해야 할 것은 가족이 걸려 있는 부분에서 벗어나게 하는 것이다. 우선 다급한 문제를 해결하고 난 다음에는 제이슨의 문제가 발생하게 된 원인인 경계선을 수정하고, 자녀들의 성장에 따라 좀 더 기능적인 가족구조를 재구조화할 수 있도록 도와주면 된다.

나는 그들 사이의 정서적인 에너지를 다시 찾게 하고 아들이 편안하게 성장할 수 있도록 함으로써 아들로부터 부모를 분리해 부모-자녀 사이의 경계선 만들기 과정을 시작했다. 그러한 과정에서 해야 할 작업은 이러한 변화들을 견고하게 하고 약간 느슨해진 마무리를 확실하게 하는 것이었다.

살라자르 가족과의 상담을 종결하기 전에 하고 싶었던 것 중의 하나는 헤더가 자신을 좀 더 개방하도록 하는 것이었다. 헤더가 아직도 부끄럼을 타는 것인지 아니면 우울감을 느끼는지 확실치가 않았다. 그녀를 좀 더 잘 알고 그녀의 징후들이 심각한 우울증의 신호인지의 여부를 알기 위해 그녀와 개인 치료회기를 갖는 것이 좋을 것 같기는 했지만 나는 그렇게 하지 않았다. 제이슨의 독립성을 강화하고 엄마로부터 그를 분리하기 위해 제이슨과는 개인적인 치료회기를 가졌지만, 나는 헤더를 가족으로부터 끌어내어 개인 치료를 하고 싶지는 않았다.

자녀를 개인적으로 보는 두 가지 이유는 자녀가 통제할 수 없을 정도로 공격적이거나 가족과 같이할 수 없는 비밀을 가지고 있을 때이다. 그렇지 않으면 부모가 자녀를 다루는 것이 가장 좋은 방법이다. 나는 헤더의 부모님이 착한 딸인 헤더가 불행하며 그들의 관심을 좀 더 필요로 한다는 사실을 어떻게 다룰 것인가를 먼저 살펴보고 싶었으며, 내가 그 두 남매를 좀 더 가깝게 연결할 수 있을 것인가를 알아보고 싶었다.

헤더는 가족의 문제에 끼어들기 싫었다. 복잡한 갈등에서 벗어나 집을 떠날 때까지 조용히 있기를 원했다. 만일에 헤더가 제이슨과 한 팀이 되었다면 헤더도 사춘기를 거치는 데 필요한 힘을 키울 수 있었고, 제이슨도 어머니와 싸울 때 도움이 되었을 것이다. 그러나 나는 둘이 동맹을 맺도록 강요하지는 않았다. 실제 12살이 넘은 사람에게 뭔가를 강요한다는 것은 어려운 일이다. 하지만 나는 두 사람이 적어도 대화는 할 수 있도록 노력하였다. 헤더는 오빠가 문제를 일으키는 것이 너무 화가 난다고 말하는 것을 굉장히 힘들어 했다. 그러나 헤더가 오빠에 대한 분노를 해결하지 못하면 오빠에 대해 동정심을 느끼기가 힘들다. 그래서 나는 헤더가 자기가 화났다는 것을 부인할 때, "난 믿지 않는데."라고 말했다. 나는 헤더에게 두 가지 중 하나를 선택하게 했다. 오빠에게 화가 났다는 것을 인정하던가 아니면 나에게 반발을 하는 것이다. 그러나 헤더는 중간적 태도를 취했다. "네, 맞기는 맞는데요."라고 확신 없이 말했다.

그래서 나는 그녀의 부모님에게 그녀의 감정의 변화와 계속 책만 읽고 있는 것, 또한 일상적인 논쟁도 피하려고 하는 태도 등의 증거를 제시하며 헤더가 우울증을 경험하고 있다고 이야기하였다. 나는 그들이 이 일을 알아서 처리하도록 놔두려고 하였으며 그들은 그 책임을 나에게 떠넘기려고 하였다. "무슨 말씀을 하십니까? 그녀는 학교에서 아주 잘 지내고 있어요(스튜어트)." "헤더는 행복한 것 같이 보이는데요. 한 번도 불평을 한 적이 없는데요(샤론)"

그래서 나는 "글쎄요, 저도 잘 모르겠는데요. 직접 아이와 이야기를 해보시는 것이 어떨까요?"라고 말했다.

그랬더니 샤론은 "왜 그러니 아가야? 선생님이 하시는 말씀 너도 들었지? 너 불행하니?"라고 샤론은 헤더에게 말을 하기 시작했다.

헤더는 자존심이 상해서 "나는 괜찮아요. 저 좀 가만히 내버려 두세요."라고 말하는 것처럼 중얼거렸다.

샤론이 그런 식으로 계속 헤더에게 말을 걸기 전에 나는 전략적으로 그 순간을 이용해서 "내가 보기에 두 사람(헤더와 샤론)은 꽤 가까운 것 같은데요. 헤더는 예를 들면 스튜어트와 같이 다른 사람에게는 어떤 말을 하고 싶어 하지 않는 것 같다는 생각이 듭니다. 아이가 우울증을 느끼면 엄마한테는 그렇지 않은 척할 수 있지만 다른 사람에게는 자신에 대해 그 어떠한 것도 솔직하게 말할 수 없을 것입니다."라고 말했다.

세 명이 모두 내가 틀렸다는 것을 증명하려고 하였다. 스튜어트는 헤더에게 대체 무슨 일이 일어나고 있는지를 말하라고 강요하다시피 했으며, 헤더는 자신의 감정을 말로 표현하려고 열심히 노력했고 샤론은 한 발짝 뒤에 있었다.

아버지와 딸은 폭풍우를 잠잠하게 하는 것보다 지배적인 관계를 개방하는 것이 더 쉽다는 것을 증명하기 위해 거의 10분 동안 이야기하였다. 그들의 대화에서 나는 아니, 우리는 모두 이 조용한 아이의 내면에서 어떤 일이 일어나고 있는지에 대해 많은 것을 알 수 있었다.

헤더는 부모가 제이슨하고 싸우는 것이 얼마나 싫은지에 대해 이야기하였다. 또 학교에서는 아무도 자기를 좋아하지 않고, 자기 자신이 얼마나 싫은지에 대해 계속해서 말하였다. 헤더는 자기 얼굴, 성격 모두 싫다고 했고, 운동도 못한다고 했고, 정직하지도 못하다고 하였다. 왜 그렇게 조금 먹냐고 했더니 먹는 게 혐오스럽다고 했다. 사람들이 그저 먹기 위해 동물을 도살하는 것이 싫다고 했다.

헤더가 불행한 것은 사실이지만 임상적으로 우울증은 아니라는 결론을 내렸고, 다행이라는 생각이 들었다. 그녀는 우울해 보였고 자기 생각에 몰두하면서 혼자 보내는 시간이 많기는 했지만, 만성적으로 우울한 기분, 왜곡된 부정적인 사고, 정서적인 무감각(즐겁게 느껴지는 일이 아무것도 없음), 정신적 기능과 신체적 기능의 저하 등의 우울증의 증상을 나타내는 징후들은 보이지 않았다. 헤더는 불행하고 뚱한 아이였지만, 집중하는 능력을 잃지는 않았으며, 무력감과 절망과 같은 전형적인 위험의 징후들도 보이지 않았다. 그래서 나는 헤더의 부모에게 딸의 문제를 맡기기로 하였다.

샤론과 스튜어트는 헤더의 감정을 북돋우기 위해 투입된 한 팀의 레슬링 선수들처럼 행동했다. 최소한 헤더와 관련해 그들은 함께 움직였다. 그들은 헤더에게 자신들이 그녀를 사랑한다고 이야기하면서 헤더가 가진 많은 장점을 지적해 주었다. 헤더에게는 이러한 말들이 마치 "기운 내, 너는 행복하지 않을 이유가 없다고."라고 하는 것 같았다. 한번은 헤더가 부모님에게 자신의 속마음을 이야기하기도 했다. 그들이 그녀에 관해서는 전혀 관심이 없고 오직 제이슨에게만 관심이 있어 보인다고 이야기했다. 이것은 상당한 발전으로 물론 자신이 왜 불행할 수밖에 없는지를 이야기하기 위해 한 이야기이기는 하지만, 어쨌든 자신에 대해 스스로 말을 한 것이다.

나는 그 말을 듣고 기뻤다. 이제야 제대로 일이 돌아가기 시작한 것이다. 나는 스튜어트에게 숙제를 한 가지 주어서 스튜어트가 헤더에게 좀 더 가까이 갈 기회를 마련해야겠다고 생각했다. 스튜어트와 같은 극도로 개인적인 사람은 현재 관계를 맺고 있는 다른 사람과의 관계에서보다는 자기 자신과의 관계에서 좀 더 쉽게 변화를 경험하는 경향이 있기 때문이다.

나는 스튜어트에게 헤더가 그녀의 인생에서 최초의 남자가 되는 아버지에 대해 잘 알지 못하고 그 시기를 지나는 것은 불행한 일이라고 말하면서, "혹시 딸을 위해 한 가지 새로운 시험을 해보실 의향이 있으십니까?"라고 그의 호기심을 자극하기를 기대하면서 물어보았다(악마의 협정 : 먼저 확답을 받고 나서 자세한 사항을 알려줌).

"물론이지요. 재미있겠는데요."라고 스튜어트는 흔쾌히 승낙했다.

나는 청소년기의 소녀에 대한 그의 작가로서의 이해를 갈고 닦을 시간을 가질 것을 권유했다. 헤더와 함께 그녀가 좋아하는 것, 그녀의 인생, 그리고 그녀가 다른 결과를 원했던 일들에 관해 좀 더 많은 이야기를 할 시간을 가질 것을 주문했다. 그리고 나서 헤더의 이야기에 약간의 힌트를 얻어 수줍음이 많은 10대 소녀의 이야기를 쓰도록 하였다(헤더와 같은 소녀들이 경험할 것에 대해 공감할 수 있으면서도 그 소녀의 불행을 그럴듯하게 꾸미고 싶은 충동을 덜 느끼도록 '약간의 힌트만을 얻을 것'이라는 말을 사용하였다).

다음 주 토요일 가족구성원들이 모두 치료회기에 왔을 때 스튜어트는 그의 이야기에 관해서 아무 말도 하지 않았다. 사실 그는 지난주 동안 헤더와 몇 번 같이 이야기를 했으며 헤더와 비슷한 수줍음이 많은 10대 소녀에 관한 이야기를 쓰기도 했다. 그는 약간 무안함을 느껴서 아무 말도 하지 않았다. "써 오신 이야기를 읽어주시겠어요?"라고 내가 그에게 요청했다.

스튜어트의 이야기 제목은 '테레사에 대한 스케치'로 어떤 부분은 각색이 되기도 했지만, 대부분이 헤더의 이야기임이 분명히 드러나는 이야기였다.

"테레사는 아주 수줍음이 많은 아이였다. 외면적으로는 아주 조용했기 때문에 테레사가 사실은 얼마나 감성적인 아이인지 아는 사람은 아무도 없었다. 그녀의 마음은 열정으로 가득 차 있고, 솔직하며, 용감하였고 그녀의 영혼은 모험을 원하고 있었다. 그녀의 몸은 이러한 깊은 감정을 나타내고자 했지만, 그녀는 자신의 감정을 겉으로 드러내기가 두려웠다."

"대부분 여자아이와 마찬가지로 테레사도 아버지보다는 어머니와 가까웠다. 그녀는 어머니와 많은 것을 나누었지만 사실은 어머니와 나눌 수 없는 것이 더 많았다(이 부분에서 헤더의 얼굴이 붉어졌다). 테레사가 어른이 되었을 때(스튜어트는 테레사가 월경하게 된 것을 이렇게 표현하였다), 그녀는 더욱 내면으로 들어갔다. 처음에는 자신의 외모와 관련해 이런 행동이 나타나기 시작했다. 테레사는 자신의 몸을 자세히 관찰하고 하나하나 따져보면서 몇 시간이고 전신 거울 앞에서 서 있었으며, 옷장에 있는 모든 옷을 걸쳐보았다(헤더의 얼굴이 약간 밝으면서도 붉은빛을 띠었다). 그녀는 옷이 아주 많았지만, 마음에 드는 옷은 하나도 없었다. 그녀는 자신을 좀 과시할 수 있는 새롭고 특별한 어떤 것을 갖고 싶었다. 어떤 때는 웃는 연습을 했다. 점차 그녀는 자신의 외모에 관심을 잃고 그 대신에 '난 누구지?' 내가 뭘 하려는 걸까?'라고 생각하기 시작했다."

"테레사는 정말 인기를 얻고 싶었다. 다른 여자애들이 꼬리를 치고 실제로 그런 것이 효과가 있는 것을 보았지만 자신이 그녀들과 똑같이 흉내 내는 것은 부끄러웠다. 그래서 그녀는 자신을 인기 있는 여자로 만들 수 있는 한 가지 가능성인 천성적으로 친절한 성품을 마음속에 감추었다. 그녀는 속으로는 아주 재미있는 사람으로 자신을 가꾸었지만, 겉으로는 그것을 나타내지 않았다. 그녀의 엄마는 테레사를 쇼핑에 데려가서 새 옷을 사주고, 친구를 사귀는 방법, 즉 남자아이들이 테레사가 재미있는 아이라는 것을 알게 하는 방법을 가르쳐주는 등 도움을 주려고 애썼다. 그렇지만 엄마가 아이를 인기 있는 아이로 만들 힘을 가지고 있는 것은 아니다(샤론은 스튜어트를 바라보았지만 아무런 말도 하지 않았다)."

"그녀는 방에 혼자 있을 때는 마치 비행기가 낮은 고도에서 시끄러운 소음을 내다가 고도에 올라가 깨끗한 구름 막으로 들어가는 것처럼 테레사는 자신의 동경 세계로 빠져들었다(제이슨은 이 재미있는 이야기에 귀를 기울였으며, 나는 그의 그런 모습이 좋았다). 테레사는 깨끗한 피부 갖기, 밤사이에 성인이 되기, 친구들을 많이 사귀기 등 가질 수 없는 것에 대해 소망이 있었다. 그 무엇보다도 그녀는 사랑을 갈망했다. 그녀의 사랑에 대한 열망은 지나가는 선망의 대상인 영화 주인공을 현실의 사람으로 생각하는 것으로 표현되었다."

"맞아, E.T와 외계인"이라고 제이슨이 말을 받았다.

"그만해."라고 헤더가 말했다.

스튜어트는 계속해서 읽었다. "영화배우, 나이가 더 많은 남자아이, 어떤 때는 친절해 보이는 젊은 선생님 등."

그것이 다였다. 스튜어트가 쓴 이야기는 끝을 맺지는 않았다.

스튜어트가 이야기 읽기를 마쳤을 때 말을 하는 사람은 아무도 없었다. 한참 동안 그 상태로 있고 난 뒤에 내가 "그래서 테레사는 어떻게 되었나요?"라고 물었다.

"저도 몰라요."스튜어트는 온통 눈물에 젖어 말하였다.

헤더는 무슨 말을 하려다가 마음을 바꾸어 아무 말도 하지 않고, 그 대신에 아버지에게 다가가서는 아버지에게 팔을 두르고는 "아빠 사랑해요."라고 말했으며 스튜어트와 헤더는 잠깐 그렇게 서로 안고 있었다.

누가 무슨 말을 꺼내기 전에 내가 먼저 "오늘의 치료는 여기까지."라고 말했다. 그들이 자리를 뜰 때 나는 "샤론 아주 잘했어요. 스튜어트는 사랑을 주는 부모가 된다는 것이 무엇인지를 배우고 있어요."라고 한마디 더 하였다.

다음 치료회기에서 샤론은 제이슨과의 관계에서 별로 바뀐 게 없는 모습으로 나타났다. 샤론은 지난달에 전화 요금이 많이 나온 고지서를 받아서 확인해 본 결과 어떤 사람이 유료전화로 세 번 전화한 것을 발견했다. "나는 캘리포니아 어느 곳인 그 번호가 알지 못하는 번호였기 때문에 그 번호로 전화를 했더니 그 전화번호에서는 핸드폰 섹스를 하는 어떤 서비스를 해줄지에 대해 녹음된 소리가 들렸어요. 그 멍청한 여자는 자기 번호로 전화한 사람이 누구인지 알려고도 하지 않았어요."

나는 샤론과 제이슨 사이의 경계선을 강화할 기회를 한 번 더 가져야겠다는 생각을 했으며 동시에 제이슨이 자극을 추구하는 것을 끊어버려야겠다고 생각했다. 나는 일단 쉬운 문제부터 접근하기로 했다. 샤론에게 있어서 이 음란물에 관한 건은 심각한 것이며 아직도 해결되지 않은 문제였다.

나는 "꽤 심각한 문제로 들리는군요. 두 사람은 이 문제를 어떻게 해결하고자 합니까?"라고 물었다.

샤론은 제이슨 쪽을 몸을 돌리고는 "너는 대체 왜 이렇게 나를 힘들게 하니? 왜 그렇게 나를 미워하는 건데?"라고 말했다.

놀랍게도 제이슨 대신 스튜어트가 대답했다. "샤론 이런 것은 제이슨 나이 또래의 모든 아이가 거치는 일이야. 제이슨은 이제 성에 대해 눈을 떠가고 있는 거라고. 그 나이의 남자아이들은 온통 성에 관해서만 생각한다고."

이들 두 사람이 똑같이 동등하게 자신의 주장을 하고 있는 거라면 나도 가만히 있으려고 했는데, 그렇지가 않아서 내가 끼어들었다. "두 사람 모두 맞아요. 그 문제는 실제로 심각한 문제입니다(샤론은 이 말을 듣고 확실히 안심하는 눈치를 보였다). 그렇지만 여기에서 문제는 단순히 음란물의 문제가 아닙니다. 제이슨의 문제는 그의 성적인 느낌을 자기가 좋아하는 다른 방법으로 바꾸어서 표현할 통로를 가질 만한 충분한 사회활동을 하고 있지 않다는 것입니다."

"스튜어트, 당신이 제이슨의 나이일 때 데이트에 관해 어떻게 느꼈는지, 그 감정을 지금 한 번 더 경험해볼 수 있겠어요? 그리고 당신의 부모님이 어떻게 했을 때 도움이 되었고, 또 그분들이 어떻게 해주었다면 좀 더 도움이 되었을 것인지에 대해서도 말입니다."

스튜어트는 자신이 제이슨 나이일 때 얼마나 수줍음이 많은 소년이었는지를 말했다. 정말 여자 친구들과 데이트를 하고 싶었지만, 여자들이 거절할까 봐 두려워한 이야기를 했다. 그리고 나는 제이슨의 음란물 문제는 꼬리에 꼬리를 무는 순환하는 문제의 고리를 의미한다고 덧붙였다. 그는 음란물을 보고 나서 수치심을 느끼지만 그러한 일을 더 많이 함으로써 그러한 수치심을 덮는다는 것이다. "내 생각에 아드님은 부모님 모두의 관심이 필요합니다. 부모님께서 아드님이 자기 자신에 대해 좀 더 좋은 자아상을 갖도록 도와줄 것을 필요로 합니다. 그리고 아드님이 좀 더 사회성을 키울 수 있도록 부모님께서 할 수 있는 범위 내에서 모든 도움을 줄 필요가 있습니다."

이것은 샤론에게는 너무 많은 것을 요구하는 것이었다. "내가 왜 그 아이를 칭찬해야 하지요? 이 가족을 돌본다고 해서 내가 힘든 것을 알아주는 사람은 아무도 없는데요."

나는 이 가족이 어떻게 불행의 패턴에 걸려들어 있는지를 설명했다. 나쁘게 행동하는 것은 서로 알아차리고, 좋은 행동을 하는 것(여기서 나는 헤더를 쳐다보았다)은 서로 무시한다는 것이다. 마지막으로 나는 내 운을 실험하듯이, "당신이 한 수고를 아무도 알아주지 않아서 그렇게 상처를 많이 받았다면, 당신이 당한 것을 자녀에게 똑같이 하기보다는 스튜어트에게 당신의 마음을 직접 이야기하는 것이 더 낫지 않을까요?"라고 말했다.

내가 그렇게 직접 말을 할 수 있었다는 것은 그들이 그만큼 개방적으로 되었다는 것을 의미하기도 한다. 그 이후의 몇 번의 치료회기 동안 나는 말을 점점 덜하였으며, 그들이 내가 최소한의 도움을 주는 것으로도 자신들의 문제를 알아서 해결하고 있다고 칭찬해주었다. 스튜어트와 샤론은 아이들에 대해 어떻게 반응해야 하는지에 대해 점점 더 많이 같이 의논을 하게 되었고, 스튜어트가 전체적으로 샤론의 말에 동의하기는 하였지만 가끔은 자신의 의견이 다르다는 것을 이야기하였다. 나는 아이들의 독립성에 대한 필요가 증가함에 따라 조절해야 할 가족의 규칙을 재조정하는 데 약간의 도움을 주기만 하였다. 나는 아이들에게 특정 상황에서 반드시 지켜야 할 규칙을 써 보라고 하고 아이들에게 그 규칙을 적용하기 전에 부부가 그 정책을 같이 논의해볼 것을 제안했다. 그 결과 제이슨과 헤더는 그 요구들이 (대부분) 상당히 이성적이고 합리적인 요구를 하는 것으로 나타났고, 부부가 먼저 그들의 요구를 검토하는 단계를 갖는 것은 스튜어트의 참여를 증가시켰다. 나의 의도는 부모의 권위를 깎아내리지 않으면서 부모의 과잉간섭을 막는 것이었다.

헤더가 가장 큰 변화를 일으켰다. 내 생각에 나의 접근방법이 맞은 것 같다. 또한 헤더의 성장과 시기적으로 딱 맞아떨어진 면도 있었다.

샤론은 평소의 헤더와의 유대감을 사용하여 헤더가 집 밖에서의 활동을 더 많이 하도록 격려하는 데 주요한 역할을 했다. 그녀는 우선 자신과 헤더를 위해 에어로빅 반에 등록했다. 그런 다음에 헤더가 주말 동안에 친구들과 할 수 있는 활동을 열심히 도왔다. 처음에는 대부분의 활동을 샤론이 주도했지만 얼마 지나자 헤더 스스로 활동을 적극적으로 시작하여, 영화를 보러 가기도 하고 농구를 보러 가기도 하고 친구들과 쇼핑을 가기도 했다.

헤더가 처음으로 엄마와 공개적으로 불화를 일으킨 것은 학교에 무엇을 입고 갈 것인가에 관한 것이었다. 미니스커트가 다시 유행이었으며, 헤더는 학교에 미니스커트를 입고 가고 싶어 했다. "우리 집에서 사는 한, 꿈도 꾸지 마. 이 아가씨야! 내가 너의 엄마인 한 너는 그렇게 싸구려처럼 입고 학교 갈 일은 절대 없을 거야." 나는 헤더가 위축될 줄 알았지만, 헤더는 그렇지 않았다. "엄마 그렇게 답답한 소리 좀 하지 마세요. 모든 여자애가 다 입어요." 헤더는 또래의 여자애들 옷 입는 유행을 따라가는 것이 엄마에게 대항하는 것보다 더 중요했다. 결과적으로 그들은 합의점을 찾았다. 헤더는 미니스커트 중 가장 얌전한 것을 학교에 입고 가고 다른 것들은 파티에 갈 때 입을 것을 허락받았다.

✳  ✳  ✳

모든 것이 잘되어 갔다. 상담을 끝낼 시기를 어떻게 알까? 대부분 가족치료사는 작업이 잘되었다는 것을 알 수 있는 변화를 경험하기를 바란다. 나도 그런 변화를 발견하기를 원하지만 나는 가족으로부터 그 실마리를 찾는다. 집에서 가족구성원들이 잘 지내면 치료회기가 지루해진다. 할 말도 많지 않아진다. 간단하게 말해 가족들이 가족치료사를 필요하지 않을 정도로 좋아졌다는 것이다. 살라자르 가족에게도 같은 일이 일어났다. 문제 상황을 보고하기보다 일상적인 이야기를 3주 이상 한다면 가족이 치료사와 더 만날 필요가 없다고 말하는 것과 같다. 이렇게 되면 나는 치료를 종결한다.

잠깐 동안 아무도 말을 하지 않았다. 그들은 각자 서로 다른 이유로 이러한 상담 시간에 의존하고 있었다. 그런 후에 샤론이 "글쎄요, 선생님 생각이 그러시다면…."이라고 말했다.

나는 그녀의 생각을 물었다. 그녀는 이제 모든 일이 전보다 나아지고 있지만, 혹시 무슨 일이 생기면 전화해도 되냐고 물었다.

나는 제이슨은 그의 부모님을 자극하는 행동을 이제는 하지 않을 것이며, 스튜어트는 지속해서 가족 일에 더 많이 참여하고, 헤더는 점점 더 집 밖의 활동에 적극적으로 참여할 것이기 때문에 앞으로 잘못되는 일은 없으리라고 생각한다고 말했다. 그리고 나서 "어머님, 아마도 헤더가 성장하도록 놔두는 것이 어머니에게는 힘든 일일 수도 있습니다. 아마도 어머니가 헤더를 지나치게 돌보면서 헤더가 성장하지 못하게 하고 계속 돌보려고 하는 것을 그치지 못할 수도 있습니다."라는 말을 하였다.

샤론은 자신이 그러리라고 생각하지 않는다고 말했고, 그것으로 상담은 끝났다.

# 기법에 대한 요점

살라자르 가족과의 작업은 사춘기 자녀를 둔 가족을 치료하는 것이 얼마나 어려운지를 잘 보여주고 있다. 여기에서는 이 책의 첫 장에서 간단하게 보여준 진단에 관한 주제를 다시 이야기하고자 한다. 치료 초기에 진단의 중요성은 아무리 강조해도 지나치지 않다.

처음에 체계적 진단을 하기 위해서는 현재 내담자 가족이 제시하는 문제에 대해 구성원들이 어떻게 연루되어 있는지를 찾아내는 것이다. 이 점이 개인 치료에서 가족치료로 전환하는 첫 번째 단계이다.

또 치료사는 현재 내담자 가족이 문제라고 하는 구성원이 진짜 문제를 일으키는 사람이라고 믿지 않는다. 만일에 청소년 자녀가 우울하거나 비행을 저지른다면 어떻게 우울한가? 무슨 행동을 하는가? 그러한 자세한 정보를 탐색하면서도 동시에 그들의 대답에 대해 의심해야 한다. "이 아이는 이런 행동, 저런 행동을 하죠."라고 가족이 말하면, "그 외에 어떤 행동을 합니까?", "그렇게 할 때 가족은 어떻게 반응하십니까?"라고 묻는다.

현재 불평을 탐색하면서 다른 가족구성원이 어떻게 관련되어 있는지 자세하게 묻는다. 제니스의 우울감이 새로 이사 와서 친구를 사귀지 못해서인가? 왜 매일 아침 우는가?, 왜 아스피린을 한 움큼씩 먹는가? 그럴 때 누가 걱정을 더 많이 하는가? 엄마 혹은 아버지? 그들이 어떻게 도와주려고 했는가?

가족은 증상을 지닌 구성원에게 문제가 있다고 확고하게 믿고 불평을 하는 경향이 있다. 그러나 가족치료사는 이들의 관점을 확대할 필요가 있다. 체계적 치료사는 토미의 비행, 남편인 잭슨이 부인에게 말하지 않는 것 등, 가족의 불평을 둘러싼 구성원의 관계를 탐색해야 한다. 토미의 부모는 아들이 비행 행동을 할 때 어떻게 반응하는가? 부모가 아들을 다룰 때 서로 동의하고 행동하는가? 왜 남편은 부인에게 말을 하지 않는가? 두 사람은 항상 그런가? 치료현장에서 두 사람은 어떻게 상호 작용하는가?

두 번째 단계는 가족구성원이 현재 제시하는 문제를 어떻게 반복하고 있는지를 탐색한다. 살라자르 가족의 경우, 샤론이 제이슨의 반항을 더 하게끔 하는 것을 잘 볼 수 있다. 그리고 남편이 샤론과 거리를 둠으로써 샤론과 아들이 밀착되어 싸우게 하고 있다. 이 가족의 역동을 파악하는 것은 어렵지 않다. 문제는 쉽게 파악되는 것일수록 고치기가 어렵다는 것이다.

내가 고백할 것이 있다. '서로 얽힌 역동'에 대해 완벽하게 보이는 것처럼 말하지만, 첫 회기에서 그런 역동을 확실하게 볼 수는 없었다. 나는 샤론과 스튜어트, 그리고 그들의 자녀를 만났다. 고백하건대 나는 샤론의 삼각관계를 다루기보다는 남편에게 짜증이 났다. 왜 그는 부인에게 맞서지 못할까? 그리고 제이슨이 의도적으로 어머니를 힘들게 하고 있다고 생각했다. 헤더? 잘 모르겠다.

진실은 대부분 가족치료사는 싫어하는 가족구성원이 있다는 것이다. 부재한 아버지, 지배하는 어머니, 경계선 침투하는 원가족. 그러나 이들을 수용하는 것이 아니라, 치료 과정에 끌어들여 정직하게 그들과 대화하는 게 중요하다.

"저는 왜 아이들과 더 많은 시간을 보내지 않는지 이해가 가지 않습니다. 어쩌면 제가 모르는 무언가가 있는가요? 그렇다면 그것에 대해 알고 싶습니다." 이 질문이 진지하다면, 싸움을 거는 게 아니라, 매우 흥미 있는 사실을 찾아낼 수 있을 것이다.

"자녀들에게 좀 더 엄격해야 하는 게 분명한데, 그래서 제 생각에는 그렇게 하지 않으시는데 분명 무슨 이유가 있다고 생각합니다. 만일에 내가 이해하지 못한 것이 있다면 그것에 대해 알고 싶습니다."

마음이 약해서, 배우자와 싸우기 위해서 내 편으로 만들기 위해서, 자녀들을 잃어버릴까 두려워서 등등. 사람들이 그렇게 행동하는 데는 많은 이유가 있다. 이러한 이유를 탐색하지 않고 변화를 끌어내려고 하면 성공하기 어렵다.

기억하겠지만, 나는 제이슨이 자기 엄마를 힘들게 하는 것을 직면시켰다. 여러분이 기억하지 않았으면 하는데, 치료사인 내가 그의 행동이 자신 혹은 가족에게 어떤 목적을 달성하려는지 파악하기 전에 그의 행동을 그치게 하려고 노력하였다.

이 책에서 여러분은 스튜어트와 샤론의 연애기, 결혼, 그리고 밀월 기간에 관한 이야기를 읽었을 것이다. 이런 이야기를 다룬 것은 그들이 왜 그런 행동을 하게 되었는지를 알고자 했기 때문이다. 이러한 탐색은 세 번째 체계적 진단의 일부분이다. 현재 문제를 제시하고, 그러한 문제를 지속하게 하는 가족들의 행동을 탐색하고, 세 번째 단계로 가족구성원들이 자신들의 경직된 방법이 서로에게 끼친 부정적 영향과 또 그들을 괴롭히는 문제에 접근하게 했는지를 파악하는 것이다.

가족치료 발달 초기에는 과거를 탐색하는 것이 금기였다. 정신분석가들이 성격 문제의 원인을 찾기 위해 과거를 깊게 탐색하려는 것과는 달리 가족치료사는 문제를 유지하는 현재에 초점을 맞추었다. 과거냐 현재냐, 라는 이론적 차이점은 상호작용에 대한 관점, 즉 행동 때문에 상호작용이 발생하는지 혹은 생각 때문에 상호작용이 발생하는지 논쟁하는 것과 같다. 현재는 문제가 유지되는 것이고, 과거는 현재의 상호작용을 형성하게 하는 원인을 제공하였다. 따라서 세 번째 체계적 진단은 가족이 현재의 문제에 봉착하게 된 원인을 알기 위해서 과거를 간단히 탐색한다.

다른 한 특징은 사람들의 문제를 그냥 그만두게 충고를 하는 것이 아니라 자신들에게 도움이 되지 않는 행동의 원인을 찾는 것이다. 가족구성원의 과거 경험을 탐색하는 것이 현재의 행동을 이해하게 도와주고, 자신들의 상태가 좋아질 수 없다는 믿음을 좋아질 수 있다고 이해할 수 있는 상황으로 만들어준다. 많은 사례의 경우, 과거의 탐색은 간단한가? 반 회기에 가능하기도 하고, 살라자르 가족처럼 복잡한 사례는 여러 치료회기에 걸쳐 이루어질 수도 있다. 그리고 여러 하위체계와 만나야 할 수도 있다.

과거를 탐색하라고 했지만 이렇게 할 때는 분명한 이유가 있어야 한다. 그렇게 하는 이유는 현재 가족이 걸려 있는 문제를 이해하기 위해서이다. 따라서 그들의 역사를 탐색해야 한다. 왜 이들 가족이 현재 문제를 이런 시각에서 보게 되었는지, 지금 이치에 맞지 않게 현재 상황을 이해하고 있는 그들의 관점을 파악해야 한다("자녀들이 사랑이 필요하다고 믿게 된 배경은 무엇인가요?"). 아니면 과거 탐색이 내담자에게 도움이 되기 때문에 그들을 위해 실시하기도 한다. 가족구성원들이 지금 현재 서로 행동하는 것이 과거와 어떻게 연결되었는지를 탐색하는 데 초점을 맞추어야 한다.

네 번째 단계는 진단이 정확한 것보다는 얼마나 유용한가가 더 중요하기 때문에 이 가족이 이 시점에서 이런 문제에 걸려 있는지에 대한 그림을 그릴 수 있어야 한다. 그리고 그들이 어떻게 이 상황에서 행동하고 있는지, 가족치료사와 내담자가 함께 무엇을 변화시켜야 할지, 누가 하려고 하고 누가 하려고 하지 않는지 등에 대해서 알아야 한다. 그리고 변화에 대해서 깊게 이야기해야 한다. 이 단계를 거치지 않으면 즉 진단에서 변화를 끌어내는 과정으로 옮겨가지 않으면 내담자 가족을 밀어붙이는 꼴이 된다. 가족이 저항하는 것은 당연하다.

치료가 시작되고 종결되는 과정 중에 발생하는 변화는 너무나 복잡해서 쉽게 요약하기가 힘들다. 그 이유 중의 하나는 치료사마다 각자 자기만의 치료방법이 있기 때문이다. 그래서 나는 이 과정에서 살펴보아야 할 점을 두 가지 원칙으로 제한한다. 첫째, 가족이 구조화되는 방식과 어떻게 문제가 발생하는지를 알아야 한다. 그리고 치료의 결과로 가족이 제기한 문제가 개선되어야 하고, 그 변화는 유지되어야 한다.

둘째, 변화의 핵심은 내담자가 자신의 행동과 그 결과를 알아야 하기 때문에 그렇게 할 수 있도록 돕는 것이다. 예전에는 이를 통찰이라고 말했다. 통찰은 사람들이 자기를 좀 더 잘 알면 자기에게 이익이 되는 행동을 더 자유롭게 선택할 수 있게 해준다. 내가 치료를 진행할 때에는 사람들에게 무엇을 하라거나 어떻게 변해야 한다고 말하는 것을 피한다. 대신, 그들 자신이 자신의 행동이 어떤 결과를 낳는지를 볼 수 있도록 초점을 맞춘다. 이런 정보를 가지고 그들이 무엇을 할 것인지는 그들 자신에게 달렸다.

가족의 탄력성은 그들의 능력 안에서 최선의 변화를 가져올 수도 있다는 믿음이다. 그러나 다시 돌아오게 하려는 의도가 있다면 안 된다. 아마도 여러분은 내가 샤론에게 언제든지 상담에 와도 된다고 했던 말을 기억할 것이다. 그들에게 도움이 또 필요하지는 않을 테지만 그렇게 이야기했다. 만일에 치료가 가족에게 도움이 되었다면 앞으로 어떤 도움이 필요하면 자연스럽게 치료사를 다시 찾을 것이다. 그래서 나는 구태여 그런 말을 하지 않는다. 그 이유는 가족이 스스로 자기들의 문제를 해결할 수 있는 충분한 능력이 있다는 것을 부인하는 것이 되고, 치료과정이 완결된 현실을 인정하지 않는 꼴이 되기 때문이다. 어쩌면 그들보다 치료사가 치료적 관계를 놓지 않으려는 마음이 있는 것일 수도 있다.

# 떠나보내기

**목**요일 아침 7시 30분이었다. 나는 목요일에는 일찍 사무실에 출근해서 커피 한 잔을 하면서 상담소 위원들 미팅 전에 상담 사례를 미리 읽어 보곤한다. 그렇지만 오늘 아침은 크리스마스 3주 전이었기 때문에 주소록을 뒤적이며 크리스마스 카드를 보낼 사람들을 정리하고 있었다. 내 주소록에 있는 대부분의 이름은 친구이거나 동료들이었는데, S자로 시작하는 이름을 찾다가 샤론과 스튜어트의 이름이 눈에 띄었다. 그 이름은 비상시에 대비해 써 놓은 것이었다. '벌써 3년이나 되었네. 이들이 어떻게 지내는지 궁금하네.'라고 생각했다.

가족치료사라는 직업은 참으로 재미있는 직업이다. 사람들이 치료사의 인생에 들어와서는 미주알고주알 다 털어놓고서는 어느 날 도움이 더는 필요하지 않다고 느끼면 사라져 버린다. 치료가 끝난 후에 내담자와 친구 같은 관계를 유지하는 치료사도 있지만, 치료사의 윤리적 차원에서는 일정한 거리를 유지하는 것이 옳다고 생각한다. 친구 관계를 유지하게 되면 또 도움이 필요할 때 치료사의 입장에 설 수 없기 때문이다. 그래서 나에게는 무소식이 희소식이다. 그렇지만 함께 많은 시간을 나눈 사람들과 관계를 유지하지 못하는 것이 섭섭할 때가 많다.

나는 살라자르 가족에게 새해 엽서를 보내기로 했다. 그리고는 충동적으로 그들에게 잘 지내고 있는지를 나에게 알려주는 전화를 해주면 좋겠다는 메모를 남겼다.

한 주 후에 샤론이 전화를 해서 모두 잘 지낸다고 했다. 제이슨은 이제 대학교 2학년이고, 2주 후면 연휴를 지내러 집으로 올 것이라고 했다. 헤더는 고등학교 마지막 학년이고 곧 내셔널 오너 소사이어티에 입회할 예정이라고 했다. 스튜어트가 스콧 피츠제럴드에 대해 집필하던 책은 이미 끝냈고 지금은 다른 작업을 하고 있다고 했다. "그리고 저요? 저도 잘 지내요. 여전히 대학에서 일하고 있으며 친구들과 많은 시간을 함께 보내요."라고 말했다.

나는 제이슨이 대학에 들어갔다는 말을 듣고 기뻤다. 아무런 문제가 없는 것 같이 들렸지만 나는 갑자기 호기심이 생겨서 샤론에게 추수 치료회기를 갖기 원하는지 물었다. 나는 "그저 가족의 발달과정을 서로 확인하는 자리입니다. 당신의 가족뿐 아니라 저한테도 의미 있는 시간이 될 것입니다. 그리고 돈은 더 내시지 않아도 됩니다."하고 말했고 샤론은 "물론 가지요."라고 대답했다.

샤론과 스튜어트만 약속 시각에 왔다. 아이들은 모두 오고 싶어 하지 않았고, 그들은 아이들의 의견을 존중해주었다. 제이슨과 헤더를 보지 못해서 아쉽기는 했지만, 이번 기회에 어른들만의 이야기를 좀 더 개방적으로 할 수 있을 것이라는 생각을 했다.

우리는 눈과 주차장 그리고 휴일 등에 관해 잠깐 이야기를 했다. 그리고 나자 샤론이 자신이 제이슨의 방을 재봉실로 쓰고 있다고 말했다. "제이슨이 대학에서 돌아왔을 때 자기 방에 페인트가 새로 칠해져 있고, 낡은 장난감과 운동기구들이 포장되어 다락방에 올려놓은 것을 보고는 깜짝 놀랐어요. 예전에 스테레오가 놓였던 자리에 이제는 재봉틀이 놓여 있어요. 제이슨이 그것을 보자, "저게 뭐예요?"라고 물었고 나는 "글쎄, 곰은 아니겠지. 곰이라면 분명히 너를 물었을 테니까 말이야."라고 농담을 했어요. 제이슨은 내 농담이 우습지 않았나 봐요. 예전하고 하나도 변하지 않았어요."

제이슨은 변하지 않았을지 모르지만, 샤론은 분명히 달라져 있었다. 예전보다 조용하고 더 독립적이었다. 그녀는 무질서의 성전(제이슨 방)을 다 치워버렸을 뿐 아니라 새로운 성스러운 유물(샤론의 물건들)을 그곳에 배치해 놓았다. 그것은 샤론이 독립적인 자기만의 인생을 살고 있다는 표시이기도 했다.

나는 그들이 평화롭고 안정된 분위기를 이룬 것에 대해 궁금해졌다. 어떻게 그 어려운 시기를 극복했을까? "치료를 중단한 후 어떻게 지내셨나요? 그때 제이슨은 고등학교 3학년 정도로 기억하는데요."

제이슨은 가족치료 후 꽤 안정을 찾았으며, 더 부모에게 반항하기 위해 자신이 하던 행동을 고집하지는 않았다.

"그거 잘된 일이네요. 두 분이 잘 대처하신 것 같군요."

"잘 모르겠어요. 제 생각에는 제이슨이 많이 변한 것 같았어요. 제이슨은 성장하면서 부모가 적이 아니라는 것을 깨닫기 시작했으며 미래에 대해 생각하기 시작했어요. 우리가 크게 변한 모습을 보여주지는 않은 것 같은데, 정말 제이슨이 많이 변했어요. 사실 저는 거의 그 아이를 포기한 거나 마찬가지 심정이었거든요. 자기의 인생을 망치고 싶으면 알아서 하라고 놔두었어요. 그랬더니 행동이 달라져서 나를 놀라게 했어요."라고 샤론이 말했다.

"샤론의 말이 맞는 것 같아요. 집안 분위기가 더 좋아지기는 했지만, 우리 둘이 어떤 노력을 한 결과는 아닌 것 같아요. 한 가지 내가 그해 여름에 집에서 좀 더 많은 시간을 보내려고 노력하기는 했지요. 그러니까 제이슨이 나가고 들어오는 것에 대해 더 알게 되었고 그의 행동을 점검하는 일에 좀 더 신경을 쓰게 되었죠." 스튜어트가 말했다.

"맞아요. 남편이 말한 대로에요. 그게 한 원인이었던 것 같아요. 스튜어트가 집에 있는 시간이 많아지면서 제이슨과 내가 싸우려고 하면 남편이 끼어들어 세 사람이 싸우게 되죠." 샤론이 스튜어트의 말에 동의하면서 말했다.

스튜어트가 포함되었다고 생각하게 된 것은 매우 의미있는 전환이었다. 그렇지만 그들은 제이슨의 행동이 개선된 것에 자신들도 이바지한 부분이 있다는 것은 생각하지 않았다. 문제는 제이슨이었다. 처음에 문제를 일으킨 것도 제이슨이었으며, 개선의 책임도 제이슨에게 있다. 상당한 통찰이다.

※ ※ ※

11학년과 12학년 사이의 여름방학 동안 제이슨은 주유소에서 일했다. 그는 여름 동안 성장하였다. 그의 인생에 대해 그다지 책임 있는 행동을 한 적이 없는 제이슨이 웬일인지 매일 일하러 나갔다. 어떤 때는 꽤 늦게까지 집에 들어오지 않은 적도 있었지만 일을 하러 가는 것을 빼먹지는 않았다. "예전에 내가 알던 아이가 아닌 것 같았어요. 여름이 끝나기 한 주 전쯤에 제이슨이 잔디를 깎겠다고 했어요. 내가 일요일 아침에 잔디 깎는 일을 상기시키자 그는 알아서 할 테니 잔소리 좀 그만하라고 했어요. 하지만 그 주말이 지나고 다음 주가 되었는데도 그는 잔디를 깎을 생각도 안 하는 것 같았어요. 그래서 나는 너무 화가 나서 '너는 직장 일에는 그렇게 정신을 차리고 하면서 어떻게 집안일에 대해서는 그렇게 무책임하니?'라고 말했고 그는 '엄마 그건 달라요. 윈틀 씨는 성인인 나의 상사이고 엄마는 어린아이인 나의 상사예요. 그건 다른 문제예요.'라고 대답했어요."

가을에 학교로 돌아갔을 때 제이슨은 자신의 학점을 심각하게 받아들였다. 그는 대학에 가겠다고 결심했고 대학에 가려면 자신의 평균 성적을 올려야만 한다는 것을 알았다. 그전에는 그저 가방만 들고 학교에 가서는 아이들과 어울려 노는 것 같았는데 그 해는 완전히 다른 애 같았다.

제이슨이 적절한 행동을 시작한 바로 그 시점에 헤더는 전보다 더 자기주장을 했다. 샤론이 "제이슨이 지나고 나니까 이제는 헤더야? 그 일을 또 겪는 것은 정말 지겨운데."라고 생각한 시기가 있었다. 그렇지만 헤더의 반항은 그 유형이 조금 달랐다.

제이슨은 부모를 공격하고, 그들이 한 일에 대해 심하게 비판하고, 부모를 멍청하고 불공평하며 틀렸다고 말하였다. 그리고 그의 이런 말들은 생각해볼 가치도 없이 버릇없는 행동들이었다. 헤더는 달랐다. 그녀는 냉소적이며 간접적으로 분노를 표현했다. 그녀는 조용했으며 다른 사람을 인정하지 않는 방관자였다.

예를 들어 그녀는 샤론이 클램 챠우더에 넣을 우유를 태우는 것을 보고만 있었다. 이럴 때 샤론은 자신이 클램 챠우더 하나도 제대로 만들지 못하는 사람처럼 느껴졌다. 아니면 아버지가 저녁 식사 전에 서둘러서 음료를 마시는 것을 아무 말 없이 바라보고 있었다. 그녀는 부모들의 의도와 약점을 어떤 때는 잘 파악하고 있었고 어떤 때는 그렇지 못했지만, 헤더의 이런 태도는 상대방을 충분히 불편하게 했다. 그녀의 깔보는 눈초리는 부모들에게 '이건 청소년 자녀가 있는 부모에게 주는 또 다른 형태의 형벌'이라는 자의식이 들게 했다. 샤론과 스튜어트는 랠프 네이더Ralph Nader[1]와 함께 사는 것처럼 느끼기 시작했다.

이것은 참으로 재미있는 역설이다. 제이슨은 엄마에게서 벗어나기 위한 투쟁을 하였지만, 헤더는 부모에게서 벗어나기 위한 전주곡으로서 반감을 키웠다. 제이슨의 역할은 부모들이 제이슨에게 관심을 쏟기 때문에 서로 싸우지 않게 하였다. 물론 제이슨이 그 역할을 자발적으로 맡아 본 적은 단 한 번도 없었다. 물론 제이슨은 부모 갈등의 희생양이 된 대가를 부모가 충분히 치르게 힘들게 굴었다. 그 세 사람은 몇 년 동안이나 정서적인 삼각 구조에 묶여 있었으며, 이제 삼각 구조의 한 축이 빠져 나와 대학에 가는 것이다. 이제 얼마간 헤더가 제이슨의 역할을 이어받고 있는 것 같았다.

헤더는 오빠처럼 화를 내기 시작하였지만, 사회에 대한 비판적 태도로 드러났기 때문에 부모와의 관계도 겉으로는 그렇게 나쁘지 않았다.

❊　❊　❊

자녀가 집을 떠나는 것이 가족에게는 매우 중대한 시기가 될 수 있다. 나는 샤론과 스튜어트가 제이슨이 집을 떠나는 것을 어떻게 다루었는지 궁금했다. "제이슨을 대학에 보낼 때 기분이 어땠나요?"라고 질문을 했다.

---

[1] 역자 주 : 코네티컷주 윈스테드 출신 변호사, 시민운동가, 반공 운동의 지도자이며 엄격한 금욕생활을 하는 채식주의자

그들은 동시에 "괜찮았어요."와 "끔찍했어요."하고 말했다. 놀랍게도 샤론은 괜찮다고 느끼고, 스튜어트는 끔찍하다고 느꼈다.

부모의 집과 정든 마을을 떠나 새로운 항해를 시작하는 것은 벅찬 순간이다. 그러나 헤어 나오지 못할 정도로 충격적인 것은 아니다. 제이슨은 이제 막 펼쳐질 자신의 미래를 의미하는 기숙사 앞에 섰다. 그렇지만 그의 부모는 제이슨이 그런 것에 그렇게 의미를 둘 만큼 감상적인 아이는 아니라고 생각했다. 샤론과 스튜어트가 보기에 제이슨은 자신이 뒤에 남기고 온 과거에 대해서도 생각하지 않고 그렇다고 과거로부터의 분리가 시작되는 바로 이 순간에 대해서도 그다지 의미 있게 생각하는 것 같지 않았다. 그는 그저 바로 앞에 닥칠 일에 관해서만 관심이 있는 것 같았다. 그의 룸메이트가 담배를 피우는 아이일까? 대학이라는 것은 정말 얼마나 공부하기가 힘든 곳일까? 여자애들을 만나는 것이 어려울까? 많은 생각으로 벅찰 이 순간이 그에게는 거의 의미가 없는 것 같았다. 그렇지만 그의 부모에게는 상당한 의미가 있는 순간이었다.

샤론은 지난 18년간을 아이들에게 투자했지만, 지금까지 너무 힘들어서, 제이슨이 떠나는 것이 오히려 마음 편했다. 그녀는 언젠가는 아이가 떠날 것을 알고 준비해 왔다. 기숙사의 지원서 작성을 도와주고 학교 캠퍼스를 같이 탐방하면서 대학 선택을 도왔다. 제이슨이 집을 떠나는 것은 인생의 한 과정을 끝내는 것이다. 여전히 헤더를 돌보는 일이 남아 있기는 하지만 그 일은 부담이라기보다는 기쁨에 가까웠다. 이제 샤론은 삶의 새로운 장을 열 준비가 되어 있었다.

스튜어트는 제이슨이 샤론과 잘 지낼지 그리고 대학은 갈 수 있을지 걱정했지만 실제로 제이슨이 떠난다는 것에 대해서는 그다지 걱정하지 않았다. 그들이 제이슨을 기숙사에 보내고 난 후 스튜어트는 잠깐 그곳에 머물면서 제이슨과 캠퍼스를 좀 더 둘러보고 싶었다. 그렇지만 제이슨은 그들이 빨리 떠나기를 원하는 것 같았다. 그는 부모님들이 여기저기 돌아다니는 것이 싫었다.

집으로 운전을 해서 돌아오면서 스튜어트는 전혀 기대하지 않았던 감정이 올라오는 것을 느꼈다. 그는 자신의 어린 아들이 아장아장 걸어와서는 자신의 손을 잡고 저녁 먹으러 가자고 하면서 "아빠 저녁 먹을 시간이에요."라고 말하던 때가 생각났다. 아기 말투로 이야기를 하던 때는 정말 귀여운 아기였는데… 스튜어트는 자신과 같이 샤론도 착잡한 심정일 것이라고 생각했다. "우리 아이가 이제는 다 컸지?"라고 스튜어트가 말하자 "그러게 말이에요. 정말 다행이에요."라고 샤론이 대답했다.

스튜어트는 샤론에게 제이슨이 집을 떠나고 나니 온 집안이 텅 빈 것 같다고 말했다. 뭐라 말할 수 없는 낯선 감정들이 스튜어트의 내부에서 올라왔으며 스튜어트는 그 감정을 나누고 싶었다. 샤론은 스튜어트가 이처럼 자신의 감정을 쏟아내는 것에 놀랐다. '왜 이제 와서 그러는 거지?' 그녀는 속으로 이상하게 생각했다.

잠깐 그들 사이에는 침묵이 흘렀다. 서로의 감정이 통하지 않을 때 이야기를 하는 것은 참으로 어려운 일이다. 스튜어트는 라디오를 켜고 다이얼을 만지작거렸다. 빌리 홀리데이의 노래가 나오자 그는 볼륨을 높였다. 부드러우면서도 고통을 느끼게 하는 가수의 목소리를 듣는 것은 햇볕에 탄 살 위에 뜨거운 옷을 덧입는 것과 같은 느낌이었다. 옷의 열기로 살의 열기를 다 빨아내는 것이다. 라디오에서는 '신이시여. 아이들에게 축복을 내리소서', '여인이 블루스를 노래하다', 그리고 '내가 사랑한 그 남자' 등의 노래가 거칠고 쉰 듯, 또 속삭이는 목소리로 흘러나왔다. 그 목소리가 스튜어트의 마음을 관통했다. 무정하고, 부드럽고, 따뜻하고, 슬픈 감정들이 한꺼번에 밀려왔다. 라디오 속의 가수가 애인과 같이 지냈던 추억을 노래할 때 스튜어트는 감동하였다. 어둠 속에서 그의 얼굴이 벌겋게 되면서 눈에서는 눈물이 흘렀다. 몇 분 후에 샤론은 잠이 들었으며 스튜어트는 라디오의 볼륨을 낮추었다. 혼자서 이런저런 생각을 하면서 스튜어트는 제이슨과 좀 더 가깝게 지내야겠다고 생각했다. 그리고 집에 아직 남아 있는 헤더와도 더 잘 지내야겠다고 생각했다.

✳ ✳ ✳

제이슨이 가버리자 집이 갑자기 텅 빈 것 같았다. 물론 헤더가 있기는 했지만,

그녀는 항상 있는 듯 없는 듯했다. 샤론이 자신의 자리를 다시 찾고자 하는 의도로 한 일 중의 하나는 집안의 위치를 재배치하는 것이었다. 그녀는 제이슨의 방을 재배치하는 것을 스튜어트에게 도와달라고 했으며 집안 전체를 활기 있게 꾸미기 위해 노력했다.

스튜어트가 제이슨의 방을 치울 때 책장을 벽에서 떼어내자 그 속에서 전기 콘센트를 막는 플라스틱 마개를 발견했다. 그는 갑자기 통통하게 살이 찐 어린 아기가 방안을 기어 다니던 것이 생각났다. 그 아이를 다시 안을 수만 있다면 너무나도 사랑해줄 텐데라고 생각했지만, 불행하게도 그가 그런 아기를 실제로 가지고 있었을 때, 그는 자신이 가지고 있던 기회를 놓쳤다. 바로 그때 그는 방문을 노크하는 소리를 들었다.

"아빠?" 헤더였다.

"오, 헤더구나. 들어와라."

"아빠, 제가 아빠 차 좀 써도 돼요? 엄마가 옷을 사라고 돈을 좀 주셨는데 쇼핑센터에 가려면 아빠 차를 빌리라고 하셨어요."

"물론이지 아가야. 그런데 잠시만 여기 앉아 볼래." 헤더는 구석에 있는 의자로 가서는 주저하며 의자에 걸터앉았다. "요새 어떻게 지내니?" 스튜어트가 물었다.

"별 문제 없어요. 그런데 아빠 나 지금 나가야 하거든요."

"알았다. 아가야. 즐겁게 지내라." 그는 헤더가 나가는 것을 보면서 뭐라 설명할 수 없는 감정에 휩싸여 창가로 가서 헤더가 운전하는 차가 차고를 나가서 길로 들어서 완전히 시야에서 사라질 때까지 지켜보고 서 있었다.

✳ ✳ ✳

그해 늦은 가을에 제이슨의 학교에서 주말 부모 초청 행사에 관한 공고문을 보내왔다. 샤론은 스튜어트가 자신도 가겠다고 말을 해서 놀랐다. 그는 의식적인 행사와 관련해서는 항상 부정적인 태도를 보여 왔기 때문에, 샤론은 남편이 갈 것이라고는 전혀 기대하지 않았다. 그런데 문제는 갈 수가 없게 되었다. 샤론의 아버지가 심장발작을 일으켜 병원에 가야 했다. 며칠 동안을 긴장 속에서 보내야 했지만, 샤론의 아버지는 강한 회복 의지를 보였고 결과적으로 위기는 지나갔다.

주말 부모 초청 행사를 놓친 것을 만회하기 위해 스튜어트는 혼자 제이슨을 만나러 갈 결심을 했다. 아들의 학교생활도 참관하고 또 아들과 친해질 기회도 될 것으로 생각했다.

스튜어트는 아들을 만나러 갈 날짜가 다가오자, 자신이 젊은 청년이 된 기분과 아들을 만난다는 사실 때문에 흥분되었다. 이런 기분은 몇 번 되지 않았지만, 예전에 아버지와 함께 낚시 갈 때 느꼈던 감정과 비슷했다. 이제 스튜어트는 예전에 아버지를 기쁘게 해드렸던 것처럼 이번에는 어떻게 하면 아들을 기쁘게 해줄까를 생각하면서 예전과 비슷한 초조감까지 느껴졌다. 제이슨이 멋있는 곳에 가서 점심 식사하는 것을 좋아할까? 제이슨의 수업에 같이 들어가서 수업을 듣고 싶다고 하면 제이슨이 어떻게 생각할까?

제이슨은 아버지를 만나서 반가워하는 것 같았다. 그는 스튜어트에게 기숙사와 캠퍼스를 구경시켜주었다. 그들은 학교생활에 관해 이야기를 나누었다. 제이슨은 학교 음식이 형편없으며 얼마나 열심히 공부해야 하며 시험공부를 하고 리포트를 쓰기 위해 얼마나 늦게까지 자지 않고 있어야 하는지 등 1학년 학생들이 흔히 하는 이런저런 불평을 하였다. 스튜어트는 똑같은 불평을 자신의 학생들한테서 들어왔지만 이렇게 제이슨과 터놓고 이야기하는 것 자체가 좋았다. 제이슨은 아버지와 함께 있으며 또 아버지의 관심을 받는 것을 좋아하는 것처럼 보이기는 했지만, 친구들에게 아버지를 소개하는 것은 그리 내켜 하지 않는 것 같았다. 마치 2개의 서로 다른 세계를 함께 섞고 싶어 하지 않는 것 같았다.

스튜어트가 시내에 가서 저녁을 먹으며 한잔하자고 하자 제이슨은 기다렸다는 듯이 받아들였다. 그것은 아버지로부터 성인으로 인정받는 것을 의미하는 것이기 때문에 제이슨은 그 제의를 기분 좋게 받아들였다. 그들은 스튜어트가 머무는 호텔로 갔고, 저녁 식사를 예약한 후 아버지와 아들은 남자 대 남자로서 바에 함께 갔다.

제이슨은 그가 하는 일에 대해 이것저것 이야기를 하더니 풋볼 이야기로 주제를 돌렸다. 시기적으로도 풋볼 시즌이어서 할 얘기가 많았다. 그렇지만 스튜어트는 뭔가 미진한 느낌이 들었다. 그는 아들의 근황에 관해 좀 더 알고 싶었다. 그는 제이슨의 학교생활과 제이슨이 어떤 과목을 좋아하는지, 그리고 미래에 어떤 계획을 세우고 있는지 등에 대해 알고 싶었다. 그리고 또한 제이슨이 스튜어트의 인생에도 관심을 두었으면 하는 바람도 있었다. 그렇지만 그건 희망 사항에 불과했다.

개인적인 것으로 주제를 돌리려고 스튜어트가 주제를 바꿀 때마다 제이슨은 불편해하였다. 스튜어트는 자신이 가장 편하게 애정을 표현하는 방법으로 농담을 했지만, 이것도 효과가 없었다. 마침내 스튜어트는 제이슨에게 제이슨을 자랑스럽게 생각하며 앞으로 좋은 친구가 될 수 있었으면 좋겠다고 말했다. 제이슨은 "좋죠. 저도 그랬으면 좋겠어요."라고 대답을 하기는 했지만 좋아한다기보다는 약간 당황해하는 것 같았다.

스튜어트는 좀 더 의미 있는 대화를 나누었으면 하는 희망을 포기하고, 제이슨이 원하는 좀 가벼운 주제로 대화하기로 마음먹었다. 스튜어트는 밤새 같이 있는 것은 좋은 생각이 아니라는 생각이 들어 제이슨에게 그만 돌아가자고 했다. 스튜어트는 제이슨을 기숙사까지 태워주고는 잘 자라고 말하고는 들여보냈다. 사실 그는 아들을 한번 안아보고 싶었지만 그러면 제이슨이 불편해할 거라는 생각이 들어 그만두었다. 그래서 그냥 아들과 악수하는 것으로 만족하고 돌아왔다.

그 방문은 스튜어트가 기대한 대로 되지는 않았지만, 스튜어트는 문득 자신이 너무 많은 것을 기대했을 수도 있다는 생각이 들었다. 나는 스튜어트가 마음 상하지 않았다는 말을 듣고 다행이라고 생각했다.

✻ ✻ ✻

그다음 2년간의 제이슨의 대학 생활은 비슷하게 흘러갔다. 1학년의 첫 학기는 모든 것이 "끔찍했다." 할 일은 너무 많고, 음식은 맛이 없고, 공부 외에 다른 사회생활 같은 것도 없었다. 11월에 제이슨은 집에 전화를 걸어 "이곳은 정말 이상한 곳이에요, 다른 학교를 알아봐야겠어요."라고 말했다. 그러다가 2학기가 끝날 무렵에는 다른 학교로 간다는 이야기는 쏙 들어갔다. 스키 클럽에 가입하고 친구도 좀 생겼으며 공부하는 것에도 익숙해진 것 같았다. 2학년 때에는 기숙사에서 나와서 3명의 친구들과 함께 생활했다. 그즈음에는 훨씬 행복해 보였다. 그는 전처럼 자주 전화를 걸지도 않았고, 전화할 때도 불평할 일들이 있었지만 그만큼 기분 좋은 일도 있다고 말했다.

나머지 가족들도 변화했다. 제이슨이 떠난 첫 번째 학기 동안에 샤론과 스튜어트는 그가 잘 지낼지에 대해 걱정했다. 그가 학교 공부를 잘 따라갈 수 있을까? 친구는 사귈 수 있을까? 알아서 행동을 잘할까? 제대로 된 음식을 먹을까? 점차 그들은 이런 걱정을 덜 하게 되고 제이슨도 알아서 잘 적응하는 것 같았다.

샤론은 제이슨이 떠난 것에 적응하는 데 자신보다도 스튜어트가 더 힘들었다고 말했다. "당신 제이슨을 학교에 데려다주고 집으로 오던 그날 밤 차에서 완전히 멜로드라마를 찍는 것 같았어요. 그리고 그다음 해에 제이슨이 그 낡은 집으로 이사하는 것을 도와주려고 갔던 것 기억해요? 그곳은 정말 지저분했어요. 거실 바닥 한가운데 욕조가 있었고, 낡은 담요가 냉장고 안에 박혀 있었어요. 당신은 참 큰일이 났다고 생각했지만 모든 것이 잘되었죠. 그렇지 않나요?"

"그런 것 같군."이라고 스튜어트가 대답했다.

✳ ✳ ✳

모든 일이 제자리를 찾아갔다. 이것은 분명히 '그래서 모두 행복하게 잘 살았습니다.' 식의 결말은 아니지만, 실제 생활은 동화보다 적당하게 행복하게 사는 것이다.

우리가 본 것과 마찬가지로 부모는 자녀가 성장해서 자기의 길을 찾아가도록 떠나보내는 걸 힘들어한다. 각자 내면의 갈등으로 인해서 자녀들과 분리하기 힘들어하기도 하지만 가족이라는 체계를 유지하고자 하는 변화에 대한 저항이기도 하다. 어머니는 빈 둥지가 되었을 때 어려움을 겪기보다는 해방감을 느낀다. 요즈음 자녀가 집을 떠났을 때 빈자리를 느끼는 편은 아버지이다. 그제서야 아이들을 그리워한다. 그렇지만 이때는 너무 늦어 후회할 수 있다. 이제 어떤 시도를 하기에는 시기적으로 너무 늦었기 때문이다.

집을 떠나는 것은 발달과정에서 매우 중요한 사건으로 개인적인 성취라고 할 수 있다. 그러나 전체 가족에게도 전환점이 된다. 부부 하위체계와 부모 자녀 하위체계가 자녀가 집을 떠날 때 급격하게 변형을 겪게 된다. 가족구성원들이 이런 변화에 적응하지 못하면 자녀들이 독립적으로 분리하는 데 어려움을 겪게 된다.


## "우리 가족의 마지막 이야기"

집을 떠난다는 것은 남아 있고자 하는, 그리고 떠나고자 하는 두 역동이 상호작용하는 과정이다. 아동기에서 성인기로 들어서면서 젊은이는 사회로 나아가 일과 사랑을 성취해야 한다. 동시에 가족 내의 경계선도 변화해야 한다. 자녀가 집을 떠나면 부모 역할이 끝나는 것이 아니라 부모 역할이 달라져야 한다는 것을 의미한다.

집을 떠나는 데 어려움을 경험하는 자녀들도 있다. 자신들의 앞에 놓여 있는 불확실성을 견딜 수가 없어서 계속 집에서 떠나려 하지 않기도 하고 문제를 일으키기도 한다. 만일에 그들이 슬픔 대신에 분노하고 있다면 분리의 아픔을 회피할 수 있다. 그러나 화가 나서 돌발적으로 집을 떠난 아이들은 나중에 다시 집으로 돌아온다. 이러한 자녀들은 완전히 독립하기 전에 집에서 해결해야 할 부분이 아직 남아 있기 때문이다.

집을 떠나 가족들의 지지를 받지 못할 때 제대로 생활하지 못하고 불안정해하는 아이들도 있다. 내가 대학의 상담센터에서 일할 때 집을 떠나는 고통을 감수할 수 없는 것을 주요 증상으로 호소하는 학생들을 많이 보았다. 이러한 증상들은 다양하게 나타나는데 술을 퍼마신다든지 마약을 한다거나 우울증에 빠지는 것이다. 가장 일반적으로 나타나는 것이 '시험 불안'이다. 이러한 학생들은 수업 시간에는 잘하지만, 시험 시간에는 너무 긴장한다. 이럴 때 일반적으로 사용되는 방법은 학생들이 긴장을 풀고 안정된 마음 상태를 유지해서 시험이라는 시련을 극복할 수 있도록 돕는다. 그렇지만 '시험 불안'을 가지고 있는 학생 중 많은 학생이 사실은 시험 통과를 원하지 않는 것으로 나타난다. 여기서 진짜 문제는 그러한 학생들은 학교에 있는 것 자체를 원하지 않는다는 사실이다.

내가 치료했던 심각한 증상을 지닌 학생은 향수병을 극복하기 위해 이단 종교 단체에 들어갔다. 또 다른 심각한 여학생의 경우는 집을 떠나는 것 자체를 참을 수가 없었을 뿐만 아니라 자신의 이런 모습을 받아들일 수가 없었다. 그녀는 '목회의 길The Way Ministry'의 구성원으로 활동하면서 기분이 훨씬 좋아졌다. 이 집단은 '환상적인 인생'을 약속하는 '풍요로운 삶의 힘'과 같은 제목의 집단들을 운영했다. 그렇지만 이 집단들은 그녀가 원하는 가족적인 분위기를 주지 못했다. 그녀는 외로움이라는 마귀를 쫓기 위해서는 머리를 라디에이터에 박아야 한다는 환청에 따라 행동했다. 그녀는 계속 머리를 라디에이터에 박았고 결국 병원에 실려 갔다. 그리고는 응급 처치를 받고는 집으로 보내져 아직도 고향에 머물고 있다.

또 다른 한 여학생은 학교의 양호실에 몇 주에 한 번씩 오는 경우였다. 그녀는 넘어지기도 하고 다리가 부러지기도 하고 또 어찌 된 일인지 어떤 때는 어린아이들이 아플 때 하는 식으로 붕대를 감을 정도로 멍이 들기도 했다. 마침내 그 여학생은 얼마 안 가서 자신이 더 대학에 머무르고 싶어 하지 않는다는 것을 알았다. 그녀는 집으로 돌아가고 싶었다.

이러한 불행한 학생들의 경우 중 가장 기억에 남는 경우는 나를 만나서 첫 번째 한 질문이 "선생님은 별의 투사를 믿으세요?"라고 했던 젊은이의 경우였다. 나는 그것에 대해 아는 게 별로 없다고 말했다. 3주 동안 그는 나에게 사람들이 어떻게 시간과 공간을 초월하여 움직일 수 있는지에 관한 다양한 이론들을 설명해주었다. 그리고 네 번째 주에 그는 나에게 자신이 어떻게 이렇게 재미있는 정보를 가지게 되었는지를 말해주었다. 그는 자신이 비행한다고 했다. 한 주에 서너 번을 시간과 공간을 초월해 움직인다. 그가 어디에 갔을까? 물론 자신의 집이다. 불행하게도 나는 그에게 너무도 근접한 질문을 하고 말았다. 그가 비행할 때 땅을 보는 상상을 하는지 혹은 가족의 영상을 보았는지 물어보았다. 그는 예의 바르게 물론 땅도 보고, 실제로 여행을 한다고 말했다. 하지만 그는 나의 회의적인 태도를 발견했음이 분명하다. 왜냐하면, 그는 두 번 다시 나에게 오지 않았기 때문이다.

자신의 집을 떠나지 못하는 이러한 경우들은 사실 예외적인 경우들이다. 좀 더 일반적일 때는 분노를 품고 집을 떠나는 경우이다. 이러한 경우는 머레이 보웬이 말한 **정서적 단절**emotional cutoff[2]이다. 과거의 정서적 단절이 강할수록 그는 미래의 관계에서 같은 문제를 다시 반복할 경향이 더 커진다. 관계에서 도망을 가는 사람은 그 관계에서 떠나지 못하는 사람만큼이나 정서적인 독립이 되지 않은 사람이다.

성숙했다는 것은 가족을 잘 떠날 수 있는 것을 의미한다. 이상적으로는 젊은 이가 부모와의 관계를 부모-자녀 관계에서 성인-성인의 관계로 전환할 수 있을 때 가능하다. 현실 생활에서 스스로 생각할 수 있는 능력과 정서적으로 반사적이지 않으면서 동의하지 않는 것을 나타낼 수 있는 능력, 그리고 자신의 정체감을 잃을 것을 걱정하지 않으면서 동의할 수 있는 능력이 형성될 때 독립적인 인간이 되는 것을 의미한다.

자녀가 집을 떠나는 것에 대한 불안이 있고, 가족들도 자녀를 떠나보내는 것에 어려움을 가지고 있는 경우는 덜 이상적인 이별이다. 자신들의 미래에 대해 불확실하거나 걱정을 하는 자녀들은 이런 갈등을 부모에게 투사하며, 자신의 내부 갈등이 이제는 자신과 부모와의 갈등으로 나타난다. 어떤 사람들은(헤더의

---

[2] Murray Bowen. "The Use of Family Theory in Clinical Practice." *Comprehensive Psychiatry*, 7 (1966): 345-374.

경우처럼) 부모에 대한 반감을 품음으로써 가족이라는 둥우리에서 벗어나려고 하고, 엄마를 거부하는 청소년들(제이슨의 경우처럼)은 자신의 남성성을 확인시키기 위해서 부분적으로 부모와 인연을 끊으려고 한다. 이러한 부분을 지적해주는 것은 청소년 자녀의 적대감을 발달적인 측면에서 볼 수 있게 하므로 부모들에게 상당히 도움이 된다.

가족이 젊은 청년이 집에 머물러 있기를 원할 때 일부러 친밀한 관계를 끊거나 친밀감을 약화한다. 가족의 경계선은 리만 웨인Lyman Wynne이 사용한 아주 적절한 표현인 신축성이 있기는 하지만 그다지 많이 늘어나지는 않는 **고무 담장**rubber fence과 같은 특징을 보인다.[3] 가족치료사는 부모에게 "우리는 너의 판단을 믿는다."와 같이 자녀를 격려하는 말을 할 수는 있지만, 자녀에게 너무 많이 개입하지는 않도록 돕는다.

# 긴 작별인사

자녀와 작별을 고하는 것은 인생에서 큰 사건이며 상상했던 것보다 훨씬 어려운 일이다. 그래서 미리 생각하고 같이 이야기를 나누는 것이 상실감을 줄이는 방법이 된다. 정신 분석가들은 잠재적으로 충격적인 사건을 미리 준비할 시간을 가짐으로써 사람은 상황에 더 잘 대처할 수 있다고 했다. 방어기제를 형성할 수 있기 때문이다. 가족치료사는 자녀들이 떠날 때 가족구성원 모두 감정을 같이 나누어야 한다고 말한다.

내가 대학으로 떠날 때 부모님은 각각 나에게 조언을 해주셨다. 나는 그 말을 기억하는데 왜냐하면 두 분 중 누구도 겉으로 표현하지 않았기 때문이다. 어머니는 매우 수줍음을 타는 분이었는데, 나에게 반드시 좋은 친구를 만들라고 하셨

---

[3] Lyman Wynne. "The Study of Intramilial Alignments and Splits in Exploratory Family Therapy." *Exploring the Base for Family Therapy*, edited by N. W. Ackerman, E. L. Beatman, & S. N. Sherman. New York: Family Services Association, 1961.

고, 아버지는 일 중독인 분이었는데 일만 열심히 하고 노는 데는 전혀 관심을 두지 않는 것이 미래를 준비하는 제일 나은 방법이라고 각기 말씀하셨다. 그런데 나는 부모님의 말씀을 들은 게 아니라 나에 대한 부모님의 마음을 들은 것으로 생각했다.

자신들의 삶이 풍요로운 부모는 자녀들의 자율성이 발달하는 것을 기쁜 마음으로 받아들인다. 여기에서 상호 경계선의 변화가 필요하다. 부모의 관점에서 자녀들이 거리를 두는 것을 편안한 마음으로 받아들이기 위해서는 부모가 서로 정서적으로 가까워야 하고 가족 이외의 다른 흥밋거리를 가지고 있어야 한다. 경계선 세우기는 결혼 생활에 어느 정도의 압력을 가한다.

문제가 없는 결혼에서도 자녀가 떠나고 두 사람만이 남게 되면 이전과는 다른 새로운 긴장과 압박을 느낀다. 그러나 이 시기는 각자에 대해서, 또 결혼 관계에 대해서 다시 한번 재점검하는 좋은 기회가 될 수 있다. 성숙한 부부는 이 시기가 서로 사랑하고 또 무언가를 두려워하던 젊은 시절보다 서로에게 원하는 것이 무엇인지 더 잘 말할 수 있는 시기라고 조언할 것이다.

가족들이 앞으로 나가지 못하고 걸려 있을 때 가족치료사들은 그 가족을 억지로 분리해야 하는 것이 자신의 임무라고 판단하지 말아야 한다. 가족을 떠나는 것이 가족체계를 위협하는 것이라면 치료 목표는 청소년 자녀의 떠남을 편안하게 느끼도록 가족체계를 재조직하도록 돕는 데 있다. 지나치게 가족을 도우려 하거나 비판적으로 되기보다는 부모가 자녀에게 지지적이고 자녀의 떠남을 잘할 수 있도록 격려해야 한다.

## 집으로 다시 돌아오는 자녀들

만약 자녀가 부모에게 성적표를 준다면 많은 부모가 불만족스러운 성적을 받게 될 것이다. 미국 통계청에 의하면 2,200만의 젊은이들이 부모와 한집에 살고 있으며 이 수치는 1970년에 비해 거의 50%나 증가한 수치이다. 2000년 정도까지는 20~24세 사이 청년들의 반 이상이 부모와 함께 살고 있을 것으로 예상한다.

이렇게 다시 집으로 돌아오는 데는 여러 이유가 있다. 성 혁명과 그 결과 생긴 평균 결혼 연령의 상승으로 많은 성인 자녀들이 20대 중반까지 집에서 지내는 것을 당연한 것으로 여기는 풍조가 생겼다. 결혼을 시작하는 나이가 늦어질 뿐 아니라 결혼을 끝내는 시기는 빨라졌다. 이혼으로 많은 성인 자녀들은 정서적으로 고통을 받고 경제적으로도 어려움을 겪는다. 외롭고 경제적으로 파산 지경에 이르면 젊은이들은 어디로 가는가? 많은 젊은이에게 그 답은 바로 집이다. 경제적인 이유도 성인 자녀들이 부모와 함께 살기 위해 집으로 돌아오게 하는 중요한 원인이다. 교육비와 집세가 너무 비싼 것도 성인 자녀들이 집에서 나갈 여유가 없게 하는 한 요인이다.

이러한 것들이 성인 자녀들이 집으로 회귀하는 것에 대한 일반적인 이유이다. 그 외에도 많은 이유가 있다. 어떤 가족은 성인 자녀들을 필요로 하고 그들이 없이는 가족이 제대로 돌아가지 않는 가족도 있다. 다시 자녀들에 대해 걱정을 할 수 있게 된 것에 대해 속으로 안도의 숨을 내쉬는 부모도 있다. 걱정할 자녀가 있는 것은 부모가 자신들이 빈 둥지 가족 발달 시기를 지나고 있다는 것을 잊게 해준다.

❋ ❋ ❋

내가 아는 한 부인은 매사에 그다지 성공적이지 못한 딸을 두 명 두었다. 시험도 겨우 통과했고, 친구가 있기는 했지만 그다지 많지는 않았다. 그들은 모두 집을 떠났지만, 항상 돈이 필요했고 어디에도 정착하지 못했다. 두 명 모두 다양한 종류의 직업을 가졌지만 한 직장에 오래 머물지도 못했다. 그래서 엄마는 아이들 걱정으로 우울증을 앓게 되고 자신이 부모로서 실패했다고 느꼈다.

그러다가 한 딸에게 최악의 사건이 일어났다. 마지막으로 다니고 있던 직장을 잃었으며 남자 친구와 헤어졌고 살던 아파트에서 집세를 석 달째 못 내서 쫓겨났다. 그녀의 엄마는 힘이 빠지고 화가 났다. 딸이 안됐다는 생각은 했지만, 딸의 무책임함에 동정하지는 않았다. 그래도 살 곳이 필요했으므로 딸은 집으로 돌아왔으며, 그 후 엄마의 불평은 줄어들지 않았지만, 그녀의 우울증은 좋아졌다. 딸이 실패하고 집으로 돌아온 것이 이 집의 안정을 위해 필요한 일이었다.

이러한 이야기를 쓰는 도중 내가 완전히 잊어버렸던 한 사건이 생각났다. 내가 항상 존경하고 우러러보았던 성공한 사업가이며 가정적인 내 형이 20대 중반이었을 때 다시 집으로 돌아와 몇 달 동안 부모님과 함께 살았던 적이 있다. 집을 떠난 자녀에 대해 내가 지금까지 너무 부정적이고 비판적으로 말을 했는지는 모르겠다. 내가 기억하기에 그는 그 당시 특별한 이유(그는 다른 직장을 찾고 있었고 그 당시 수입이 없는 상태였다)를 가지고 일정 기간, 그리고 부모님과 분명한 합의를 하고 잠시 동거하는 것이었다. 여기서 내가 말하고자 하는 것은, 자녀가 집으로 돌아올 수는 있지만 그렇다고 어린 시절로 돌아갈 수는 없다는 것이다.

## "어떤 조건으로 같이 있을 것인가?"

성인 자녀가 집으로 돌아와도 되냐고 했을 때, 부모는 "그래, 그렇지만 조건이 있다."라고 말하도록 조언을 받는다. 자녀가 청소년기에 다다랐을 때 경험한 자녀와 책임 소재를 따지는 문제는 성인 자녀가 집으로 왔을 때 더욱 복잡해진다. 그러므로 서로의 기대에 대해 합의를 보고 이러한 것을 가능한 한 분명하게 조정하는 것이 아주 중요하다.

집세를 어떻게 할 것인지, 언제 어떻게 집세를 낼 것인지, 자녀들에게 어떤 역할을 기대하는지, 그리고 교통수단은 어떻게 조정할 것인지 등의 문제가 자녀들이 집에 돌아오기 전에 부모들이 분명하게 해두고 싶어 하는 부분이다. 여기에서 가장 중요한 것은 그들이 얼마나 오랫동안 집에서 머무를 것인지의 문제이다. 분명하게 시기를 정할 필요는 없지만 그런 말을 꺼냄으로써 자녀가 집에 머무는 것은 일시적인 것이라는 것을 분명하게 알리라는 것이다.

많은 자녀가 다시 집으로 돌아오는 자신의 모습에 대해 실망하고 있다. 자신들이 충분히 어려운 시기를 보내고 있으므로 다른 사람의 비난이나 충고 혹은 어떤 규칙을 제시하는 것에 상당히 민감하게 반응하는 경향이 있는 것도 사실이다. 무엇보다도 그들은 자신들의 감정을 이해하고 받아주기를 원한다. 집을 떠나는 것이 18살 시절의 한 번의 시도로 완전하게 완성될 필요는 없다. 한 살짜리 아이는 넘어지면서 걸음마를 배우며, 2살짜리 아이는 단어의 발음을 정확하게 잘 못하는 것과 마찬가지로 젊은이들도 한두 번의 실수 후에 또 다른 시작을 하면서 완전히 독립해 나가는 것이다.

내가 아는 한 부인은 어쩐 일인지 성인 자녀가 문제가 있어도 영향을 받지 않고 잘 처리하고 있었다. 그녀는 자녀들의 이야기를 들어주기는 했지만, 지나치게 걱정을 하는 것도 아니며 또 아이들이 원하지도 않는 조언을 하지도 않았다. 그녀에게 어떻게 그렇게 현명하게 잘 처신을 하느냐고 묻자, "그거야 쉽지요. 나는 그냥 그 아이들이 내 아이가 아니라 내 친구의 아이인 것처럼 대해요. 그러면 아이들을 통제하려고 하지 않으면서도 아이들의 감정을 잘 읽어 줄 수가 있지요."라고 말했다.

자녀들에 대한 죄책감 때문에 성장한 자녀의 요금 청구서를 대신 내주고, 그들의 뒤치다꺼리를 하는 부모들도 많다. 부모들은 자신들이 충분히 잘 해주지 못했다고 항상 걱정하는 사람들이다. 자녀들과 좀 더 많은 시간을 함께하고, 이런 것은 좀 더 해주고, 저런 것은 좀 덜 하는, 자신들이 좀 더 좋은 부모였다면 자녀들이 자신을 위해 좀 더 만족스러운 삶을 살 것이며 아무런 문제가 없을 것으로 생각한다. 그건 바보 같은 생각이다. 완벽한 부모는 거의 없으며 대부분 부모는 그저 자신의 최선을 다한다. 게다가 만약 당신이 완벽한 부모가 아니었다 해도 23살짜리 사춘기 자녀에게 무턱대고 잘해주는 것이 당신이 잘못한 것을 보상해 준다고 생각하는가?

✳  ✳  ✳

세상에 첫발을 잘못 내디딘 후에 자녀가 집으로 돌아왔을 때 우리는 그들이 자신의 삶을 알아서 잘 살 수 있는 능력이 없다고 생각하는 경향이 있다. 그렇지만 그들은 아직 준비가 덜 된 것뿐이다. 아마 부모로부터 뭔가를 더 받고 싶어 하는지도 모른다.

내가 만난 중년의 어머니는 곤경에 처한 부모에 대해 많은 것을 가르쳐주었다. 그녀의 딸은 재판에 회부되었다. 여러분은 자동차가 험한 길도 잘 달리는지 확인하기 위해서 차를 달려본 적이 있는가? '시련 실험'이다. 이 딸은 엄마의 인내심을 테스트하는 극한의 시련이었다. 이 딸은 여러분이 생각할 수 있는 모든 비행을 다 저질렀다. 약물, 문란한 성교, 도둑질, 불량행동, 강탈 등 생각할 수 있는 비행은 다 했다. 가출했다가 집에 돌아오는 행동을 17~20살 사이 여러 번 감행했다.

이 아이가 제정신을 차릴 것 같지 않은 때도 있었지만, 22살이 되었을 때는 전에 비교하면 비교적 독립적인 사람이 되기 시작했다. 처음으로 직장을 잡아 한 달 이상 근무했으며 전보다 덜 자주 집에 전화를 걸었고 전화를 걸 때도 이전처럼 무슨 문제가 있을 때만 전화를 거는 것도 아니었다.

한 6개월 안정되게 지내더니 직장 상사에게 지옥에나 떨어지라고 말한 것 때문에 직장에서 해고당했다고 엄마에게 전화로 말했다. 그 일이 일어난 때는 한겨울이었고 그녀는 플로리다에서 남자 친구와 2주일간의 휴가를 지내려고 오랫동안 준비를 하고 있었던 차였다. 그녀가 새로운 직장을 잡고 휴가는 없었던 일로 해야 할까? 아니면 일단 직장을 잡고 나서 새 직장의 사람들에게 휴가를 가겠다고 말해야 할까? 아니면 일단 휴가를 가고 나서 돌아온 후에 새 직장을 알아봐야 할까? 그녀의 엄마는 "딸아 내가 너에게 어떻게 해야 할지를 말할 수는 없을 것 같구나. 그런데 너는 정말로 휴가를 가고 싶어 하는 것 같기도 하고. 너는 이 휴가를 오랫동안 기다려 왔고 또 그것을 위해 열심히 일했을 거고. 그러니까 네가 일단 휴가를 가고 난 후에 직장을 잡을 수도 있을 것 같구나."

이 아이는 깜짝 놀랐다. 엄마의 말은 자신이 엄마로부터 기대했던 바로 그 말이었다. 항상 엄마에게서 듣고 싶었던 바로 그 말이었다. "즐겁게 지내라. 너는 그럴 만한 자격이 있어."

많은 부모가 자녀를 위해 올바른 조언을 해야 한다고 생각하기 때문에 자녀들이 정말로 듣기를 원하는 말을 할 기회를 잃어버리는 경우가 많다. 자녀들이 듣기 원하는 말은 부모님들이 그들을 사랑하며 자랑스럽게 생각하고 또한 자신을 잘 돌보아야 한다는 말을 듣고 싶어 한다. 부모들이 자녀를 자랑스럽게 생각한다는 말을 할 기회가 있다면 부모 자녀 관계를 잘 완성할 수 있다. 여기서 '완성한다'는 의미는 부모 자녀 관계를 전체적이며 완성된 관계로 만드는 것을 의미하며, 부모 자녀 관계의 끝을 의미하는 것은 아니다. 그렇게 하는 것이 자녀가 부모와의 관계에서 좌절하면서도 계속 바라던 것의 끈을 놓게 해준다. 자녀 중에는 좌절된 갈망을 말로 표현하는 것을 어려워하는 자녀들도 있다. 자녀들이 화를 치밀게 하는 일이 많아서 부모들이 자녀에게 "나는 너희를 사랑하고 너희들은 정말 괜찮은 아이란다."라고 말하는 것이 거의 불가능할 수도 있다. 그런데 부모가 가장 귀를 기울여야 할 대상은 바로 그 '부모를 화나게 하는 아이의 말'이라는 것은 분명하다.

* * *

다른 사람들이 내 인생을 힘들게 할 때 우리는 그들이 변하기를 신께 기도한다. 그들이 조금만 도와준다면 우리도 좀 더 편안함을 느끼고 그들을 잘 대해주리라 생각한다. 자녀들이 제대로 행동하고 책임감 있게 행동한다면 부모들도 그들을 칭찬할 수 있을 것이다. 또한 배우자들이 좀 더 다른 사람을 배려하는 마음이 있다면 정말로 배우자에게 감사함을 느끼고 나도 같이 잘할 것이다. 그러나 이제 기다리는 것은 그만두고 내가 먼저 손을 뻗쳐야 할 것이다.

# 찾아보기

## 지은이 |

----------------------------------------------------------------

**Michael P. Nichols**

미국 윌리엄메리대학 교수

전공분야 : 임상심리, 가족치료, 부부역동, 젠더

미국 위스콘신대학교 학사, 석사

미국 로체스타대학교 박사

박사후 훈련과정 : 가족치료(미군 1968~1970), 보웬 가족치료

   훈련센터

정신분석 훈련 : 레녹스 힐 정신분석센터

가족치료 훈련 : 미누친 구조주의 훈련센터

미국 알바니 의대 정신과 교수(가족치료 훈련 센터장)

임상심리사(메릴랜드 미 육군 인간 엔지니어링 실험실)

뉴욕 심리학회 유명 인사 수훈

길포드 출판사 가족치료 분야 편집자

부부 및 가족치료 학술지 편집위원

## 옮긴이 |

------------------------------------------------

### 김영애

한국사티어변형체계치료학회의 회장을 맡고 있으며, 김영애가족
치료연구소에서 전문가 훈련 및 상담을 하고 있다. 미국 클레어
몬트신학대학원 석 · 박사 학위를 받았으며, 현재 미국부부가족
치료학회 및 여러 국내 학회에서 슈퍼바이저로 활동하고 있다.

저서로는 사티어모델: 이론과 실제, 사티어모델: 핵심개념과 실제적용,
아름다운 사람 만들기, 사티어 빙산의사소통, 성격심리학 등이 있고,
역서로는 가족치료 개념과 방법, Nichols의 가족치료 이론과 실제, 가
족치료 현장으로의 초대, 부부가족치료기법, 사티어모델: 가족치료의 지
평을 넘어서, 버지니아 사티어 명상록, 방어기제를 다루는 상담기법 등
이 있다.